Kohlhammer

Ingolf Hübner / Sonja Keller / Kristin Merle / Steffen
Merle / Thorsten Moos / Christopher Zarnow (Hrsg.)

Religion im Sozialraum

Sozialwissenschaftliche und
theologische Perspektiven

Verlag W. Kohlhammer

1. Auflage 2023

Alle Rechte vorbehalten
© W. Kohlhammer GmbH, Stuttgart
Gesamtherstellung: W. Kohlhammer GmbH, Heßbrühlstr. 69, 70565 Stuttgart
produktsicherheit@kohlhammer.de

Print:
ISBN 978-3-17-042638-2

E-Book-Format:
pdf: 978-3-17-042639-9

Für den Inhalt abgedruckter oder verlinkter Websites ist ausschließlich der jeweilige Betreiber verantwortlich. Die W. Kohlhammer GmbH hat keinen Einfluss auf die verknüpften Seiten und übernimmt hierfür keinerlei Haftung.

Dieses Werk einschließlich aller seiner Teile ist urheberrechtlich geschützt. Jede Verwendung außerhalb der engen Grenzen des Urheberrechts ist ohne Zustimmung des Verlags unzulässig und strafbar. Das gilt insbesondere für Vervielfältigungen, Übersetzungen, Mikroverfilmungen und für die Einspeicherung und Verarbeitung in elektronischen Systemen.

Inhalt

Einleitung 7

Annette Kurschus / Ulrich Lilie
Kirche und Diakonie – religiöse Akteure im Sozialraum
Geleitwort 12

Theoretische Einordnungen

Ingrid Breckner
Theorie und Geschichte der Sozialraumforschung 15

Thorsten Moos
Theologie- und Kirchengeschichte der Sozialraumorientierung 23

Ingolf Hübner
Gemeinwesenorientierung zwischen Vision und Suggestion 42

Michael May
Der Raum, die Planung und die Menschen 60

Religiöse Raumstrategien

Marian Burchardt
Religion in urbanen Gefügen
Eine stadtsoziologische Skizze zu Recht, Raum und Governance ... 76

Mehmet T. Kalender
Platz für Begegnung schaffen
Zur Relevanz und sozialräumlichen Verortung interreligiöser Nischen 93

Kooperationen zwischen Diakonie und Kirche

Daniel Hörsch
„Sozialraum" als konzeptioneller Container-Begriff und der Mehrwert
für die kirchliche und diakonische Praxis
Erkundungen und Perspektiven 111

Frank Dieckbreder
Sozialraum als diakonische Bezugsgröße 126

Steffen Merle
Sozialraumorientierung als strategischer Impuls für Kirche und Diakonie   140

Kirchenentwicklerische Programmatik

Birgit Klostermeier
„Wir sind anders als all die anderen"
Ambivalenzen der kirchlichen Bezogenheit auf Sozialräume 173

Sonja Keller
Zur Imaginations- und Steuerungsfunktion des kirchlichen und
diakonischen Programmbegriffs Sozialraum
Eine praktisch-theologische Einordnung 192

Heinz-Joachim Lohmann
Black Box Kirche
Protestantische Organisation in Brandenburg zwischen Kraft und
Hilflosigkeit 207

Empirische Analysen

Hilke Rebenstorf
Kirchengemeinden im Sozialraum 224

Juliane Kanitz / Thorsten Moos / Christopher Zarnow
Religion in neuen Stadtquartieren
Wie und als was formieren sich religiöse Akteur:innen? 239

Alexander Dietz / Daniel Wegner
Ein Ausdruck lebendiger und öffentlicher Kirche
Evaluation des gemeinwesendiakonischen DRIN-Projekts der
Diakonie Hessen und der EKHN 260

Autor:innenverzeichnis 276

Einleitung

Die Rede vom „Sozialraum" und der „Sozialraumorientierung" hat in den Foren von Diakonie und verfasster Kirche sowie in diakoniewissenschaftlichen und vermehrt auch in theologischen Diskursen Konjunktur. Der programmatische Sozialraumbezug genießt eine hohe diskursive Präsenz, wobei die dieser Bezugsgröße zugeschriebene handlungsorientierende Valenz erst ansatzweise in Kooperationen zwischen diakonischen und kirchlichen Trägern und in kirchenleitenden Prozessen beobachtbar ist. Die in diesem Band versammelten Aufsätze bilden einen inter- und transdisziplinären Reflexionshorizont, der multiperspektivisch den Zusammenhang zwischen Religion und Sozialraum erörtert. Im Fokus stehen das Engagement institutionalisierter Religion in lebensweltlich oder territorial bestimmbaren Sozialräumen und die dabei entstehenden Wechselwirkungen. Dieser Sammelband verbindet überwiegend auf Praktiken in christlichen Kirchen und Diakonie rekurrierende Beiträge, die soziologische, religionswissenschaftliche, diakoniewissenschaftliche, systematisch- und praktisch-theologische Diskurslinien in die Auseinandersetzung mit dem Sozialraum eintragen, mit Analysen der Interferenzen zwischen Religionsgemeinschaften und Sozialräumen aus der Perspektive von Akteur:innen. Der im Titel aufgerufene Religionsbegriff ist weit gefasst und findet seine Konkretion in diesem Diskursfeld im prosozialen Selbstverständnis der Akteur:innen, die in unterschiedlichen sozialräumlichen Aktivitäten der diakonischen und religionsbezogenen Initiativen, Einrichtungen und Institutionen einen Ausdruck finden. Die Beiträge reflektieren, welche Anknüpfungspunkte, Zielvorgaben, Selbstverständnisse und Steuerungsfunktionen in die gegenwärtige Sozialraumorientierung eingeschrieben sind und verweisen so auf Selbstverständnisse und Herausforderungen, die mit dem Sozialraumbezug artikuliert und bearbeitet werden.

Die in diesem Sammelband versammelten Beiträge gehen zurück auf das wissenschaftliche Symposium „Religion im Sozialraum", das am 02.09.2021 in Hamburg stattfand und von Diakonie Deutschland und EKD ausgerichtet wurde, sowie die Online-Tagung mit dem gleichen Titel, die am 21.06.2021 digital stattfand.

Der erste Abschnitt des Bandes versammelt theoretische Einordnungen und beginnt mit *Ingrid Breckners* kurzer Skizze der Theorie und Geschichte der Sozialraumforschung. Breckner erörtert, dass die Wechselwirkungen zwischen dem sozialen Handeln unterschiedlicher Akteur:innen und verschiedener gesellschaftlicher Lebensräume im Zentrum dieser Reflexionsperspektive stehen. Die dargestellten theoretischen Referenzen und zentralen Entwicklungslinien verweisen auf die Fülle der Anwendungsfelder der Sozialraumforschung und die epistemischen Potenziale dieses Paradigmas.

Thorsten Moos setzt den Akzent seines Beitrags auf die Wurzeln der institutionellen bzw. organisierten Sozialraumorientierung des Christentums bzw. der Diakonie und der evangelischen Landeskirchen. Moos legt dar, dass die gegenwärtige Konjunktur des Sozialraumparadigmas untrennbar mit der Raumbezogenheit und Prosozialität des Christentums verbunden ist. Aus diesen Eigenschaften leitet Moos das korrektive Potenzial der Sozialraumorientierung ab, die die territoriale Logik einer Kirchengemeinde gerade nicht bestätigt, sondern eine neue Offenheit für die sozialräumliche Gestaltung von Kirche und Diakonie reklamiert.

Die Gemeinwesen- und Sozialraumorientierung beschreibt *Ingolf Hübner* als produktives Ideal für Kirche und Diakonie, das hinsichtlich der Inhalte, seiner Akteur:innen und Konkretionen unterbestimmt ist. Vor dem Hintergrund des Anpassungsdrucks der kirchlichen Strukturen ermöglicht Gemeinwesenorientierung öffnende Perspektiven darauf, wie mit knapperen Ressourcen gearbeitet und lokale Ressourcen erschlossen werden können. In der Diakonie ist die Gemeinwesendiakonie schon sehr viel länger als nahräumlich orientierte Handlungspraxis etabliert, wobei Hübner betont, dass die Rückwirkungen temporärer, gemeinwesenorientierter Projekte auf diakonische Einrichtungen zuweilen mäßig ausfallen. Hübner resümiert, dass die Gemeinwesenorientierung, die von Kirche und Diakonie vielfach nur ansatzweise adaptiert wird, dennoch ein überaus leistungsfähiges Ideal für Kirche und Diakonie repräsentiert.

Eine kritische Re-Lektüre des Fachkonzepts „Sozialraumorientierung" legt *Michael May* vor. In seiner Lesart verdanken sich der Erfolg und die Schwierigkeiten dieser Konzeption der Unschärfe des Programms. Unklar bleibt demnach, welche theoretischen Fragen bzw. praktischen Herausforderungen im Kontext der Sozialen Arbeit mit der Sozialraumorientierung tatsächlich bearbeitet werden können. May entfaltet vor diesem Hintergrund das Konzept der „Sozialraumorganisation", das umfassend Beteiligung als Teilnahme und Teilhabe in die Sozialraumentwicklung integriert.

Der zweite Abschnitt umfasst zwei Beiträge zu religiösen Raumstrategien. *Marian Burchardt* entfaltet die Regulation von religiöser Vielfalt im städtischen Kontext als Gegenstand einer komplexen urbanen Governance. Die beschriebene Regulierungspraxis zeichnet sich Burchardt zufolge dadurch aus, dass lokale Faktoren darin zum Tragen kommen, sofern verschiedene Akteur:innen, Räume und Infrastrukturen und rechtliche Rahmenbedingungen in diese Praxis involviert sind. Die Bedingungen dieses Governance-Prozesses sind einem kontinuierlichen Wandel unterzogen, weshalb das urbane Gefüge religiöser Diversität in verschiedenen Städten seine jeweils spezifische lokale Form ausbildet.

Die interreligiösen Begegnungen und Aktivitäten im Sozialraum beschreibt *Mehmet Kalender* aus raumsoziologischer Perspektive als Nischen, sofern darin das Wechselverhältnis zwischen interreligiösen Aktivitäten und einer spezifischen Umwelt zum Ausdruck kommt. Interreligiöse Nischen im Sozialraum konzipiert Kalender als Räume einer „Ökologie interreligiöser Aktivitäten" auf der Basis empirischer Daten, auf deren Grundlage er eine Typologie entwirft. Raum und interreligiöses Handeln stehen demnach in einem engen Wechselverhältnis, wobei für diese Interferenzen die Regionalisierung der Veranstaltungsformate, unterschiedliche Interaktionsformen, raumbezogenes Rollenverhalten und diskursive Bezugnahmen auf die spezifischen Orte charakteristisch sind.

Die Beiträge des nächsten Abschnitts konzentrieren sich auf Kooperationen zwischen Diakonie und Kirche. *Daniel Hörsch* setzt sich mit der Rede vom „Sozialraum" als Container-Begriff auseinander und beschreibt die theologische Reflexion über den Sozialraum als Orientierungshorizont künftigen kirchlichen und diakonischen Handelns. Hörsch skizziert eine „Theologie des Mitseins", die das Netzwerk der Menschen vor Ort und die Teilhabe aller am Gemeinwesen ins Zentrum rückt. Neben der notwendigen Arbeit an einer Theologie des Sozialraums führt Hörsch eine ganze Reihe von Reflexionsperspektiven an, die einer weiteren Entfaltung bedürfen, wozu die Pluralität von Kirche und Diakonie im Sozialraum ebenso wie die Netzwerkperspektive gehören.

Als Leiter eines diakonischen Unternehmens reflektiert *Frank Dieckbreder* den Sozialraum als diakonische Bezugsgröße. Zur Operationalisierung des diakonischen Sozialraumbezugs schlägt Dieckbreder den Begriff der „Bindungsgerechtigkeit" vor, der das menschliche Bedürfnis der Bezogenheit formuliert. Diakonie verfügt Dieckbreder zufolge über die Aufgabe und Kompetenzen, Bindungen im Sozialraum zu gestalten und zu stärken bzw. ebendort so etwas wie Bindungsgerechtigkeit herzustellen.

Steffen Merle nimmt eine semiotische Musterung der Sozialraumorientierung als strategischen Impuls für Kirche und Diakonie vor, die aufzeigt, wie bedeutsam die sozialräumliche Perspektive zur Überwindung binnenkirchlicher Institutionslogiken ist und was es für kirchliche Arbeit bedeutet, sich auf den unberechenbaren und nur bedingt steuernden Eingriffen zugänglichen Sozialraum einzulassen. Merle betont, dass die intensivierte programmatische kirchliche Einlassung auf den Sozialraum um der Menschen willen auf Absichtslosigkeit beruhen muss und damit auf einen Paradigmenwechsel von einer Begründungs- zu einer Entdeckungshermeneutik angewiesen ist.

Den Auftakt der Beiträge, die sich im Abschnitt „Kirchenentwicklerische Programmatik" mit der Rolle des Sozialraumes für die operative Kirchenentwicklung beschäftigten, macht *Birgit Klostermeier*, die das vielschichtige Verhältnis der Kirchengemeinden zu ihrem Sozialraum und darin auch zahlreiche Ambivalenzen der kirchlichen Bezogenheit auf Sozialräume erörtert. Klostermeier identifiziert vier zentrale Handlungsnarrative, die Ortsgemeinden über ihre Beziehung zum Sozialraum erzählen, wobei erkennbar wird, dass für diese Narrative autonome Subjekte und räumliche Infrastrukturen zentral sind. Klostermeier plädiert angesichts der mit diesen Narrativen verbundenen Konflikte für neue Erzählungen dieses Interaktionszusammenhangs, die eine übersteuerte kirchliche Sozialraumorientierung überwinden.

Sonja Keller rekonstruiert in ihrem Aufsatz die kirchenleitende Steuerungsfunktion der Sozialraumorientierung. Keller stellt den Sozialraumbezug in den Kontext diakonischer und kirchentheoretischer Leitbegriffe und analysiert einschlägige Rekurse kirchenleitender Programme auf den Sozialraum. Die oft vagen Sozialraumbezüge verfügen Keller zufolge über eine beträchtliche kirchenleitende Steuerungsfunktion, wobei der Sozialraumbezug im Unterschied zu älteren Gemeindeaufbaukonzepten mit der Reduktion personeller und finanzieller Kosten verbunden wird und vielfach nur bedingt einer grundlegenden lokalen Bewohner:innenorientierung verpflichtet ist.

Die zivilgesellschaftliche Funktion der evangelischen Kirche im ländlichen Raum erörtert *Heinz-Joachim Lohmann* exemplarisch im Hinblick auf aktuelle Entwicklungen in Brandenburg. Vor dem Hintergrund der konfessionslosen Gesellschaft konstatiert Lohmann, dass die evangelische Kirche in Brandenburg Trägerin der Zivilreligion geblieben und in der öffentlichen Wahrnehmung weiterhin für die Transzendenz in der Gesellschaft zuständig ist, was für die Metropole Berlin nicht gilt. Lohmann eröffnet einen Einblick in die mit wenigen Hauptamtlichen gestaltete kirchliche Arbeit im ländlichen Raum, die ganz selbstverständlich auf große Sozialräume bezogen ist, in denen mit Kirche in Verbindung stehenden Vereinen eine tragende Funktion für die Entwicklung des (demokratischen) Gemeinwesens zukommt.

Jüngere empirische Studien zum Verhältnis von Religion und Sozialraum finden sich im letzten Abschnitt unter der Überschrift „Empirische Analysen". *Hilke Rebenstorf* beschreibt auf der Grundlage einer empirischen Studie die Arbeit von Gemeinden im Sozialraum, wobei sie sechs verschiedene Typen herausarbeitet, die sich insbesondere hinsichtlich der Vernetzung und Funktionen der Gemeinden im Sozialraum und der Rollen von Haupt- und Ehrenamtlichen unterscheiden. Die zivilgesellschaftlichen Funktionen von Kirchengemeinden sind demnach vielfältig, wobei die Gemeinschaftsorientierung zur Stärkung des Gemeinwesens im Mittelpunkt dieser mit anderen lokalen Akteur:innen geteilten sozialräumlichen Aktivitäten steht.

Juliane Kanitz, *Thorsten Moos* und *Christopher Zarnow* rekurrieren in ihrem Beitrag auf Ergebnisse einer Studie, die nachzeichnet, wie religiöse Topographien in neuen Stadtquartieren entstehen. Die Raumwerdung von Religion erweist sich als vielschichtiger Prozess, in dem sich das Religiöse und das Städtische auf mehreren Ebenen beeinflussen und wechselseitig produzieren. Entsprechend komplexe Forschungsinstrumente sind gefordert, um eine dichte Beschreibung von Religion im städtischen (Sozial-)Raum zu geben. Ein besonderer Fokus des Artikels liegt dabei auf der Frage, wie sich religiöse Akteur:innen in konstruktiver Bezugnahme auf ihre signifikanten Anderen überhaupt erst als religiöse Akteur:innen formieren, mandatieren und selbst legitimieren.

Das gemeinwesendiakonische DRIN-Projekt der Diakonie Hessen und der EKHN werten *Alexander Dietz* und *Daniel Wegner* aus. Im Rahmen der Evaluation einer Vielzahl von hier einbezogenen Teilprojekten fokussieren die Autoren insbesondere gemeinwesenorientierte Kooperationen zwischen verfasster Kirche und organisierter Diakonie, den Grad der Aktivierung armutsbetroffener Menschen, das Freiwilligenmanagement, die projektbezogenen theologischen Selbstverständnisse, die organisationalen Rahmenbedingungen sowie die Nachhaltigkeit der gemeinwesendiakonischen Projektarbeiten. Die Autoren bewerten die betrachteten Projekte insgesamt sehr positiv und plädieren vor diesem Hintergrund für eine Verankerung der Gemeinwesendiakonie als übergreifende Perspektive und grundlegendes Handlungsprinzip in Kirche und Diakonie.

Mit den Beiträgen und über sie hinaus ist mit „Religion im Sozialraum" eine Forschungsperspektive angedeutet, die in mehrfacher Hinsicht über die Aktivitäten von christlichen Kirchen und Diakonie hinausgeht. Um dies auch in Zukunft weiterzuführen, wäre es zum einen wünschenswert, die Aktivitäten nichtchristlicher religiöser Akteur:innen in den Sozialräumen stärker in den Blick zu nehmen. Zum anderen wären weitere disziplinäre Zugänge einzubeziehen, die über die Binnenperspektive religiöser Akteur:innen hinausgehen. In diesem Sinne gälte es, die Rollen religiöser Akteur:innen in Sozialräumen mit weiteren soziologischen, urbanistischen, ethnologischen, sozialarbeiterischen und anderen Zugängen zu adressieren: im theoretischen wie im praktischen Interesse.

Die Herausgebenden danken sehr herzlich allen Autorinnen und Autoren und den Teilnehmenden an den beiden Tagungen. Unser Dank gilt auch Franziska Thiele für das sorgfältige Korrigieren der Texte. Besonders zu danken ist den Fördergeberinnen, die die Tagungen und das vorliegende Buch ermöglicht haben. Ohne die großzügige Unterstützung durch die Evangelische Kirche in Deutschland und die Diakonie Deutschland wären das wissenschaftliche Symposium „Religion im Sozialraum" und dieses Buch nicht möglich gewesen.

Ingolf Hübner, Sonja Keller, Kristin Merle, Steffen Merle, Thorsten Moos, Christopher Zarnow

Annette Kurschus / Ulrich Lilie

Kirche und Diakonie – religiöse Akteure im Sozialraum

Geleitwort

Menschen sind Beziehungswesen. Die Anderen sind immer schon da – die Nächsten und Fernen, die Freundlichen und Feindlichen. Und die Beziehungen, die wir denkend und handelnd, fühlend und hoffend miteinander eingehen, formen auch die sozialen Räume mit, in denen wir uns immer schon vorfinden und die wiederum auf uns und unser Handeln zurückwirken. Eine gewaltige, eine komplexe, äußerst reizvolle und bleibend unübersichtliche Gestaltungsaufgabe stellt sich hier: „Bebauen und bewahren" (1. Mose 2, 15) gilt auch für die sozialen (Lebens-)räume, in denen wir gemeinsam mit all den anderen leben – im Quartier, der Nachbarschaft, dem Kiez, dem Dorf. Genau hier zeigt sich, ob und wie das Miteinander in einer Gesellschaft gelingt. Die Frage ist: Wie können und wollen Kirche und Diakonie im frühen 21. Jahrhundert zu diesem Gelingen beitragen?

Die Geschwindigkeit, mit der sich das Zusammenleben der Menschen in den sozialen Lebensräumen, in den Städten und Dörfern, Quartieren und Nachbarschaften wandelt, hat in den zurückliegenden Jahrzehnten dramatisch zugenommen. Megatrends wie Globalisierung und Digitalisierung erfassen in ihrer Dynamik längst alle Bereiche des Lebens und Arbeitens, und ihre Wirkungen sind mindestens ambivalent. Die soziale Ungleichheit wächst, die Bevölkerung altert und die Gesellschaft wird mit großer Geschwindigkeit säkularer und religiös vielfältiger. Kurz: Auch die Vorstellungen von dem, was ein gutes, ein gelingendes Leben ausmacht, differenzieren sich. Soziologen beschreiben unsere liberale, vielstimmige, demokratischen Gesellschaft als fragmentiert. Die Rede vom Epochenbruch, eine Zeitenwende geht nicht erst seit dem Ukrainekrieg um. Und der menschengemachte Klimawandel erhöht den Druck im Kessel. All das wird konkret an den Orten, wo Menschen zuhause sind.

Und hier konkretisiert sich auch die Frage, die sich Kirche und Diakonie stellt: Welche Rolle können wir als religiöse Akteure in diesem Szenario übernehmen? Welche Rolle spielen unsere Kirchengemeinden, unsere Häuser und Einrichtungen in den unterschiedlichen Kontexten, in denen die Folgen der eruptiven Veränderungen ankommen – in Großstädten und Metropolregionen, in Mittelzentren und auf dem Land? Wie geht „bebauen und bewahren" im ganz konkreten Sozialraum, im Quartier, dem Ort, an dem alle Nachbarinnen und Nachbarn – lauter verletzliche Menschen – zu Nächsten werden? Wie werden Kirche und Diakonie im Sozialraum zu Orten, an denen die Menschenfreundlichkeit des Gottes, auf den wir uns beziehen, in all ihren Facetten erfahrbar werden kann – sozial, karitativ, spirituell? Und wo sind die Kooperationspartner:innen, mit denen wir gemeinsam am Netzwerk der Zusammengehörigkeit der Unterschiedlichen knüpfen?

In den Hamburger Leitimpulsen für eine diakonische Kirche mit Zukunft, die auf dem WIR&HIER-Kongress in Hamburg vorgestellt wurden, heißt es: Hinaus ins Weite liegt im Grunde ganz nah: vor unserer Haustür und vor den Türen unserer Kirchen und diakonischen Einrichtungen. Die Leitimpulse greifen auf eine lange Tradition zurück: Schon Martin Luther hielt ja in seiner Vorrede zum Unterricht der Visitatoren fest, der Kern christlicher Lehre und Lebens sei, „wie man lere, gleube, liebe, wie man Christlich lebe, wie die armen versorgt, wie man die schwachen tröstet (und) die wilden strafft."[1]

„Lehre, Glaube, Liebe", Wortverkündigung und Hinwendung zum Nächsten machen nach Luthers Verständnis „Kirche" aus. Eines ohne das andere verfehlt die Idee christlichen Lebens. Eine Einsicht, die jede Generation der Christenheit in ihre gesellschaftliche Realität zu übersetzen hat.

Johann Hinrich Wichern setzte 1848 auf dem Kirchentag in Wittenberg mit seiner berühmten Rede zum Versagen der verfassten Kirche angesichts der dramatischen gesellschaftlichen und politischen Umbrüche seiner Zeit den entscheidenden Impuls: Das diakonische Handeln organisierte sich neu, die Initiativen und Gründungen der Inneren Mission entstanden strukturell quasi neben den traditionellen kirchlichen Institutionen. In den vergangenen 175 Jahren hat sich das institutionelle Gegenüber von Kirche und Diakonie organisatorisch weiter ausdifferenziert. Kirche veränderte ihr Gesicht, neue Organisationsformen entstanden, neues Know How, neue Professionalitäten bildeten sich heraus und weiteten die gute Idee vom Priestertum aller Gläubigen.

Aus diesem Nebeneinander von Kirche und Diakonie ist inzwischen in vielen Fällen längst wieder ein Miteinander geworden. Und doch bleibt es eine gemeinsame Frage, wie es uns gelingen kann, sie noch besser aufeinander zu beziehen? Wie können Kirchengemeinden diakonischer – noch menschenfreundlicher – werden? Wie können diakonischen Unternehmen und Einrichtungen mit den Gemeinden, in denen ihre Standorte liegen, „geistlicher" werden und enger, systematischer zusammenarbeiten? Wo können Synergien entstehen, wie verändern sich Gottesdienste, Gemeindefeste, Teamsitzungen, wenn der soziale Lebensraum ein gemeinsames Projekt wird? Und – nicht zu letzt – wo sind die Kooperationspartner:innen für das Gemeinwohl außerhalb der kirchlich-diakonischen Binnengewässer?

---

[1] Luther, Martin: Vorrede zu Unterricht der Visitatoren an die Pfarrherrn im Kurfürstentum zu Sachsen, WA 26, 196.

Die Aufgabe, Zugehörigkeit, Gemeinsinn, kurz: Menschenfreundlichkeit, verlässlich und konkret in unseren demokratischen Gemeinwesen erfahrbar zu machen, weist deutlich über unsere eigenen Organisationen hinaus. Für eine diakonische Kirche, die am Gemeinwohl orientiert ist, für eine kirchliche Diakonie muss die Frage nach der Sozialraumorientierung zur DNA gehören. Viele diakonische Unternehmen, viele Kirchengemeinden, Kirchenkreise, Dekanate sind schon gemeinsam mit anderen Akteuren in ihren „Sozialräumen" unterwegs. Aus diesen Erfahrungen von Kooperation zu lernen – Erfolge und Misserfolge systematisch auszuwerten und voneinander zu lernen, gehört genauso zu den wichtigen Aufgaben dieser Zeit, der wir uns in Kirche und Diakonie anzunehmen haben.

Die Evangelische Kirche in Deutschland und die Diakonie Deutschland begrüßen deshalb ausdrücklich, wenn wissenschaftlich begleitet und diskutiert wird, welche Rollen Kirche und Diakonie als religiöse Akteure im Sozialraum spielen können und welche Funktionen sie erfüllen sollen. Wir wünschen uns, dass die Ergebnisse, dazu beitragen, verengte kirchliche Perspektiven und diakonische Organisationsformen zu weiten – im Interesse aller Menschen, die in unserer Gesellschaft ein zuhause haben.

Die sozialen Lebensräume zu „bebauen und zu bewahren", so dass Teilhabe aller möglich ist, gehört zu unserer Verantwortung für den Zusammenhalte in unserer sich so rasant und abrupt verändernden Gesellschaft. Kirche und Diakonie sind ein Teil von ihr, und wir haben einen Gestaltungsauftrag. Je besser wir verstehen, was uns dabei hilft, diesen Auftrag glaubend, liebend, hoffend wahrzunehmen, umso besser können wir ihm gerecht werden – im Namen des menschenfreundlichen Gottes, den wir in Jesus Christus erkennen.

Annette Kurschus, Ratsvorsitzende der EKD
Ulrich Lilie, Präsident der Diakonie Deutschland

Ingrid Breckner

Theorie und Geschichte der Sozialraumforschung

Vorbemerkung

Sozialraumforschung wurde in den Sozialwissenschaften geschichtlich durch unterschiedliche theoretische Konzepte geprägt und manifestierte sich in einem breiten Spektrum empirischer Studien im In- und Ausland. Die zentrale Fragestellung kreiste dabei stets um jeweils konstitutive Wechselwirkungen zwischen dem sozialen Handeln unterschiedlicher Akteure als Individuen, Gruppen oder Institutionen und den unterschiedlichen Facetten gesellschaftlicher Lebensräume, in denen solche Handlungsprozesse ihre Spuren hinterlassen und die ihrerseits durch lebensräumliche Voraussetzungen bestimmt werden. Je nach gesellschaftlichen Entwicklungsphasen und räumlichen Kontexten orientierte sich das Denken in Sozialräumen an jeweils spezifischen theoretischen Diskursen und gesellschaftlichen Herausforderungen und etablierte sich sukzessive als „Denkstil" in unterschiedlichen disziplinären „Denkkollektiven".[1]

Der vorliegende Beitrag stellt einleitend einige theoretische Wurzeln der Sozialraumorientierung zur Diskussion, skizziert anschließend zentrale Entwicklungslinien empirischer Sozialraumforschung und reflektiert abschließend ihre gegenwärtige und zukünftige Relevanz.

1. Theoretische Wurzeln der Sozialraumorientierung

Das *Verhältnis von Gesellschaft und Raum* beschäftigte bereits die soziologischen Klassiker Émile Durkheim und Georg Simmel zu Beginn des 20. Jahrhunderts.[2] *Durkheim* erkannte neben der arbeitsteiligen Organisation des sozialen Handelns in differenzierten Gesellschaften und ihren Herausforderungen für gesellschaft-

---

[1] Fleck, Ludwik: Entstehung und Entwicklung einer wissenschaftlichen Tatsache. Einführung in die Lehre vom Denkstil und Denkkollektiv, Frankfurt a. M. 1980 (1935).
[2] Löw, Martina / Sturm, Gabriele: Raumsoziologie, in: Kessl, Fabian u. a. (Hg.), Handbuch Sozialraum, Frankfurt a. M. 2005, 31–48, 32–34.

lichen Zusammenhalt³ in seiner „Theorie symbolischer Systeme" – wenn auch als Nebenprodukt – damit verbundene materielle und immobile Artefakte als soziologische Tatbestände an, obwohl eine daraus häufig abgeleitete Entsprechung sozialer und räumlicher Organisation infrage gestellt blieb.⁴ Simmel überwand die von Durkheim noch nahegelegten kausallogischen Verbindungen zwischen sozialen und räumlichen Phänomenen in den sich etablierenden industriellen Gesellschaften durch seine Konzeption der Begriffe Raum, Zeit oder Substanz als Ergebnis *synthetischer Tätigkeit*. Diese Begriffe weisen insofern Bezüge zu sozialem Handeln auf, als sich in ihnen – nicht kausal, sondern konstitutiv - *jeweils typische historische Vergesellschaftungsformen* manifestieren.⁵

Die makrotheoretisch konzipierte *Humanökologie* von Robert Ezra Park und Kollegen der „Chicago School" geht von der These aus, dass die historisch jeweils spezifische räumliche Organisation der Gesellschaft in *natural social areas* (Habitate) durch biotische Gemeinschaften und deren rationale Aushandlungsprozesse unterschiedlich geprägt wird. Dieser Denkstil setzte sich in der deutschen *Sozialökologie* ab den 1970er Jahren fort und wurde von Peter Atteslander, Bernd Hamm und Jürgen Friedrichs weiterentwickelt.⁶

Den räumlichen Charakter sozialer Phänomene berücksichtigen auch verschiedene *mikrosoziologische Konzepte*, die in phänomenologischen Denktraditionen, beispielsweise von Alfred Schütz, in der Ethnomethodologie, unter anderem von Harold Garfinkel, oder in der Theorie symbolischer Interaktion, von Erving Goffman oder Anthony Giddens, entwickelt wurden.⁷ Unterschiedliche Facetten von sich kontinuierlich verändernden sozialräumlichen Konstellationen und deren zeitgenössische Bedeutung dokumentieren unter anderem die mit verschiedenen mikrosoziologischen Perspektiven erschlossenen Befunde des noch laufenden Berliner Sonderforschungsbereiches „Re-Figuration von Räumen".⁸

Michel Foucault rekonstruierte in seinen raumtheoretischen Überlegungen *Heterotopien und Machtstrukturen*, in deren historischer Entwicklung er nachzeichnet, wie sie den Charakter von Räumen sowie das darin stattfindende soziale Handeln prägen.⁹

---

[3] Durkheim, Émile: Über soziale Arbeitsteilung. Studie über die Organisation höherer Gesellschaften, Frankfurt a. M. 1992 (1930).
[4] Löw / Sturm, 2005, 33.
[5] Ebd., 33f.
[6] Riege, Mario / Schubert, Herbert: Zur Analyse sozialer Räume – Ein interdisziplinärer Integrationsversuch, in: dies. (Hg.), Sozialraumanalyse. Grundlagen – Methoden – Praxis, Wiesbaden ²2005, 7–68, 12ff.
[7] Löw / Sturm 2005, 35.
[8] https://www.sfb1265.de/.
[9] Dünne, Jörg / Günzel, Stefan (Hg.): Raumtheorie. Grundlagentexte aus Philosophie und Kulturwissenschaften, Frankfurt a. M. 2006, 317–329; Foucault, Michel: Überwachen und Strafen. Die Geburt des Gefängnisses, Frankfurt a. M. 1977.

Implizite Bezüge zu *Raum als Ergebnis menschlichen Handelns* finden sich auch bei Hannah Arendt, Jürgen Habermas und Norbert Elias.[10] Sie betrachten gemeinsam Gesellschaften als etwas Prozesshaftes und Raum als Ergebnis menschlichen Handelns. Arendt und Habermas thematisieren Raum im Spannungsverhältnis von Öffentlichkeit und Privatheit als Lebenswelt, deren Gestalt und Entwicklung durch Handeln geprägt wird. „Bei Elias heißt es noch expliziter, daß Raum und Zeit nur als Syntheseleistungen des jeweils gesellschaftlich dominanten Kollektivs existent, denkbar und verhandelbar sind."[11]

Henri Lefebvre[12] geht in seinen sozialräumlichen Überlegungen von einem *produzierten Raum* aus, der durch Überlagerungen von sozialer Praxis (menschliches Verhalten und Handeln), Repräsentationen von Raum in fachlichen Raumkonzepten (architektonische Modelle, Pläne) sowie symbolischen Repräsentationen im Raum (Graffiti, Gebäude- und Freiraumtypologien, Werbung) entsteht.

Pierre Bourdieu entwickelte aus seinen anthropologischen Studien zum „kabylischen Haus" eine *Theorie sozialräumlicher Praxis,*[13] die später in sein mehrdimensionales Konzept eines „sozialen Feldes" einfließt. Dieser als „Feld" konzipierte *soziale Raum* wird durch die Positionierung von Menschen infolge unterschiedlicher Machtverhältnisse und wirkmächtiger Kapitalien geprägt. In ihm bilden sich räumliche Wahrnehmungs- und Nutzungspraktiken sowohl physisch als auch geografisch ab.[14]

Dieter Läpple[15] entwickelte als Stadtökonom das *Konzept eines funktional überlagerten, mehrdimensional* (sozial, materiell-physisch, regulativ und symbolisch) *geprägten gesellschaftlichen Raumes,* der als Erkenntnisobjekt in seinen mikro-, meso- und makroräumlichen Manifestationen nicht vorausgesetzt, sondern stets theoretisch angeleitet zu rekonstruieren ist.

Gabriele Sturm[16] erschließt in ihrer Habilitation einen *erkenntnistheoretischen Zugang zu Raum,* der auch im raumsoziologischen Konzept von Martina Löw[17] aufgegriffen wird. *Räume* werden dabei *als (An)Ordnungen von Lebewesen und sozialen Gütern an Orten* verstanden, die durch menschliche Syntheseleistungen erfahrbar und analytisch zugänglich werden.

---

[10] Sturm, Gabriele: Wege zum Raum. Methodologische Annäherungen an ein Basiskonzept raumbezogener Wissenschaften, Opladen 2000, 164ff.
[11] Ebd., 172.
[12] Lefebvre, Henri: La production de l'espace, Paris 1974.
[13] Bourdieu, Pierre: Entwurf einer Theorie der Praxis, Frankfurt a. M. 1979.
[14] Bourdieu, Pierre, Sozialer Raum und „Klassen", in: ders., Sozialer Raum und „Klassen". Leçon sur la leçon. Zwei Vorlesungen, Frankfurt a. M. 1985, 7–46.
[15] Läpple, Dieter: Essay über den Raum. Für ein gesellschaftswissenschaftliches Raumkonzept, in: Häußermann, Hartmut u. a. (Hg.), Stadt und Raum, Pfaffenweiler 1991, 157–207.
[16] Sturm, Gabriele: Wege zum Raum. Methodologische Annäherungen an ein Basiskonzept raumbezogener Wissenschaften, Opladen 2000.
[17] Löw, Martina / Sturm, Gabriele: Raumsoziologie, in: Kessl, Fabian u. a. (Hg.), Handbuch Sozialraum, Frankfurt a. M. 2005, 31–48.

Klaus Kuhm[18] formuliert bezugnehmend auf Niklas Luhmann eine *systemtheoretische Perspektive auf Raum*, die davon ausgeht, dass immer nur die Kommunikation im Umgang mit Raum zu beobachten sei. In der Folge seien es stets kommunikative Unterscheidungen, „die den Raum zu dem machen, was er sozial [ist], und zwar auch dann, wenn sie das, was sich als Ergebnis dieser Unterscheidungen ergibt [...] ‚extern verbucht‘, als ob es eine Welt gäbe, der man sich [bloß] unterzuordnen hätte".

Die geschichtlich entstandenen theoretischen Perspektiven auf den Zusammenhang zwischen sozialen und räumlichen Phänomenen lassen sich in zwei prägnanten Zitaten aus unterschiedlichen sozialwissenschaftlichen Forschungsfeldern zusammenfassen: In neueren Ansätzen der Raumsoziologie hat sich die theoretische Annahme durchgesetzt, „dass Raum nicht länger als naturhaft gegebener materieller Hinter- oder erdgebundener Untergrund sozialer Prozesse unveränderbar und für alle gleichermaßen existent angenommen werden kann. Vielmehr wird Raum selbst als sozial produziert, damit sowohl gesellschaftlich strukturierend als auch durch Gesellschaft strukturiert und im gesellschaftlichen Prozess sich verändernd begriffen."[19]

Auch in der sozialen Arbeit ist inzwischen eine Sozialraumperspektive anerkannt, die „sich nicht primär auf physisch-materielle Objekte, auf das, was wir alltagssprachlich ‚Orte‘ oder ‚Plätze‘ oder eben auch ‚Räume‘ nennen [bezieht]: Gebäude, Straßen Stadtteile. [...] Mit Sozialraum werden [...] der gesellschaftliche Raum und der menschliche Handlungsraum bezeichnet, das heißt der von den handelnden Akteuren (*Subjekten*) konstituierte Raum und nicht nur der verdinglichte Ort (*Objekte*)."[20]

2. Zentrale Entwicklungslinien der Sozialraumforschung

Erste Sozialraumanalysen entstanden bereits im 19. Jahrhundert, ausgelöst durch Veränderungen der Lebensbedingungen infolge fortschreitender Industrialisierung. Sie basierten zunächst auf Fabrikinspektionsberichten, Sozialsurveys und ersten theoretisch angeleiteten Untersuchungen, u. a. von Friedrich Engels oder von Mitgliedern des „Vereins für Socialpolitik".[21]

---

[18] Kuhm, Klaus: Was die Gesellschaft aus dem macht, was das Gehirn dem Bewußtsein und das Bewußtsein der Gesellschaft zum Raum ‚sagt‘, in: Krämer-Badoni, Thomas / Kuhm, Klaus (Hg.), Die Gesellschaft und ihr Raum. Raum als Gegenstand der Soziologie, Opladen 2003, 13–32, 25f.
[19] Löw / Sturm 2005, 31.
[20] Kessl, Fabian / Reutlinger, Christian: Sozialraum. Eine Einführung, Wiesbaden 2007, 23.
[21] Breckner, Ingrid: Wohnungsnot und Gewalt, München 1985, 36–53; Lindner, Rolf: Walks on the Wild Side. Eine Geschichte der Stadtforschung, Frankfurt a. M. / New York 2004.

Die „Chicago School" weckte zu Beginn des 20. Jahrhunderts wissenschaftliche Aufmerksamkeit durch soziale Reportagen zu unterschiedlichen sozialräumlichen Phänomenen aus journalistischer Perspektive. Ab den 1920er Jahren folgten humanökologisch begründete Stadtstudien auf der Suche nach verallgemeinerbaren Modellen der Stadtentwicklung.[22]

In den 1930er Jahren etablierten sich kurzzeitig (bis zur erzwungenen Abwanderung der Forschenden im Nationalsozialismus) soziografische Forschungsansätze, mit denen eine ganzheitliche Beschreibung und Erklärung sozialräumlicher Zusammenhänge angestrebt wurde. Das bekannteste und bis heute – insbesondere in methodischer Hinsicht – relevante Beispiel ist die im Jahr 1933 erstmals veröffentlichte österreichische Studie „Die Arbeitslosen von Marienthal".[23]

Gemeindestudien entstanden in Deutschland zunächst nach US-amerikanischen Vorbildern ab den 1950er Jahren mit dem Ziel, Demokratisierungsprozesse in deutschen Gemeinden zu unterstützen. Später widmeten sich einzelne Studien ganzer Gemeinden eher spezifischen gesellschaftlichen Phänomenen wie suburbanen Sozialräumen,[24] Veränderungen von Gemeinden durch politische Transformation,[25] Veränderungsprozessen metropolitaner Strukturen,[26] dominanten Prägungen von Sozialräumen durch wirtschaftliche Strukturen[27] oder Auswirkungen von Migrationsprozessen auf urbane Sozialräume.[28]

Im Zuge der Gemeinwesenorientierung sozialer Arbeit verbreitete sich ab Ende der 1960er Jahre die *Aktionsraumforschung* in Mikroräumen als Wissensgrundlage für Stadtteilarbeit und Quartiersmanagement.

---

[22] Lindner, Rolf: Die Entdeckung der Stadtkultur. Soziologie aus der Erfahrung der Reportage, Frankfurt a. M. 1990.

[23] Jahoda, Marie u. a.: Die Arbeitslosen von Marienthal. Ein soziografischer Versuch über die Wirkungen langandauernder Arbeitslosigkeit, Frankfurt a. M. 1975 (1933); Riege, Mario / Schubert, Herbert: Zur Analyse sozialer Räume – Ein interdisziplinärer Integrationsversuch, in: dies. (Hg.), Sozialraumanalyse. Grundlagen – Methoden – Praxis, Wiesbaden ²2005, 7-68, 19f.

[24] Z. B. Menzl, Marcus: Leben in Suburbia. Raumstrukturen und Alltagspraktiken am Rand von Hamburg, Frankfurt a. M. / New York 2007.

[25] Z. B. Neckel, Sieghard: Waldleben. Eine ostdeutsche Stadt im Wandel seit 1989, Frankfurt a. M. / New York 1999.

[26] Z. B. Chtouris, Sotiris u. a.: Von der Wildnis zum urbanen Raum. Zur Logik der peripheren Verstädterung am Beispiel Athen, Frankfurt a. M. / New York 1993; Häußermann, Hartmut / Kapphan, Andreas: Berlin: von der geteilten zur gespaltenen Stadt? Sozialräumlicher Wandel seit 1990, Opladen 2000.

[27] Z. B. Berking, Helmuth / Schwenk, Jochen: Hafenstädte. Bremerhaven und Rostock im Wandel, Frankfurt a. M. / New York 2011.

[28] Z. B. Arouna, Mariam u. a.: Fluchtort Stadt. Explorationen in städtische Lebenslagen und Praktiken der Ortsaneignung von Geflüchteten, Wiesbaden 2019; Arouna, Mariam u. a.: Transformationsprozesse am Fluchtort Stadt, Wiesbaden 2022.

Empirische Stadtforschung etablierte sich auch durch neue gesetzliche Anforderungen im Baurecht. Mit der Verabschiedung des StädteBauFörderungsGesetzes zu Beginn der 1970er Jahre basierten z. B. Sozialplanung und Stadtentwicklung zunehmend auf *Vorbereitenden Untersuchungen* für Sanierungsverfahren, Soziale Erhaltungsverordnungen oder Partizipationskonzepte bei umfangreichen Maßnahmen des Stadtumbaus. *Neue Steuerungsmodelle von administrativen Prozessen* trugen ab den 1990er Jahren zur Verbreitung empirischer Evaluationsstudien bei. Zunehmende soziale Differenzierungen moderner Gesellschaften durch den demographischen Wandel und soziale Bewegungen erforderten seit den 1970er Jahren auch *zielgruppenspezifische Fokussierungen* der empirischen Stadtforschung auf Genderaspekte, Alters- und Zuwanderungsgruppen, mit dem Ziel, deren jeweilige Chancen beziehungsweise Hindernisse in der gesellschaftlichen Teilhabe in den Bereichen Wohnen, Arbeit, Bildung, Mobilität, Freizeit, Infrastruktur oder Sicherheit aufzudecken und abzubauen. In diesem Kontext entstanden auch Konzepte *sozialräumlicher Milieustudien*, die sich nicht allein an sozialstrukturellen Indikatoren orientieren, sondern nach wechselseitigen Einflüssen von räumlichen Qualitäten und Lebensstilen suchen, die stadtökonomisch und –politisch hoch relevante sozialräumliche Milieustrukturen prägen.

3. Gegenwärtige und zukünftige Relevanz der Sozialraumforschung

Der Zusammenhang von sozialen und räumlichen Phänomenen ist inzwischen – wenn auch mit unterschiedlichen Perspektiven – in der akademischen Analyse und praktischen Gestaltung von Sozialräumen in den meisten damit befassten Professionen anerkannt. Dies bedeutet jedoch keineswegs, dass sich allgemein verbindliche Konzepte der Sozialraumforschung durchgesetzt hätten. Denn Sozialräume unterscheiden sich infolge jeweils spezifischer historischer und gesellschaftlicher Rahmenbedingungen und bedürfen – je nach Fragestellung – einer theoretischen Begründung ihrer Relevanz und Konzeption als Untersuchungs- und Gestaltungsgegenstand. Dabei ist zu berücksichtigen, dass sich in Sozialräumen physische Artefakte, Handlungskompetenzen unterschiedlicher sozialer Akteure, Symbolisierungen und kulturell geprägte Regulative des Handelns im gesellschaftlichen Alltag wie auf den Ebenen des politischen, wirtschaftlichen und soziokulturellen Systems wechselseitig beeinflussen.

Anwendungsfelder aktueller und künftiger Sozialraumforschung sind überall dort, wo sich Menschen in räumlichen Kontexten bewegen. Fragen können dabei auf internationale, nationale, regionale oder lokale Sozialräume ausgerichtet sein, in denen sich Funktionen des Wohnens, der Mobilität, der Bildung und Erwerbstätigkeit, der Kommunikation sowie der Freizeit und Erholung überlagern können. Sie gilt es in einem ersten Schritt in ihren jeweiligen Charakteristika auf der Grundlage sorgfältiger Wahrnehmung und Analyse zu verstehen, bevor Konzepte zu deren Gestaltung entwickelt und umgesetzt werden. Das Spektrum gesellschaftlich relevanter Sozialräume reicht von öffentlichen Begegnungsräumen über Wohnquartiere, Nachbarschaften, Bildungs- und Kulturräume sowie gesundheitliche Infrastrukturen bis hin zu abgeschotteten und kontrollierten Lebensräumen in Gefängnissen, Heimen oder psychiatrischen Einrichtungen. Sozialräume, die durch mehr oder weniger religiöse Praktiken in Gebäuden wie im öffentlichen Raum entstehen, erweisen sich als außerordentlich vielfältig und können das räumliche Zusammenleben in einer Gesellschaft auf unterschiedliche Weise mitgestalten.

Literatur

Arouna, Mariam u. a.: Fluchtort Stadt. Explorationen in städtische Lebenslagen und Praktiken der Ortsaneignung von Geflüchteten, Wiesbaden 2019.
Arouna, Mariam u. a.: Transformationsprozesse am Fluchtort Stadt, Wiesbaden 2022.
Berking, Helmuth / Schwenk, Jochen: Hafenstädte. Bremerhaven und Rostock im Wandel, Frankfurt a. M. / New York 2011.
Bourdieu, Pierre: Entwurf einer Theorie der Praxis, Frankfurt a. M. 1979.
Bourdieu, Pierre, Sozialer Raum und „Klassen", in: ders., Sozialer Raum und „Klassen". Leçon sur la leçon. Zwei Vorlesungen, Frankfurt a. M. 1985, 7–46.
Breckner, Ingrid: Wohnungsnot und Gewalt, München 1985.
Chtouris, Sotiris u. a.: Von der Wildnis zum urbanen Raum. Zur Logik der peripheren Verstädterung am Beispiel Athen, Frankfurt a. M. / New York 1993.
Dünne, Jörg / Günzel, Stefan (Hg.): Raumtheorie. Grundlagentexte aus Philosophie und Kulturwissenschaften, Frankfurt a. M. 2006.
Durkheim, Émile: Über soziale Arbeitsteilung. Studie über die Organisation höherer Gesellschaften, Frankfurt a. M. 1992 (1930).
Fleck, Ludwik: Entstehung und Entwicklung einer wissenschaftlichen Tatsache. Einführung in die Lehre vom Denkstil und Denkkollektiv, Frankfurt a. M. 1980 (1935).
Foucault, Michel: Überwachen und Strafen. Die Geburt des Gefängnisses, Frankfurt a. M. 1977.
Häußermann, Hartmut / Kapphan, Andreas: Berlin: von der geteilten zur gespaltenen Stadt? Sozialräumlicher Wandel seit 1990, Opladen 2000.
Jahoda, Marie u. a.: Die Arbeitslosen von Marienthal. Ein soziografischer Versuch über die Wirkungen langandauernder Arbeitslosigkeit, Frankfurt a. M. 1975 (1933).
Kessl, Fabian u. a. (Hg.): Handbuch Sozialraum, Wiesbaden 2005.
Kessl, Fabian / Reutlinger, Christian: Sozialraum. Eine Einführung, Wiesbaden 2007.
Kuhm, Klaus: Was die Gesellschaft aus dem macht, was das Gehirn dem Bewußtsein und das Bewußtsein der Gesellschaft zum Raum ‚sagt', in: Krämer-Badoni, Thomas / Kuhm, Klaus (Hg.), Die Gesellschaft und ihr Raum. Raum als Gegenstand der Soziologie, Opladen 2003, 13–32.
Läpple, Dieter: Essay über den Raum. Für ein gesellschaftswissenschaftliches Raumkonzept, in: Häußermann u. a. (Hg.): Stadt und Raum, Pfaffenweiler 1991, 157–207.
Lefebvre, Henri: La production de l'espace, Paris 1974.

Lindner, Rolf: Walks on the Wild Side. Eine Geschichte der Stadtforschung, Frankfurt a. M. / New York 2004.

Lindner, Rolf: Die Entdeckung der Stadtkultur. Soziologie aus der Erfahrung der Reportage, Frankfurt a. M. 1990.

Löw, Martina / Sturm, Gabriele: Raumsoziologie, in: Kessl, Fabian u. a. (Hg.), Handbuch Sozialraum, Frankfurt a. M. 2005, 31–48.

Menzl, Marcus: Leben in Suburbia. Raumstrukturen und Alltagspraktiken am Rand von Hamburg, Frankfurt a. M. / New York 2007.

Neckel, Sieghard: Waldleben. Eine ostdeutsche Stadt im Wandel seit 1989, Frankfurt a. M. / New York 1999.

Riege, Mario / Schubert, Herbert: Zur Analyse sozialer Räume – Ein interdisziplinärer Integrationsversuch, in: dies. (Hg.), Sozialraumanalyse. Grundlagen – Methoden – Praxis, Wiesbaden ²2005, 7–68.

Sturm, Gabriele: Wege zum Raum. Methodologische Annäherungen an ein Basiskonzept raumbezogener Wissenschaften, Opladen 2000.

https://www.sozialraum.de/ (abgerufen am 03.05.2022).

https://www.sfb1265.de/ (abgerufen am 09.05.2022).

Thorsten Moos

Theologie- und Kirchengeschichte der Sozialraumorientierung

1. Einführung

Sozialraumorientierung – von dieser Diagnose geht der vorliegende Band aus – hat Konjunktur, auch und gerade bei religiösen Akteuren.[1] Insbesondere die landeskirchlich bzw. diözesan organisierten christlichen Kirchen öffnen sich zu den Sozialräumen und nehmen dort spezifische Rollen ein. Die Frage nach Religion im Sozialraum lässt sich dabei aus zwei unterschiedlichen Perspektiven analysieren. In einer sozialwissenschaftlichen Außenperspektive wäre zu untersuchen, welche Funktionen religiöse Akteure in Sozialräumen erfüllen und wie sie organisatorisch bzw. diskursiv in die sozialräumlichen Akteursnetzwerke eingebunden sind. Anders lässt sich die Frage nach Religion im Sozialraum aus einer theologischen Innenperspektive, die in diesem Beitrag eingenommen wird, adressieren: Welche Anschlusspunkte haben religiöse, hier: christlich-protestantische Akteure an Sozialraumorientierung? Mit welchen Mitteln eignen sie sich einen aus der Sozialen Arbeit stammenden Ansatz an? Welche proprietären Ressourcen, welche Motivationen und Reflexionsformen, bringen sie für Sozialraumorientierung mit?

Diese Fragen will ich in doppelter Hinsicht betrachten. Mit Blick auf die organisatorischen Gestalten protestantisch-christlicher Vergemeinschaftung, also hinsichtlich der kirchlichen Organisationsgeschichte, frage ich, welche sozialraumaffinen Organisationsformen hier aufzufinden sind. Nach der traditionellen Verortung im theologischen Disziplinenkanon handelt es sich dabei um eine *kirchengeschichtliche* Fragestellung. Andererseits nehme ich eine *theologiegeschichtliche* Perspektive ein und frage, welche geistigen Möglichkeitsbedingungen für sozialräumliche Orientierung im theologischen Kosmos aufgewiesen werden können.

In beiden Fragerichtungen ist zu berücksichtigen, dass „Sozialraumorientierung", anders als „Sünde", „Gnade" oder „Trinität", kein theologisch eingeführtes Wort ist. Der begriffsgeschichtliche Befund wäre an dieser Stelle einiger-

---

[1] Vgl. Lämmlin, Georg / Wegner, Gerhard (Hg.): Kirche im Quartier: Die Praxis. Ein Handbuch, Leipzig 2020, 25ff.

maßen dünn und auf die jüngste Zeit beschränkt (dazu siehe IV.). Das mit Sozialraum Gemeinte muss vielmehr theologisch übersetzt werden, um problemgeschichtlich verfolgt werden zu können.

Dazu bedarf es eines Vorbegriffs davon, was mit Sozialraumorientierung im Wesentlichen gemeint ist. Ich schlage vor, den Begriff des Sozialraums[2] von zwei verschiedenen Paradigmen aus zu verstehen. Diese Paradigmen unterscheiden sich darin, im Bezug auf welche Referenzgröße der Sozialraum bestimmt wird.

Wird von einer *Institution* aus gedacht – das institutionelle Paradigma –, dann ist unter Sozialraum das Gewebe von Sozialem und Materiellem in einem räumlich zugeschnittenen Einflussbezirk einer Institution zu verstehen. Für die Stadt(teil)entwicklung wäre dies das Stadtquartier, für die sie zuständig ist, für eine kirchliche Gemeinde ihr Gemeindegebiet. In diesem Sinne erscheint der Sozialraum als ein bestimmtes, abgegrenztes Gebiet, das als Steuerungsgröße für Institutionen fungiert.[3]

Anders verhält es sich, wenn als Referenzgröße für den Sozialraum das *Individuum* herangezogen wird. Unter dem individuellen Paradigma wird der Sozialraum verstanden als räumliche Lebenswelt eines Individuums in seinen Bezügen und Ressourcen der Lebensbewältigung. Für die Soziale Arbeit ist dieses Verständnis von Sozialraum klassisch formuliert in den fünf Prinzipien von Wolfgang Hinte et al., die den Willen und die Interessen des Individuums, seine Aktivierung und Befähigung und die ihm zur Verfügung stehenden Ressourcen in den Mittelpunkt stellen und die Aktivitäten sozialer Dienste von dort aus bereichsübergreifend und vernetzt konzipieren.[4]

Im Folgenden frage ich, wie sich diese beiden Paradigmen in der Organisations- und Selbstverständigungsgeschichte des Christentums wiederfinden lassen. Damit sei nicht behauptet, das heute als Sozialraumorientierung Bezeichnete hätte man in Theologie und Kirche „immer schon" gekannt, so dass das heutige Konzept als Säkularisat „eigentlich" theologischer Vorstellungen verstanden werden müsse.[5] Vielmehr geht es wie einleitend dargestellt darum, innere Anschlussbedingungen christlich-religiöser Akteure an das Sozialraum-

---

[2] Vgl. Lämmlin / Wegner 2020, 29–33; Dieckbreder, Frank / Dieckbreder-Vedder, Sarah (Hg.): Das Konzept Sozialraum: Vielfalt, Verschiedenheit und Begegnung. Soziale Arbeit lernen am Beispiel Bahnhofsmission, Göttingen 2016; Holler, Martin: Inklusion und strategische Sozialraumorientierung, Dissertation, Heidelberg 2020, 100ff.; Lilie, Ulrich / Loheide, Maria: Art. Sozialraumorientierung, in: Norbert Friedrich u. a. (Hg.): Diakonielexikon, Göttingen 2016, 411–414.

[3] Vgl. Hinte, Wolfgang / Treeß, Helga: Sozialraumorientierung in der Jugendhilfe. Theoretische Grundlagen, Handlungsprinzipien und Praxisbeispiele einer kooperativen-integrativen Pädagogik, Weinheim ³2014, 31.

[4] Vgl. Hinte / Treeß 2014, 45ff.

[5] Solche Säkularisationsbehauptungen stellen, wie Hans Blumenberg gezeigt hat, immer Formen der Delegitimierung dar. Vgl. Blumenberg, Hans: Die Legitimität der Neuzeit, Erneuerte Ausgabe, Frankfurt a. M. ²1999.

konzept und an sozialraumbezogene Aktivitäten aufzuweisen. Aus pragmatischen Gründen beschränke ich mich dabei auf das neuzeitliche, protestantische Christentum im deutschen Kontext, näherhin auf die evangelischen Landeskirchen und die Diakonie.

Meine These ist eine dreifache: Zum einen weisen kirchliche und diakonische Akteure tatsächlich eine Vielzahl von organisationalen und theologischen Ressourcen der Sozialraumorientierung auf. Zweitens sind diese Ressourcen stark pflegebedürftig, bedürfen also einiger Aufmerksamkeit. Drittens zeigt sich Religion immer auch spröde hinsichtlich ihrer sozialräumlichen Einbindung und Indienstnahme.

Diese These will ich in drei Schritten erläutern. Zunächst betrachte ich den Raumbezug des Christentums im Allgemeinen (II.), dann das auf den Raum bezogene soziale Handeln im Christentum (III.). In einem dritten Schritt betrachte ich den mit Sozialraumorientierung beschreibbaren Perspektivenwechsel kirchlichen und diakonischen Handelns, wie er gegenwärtig an vielen Stellen vollzogen wird (IV.).

2. Der Raumbezug des Christentums

Der Raumbezug des Christentums, der hier nur exemplarisch und in Konzentration auf die Neuzeit gewürdigt werden kann, lässt sich in kirchengeschichtlicher Perspektive auf unterschiedlichen Skalen betrachten. Wenn man die Ökumene, das heißt die gesamte bewohnte Welt, als *unbegrenzten* Raum unberücksichtigt lässt, so kommt als nächste Ebene das Territorium des einzelnen Staates in den Blick. Auf dieser Ebene sind Räumlichkeit und Religion intensiv verbunden. Der neuzeitliche Territorialstaat, so wie wir ihn kennen, entsteht in der frühen Neuzeit im Zusammenhang mit Religion als ein konfessioneller Landesstaat.[6] Staatliche und religiöse Räumlichkeit sind insbesondere im protestantischen Raum intensiv verbunden, wo in der Reformationszeit Landesfürsten als Notbischöfe fungierten und Durchstaatlichung und konfessionelle Durchdringung der Länder, vermittelt über Visitationen und ähnliche Instrumente, Hand in Hand gingen. Die Formel des Augsburger Religionsfriedens von 1555, „cuius regio, eius religio", bringt die Idee einer religiös homogenen Staatlichkeit in klassischer Weise auf den Punkt. Dieser historische Konnex von staatlicher und religiöser Territorialität auf großer Skala bleibt auch nach dem Auseinanderfallen beider im Gefolge des Wiener Kongresses kulturell prägend. Am Ort von Kirche und Diakonie ist er lebendig als eine Form von selbstzugeschriebener Raumzuständigkeit. Für Großbritannien hat Sebastian Schlueter gezeigt, wie aus der staatskirchlichen Tradition auch in einem religiös-pluralen Setting nach wie vor eine

---

[6] Vgl. Press, Volker: Art. Kirche und Staat III. Kirche und Staat in der frühen Neuzeit, in: TRE 18 (1989), 381–386.

Zuständigkeit der Kirche für das gesamte Gemeinwesen erwächst.[7] In Deutschland manifestiert sich dies in den territorial zugeschnittenen Landeskirchen und diakonischen Werken, die zum Teil noch die politisch-territoriale Ordnung vor dem Wiener Kongress spiegeln, jedenfalls aber die politische Landkarte lückenlos abdecken.

Diese traditionelle Raumzuständigkeit wiederholt sich nun auf kleinerer Skala im Parochialprinzip.[8] Zum Teil in direkter Analogie zur vertikalen Gliederung des Staates haben die evangelischen Landeskirchen den Raum in kirchliche Verwaltungsbezirke aufgeteilt, deren unterste Ebene die gemeindlichen Parochien bilden. Ihren vorneuzeitlichen Ursprung hatte die Parochienbildung in der Reaktion auf zwei genuin kirchliche Organisationsbedarfe. Das bischöfliche Aufsichtsrecht über den Sakramentsvollzug, insbesondere über die Taufe, musste delegiert, Einkünfte („Zehnt") mussten verteilt werden. Für beides bot sich die territoriale Gliederung als einfaches Zuordnungsprinzip von Individuen und kirchlicher Organisation an. Im Parochialprinzip konkretisiert sich damit – sowohl auf römisch-katholischer als auch auf evangelisch-landeskirchlicher Seite – die lückenlose Raumzuständigkeit. Eine Parochie wäre auch dann noch kirchlicher Raum, wenn auf diesem Gebiet niemand mehr der Kirche angehören sollte.

Die territoriale Organisation kirchlichen Lebens steht allerdings in der Organisationsgeschichte des Christentums durchgehend in Spannung zu zwei anderen Prinzipien. Da ist zum einen das personale Prinzip: Lebt Religion nicht eigentlich in vertieften interindividuellen Beziehungen statt in einer kontingenten räumlichen Verwaltungszuständigkeit? Diesen Einspruch hat insbesondere der Pietismus erhoben, der gegenüber einer räumlich organisierten klerikalen „Versorgung" auf eine Gemeindebildung von unten, aus religiös-persönlicher Affinität setzte. Auf dieser Spur wird das Parochialprinzip heute insbesondere im städtischen Bereich zunehmend durch die individuell gewählte Selbstzurechnung Einzelner zu einer Gemeinde ergänzt oder ersetzt. Darüber hinaus ist das Modell einer überregionalen Gruppenbildung als vereinskirchliches Modell in Freikirchen, aber auch in landeskirchlichen Gemeinschaften etabliert; auch Moscheegemeinden organisieren sich oftmals als überregionale „Fahrgemeinden" ohne lokalen Raumbezug.

Das zweite Prinzip, das zum Parochialprinzip in Spannung tritt, ist das funktionale. In der Parochie spielt sich dem Anspruch nach kirchliches Leben im Gesamtumfang seiner verschiedenen Bereiche und Handlungsfelder ab. Gottesdienst, Seelsorge, Bildung, Diakonie u. a. haben hier gleichermaßen ihren Ort. Doch dieser Anspruch wird, wenn er überhaupt jemals realisiert war, in der Mo-

---

[7] Vgl. Schlueter, Sebastian: Faith in gentrification. Neighbourhood organisations and urban change in London and Berlin, Diss. HU Berlin, 2017, 43ff.
[8] Vgl. Paarhammer, Hans: Art. Pfarrei I. Römisch-katholisch, in: TRE 26 (1996), 337–347; Winkler, Eberhard: Art. Pfarrei II. Evangelisch, in: TRE 26 (1996), 348–350.

derne zunehmend kontrafaktisch. Die funktionale Ausdifferenzierung der Gesellschaft wiederholt sich am Ort der Kirche. So bildete sich im 19. Jahrhundert eine Vielzahl von spezialisierten christlichen Vereinen, die auf die „Soziale Frage" im Gefolge von Industrialisierung und Urbanisierung reagierten. Krankenpflege, Armenhilfe, Bildung und Ausbildung, Lebensberatung etc. wurden zunehmend realisiert in spezifischen (und selbst noch einmal nach Zielgruppen differenzierten) Organisationsformen, die noch regionale Bezüge haben mochten, sich aber sofort über bestehende territoriale Verwaltungseinheiten hinaus vernetzten und verbanden. So bildeten sich funktionale, auf klar definierte Zwecke gerichtete Strukturen in den und neben den verfassten Kirchen, die bis heute in Spannung zu den parochial organisierten Gemeinden stehen.[9]

Das Parochialprinzip steht also in einer doppelten Spannung zur personalen wie zur funktionalen Organisation kirchlich-religiösen Lebens. Diese Spannungen verstärken sich in Zeiten knapper werdender Finanzierung in dem Maße, wie der mit dem Parochialprinzip verbundene Anspruch, die lückenlose räumliche Zuständigkeit etwa im Bereich der Seelsorge auch tatsächlich untersetzen zu können, nicht mehr eingehalten werden kann. Nichtsdestotrotz ist die räumliche Orientierung an Parochien im römisch-katholischen wie auch im evangelisch-landeskirchlichen Bereich organisatorisch nach wie vor zentral. Unabhängig davon, welche Ressourcen man in einer bestimmten Region tatsächlich hat und auf welche Erwartungen man trifft, schreibt man sich die Zuständigkeit für einen Raum, die dort lebenden Individuen und deren Bedürfnisse zu. Diese Raumzuständigkeit transzendiert das interpersonale Moment, also die Konzentration auf die Gemeinde als Personenverband religiös Gleichgesinnter, ebenso wie die funktionale Ausrichtung auf ausdifferenzierte spezifische Zwecke (etwa diakonischer Organisationen). Insofern dieser Raumbezug lebendig ist, ist er eine wichtige Ressource kirchlich-religiösen Lebens und kirchlich-diakonischer Sozialraumorientierung.

Ich wechsele von der kirchengeschichtlichen zur theologiegeschichtlichen Perspektive. Hier gilt es, den Raumbezug in der *Theologie* für unser Thema zu kartieren. Zunächst ist festzustellen, dass Theologie sich immer schon in der Spezifik der Sozialräume entwickelt hat. Die galiläische Jesusbewegung war ländlich geprägt, während Paulus in den großen Städten des römischen Reiches wirkte. Die lutherische Reformation war zunächst ländlich-kleinstädtisch verortet, die calvinistische spielte hingegen auf der Bühne der großen Stadt.[10] Die räumlichen Kontexte und die ihnen eigenen Vorstellungswelten, Vergemein-

---

[9] Vgl. Kanitz, Juliane u. a.: Religion im urbanen Raum. Neue Stadtquartiere und ihre religiöse Topographie, Bielefeld, i. E.
[10] Von einer „originäre[n] Stadtfeindschaft" von Judentum und Christentum (Benedict, Hans-Jürgen: Suchet der Stadt Bestes. Thesen zu einer praktisch-theologischen Grundlegung gemeinwesenorientierter Arbeit in Kirchengemeinden, in: Lämmlin, Georg / Wegner, Gerhard [Hg.], Kirche im Quartier: Die Praxis. Ein Handbuch, Leipzig 2020, 64–82, 66) wird man daher allgemein nicht sprechen können.

schaftungsformen und Rollenspektren prägen die jeweiligen Theologien.[11] Diese Abhängigkeit von den Sozialräumen kommt spätestens im 19. Jahrhundert zu Bewusstsein, als der Sozialraum selbst als religiöse Herausforderung erscheint: Die moderne Stadt fungiert als verdichtetes Bild für die moderne Gesellschaft und ihre Probleme. Der erwecklich-konservativen Theologie gilt sie als Ort religiöser Anfechtung und Entfremdung, und erst in zweiter Linie auch als Ort der Gotteserfahrung. In der Stadt entscheidet sich das Ringen um die Seelen und um eine christliche Kultur überhaupt. Aus diesem Geist entstehen die großen diakonischen sozialen Aktivitäten.[12]

Seit den 1980er Jahren wird der Raum auch als theologische Kategorie interessant. Überspitzt kann man sagen, dass eine theologische Umstellung von der Zeit zum Raum als zentraler Kategorie religiöser Zeitdiagnostik bzw. Selbstverortung stattfindet. In diesem Zusammenhang wird auch der *spatial turn* der Kulturwissenschaften theologisch rezipiert.[13] Dabei sind es insbesondere vier Aspekte, die die Kategorie des Raumes für eine gegenwärtige Theologie attraktiv machen. Dies ist zum einen das Thema der Pluralität: Der Raum als geordnetes Nebeneinander ermöglicht es, von Homogenitätsprätentionen Abschied zu nehmen und die Gleichzeitigkeit von Verschiedenem zu denken. Was sich in einer Stadt in religiöser Hinsicht auf einem Quadratkilometer abspielt, geht auf keine Kuhhaut.[14] Zum zweiten weist das Thema der Lebenswelt eine Affinität zum Raum auf. In dem Maße, in dem die moderne Gesellschaft als durch hoch ausdifferenzierte, ortlose, versachlichte Prozesse geprägt wahrgenommen wird, richten sich Erwartungen auf eine vorgelagerte Lebenswelt, die das alles in ihrer räumlichen Konkretheit und Übersichtlichkeit zusammenhalten und die darin zugleich die sozialen und materiellen Möglichkeitsbedingungen *religiösen* Lebens bereitstellen soll.[15] Drittens hängt die Kategorie des Raumes mit der der Leiblichkeit zusammen. Im Raum erscheinen Individuen als Körper mit ihrem eigenleiblichen Erleben,[16] in ihren räumlichen Interdependenzen und Verletzlichkeiten,

---

[11] Vgl. Troeltsch, Ernst: Die Soziallehren der christlichen Kirchen und Gruppen, Tübingen 1912.

[12] Vgl. Wichern, Johann Hinrich: Die innere Mission der deutschen evangelischen Kirche. Eine Denkschrift an die deutsche Nation, Hamburg 1849.

[13] Vgl. Jooß, Elisabeth: Raum. Eine theologische Interpretation (Beiträge zur evangelischen Theologie 122), Gütersloh 2005; Beuttler, Ulrich: Gott und Raum – Theologie der Weltgegenwart Gottes (Forschungen zur systematischen und ökumenischen Theologie 127), Göttingen 2010; Beyrich, Tilman: Theosphären. Raum als Thema der Theologie, Leipzig 2011; Cyranka, Daniel / Wrogemann, Henning (Hg.): Religion – Macht – Raum. Religiöse Machtansprüche und ihre medialen Repräsentationen (VWGTh 56), Leipzig 2018; Brunn, Frank / Keller, Sonja (Hg.): Raum. Kirche. Öffentlichkeit. Dynamiken aktueller Präsenz, Leipzig 2019; Karl, Katharina / Winter, Stephan (Hg.): Gott im Raum?! Theologie und spatial turn: aktuelle Perspektiven, Münster 2021.

[14] Programmatisch zu einer Theologie der Stadt vgl. Zarnow 2018.

[15] Vgl. Herrmann, Volker / Horstmann, Martin (Hg.): Wichern drei – gemeinwesendiakonische Impulse (Neukirchener Theologie), Neukirchen-Vluyn 2010, 31.

[16] Vgl. Jooß 2005.

in den Atmosphären religiöser Architekturen sowie mit ihrer ökologischen Einbindung; so ist insbesondere die ökologische Theologie an der Entdeckung des Raumes beteiligt.[17] Schließlich ist es die Verbindung zum Thema der Öffentlichkeit in der Vorstellung von einem öffentlichen Raum, die die Raumkategorie theologisch interessant macht.[18]

Doch auch dieser Raumbezug der Theologie ist nicht spannungsfrei. So sehr der Raum selbst, etwa im utopischen Raum[19] des himmlischen Jerusalem, als religiöses Transzendierungssymbol dienen kann, so sehr sprengt doch Religion wiederum jeden konkreten Raumbezug. Gott lässt sich räumlich ebenso wenig eingrenzen wie religiöse Vergemeinschaftung oder eine religiös gedeutete Verantwortung. Insbesondere die mystische Tradition hat die Raumlosigkeit des Religiösen stark gemacht.[20] Dieser spannungsvolle Raumbezug der Theologie findet wiederum in der kirchlichen Organisation seine Entsprechung, etwa wenn eine Parochialgemeinde durch eine internationale Partnerschaft gezielt ihre eigenen räumlichen Grenzen überschreitet.

3. Raumbezogenes soziales Handeln im Christentum

Soziales Handeln ist dem Christentum von Anfang an eingestiftet. Jesus von Nazareth ist den Evangelien zufolge zunächst als Heiler berühmt geworden. Tragend sind die Motive des Mitgefühls (es „jammerte ihn", Lk 10,32) und der Konkretheit der jeweiligen Bedürfnislage („Was willst Du, dass ich für dich tun soll?", Lk 18,41). Die karitativen Tätigkeiten der frühen Christinnen und Christen auch über die eigenen Kreise hinweg wirkten auf die heidnische Umwelt gleichermaßen anziehend wie irritierend.[21] Die Sozialfürsorge der Antike und des Mittelalters ist geprägt durch Klöster wie durch fromme Stiftungen. Die Reformation bedeutet auch hier einen institutionellen Einschnitt; die gemeindliche und kommunale Sozialfürsorge erhalten von hier aus neue Impulse.[22] Die moderne Diakonie als hochgradig ausdifferenzierte soziale Tätigkeit im christlichen Kontext entsteht im 19. Jahrhundert und entwickelt sich insbesondere nach den Kriegen des 20. Jahrhunderts weiter.

---

[17] Vgl. Timm, Hermann: Das Weltquadrat, Gütersloh 1985; Moltmann, Jürgen: Gott in der Schöpfung. Ökologische Schöpfungslehre, Gütersloh 1985.
[18] Vgl. Brunn / Keller 2019.
[19] Vgl. Marquardt, Friedrich-Wilhelm: Eia, wärn wir da – eine theologische Utopie, Gütersloh 1997.
[20] Vgl. Gerlitz, Peter: Art. Mystik I. Religionsgeschichtlich, in: TRE 23 (1994), 534–547, 539.
[21] Vgl. Schneider, Bernhard: Christliche Armenfürsorge. Von den Anfängen bis zum Ende des Mittelalters, Freiburg u. a. 2017, 45ff.
[22] Vgl. zum Calvinismus etwa de Roest, Henk: Der diakonische Ort Dazwischen, in: Herrmann, Volker / Horstmann, Martin (Hg.), Wichern drei – gemeinwesendiakonische Impulse (Neukirchener Theologie), Neukirchen-Vluyn 2010, 151–160, 159.

Wiederum in starker Schematisierung lassen sich für die moderne innere Mission bzw. Diakonie seit ihrer formativen Phase drei Idealtypen sozialräumlicher Aktivität aufweisen. Das sind zum einen spezifisch organisierte Hilfstätigkeiten, die in den Sozialraum hineinwirken. Innere Mission entsteht in Reaktion auf wahrgenommene lokale Bedarfe, etwa in Gestalt von Hilfsvereinen für gefährdete Knaben oder gefallene Mädchen.[23] So organisiert sich im 19. Jahrhundert eine christliche Zweitstruktur neben den Kirchen. Im frühen 20. Jahrhundert fasst der Vereinsgedanke auch in kirchlichen Gemeinden Fuß, und es bilden sich diakonische Gemeinden. Gemeindeschwestern und Kindergärten, später auch Diakoniestationen werden in der frühen Bundesrepublik zu den Aushängeschildern spezifischen sozialräumlichen Engagements von Kirchengemeinden. Im Zuge der Verrechtlichung und Ausdifferenzierung der Hilfefelder werden diese Aktivitäten zum Teil auf die Ebene größerer kirchlicher Verwaltungseinheiten (Kirchenkreise) verlagert oder gehen in die Trägerschaft diakonischer Einrichtungen und Unternehmen über.

Der zweite Typ sozialräumlicher Aktivität sind die großen Anstalten. Ihre sozialräumliche Ursprungsidee war es, nicht in einen gegebenen Sozialraum hineinzuwirken, sondern selbst Sozialräume zu schaffen. Hinter den Mauern der Anstalten sollten Orte zum Leben entstehen für diejenigen, für die die Industriegesellschaft temporär oder dauerhaft keine Verwendung hatte. Unter der gesellschaftlichen Erwartung des späten 19. Jahrhunderts wie auch des Weimarer Sozialstaats, durch soziale Hilfen Arbeitsfähigkeit herzustellen, teilten sich die Anstalten und die in ihnen organisierten Sozialräume auf in rehabilitative Räume für „Krüppel" und „Versehrte", deren Arbeitskraft man wiederherzustellen hoffte, und in dauerhaft geschlossene Räume für „Epileptische", „Blöde" oder „Sieche", bei denen in der Regel keine Rehabilitationserwartung bestand, die man aber aus ihren Familien ausgliederte, um die Arbeitsfähigkeit der übrigen Familienangehörigen nicht durch Betreuungspflichten zu beeinträchtigen. Anstalten als abgegrenzte Sozialräume, potentiell zuständig für alle Bedarfe der in ihnen Betreuten, sollen, dieser Ursprungsintention nach, Orte zum Leben sein: eine humane Idee, mit den bekannten Problemen totaler Institutionen.[24]

Der dritte Typ sozialräumlicher Aktivität verbindet die auf bestehende Sozialräume ausgerichtete Tätigkeit des Vereins mit der Zweckuniversalität der Anstalten: der entdifferenzierte Hilfsort. Das Paradigma ist die Bahnhofsmission. Sie fungiert nicht als eigener Sozialraum und auch nicht als auf konkrete sozialräumliche Zwecke ausgerichtete Organisation, sondern als sozialräumliche Anlauf- und Auffangstation. Sie leistet erste, unmittelbare Hilfe, verweist Hilfsbedürftige dann in der Regel an andere Angebote innerhalb des ausdifferenzierten Akteursnetzwerks, aber sie dient auch als provisorischer Raum für diejenigen,

---

[23] Vgl. Hammer, Georg-Hinrich: Geschichte der Diakonie in Deutschland, Stuttgart 2013, 127ff.
[24] Vgl. exemplarisch Winkler, Ulrike: Eine Welt für sich. Leben und Arbeiten in der Wichern-Diakonie Frankfurt (Oder) von 1945 bis 1989, Bielefeld 2018.

für die im ausdifferenzierten Spektrum lokaler Hilfen kein passendes Angebot gefunden werden kann.²⁵ Auch Parochialgemeinden fungieren potenziell als solche entdifferenzierten Hilfsorte; eine Funktion, die regelmäßig an den Türen der Pfarrhäuser erfüllt wird, die sich aber auch anlassbezogen, etwa im Kontext der Hilfe für Geflüchtete, aktualisiert.²⁶

Elemente aller drei Typen kommen zusammen in der kirchlichen Gemeinwesenarbeit, in der sich konkrete Hilfeleistungen mit einem auf das Gesamt eines Sozialraums ausgerichteten Gestaltungsanspruch zu einem sozialkulturellen Interventionskonzept verbinden. Ihre Wurzeln hat sie unter anderem in der Settlementbewegung des späten 19. Jahrhunderts, die gegen die soziale Segregation insbesondere in großen Städten anzugehen suchte, indem Besitzende wieder in den Quartieren der Armen ansässig wurden.²⁷ Auf die Arbeit am lokalen Gemeinwesen zielten dann die Ladenkirchen seit den 1950er Jahren, wie auch das kirchliche Engagement im Kontext der großen neuen Trabantenstädte der 1960er Jahre. Diese Arbeit verband sich mit den theoretischen Sozialreformideen von 1968 und trat so in dezidierte Spannung zu traditionellen Auffassungen von Gemeindearbeit. An vielen Stellen kam es zu einer faktischen Trennung von gottesdienstlicher und diakonischer Gemeinde. Im Unterschied zu neueren Konzepten der Sozialraumorientierung (siehe IV.) war Gemeinwesenarbeit tendenziell projektförmig organisiert und maßgeblich von Professionellen getragen.²⁸ Die innergemeindlichen Interessenkonflikte um die Gemeinwesenarbeit führten zu einem Bedeutungsrückgang seit den 1980er Jahren.²⁹

Theologiegeschichtlich kann man wiederum zeigen, dass es für diese Art sozialräumlichen Handelns in der theologischen Moderne eine Vielzahl von Anknüpfungspunkten gibt. Exemplarisch will ich drei nennen und mich dabei an klassischen theologischen Kernbegriffen orientieren. Der erste ist der karitative Kernbegriff des Christentums, der Begriff der Nächstenliebe. Weit mehr als eine fromme Phrase, handelt es sich um einen theologisch vielfach reflektierten und durchdrungenen Begriff. Er steht insbesondere für eine Orientierung am konkreten Individuum in der Situation seiner konkreten Bedürftigkeit.³⁰ Insbesondere in der Tradition der lutherischen Reformation verbindet er sich mit einer Skepsis gegenüber allgemeinen Regeln und handlungsleitenden Strukturen („Gesetz"), die bis zu einer radikalen Situationsethik geführt werden kann. Mit

---

[25] Vgl. Dieckbreder 2016; Karle, Isolde (Hg.): Hilfe kommt zum Zug. Interdisziplinäre Einsichten zur Arbeit der Bahnhofsmission, EvTh Heft 4 (2021).
[26] Vgl. Ohlendorf, David / Rebenstorf, Hilke: Überraschend offen. Kirchengemeinden in der Zivilgesellschaft, Leipzig 2019, 229–231.
[27] Vgl. Götzelmann, Arne: Kirchliche Gemeinwesenarbeit, in: Herrmann, Volker / Horstmann, Martin (Hg.), Wichern drei – gemeinwesendiakonische Impulse (Neukirchener Theologie), Neukirchen-Vluyn 2010, 31–45.
[28] Vgl. Lilie / Loheide 2016, 413.
[29] Vgl. Dieckbreder 2016, 22.
[30] Vgl. Moos, Thorsten: Krankheitserfahrung und Religion, Tübingen 2018, 532ff.

Blick auf die Ethik Martin Luthers hat Trutz Rendtorff zutreffend von einem „christlichen Utilitarismus" gesprochen:[31] Orientierend ist allein das Wohl des jeweiligen Individuums in seiner spezifischen Notlage.[32]

Der zweite Kernbegriff ist der Begriff der Sünde. Er diente im Kontext des sozialen Hilfehandelns immer auch als Theorie der sozialen Bedingtheit individueller Not und der entsprechenden Abhilfe. Das Problem ist, dass es über lange Zeit eine schlechte Theorie war. Im erwecklichen Milieu der formativen Phase moderner Diakonie werden die zeitgenössischen sozialen Verwerfungen auf den kollektiven Abfall vom christlichen Glauben zurückgeführt.[33] Diese Sozialdiagnose machte die frühe Diakonie für sozialstrukturelle Fragen blind. Erst nach dem zweiten Weltkrieg werden soziologische Einsichten in großem Umfang in der Theologie rezipiert, in Deutschland vor allem an den christlich-sozialwissenschaftlichen Instituten in Bochum und Münster.[34] Institutionen und soziale Strukturen, später auch soziokulturelle Milieus kommen in den Blick; aus der letztlich an der individuellen Glaubenshaltung bemessenen Sünde wird eine „strukturelle Sünde", der es auf entsprechender Ebene zu begegnen gelte. Hier findet auch die kirchliche Gemeinwesenarbeit ihren theologischen Anschluss.[35]

Doch die Wahrnehmung von Strukturen ersetzt nie vollständig die Orientierung am Individuum. Hier wirkt der dritte Kernbegriff, eine klassische Pathosformel des modernen Protestantismus, als Korrektiv: der Begriff der Persönlichkeit. Mit ihm verbindet sich die theologische Zurückhaltung gegenüber Sozialtheorien, die vom individuellen Subjekt, seinem Handlungssinn und seiner personalen Freiheit gänzlich abstrahieren. Auch dann, wenn sie in großem Umfang sozialwissenschaftliche Einsichten rezipiert, wird theologische Ethik des 20. und 21. Jahrhunderts klassischerweise handlungstheoretisch, das heißt vom Subjekt aus, formuliert.[36] Das Soziale ist in diesem Sinne immer korrelativ zur Person in ihrer Individualität verstanden. In diesem theologie- wie mentalitätsgeschichtlich wirkmächtigen Motivbündel von Nächstenliebe, Sünde und Persönlichkeit – mithin: konkreter Situation, sozialer Einbettung des Einzelnen und Orientierung an der individuellen Person – liegen wesentliche Anschlusspunkte

---

[31] Rendtorff, Trutz: Art. Ethik VII. Neuzeit, in: TRE 10 (1982), 481–517, 485.
[32] Nach Dethloff, Ricarda: Kirche und Sozialraumorientierung – eine Partnerschaft mit Potential?, in: Lämmlin / Wegner 2020, 52–63, 55 ist die Orientierung am Individuum für die Sozialraumorientierung der Raumorientierung vorgängig.
[33] Vgl. Wichern 1849.
[34] Exemplarisch Wendland, Heinz-Dietrich: Einführung in die Sozialethik, Münster ²1971.
[35] Grundlegend gilt, dass Theorien des Sozialen in Ansätzen der „Sozialraumorientierung" jeweils vorausgesetzt sind (vgl. Dieckbreder 2016, 13). Insofern ist es für einen theologischen Zugang zur Sozialraumorientierung von Bedeutung, nach den Binnentheorien des Sozialen im Kontext von Theologie und Kirche zu fragen.
[36] Vgl. Herms, Eilert: Systematische Theologie, Bd. 3, Tübingen 2017; Rendtorff, Trutz: Ethik, Tübingen ³2011; Körtner, Ulrich: Evangelische Sozialethik, Göttingen ⁴2019; letztlich auch: Fischer, Johannes: Theologische Ethik, Stuttgart u. a. 2002.

für die Sozialraumorientierung in der deutschsprachigen evangelischen Theologie.

4. Der neue Perspektivwechsel der Sozialraumorientierung

Gegenüber den bisher dargestellten raumbezogenen sozialen Aktivitäten in Kirche und Diakonie bedeutet nun Sozialraumorientierung, wie sie heute diskutiert wird, noch einmal einen Perspektivwechsel. Dieser Perspektivwechsel „vom Fall ins Feld"[37] ist vielerorts in vollem Gange; ihn gilt es nun nach seinen wesentlichen Pointen zu skizzieren.[38] Dabei kann die Skizze kurz ausfallen, da die weiteren Beiträge des Bandes auf einzelne Aspekte ausführlich eingehen. Ich gliedere die Darstellung heuristisch nach den bereits benannten fünf Prinzipien der Sozialraumorientierung nach Wolfgang Hinte et al. Nach ihnen orientiert sich sozialräumliche Arbeit (1.) am Willen des Individuums, (2.) am Prinzip einer Aktivierung oder Befähigung vor Betreuung sowie (3.) an den sozialräumlich vorhandenen oder aktivierbaren Ressourcen. Dabei (4.) arbeitet sie zielgruppen- und bereichsübergreifend und (5.) ist bemüht um Vernetzung und Integration der verschiedenen sozialen Dienste. Was bedeutet das einerseits für Kirchengemeinden und andererseits für diakonische Unternehmen?

Kirchengemeinden sind nach dem bisher Dargestellten, wesentlich gemäß dem institutionellen Paradigma, sozialräumlich orientiert. Der Sozialraum, hier zumeist: die Parochie, dient als organisationale Steuerungsgröße. Wenn nun auch das individuelle Paradigma an Bedeutung gewinnt bzw. gewinnen soll, so impliziert das einen Perspektivwechsel vom Anbieter zur Ressource eines Sozialraums. (1.) Hiermit verbunden ist die Akzeptanz des Umstandes, dass Religion für viele einen sekundärinstitutionellen Charakter hat. Es ist gut, dass es so etwas gibt; möglicherweise brauche ich es einmal, aber ich brauche es gerade nicht. Ausgangspunkt ist jedenfalls der Wille des Individuums. (2.) Das Prinzip der Befähigung vor Betreuung übersetzt sich dann in einen Wechsel von der Orientierung an Angeboten, die von Haupt- und Ehrenamtlichen für bestimmte Zielgruppen gestaltet werden, hin zu einem offeneren Raum der Teilhabe für viele. (3.) Dies zumal, als Kirchengemeinden wesentliche Ressourcen bereitstellen, die nicht nur in städtischen Sozialräumen äußerst knapp sind: Sie haben Räume und Personal, Kompetenzen und Vernetzung, und sie sind Ort von Religion, die selbst als Sozialkapital und damit als sozialräumliche Ressource ver-

---

[37] Lilie / Loheide 2016, nach Hinte / Treeß 2014.
[38] Dabei ist es unerheblich, ob dieser Perspektivwechsel unter dem Begriff der Sozialraumorientierung firmiert oder anders benannt wird.

standen werden kann.³⁹ Diese Ressourcen werden gegenwärtig in schmerzlicher Weise knapper, aber sie sind nach wie vor vielerorts schlechthin singulär. Kirche ist potenzieller „place keeper"⁴⁰ im Sozialraum. (4) Zielgruppenübergreifende Aktivitäten sind für Gemeinden relevant, wo es um die Überwindung von ADAC-Mentalität (wir sind für unsere eigenen Mitglieder da) und Milieuverengung (Konzentration auf ein schmales und vergleichsweise homogenes Milieu aus Kerngemeindemitgliedern) geht. (5.) Schließlich bietet das Prinzip der Vernetzung und Integration den Perspektivenwechsel, sich selbst nicht mehr als Platzhirsch mit hegemonialem Anspruch, sondern als Mitspieler in einem pluralen Netzwerk von sozialräumlichen Akteuren unterschiedlichster Provenienz zu verstehen.

Für *diakonische Unternehmen* bedeutet Sozialraumorientierung im Kern einen Perspektivwechsel vom Totalversorger zum modularen Dienstleister und Service-Intermediär.⁴¹ Im Einzelnen lässt sich das in vielfach bereits wohl bekannte und etablierte diakonische Leitorientierungen übersetzen. (1.) Ihren Ausgangspunkt nimmt alle diakonische Arbeit beim Individuum (Personenzentrierung und Dienstleistungsorientierung). (2.) Dabei gilt eine Priorität von Befähigung vor Betreuung, insbesondere in der Form von Deinstitutionalisierung der ehemaligen Anstalten⁴² und Teilhabeorientierung. (3.) Angestrebt werden eine zentrale, wohnortnahe Versorgung und eine Einbeziehung nichtprofessioneller Ressourcen. (4.) Ebenso sind zielgruppen- und bereichsübergreifende Aktivitäten insbesondere dort relevant, wo es um multiple Bedürfnislagen und Intersektionalität geht. (5.) Schließlich wird die Orientierung an Vernetzung und Integration relevant, wenn es um Zugänge für Menschen zu den ausdifferenzierten Netzwerken und Hilfsangeboten in einem/in ihrem Sozialraum geht. Wer schafft bzw. erleichtert solche Zugänge? Diakonie könnte hier zunehmend die Rolle eines Service-Intermediärs einnehmen, der für die verlässliche Vermittlung solcher Hilfsnetzwerke steht.⁴³ Interessant sind in diesem Zusammenhang

---

³⁹ Vgl. Reitz-Dinse, Annegret / Grünberg, Wolfgang: Symbolisches Kapital, in: Herrmann, Volker / Horstmann, Martin (Hg.), Wichern drei – gemeinwesendiakonische Impulse (Neukirchener Theologie), Neukirchen-Vluyn 2010, 104–112.

⁴⁰ Becci, Irene: New religious diversity in Potsdam: keeping, making, and seeking place, in: Zarnow et al. 2018, 101–118.

⁴¹ Holler 2020, 309 nennt „vier strategische Stoßrichtungen (Personenzentrierung leben, Einen auf umfassende Teilhabe ausgerichteten Sozialraum entwickeln, Sozialraumorientiert managen, Finanzierung sozialraumorientierter Leistungen sicherstellen)".

⁴² Gerade mit der Deinstitutionalisierung in der Diakonie seit den 1990er Jahren kommt der Sozialraum in den Blick der ehemaligen Anstalten. Hier haben Hephata (Mönchengladbach) und Alsterdorf (Hamburg) eine Vorreiterrolle (vgl. Benedict 2020, 70).

⁴³ Vgl. Eurich, Johannes u. a.: Kooperation oder Konkurrenz im Sozialraum. Zum Entstehen neuer Versorgungsnetzwerke diakonischer Träger im Bereich ambulanter Altenpflege, in: Lange, Joachim (Hg.), Mehr Gesundheit wagen. Gesundheitsregionen als Zukunftstreiber für Lebensqualität, gute Arbeit und nachhaltiges Wachstum? (Loccumer Protokolle Wirtschaft, Soziales 2019, 10), Rehburg-Loccum 2020, 42–65.

gemeinsame Projekte von diakonischen Unternehmen und Kirchengemeinden, wie sie etwa in Hamburg Alsterdorf durchgeführt werden.[44]

Vieles von dem hier Genannten ist im gemeindlichen wie im diakonischen Kontext keineswegs neu. „Sozialraumorientierung" fasst verschiedene bestehende Tendenzen in der Entwicklung von Gemeinden und diakonischen Unternehmen zusammen. Allerdings zeigen sich dabei große Unterschiede und Ungleichzeitigkeiten. Auch lässt sich keine einlinige und unumkehrbare Teleologie in Richtung Sozialraumorientierung feststellen. Es gibt auch gegenläufige Tendenzen. In dem Maße, wie kirchliche Ressourcen knapper und, gerade in Städten, Parochial- zu Personalgemeinden werden, tritt potenziell wiederum eine Mitgliederorientierung in den Vordergrund. Im Bereich der Diakonie erschwert es die i. W. staatliche Refinanzierung, in Situationen zu agieren, die quer zu den einzelnen Sozialgesetzbüchern stehen. Auch die vom Gesetzgeber gewollte Zunahme ökonomischer Steuerungsansätze im Sozial- und Gesundheitswesen führt in verschiedenen Hilfefeldern zu einer Segmentierung diakonischer Leistungen,[45] die einer sozialräumlichen Vernetzung verschiedener Ressourcen und Akteure entgegensteht. Konzentrationsprozesse im Gesundheitswesen, insbesondere im Klinikbereich, führen zu einer Entfernung von Ressourcen aus den Sozialräumen. Mit Blick auf solche Tendenzen fungiert „Sozialraumorientierung" nicht als Beschreibung kirchlicher oder diakonischer Wirklichkeit denn als Problematisierungsformel.

Auf theologischer Seite seien hier wiederum einige Anschlüsse kurz und summarisch genannt. Zum einen nehmen verschiedene kirchliche und diakonische Papiere die Konzepte von Gemeinwesen- und Sozialraumorientierung allgemein auf.[46] Im diakoniewissenschaftlich-theologischen Bereich hat Theodor Strohm das unter dem Stichwort „Wichern drei" zum Thema gemacht.[47] Programmatisch hat Gerhard Wegner den Sozialraum im Anschluss an entsprechende Konzepte für Kirchengebäude als „Kraftfeld des Geistes" zu verstehen versucht;[48] ähnlich konzipieren Maria Loheide und Ulrich Lilie den Sozialraum als „Erfahrungsraum der Gegenwart Gottes" und folgern daraus für die Diakonie:

---

[44] Vgl. Lämmlin / Wegner 2020; Eurich u. a. 2020.
[45] Exemplarisch für die ambulante Pflege vgl. Slotala, Lukas: Ökonomisierung der ambulanten Pflege, Wiesbaden 2011.
[46] Vgl. Evangelische Kirche in Deutschland, Herz und Mund und Tat und Leben. EKD-Denkschrift Nr. 143, Hannover u. a. 1998; Diakonisches Werk der Evangelischen Kirche in Deutschland (Hg.): Handlungsoption Gemeinwesendiakonie. Die Gemeinschaftsinitiative Soziale Stadt als Herausforderung und Chance für Kirche und Diakonie (Diakonie-Texte Positionspapier 2007, 12), Leinfelden-Echterdingen 2007.
[47] Strohm, Theodor: Wichern drei. Die neue Kultur des Sozialen, ZEE 42 (1998), 171–175; vgl. Herrmann / Horstmann 2010.
[48] Lämmlin / Wegner 2020, 36 mit Wegner, Gerhard: Kraftfelder des Geistes. Zu Genese und Geltung christlicher Sozialethik, in: ders., Transzendentaler Vertrauensvorschuss, Leipzig 2019, 215–272.

„Ihr Auftrag ist die konsequente Umsetzung der [Sozialraumorientierung, T. M.] in ihrer Arbeit."⁴⁹

Näherhin lassen sich theologische Affinitäten zu allen fünf Hinte'schen Prinzipien aufzeigen. (1.) Der Ausgangspunkt beim Willen des Individuums schließt an an die oben entfalteten theologischen Kernbegriffe von Nächstenliebe und Persönlichkeit.⁵⁰ (2.) Hinsichtlich des Prinzips von Aktivierung vor Betreuung ist an die Theologiegeschichte von Begriffen wie Inklusion und Empowerment zu erinnern.⁵¹ (3.) Das Prinzip der Ressourcenorientierung ist besser als im Protestantismus in der katholischen Soziallehre verankert. Der Begriff der Subsidiarität, also der Vorrangigkeit der jeweils kleineren sozialen Einheit in der Hilfeleistung, ist dort intensiv entfaltet und in der Folge auch protestantisch rezipiert worden.⁵² Konkret ist dieser Gedanke insbesondere in das Konzept der *Caring Communities* eingeflossen.⁵³ Auf grundlegenderer Ebene ist zu verweisen auf die auch protestantisch gut verankerte Einsicht in die Relationalität jeglicher individuellen Existenz, die in ihren Beziehungen lebt und wahrgenommen werden muss. (4.) Das Interesse an zielgruppen- und bereichsübergreifenden Prozessen vor Ort ist theologisch vor allem über das bereits angesprochene Konzept des öffentlichen Raumes⁵⁴ anschlussfähig. (5.) Das Paradigma des Netzwerks ist gerade in jüngerer Zeit für die Kirchentheorie systematisch fruchtbar gemacht worden.⁵⁵

Allerdings verhält sich Theologie nicht durchweg affirmativ zu den genannten Prinzipien. Jeweils finden sich Zurückhaltung und Kritik, die es für eine weitere Auseinandersetzung mit der Sozialraumorientierung im Blick zu behalten gilt. (1.) Gegen einen unbedingten Ausgangspunkt beim Willen des Individuums ist mit der neueren Diskussion um Autonomie und Selbstbestimmung⁵⁶ zu fragen, ob eine radikale Fokussierung auf das Selbstbestimmungsparadigma, die eman-

---

⁴⁹ Lilie / Loheide 2016, 413.
⁵⁰ Für einen theologischen Anschluss an den Begriff der Dienstleistung vgl. Moos, Thorsten: Segensdienstleistungen. Über die Kirche als Unternehmen, in: ders.: Diakonische Ethik, Stuttgart 2023, 63–71.
⁵¹ Vgl. Bach, Ulrich: Ohne die Schwächsten ist die Kirche nicht ganz. Bausteine einer Theologie nach Hadamar, Neukirchen-Vluyn 2006; Eurich, Johannes (Hg.): Behinderung. Profile inklusiver Theologie, Diakonie und Kirche, Stuttgart 2014; Holler 2020; Witten, Ulrike: Inklusion und Religionspädagogik. Eine wechselseitige Erschließung, Stuttgart 2021.
⁵² Vgl. Gabriel, Karl: Subsidiarität, in: ders. / Hans-Richard Reuter (Hg.), Religion und Wohlfahrtsstaatlichkeit in Deutschland, Tübingen 2017, 363–395.
⁵³ Vgl. Klie, Thomas: Caring Community. Auf dem Weg in eine sorgende Gemeinschaft, in: Zimmermann, Harm-Peer u. a. (Hg.), Kulturen des Alterns. Plädoyers für ein gutes Leben bis ins hohe Alter, Frankfurt 2016, 269–286.
⁵⁴ Vgl. Brunn / Keller 2019.
⁵⁵ Vgl. Roleder, Felix: Die relationale Gestalt von Kirche. Der Beitrag der Netzwerkforschung zur Kirchentheorie, Stuttgart 2020.
⁵⁶ Vgl. Mackenzie, Catriona / Stoljar, Natalie (Hg.): Relational autonomy. Feminist Perspectives on Autonomy, Agency, and the Social Self, New York, NY 2000.

zipativ gemeint ist, tatsächlich auch auf längeren Strecken emanzipativ bleibt oder doch für bestehende Abhängigkeiten und Machtverhältnisse blind ist. (2) Dasselbe gilt für das Prinzip von Aktivierung vor Betreuung. Am Aktivierungsparadigma etwa des Caring-Communities-Konzepts und seiner Nähe zu neoliberalen Reformideen ist Kritik geübt worden.[57] Wie steht es demgegenüber um die Legitimität von Lebensmodellen, die gerade nicht auf Aktivität ausgerichtet sind? (3.) Entsprechend handelt es sich bei der Ressourcenorientierung offenkundig um ein sozialstaatliches Sparprogramm, das auch als solches diskutiert und auf seine Grenzen befragt werden muss. (4., 5.) Generell ist gegenüber einer sozialräumlichen Indienstnahme kirchlichen Handelns darauf hingewiesen worden, dass Religion eben nicht in ihrer sozialraum-, dienstleistungs- und vernetzungsorientierten Funktion und Organisation aufgeht.[58] Es gibt eine eigene Rationalität religiöser Vergemeinschaftung,[59] die sich nicht darin erschöpft, eine sozialräumliche Ressource zu bieten. Insgesamt können diese kritischen Anmerkungen zu einer heilsamen Relativierung des Sozialraumparadigmas insbesondere für die Kirche führen. Es handelt sich nicht um die neue Zauberformel, die die kirchlichen Herausforderungen der Gegenwart insgesamt zu lösen imstande wäre. Zugleich aber, das haben die oben genannten theologischen Affinitäten gezeigt, ist Sozialraumorientierung nicht ein bloß Äußerliches, das mit christlichen Kernbeständen nichts zu tun hätte.

5. Fazit

Insgesamt lässt sich feststellen, dass es im Bereich der evangelischen Landeskirchen und der Diakonie eine Vielzahl von organisationalen und theologischen Ressourcen der Sozialraumorientierung gibt. Am stärksten etabliert ist das institutionelle Paradigma von Sozialraumorientierung, also die Ausrichtung kirchlichen und diakonischen Handelns auf einen bestimmten Raum in seiner Sozialität und Materialität. Die Rede von Sozialraumorientierung kann an dieser Stelle als heuristische Wahrnehmungshilfe dienen, um diakonisch-kirchliche Wirklichkeit unter einer bestimmten Perspektive neu in den Blick zu nehmen.

Hinsichtlich des individuellen Paradigmas der Sozialraumorientierung muss der Befund differenzierter ausfallen. Der in Abschnitt IV. beschriebene Perspektivwechsel ist gerade in Kirchengemeinden in sehr unterschiedlicher Form und Intensität realisiert. An dieser Stelle vor allem dürfte das innovative Potenzial von Sozialraumorientierung aufzufinden sein. Dabei geht es um die Wahrneh-

---

[57] Vgl. Dyk, Silke van / Haubner, Tine: Community-Kapitalismus, Hamburg 2021.
[58] So wendet sich Dethloff gegen eine „Beliebigkeit eines gesellschaftlichen Service-Dienstleisters" (Dethloff 2020, 54) und bezieht Sozialraumorientierung vorrangig auf die Gemeinde selbst.
[59] Vgl. Lämmlin / Wegner 2020, 34.

mung von Chancen kirchlichen Lebens vor Ort, um die Veränderung von Organisationskulturen, Praktiken und Leitvorstellungen des Kircheseins, aber auch um die Behebung eines Defizits in der Theorie religiöser sozialer Dienstleistungen. Wenn versucht wird, alles kirchliche Handeln unter „Kommunikation des Evangeliums"[60] oder ähnlichen theologischen Generalformeln zu subsummieren, besteht die Gefahr, eine zu enge Bestimmung des kirchlichen Kerngeschäfts vorzunehmen, die einen freien, christlich-utilitaristischen Blick auf den Sozialraum verhindert. Sozialraumorientierung kann in diesem Fall als Korrektiv gegen zu enge Vorstellungen von Kirchlichkeit dienen.

Nichtsdestotrotz verhält sich Religion zu ihrer sozialräumlichen Einbindung immer auch spröde. Sie transzendiert begrenzte Räume, individuelles Wollen, professionelles Handeln und letztlich auch die Logik von Bedarf und Ressource. Sozialraumorientierung ist damit nicht die universale Zielvorgabe für eine zukunftsfähige Kirche. Sie ist auch nicht die Nacht, in der alle Katzen grau werden, sondern eine konkrete, begrenzte Heuristik für die Rolle religiöser Akteure in den materiellen und sozialen Geweben ihrer räumlichen Umgebungen. Als solche vermag sie die Frage nach gültigen Orientierungen für die Gestaltung von Kirche und Diakonie unter den Herausforderungen der Gegenwart eher zu öffnen als zu beantworten.

Literatur

Bach, Ulrich: Ohne die Schwächsten ist die Kirche nicht ganz. Bausteine einer Theologie nach Hadamar, Neukirchen-Vluyn 2006.
Baum, Detlef: Soziale Arbeit, in: Eckardt, Frank (Hg.), Handbuch Stadtsoziologie, Wiesbaden 2012, 571–591.
Becci, Irene: New religious diversity in Potsdam: keeping, making, and seeking place, in: Zarnow et al. 2018, 101–118.
Benedict, Hans-Jürgen: Suchet der Stadt Bestes. Thesen zu einer praktisch-theologischen Grundlegung gemeinwesenorientierter Arbeit in Kirchengemeinden, in: Lämmlin, Georg / Wegner, Gerhard (Hg.), Kirche im Quartier: Die Praxis. Ein Handbuch, Leipzig 2020, 64–82.
Bethel zum BTHG, Sozialraum und Sozialraumorientierung in der Eingliederungshilfe, Bielefeld 2018.
Beuttler, Ulrich: Gott und Raum – Theologie der Weltgegenwart Gottes (Forschungen zur systematischen und ökumenischen Theologie 127), Göttingen 2010.
Beyrich, Tilman: Theosphären. Raum als Thema der Theologie, Leipzig 2011.
Blumenberg, Hans: Die Legitimität der Neuzeit, Erneuerte Ausgabe, Frankfurt a. M. ^{2}1999.
Brunn, Frank: Öffentlichkeit und Räumlichkeit – zwei anthropologische Dimensionen der Ekklesiologie, in: Brunn, Frank / Keller, Sonja (Hg.), Raum. Kirche. Öffentlichkeit. Dynamiken aktueller Präsenz, Leipzig 2019, 145–172.
Brunn, Frank / Keller, Sonja (Hg.): Raum. Kirche. Öffentlichkeit. Dynamiken aktueller Präsenz, Leipzig 2019.

---

[60] So Lämmlin / Wegner 2020, 24 im Anschluss an Grethlein.

Coenen-Marx, Cornelia: Kirche gibt Raum – Aufbau im Umbruch, https://www.seele-und-sorge.de/?page_id=4061 (abgerufen am 26.04.2022).

Cyranka, Daniel / Wrogemann, Henning (Hg.): Religion – Macht – Raum. Religiöse Machtansprüche und ihre medialen Repräsentationen (VWGTh 56), Leipzig 2018.

Dethloff, Ricarda: Kirche und Sozialraumorientierung – eine Partnerschaft mit Potential?, in: Lämmlin, Georg / Wegner, Gerhard (Hg.), Leipzig 2020, 52–63.

Deutscher Caritasverband: Solidarität im Gemeinwesen. Eckpunkte zur Sozialraumorientierung in der Caritasarbeit, in: neue Caritas (2013).

Diakonie Deutschland u. a. (Hg.): Kirche als zivilgesellschaftlicher Akteur in Netzwerken der Stadtentwicklung. Erfahrungen – Handlungsempfehlungen – Perspektiven (Kirche findet Stadt), Berlin 2013.

Diakonisches Werk der Evangelischen Kirche in Deutschland (Hg.): Handlungsoption Gemeinwesendiakonie. Die Gemeinschaftsinitiative Soziale Stadt als Herausforderung und Chance für Kirche und Diakonie (Diakonie-Texte Positionspapier 2007, 12), Leinfelden-Echterdingen 2007.

Dieckbreder, Frank / Dieckbreder-Vedder, Sarah (Hg.): Das Konzept Sozialraum: Vielfalt, Verschiedenheit und Begegnung. Soziale Arbeit lernen am Beispiel Bahnhofsmission, Göttingen 2016.

Dyk, Silke van / Haubner, Tine: Community-Kapitalismus, Hamburg 2021.

Eurich, Johannes (Hg.): Behinderung. Profile inklusiver Theologie, Diakonie und Kirche, Stuttgart 2014.

Eurich, Johannes u. a.: Kooperation oder Konkurrenz im Sozialraum. Zum Entstehen neuer Versorgungsnetzwerke diakonischer Träger im Bereich ambulanter Altenpflege, in: Lange, Joachim (Hg.), Mehr Gesundheit wagen. Gesundheitsregionen als Zukunftstreiber für Lebensqualität, gute Arbeit und nachhaltiges Wachstum? (Loccumer Protokolle Wirtschaft, Soziales 2019, 10), Rehburg-Loccum 2020, 42–65.

Evangelische Kirche in Deutschland: Herz und Mund und Tat und Leben. EKD-Denkschrift Nr. 143, Hannover u. a. 1998.

Fischer, Johannes: Theologische Ethik, Stuttgart u. a. 2002.

Franz, Hans-Werner / Kaletka, Christoph: Soziale Innovationen lokal gestalten (Sozialwissenschaften und Berufspraxis), Wiesbaden 2018.

Gabriel, Karl: Subsidiarität, in: ders. / Hans-Richard Reuter (Hg.), Religion und Wohlfahrtsstaatlichkeit in Deutschland, Tübingen 2017, 363–395.

Gerlitz, Peter: Art. Mystik I. Religionsgeschichtlich, in: TRE 23 (1994), 534–547.

Götzelmann, Arne: Kirchliche Gemeinwesenarbeit, in: Herrmann, Volker / Horstmann, Martin (Hg.), Wichern drei – gemeinwesendiakonische Impulse (Neukirchener Theologie), Neukirchen-Vluyn 2010, 31–45.

Hammer, Georg-Hinrich: Geschichte der Diakonie in Deutschland, Stuttgart 2013.

Helbich, Peter u. a.: Die soziale Arbeit der Kirche. Ein Diakonie-Lexikon, Gütersloh 1982.

Herms, Eilert: Systematische Theologie, Bd. 3, Tübingen 2017.

Herrmann, Volker / Horstmann, Martin (Hg.): Wichern drei – gemeinwesendiakonische Impulse (Neukirchener Theologie), Neukirchen-Vluyn 2010.

Hinte, Wolfgang: „Zehn Gebote" für sozialräumliche Arbeit, in: Lämmlin, Georg / Wegner, Gerhard (Hg.), Kirche im Quartier: Die Praxis. Ein Handbuch, Leipzig 2020, 41–51.

Hinte, Wolfgang / Treeß, Helga: Sozialraumorientierung in der Jugendhilfe. Theoretische Grundlagen, Handlungsprinzipien und Praxisbeispiele einer kooperativen-integrativen Pädagogik, Weinheim ³2014.

Holler, Martin: Inklusion und strategische Sozialraumorientierung, Dissertation, Heidelberg 2020.

Holler, Martin: Mit-Gestaltung inklusiver Sozialräume in der Arbeit mit Menschen mit Behinderung (Veröffentlichungen des Diakoniewissenschaftlichen Instituts an der Universität Heidelberg 64), Leipzig 2021.

Horstmann, Martin / Neuhausen, Elke: Mutig mittendrin. Gemeinwesendiakonie in Deutschland (eine Studie des Sozialwissenschaftlichen Instituts der EKD) (SI Konkret 2), Münster 2010.

Jooß, Elisabeth: Raum. Eine theologische Interpretation (Beiträge zur evangelischen Theologie 122), Gütersloh 2005.

Kanitz, Juliane u. a.: Religion im urbanen Raum. Neue Stadtquartiere und ihre religiöse Topographie, Bielefeld, i. E.

Karl, Katharina / Winter, Stephan (Hg.): Gott im Raum?! Theologie und spatial turn: aktuelle Perspektiven, Münster 2021.

Karle, Isolde (Hg.): Hilfe kommt zum Zug. Interdisziplinäre Einsichten zur Arbeit der Bahnhofsmission, EvTh Heft 4 (2021).

Klie, Thomas: Caring Community. Auf dem Weg in eine sorgende Gemeinschaft, in: Zimmermann, Harm-Peer u. a. (Hg.), Kulturen des Alterns. Plädoyers für ein gutes Leben bis ins hohe Alter, Frankfurt 2016, 269–286.

Körtner, Ulrich: Evangelische Sozialethik, Göttingen ⁴2019.

Lämmlin, Georg / Wegner, Gerhard (Hg.): Kirche im Quartier: Die Praxis. Ein Handbuch, Leipzig 2020.

Lilie, Ulrich / Loheide, Maria: Art. Sozialraumorientierung, in: Friedrich, Norbert u. a. (Hg.), Diakonielexikon, Göttingen 2016, 411–414.

Mackenzie, Catriona / Stoljar, Natalie (Hg.): Relational autonomy. Feminist Perspectives on Autonomy, Agency, and the Social Self, New York, NY 2000.

Marquardt, Friedrich-Wilhelm: Eia, wärn wir da – eine theologische Utopie, Gütersloh 1997.

Ministerium für Bauen, Wohnen, Stadtentwicklung und Verkehr des Landes Nordrhein-Westfalen u. a. (Hg.): Kirche als Akteur in der Stadt- und Quartiersentwicklung in Nordrhein-Westfalen. Potenziale und Strategien für zukunftsfähige Quartiere (Kirche findet Stadt), Düsseldorf 2014.

Moos, Thorsten: Krankheitserfahrung und Religion, Tübingen 2018.

Moos, Thorsten: Segensdienstleistungen. Über die Kirche als Unternehmen, in: ders.: Diakonische Ethik, Stuttgart 2023, 63–71.

Moltmann, Jürgen: Gott in der Schöpfung. Ökologische Schöpfungslehre, Gütersloh 1985.

Noller, Annette: Art. Gemeinwesenarbeit, in: Diakonie-Lexikon (2016), 188–189.

Noller, Annette: Art. Gemeinwesendiakonie, in: Diakonie-Lexikon (2016), 189–190.

Nothelle-Wildfeuer, Ursula: Art. Gemeinwohlorientierung, in: Diakonie-Lexikon (2016).

Ohlendorf, David / Rebenstorf, Hilke: Überraschend offen. Kirchengemeinden in der Zivilgesellschaft, Leipzig 2019.

Paarhammer, Hans: Art. Pfarrei I. Römisch-katholisch, in: TRE 26 (1996), 337–347.

Potz, Petra: Kirche findet Stadt, in: neue Caritas. Jahrbuch (2017), 138–143.

Potz, Petra: Kirche findet Stadt. Zusammenleben im Quartier (Neue Partnerschaften für soziale Gestaltungsprozesse im Gemeinwesen), in: RaumPlanung. Fachzeitschrift für räumliche Planung und Forschung 197 (2018), 18–22.

Potz, Petra: Kirche findet Stadt – Zusammenleben im Quartier. Entwicklungspartnerschaften für eine soziale Stadtentwicklung, in: Planerin (2018), 34–36.

Press, Volker: Art. Kirche und Staat III. Kirche und Staat in der frühen Neuzeit, in: TRE 18 (1989), 381–386.

Reitz-Dinse, Annegret / Grünberg, Wolfgang: Symbolisches Kapital, in: Herrmann, Volker / Horstmann, Martin (Hg.), Wichern drei – gemeinwesendiakonische Impulse (Neukirchener Theologie), Neukirchen-Vluyn 2010, 104–112.

Rendtorff, Trutz: Art. Ethik VII. Neuzeit, in: TRE 10 (1982), 481–517.

Rendtorff, Trutz: Ethik, Tübingen ³2011.

Roest, Henk de: Der diakonische Ort Dazwischen, in: Herrmann, Volker / Horstmann, Martin (Hg.), Wichern drei – gemeinwesendiakonische Impulse (Neukirchener Theologie), Neukirchen-Vluyn 2010, 151–160.

Roleder, Felix: Die relationale Gestalt von Kirche. Der Beitrag der Netzwerkforschung zur Kirchentheorie, Stuttgart 2020.

Schlueter, Sebastian: Faith in gentrification. Neighbourhood organisations and urban change in London and Berlin, Diss. HU Berlin, 2017.

Schneider, Bernhard: Christliche Armenfürsorge. Von den Anfängen bis zum Ende des Mittelalters, Freiburg u. a. 2017.

Simmel, Georg: Die Großstädte und das Geistesleben (1903), Frankfurt a. M. 2006.

Slotala, Lukas: Ökonomisierung der ambulanten Pflege, Wiesbaden 2011.

Sozialkontor gGmbH u. a.: Unsere fachlichen Leitplanken in der sozialraumorientierten Eingliederungshilfe, https://www.q-acht.net/qplus/downloads/2020/2019-Fachliche-Leitplanken-in-der-sozialraeumorentierten-EGH.neu.pdf (abgerufen am 26.04.2022).

Spörke, Michael: Die behindernde/behinderte Stadt, in: Eckardt, Frank (Hg.), Handbuch Stadtsoziologie, Wiesbaden 2012, 745–774.

Strohm, Theodor: Wichern drei. Die neue Kultur des Sozialen, ZEE 42 (1998), 171–175.

Timm, Hermann: Das Weltquadrat, Gütersloh 1985.

Troeltsch, Ernst: Die Soziallehren der christlichen Kirchen und Gruppen, Tübingen 1912.

Wegner, Gerhard: Kraftfelder des Geistes. Zu Genese und Geltung christlicher Sozialethik, in: ders., Transzendentaler Vertrauensvorschuss, Leipzig 2019, 215–272.

Wegner, Gerhard: Zur Inszenierung des Christlichen im Sozialraum, in: Schlegel, Thomas / Reppenhagen, Martin (Hg.), Kirche in der Diaspora. Bilder für die Zukunft der Kirche. Festschrift zu Ehren von Michael Herbst, Leipzig 2021, 191–210.

Wendland, Heinz-Dietrich: Einführung in die Sozialethik, Münster ²1971.

Wichern, Johann Hinrich: Die innere Mission der deutschen evangelischen Kirche. Eine Denkschrift an die deutsche Nation, Hamburg 1849.

Winkler, Eberhard: Art. Pfarrei II. Evangelisch, in: TRE 26 (1996), 348–350.

Winkler, Ulrike: Eine Welt für sich. Leben und Arbeiten in der Wichern-Diakonie Frankfurt (Oder) von 1945 bis 1989, Bielefeld 2018.

Witten, Ulrike: Inklusion und Religionspädagogik. Eine wechselseitige Erschließung, Stuttgart 2021.

Zarnow, Christopher u. a. (Hg.): Religion in der Stadt. Räumliche Konfigurationen und theologische Deutungen (Theologisches Labor Berlin 1), Berlin 2018.

Ingolf Hübner

Gemeinwesenorientierung zwischen Vision und Suggestion

Gemeinwesenorientierung ist wie Sozialraumorientierung ein Kofferbegriff. So ansprechend sie auf den ersten Blick sind, so schillernd sind sie. Sie sind kaum quantitativ zu durchdringen und schwer operationalisierbar. Ganz allgemein stehen Gemeinwesen und Sozialraum für eine soziale Umgebung, in der Menschen agieren, die ihre Verhaltensweisen bestimmt, die ihnen Potentiale eröffnet, aber auch Grenzen setzt. Mit dieser begrifflichen Unschärfe ist verbunden, dass sie durch unterschiedliche Beobachtungen und Widersprüchlichkeiten charakterisiert sind. Einerseits stehen Gemeinwesen und Sozialraum für einen selbstverständlichen Kontext alltäglichen Denkens, Kommunizierens und Handelns. Andererseits implizieren sie einen auf Gestaltung bezogenen Anspruch auf das Gemeinsame und die Norm einer Sozialität, in der Menschen sich konstruktiv und bejahend aufeinander beziehen. Aber auch innerhalb der deskriptiven und normativen Felder sind sie durch verschiedene, teilweise gegenläufige Konzepte charakterisiert.

In vielen theologischen und diakoniewissenschaftlichen Diskussionen[1] und erst recht in programmatischen Texten von Kirche und Diakonie[2] wird bei Ansätzen zur fachlichen Qualifikation der Begriffe stark auf die Ebene vorwissenschaftlicher Selbstverständlichkeit und auf den Begriff der Lebenswelt zurückgegriffen. Das hat zur Folge, dass teilweise sehr verschiedene Ansätze, Projekte und Initiativen unter das Label der Gemeinwesenorientierung subsumiert werden.

Ausgangspunkt der folgenden Untersuchung ist der Befund, dass die Wirkungen und die Nachhaltigkeit bei einer von vielen Seiten getragenen Bejahung der Ansätze einer gemeinwesen- oder sozialraumorientierten Arbeit oft projekt-

---

[1] Bspw. Borck, Sebastian / Giebel, Astrid u. a. (Hg.): Wechselwirkungen im Gemeinwesen. Kirchlich-diakonische Diskurse in Norddeutschland, Berlin 2016; Lämmlin, Georg / Wegner, Gerhard (Hg.): Kirche im Quartier: Die Praxis. Ein Handbuch, Leipzig 2020.

[2] Bspw. Geht hin – Sozialraum- und Gemeinwesenorientierung der Kirche auf dem Land: 4. Land-Kirchen-Konferenz der EKD, 20. bis 22. September 2018, Evangelisches Bildungs- und Tagungszentrum Bad Alexandersbad, epd-Dokumentation Nr. 14, 2019; Diakonie Deutschland, Kirche und Diakonie in der Nachbarschaft. Neue Allianzen im ländlichen Raum, Diakonie Texte 05.2016.

abhängig und begrenzt bleiben. So stellen Karen Haubenreisser und Armin Oertel fest: „Die Einschätzung, man könnte in relativ kurzer Zeit Strukturen entwickeln, die sich von selbst tragen, lässt sich nach den bisherigen Erfahrungen nicht bestätigen. Zugleich erfordern die sozialräumlichen Entwicklungen zeitliche Ressourcen, die insbesondere kleineren Institutionen und Trägern kaum zur Verfügung stehen und die in den Regelstrukturen nicht vorgesehen sind. Vergleichbare Programme sind häufig auf drei Jahre oder weniger begrenzt – zu kurz, um nachhaltige Quartiersprozesse gestalten zu können."[3] Diesen Befund gilt es zu erklären: Welche Faktoren stehen einer breiteren Umsetzung bei kirchlichen und diakonischen Einrichtungen und Trägern entgegen? Wie können Netzwerke im Sozialraum entstehen, die von vielen Seiten unterstützt und getragen werden? Welche Hemmnisse gibt es bei Organisationen?

1. Ausgangspunkte

„Der Gebrauch von ‚Gemeinwesen' bewegt sich zwischen lokaler und religiöser Gemeinde, zwischen Gemeinschaft und Gesellschaft, zwischen geographischem Ort und sozialen Beziehungen."[4] In dieser Unbestimmtheit wird das Gemeinwesen nicht selten mit einem Stadtteil, einem Quartier oder einem Dorf gleichgesetzt. Allerdings ist ein Gemeinwesen nicht als Territorium zu fassen. Im Gegenteil, eine räumliche Fassung suggeriert eine Homogenität, die die plurale, heterogene und in vielen Fällen widersprüchliche Verfassung von Gemeinwesen sowie die unterschiedlichen Interessen der Menschen ausblendet.

Auch der Ersatz des Begriffs des Gemeinwesens durch den des Sozialraums muss mit den gleichen Schwierigkeiten umgehen. Zwar wird der Sozialraum in der Sozialraum-Diskussion der Sozialen Arbeit als uneinheitlicher, vielfältiger und heterogener Raum gefasst[5], aber in seiner subjektiven Konstruktion, mit der Frage nach dem Wie der Gestaltung subjektiver Lebenswelten und ihrer Strukturierung verweist auch der Sozialraum auf eine von verschiedenen Menschen geteilte Lebenswelt. Gemeinwesen, Sozialraum und Lebenswelt scheinen wie Auffangbecken zu sein, deren Gegenständlichkeit für die Menschen schlicht selbstverständlich ist, die aber begrifflich offen bleiben.

Wenn sich kirchliche und diakonische Arbeit programmatisch auf das Gemeinwesen, den Sozialraum oder die Lebenswelt bezieht, steht sie in der Tradition des Wechsels von der Komm- zur Geh-Struktur. Allerdings geht es um mehr

---

[3] Haubenreisser, Karen / Oertel, Armin: Q8 – Quartiere bewegen, in: Borck, Sebastian, Giebel, Astrid u. a. (Hg.), Wechselwirkungen im Gemeinwesen, Berlin 2016, 275–287, 285f.
[4] Stövesand, Sabine, Art. Gemeinwesenarbeit, https://www.socialnet.de/lexikon/Gemeinwesenarbeit, abgerufen 1.3.2022.
[5] Reutlinger, Christian: Sozialraum, in: Graßhoff, Gunter / Renker, Anna u. a. (Hg.), Soziale Arbeit. Eine elementare Einführung, Wiesbaden 2018, 605–618, 605.

als eine verbesserte Ausformung der Geh-Struktur. In gewisser Weise soll ein Positionswechsel stattfinden, indem nicht mehr von eigenen Strukturen oder Motivationen her gedacht und gearbeitet wird. Wenn die Menschen mit ihrer Lebensumgebung, ihren Bedürfnissen und Interessen in den Vordergrund der Wahrnehmung gerückt werden, geht es nicht mehr darum, mit dem Angebot oder der Botschaft ‚zu den Menschen' zu gehen, sondern von ihnen ausgehend zu denken und Prozesse zu gestalten. „In der Gemeinwesenarbeit steht ganz allgemein die Wahrnehmung von Menschen mit ihrer Lebensumgebung und ihren Bedürfnissen und Interessen im Vordergrund."[6] Dieser offenen Bezugnahme auf den Lebensraum steht aber eine ganz andere Beobachtung mit der Frage gegenüber, welche Bedeutung kirchliche und diakonische Angebote für Menschen in ihrer Lebenswelt eigentlich (noch) haben. Nüchtern konstatiert Christian Grethlein: „Die lebensweltliche Bedeutung der Institution Kirche hat [...] erheblich abgenommen, was einer allgemeinen gesellschaftlichen Entwicklung entspricht."[7] Damit steht schon der Ansatz der Gemeinwesenorientierung von Kirche und Diakonie in einer doppelten Spannung. Einerseits wird von einem Gegenüber her gedacht, andererseits ist offen, inwieweit kirchliche oder diakonische Institutionen zur Lebenswelt der Menschen gehören. Somit bleibt unbestimmt, welche Beziehungen Kirche und Diakonie zu diesen lebensweltlichen Bereichen überhaupt haben oder haben können.

2. Vorstellungen vom „Gemeinwesen"

„Gemeinwesen" hat als Übersetzungsbegriff des lateinischen Terminus *res publica* zunächst die Bedeutung von Republik; ein Gemeinwesen ist mithin als öffentliches Gemeinwesen zu verstehen. Auf diese politische Dimension bezieht sich Immanuel Kant, wenn er das „gemeine Wesen" mit „einer Gesellschaft, sofern sie sich im bürgerlichen Zustand befindet"[8] gleichsetzt. Mit diesem bürgerlichen Zustand sind nach Kant drei wesentliche Prinzipien verbunden:
„1. Die Freiheit jedes Gliedes der Sozietät, als Menschen.
2. Die Gleichheit desselben mit jedem anderen, als Unterthan.
3. Die Selbstständigkeit jedes Gliedes eines gemeinen Wesens, als Bürgers."[9]

---

[6] Schulz, Claudia: Wie das Evangelium sich Raum verschafft. Sozialraumorientierung als Paradigma für religionspädagogisches Handeln, in: Pastoraltheologie 2013 (102), 442–458, 448.

[7] Grethlein, Christian: Sozialformen der Nähe, in: Pompe, Hans-Herrmann / Oelke, Christian Alexander, Gemeinschaft der Glaubenden gestalten. Nähe und Distanz in neuen Sozialformen, Leipzig 2019, 65–85, 65.

[8] Kant, Immanuel: Über den Gemeinspruch: Das mag in der Theorie richtig sein, taugt aber nicht für die Praxis, AA VIII: Abhandlungen nach 1781 (1793), 289f.

[9] Ebd.

Unschwer sind diese drei normativen Prinzipien auch in heutigen Konzeptionen der Gemeinwesenarbeit erkennbar. So ist das Gemeinwesen dem Anspruch nach der Raum, in dem sich Menschen freiheitlich aufeinander beziehen können und mit diesem Beziehungsgeflecht ihre Sozialität ausprägen. Mit Gleichheit aller Mitglieder sind gleichberechtigte Teilhabe und Inklusion verbunden, wobei Kant mit dem fremd anmutenden Begriff des Untertanen die Anerkennung von Werten und Regeln anklingen lässt, ohne die Inklusion nicht möglich ist. Selbstständigkeit impliziert wie Subjektorientierung als normative Dimension die Figur eines verantwortungsvollen, autonomen, selbstständigen, handelnden, souveränen und unabhängigen Individuums. Im Ansatz der Gemeinwesenorientierung wird versucht, durch eine Ausrichtung an Bedürfnissen, Interessen und Ressourcen der Menschen diesen Ansprüchen Rechnung zu tragen.

Im 19. Jahrhundert tritt der Begriff des Gemeinwesens mehr und mehr zurück und wird in politischer Abhebung gegen den Begriff der Gesellschaft durch „Gemeinschaft" ersetzt. Aber auch der Begriff der Gemeinschaft bleibt umstritten und kann zum Ausdruck einer missbräuchlichen Fiktion oder einer unhinterfragten Vereinnahmung werden. Man denke an organisierte Kollektive unter charismatischen Führern. So propagierten die Nationalsozialisten den Begriff der „Volksgemeinschaft", um Menschen für ihre Ziele zu gewinnen und um Unerwünschte auszuschließen. Selbst da, wo Gemeinschaft als menschliches Zusammenleben mit einer allgemeinen, öffentlichen Organisationsform verstanden wird, bleiben im Gemeinschaftsbegriff die Dimensionen der Freiheit, der Inklusion und der Selbstständigkeit der Mitglieder unterbestimmt.

Diese problematischen und zuweilen engführenden Aspekte des Gemeinschaftsbegriffs vermeidet der Begriff des Gemeinwesens. Das wurde besonders durch Impulse des aus den USA stammenden Konzepts des *community organizing* deutlich. Wie in der Gemeinwesenarbeit geht es im *community organizing* um Befähigung und Stärkung der Bewohner:innen, aktiv für ihre eigenen Interessen einzutreten und strukturelle Verbesserungen zu organisieren. Im Englischen bedeutet *community* zwar auch eine geografisch definierte soziale Einheit, verbindet aber diesen lokalen bzw. regionalen Bezug mit einem Gemeinschaftsverständnis, wie es z. B. bei Migranten- oder queeren Communities anklingt: So verweist der Begriff der *community*, bei dem die Dimensionen von „communication" oder „common" mitschwingen, auf einen gemeinsamen Besitz, ein gemeinsames Handeln oder einen gemeinsamen Ort, wobei aber nicht die Gemeinschaft über die Belange der Einzelnen gestellt wird.

Um den Begriff des „Gemeinwesens" zu hinterfragen und seine Defizite[10] eines organischen und harmonischen Zusammenlebens präziser zu hinter-

---

[10] Pointiert von Wolf-Rainer Wendt als Anfälligkeit zu einem „ideologischen Topos eines organischen und harmonischen Zusammenlebens" bezeichnet. Wendt, Wolf Rainer: Gemein-

fragen, wurden die Begriffe des sozialen Raumes beziehungsweise der Sozialraumorientierung in die Debatte eingeführt. Die Vielzahl an Publikationen in den letzten beiden Jahrzehnten könnte den Eindruck erwecken, dass es um eine begriffliche Ablösung geht.[11] Obwohl zwischen Anhänger:innen der Konzepte Gemeinwesenarbeit und Sozialraumorientierung zuweilen eine kontroverse Diskussion geführt wird, zeigen m. E. die sozialraumorientierten Konzepte der Sozialen Arbeit deutliche gemeinwesenorientierte Tendenzen. So weisen insbesondere die zivilgesellschaftlichen Merkmale der Gemeinwesenorientierung, bei denen es um Emanzipation, Partizipation, Solidarität und Kooperation geht, Ähnlichkeiten mit den Prinzipien der Sozialraumorientierung wie Subjektorientierung, Aktivierung, Ressourcenorientierung und Vernetzung auf. Die Versuche begrifflicher Einordnungen zeigen eher Überschneidungen und Überlappungen. Es geht um eine Verbindung des Wechselverhältnisses von menschlichem Handeln und gesellschaftlichen Strukturen mit ihren territorialen, administrativen und funktionalen Dimensionen. Eine Vermittlungstätigkeit zwischen Individuum und Gemeinwesen kann sozialraumorientiert konzipiert werden. So schreibt Wolfgang Hinte: Das Fachkonzept der Sozialraumorientierung ist „kein mit anderen Schulen konkurrierender Ansatz", sondern eine Perspektive, die als „konzeptioneller Hintergrund (Fachkonzept) für das Handeln in zahlreichen Feldern Sozialer Arbeit dient".[12] Das bedeutet zusammengefasst: „Es stellt sich nicht die Frage, nach dem ‚entweder GWA (Gemeinwesenarbeit) – oder Sozialraumorientierung/-arbeit', sondern, welche Beiträge beide Zugänge liefern können, um das professionelle Handeln im Gemeinwesen beziehungsweise in sozialen Räumen zu reflektieren und zu begründen."[13] Dabei geht es nicht um theoretische Begründungen, sondern um handlungsrelevante Motive.

3. Handlungsoption Gemeinwesendiakonie

Die Begriffe Gemeinwesen- oder Sozialraumorientierung sind Projektionsflächen, auf die von sehr verschiedenen Seiten Erwartungen und Konzepte projiziert werden. Das wurde besonders in dem 2007 von der Diakonie herausgegebe-

---

      wesenarbeit. Ein Kapitel zu ihrer Entwicklung und zu ihrem gegenwärtigen Stand, in: Ebbe, Kerstin / Friese, Peter (Hg.), Milieuarbeit, Stuttgart 1989, 1–24, 3.

[11] Stoik, Christoph: Gemeinwesenarbeit und Sozialraumorientierung – Ein „entweder – oder" oder ein „sowohl – als auch"?, in: sozialraum.de (3) Ausgabe 1/2011. URL: https://www.sozialraum.de/gemeinwesenarbeit-und-sozialraumorientierung.php (abgerufen am: 1.04.2022).

[12] Hinte, Wolfgang: Geschichte, Quellen und Prinzipien des Fachkonzepts Sozialraumorientierung, in: Budde, Wolfgang / Früchtel, Frank u. a. (Hg.), Sozialraumorientierung. Wege zu einer veränderten Praxis, Wiesbaden 2006, 7–24, 9.

[13] Stoik, Christoph, a. a. O.

nen programmatischen Text „Handlungsoption Gemeinwesendiakonie"[14] deutlich. Ziel dieses Strategiepapiers war es, anknüpfend an das Bund-Länder-Programm Soziale Stadt, die Diakonie aktiv als Gestalterin sozialer Quartiersentwicklung zu profilieren. Unter der aus Jeremia 29,7 entnommenen Überschrift „Suchet der Stadt Bestes!" wurde beschrieben, was gemeinwesenorientierte Arbeit für die Diakonie bedeutet. „Die Handlungsoption Gemeinwesendiakonie

- heißt für diakonisches Handeln, sich auf milieuübergreifendes und interkulturelles Zusammenleben in Städten und Gemeinden einzulassen und Mitverantwortung für die Entwicklung von Gemeinwesen, das heißt für Gemeinwesenpolitik zu übernehmen,
- heißt für eine diakonische Gemeinde, sich aus einer Milieuverengung herauszulösen und Kirche nicht nur für, sondern mit anderen zu sein,
- heißt für diakonische Dienste und Einrichtungen sowie Kirchengemeinden
  - Lebenslagen im Gemeinwesen zu erkennen und einzuschätzen,
  - auf Menschen aus unterschiedlichen Sozialmilieus und Sozialräume[n] zuzugehen [...],
- heißt für Kirche und Diakone zusammen mit anderen Trägern im gemeinsamen Interesse für und mit dem Gemeinwesen [...]
  - ihre Potenziale und Ressourcen zur Gestaltung lokaler Entwicklungskonzepte/Strategien und Aktionsplänen einzubringen,
- heißt soziale Stadt-, Gemeinde- und Regionalentwicklung mit den hier lebenden Menschen aktiv zu gestalten"[15]

In dieser Zusammenstellung von Motiven und Aufträgen fließt eine Vielzahl von Perspektiven auf das Thema Gemeinwesenorientierung zusammen. Unter einer biblischen Überschrift, quasi mit einer theologischen Begründung versehen, wird mit der Aufforderung, Mitverantwortung für Gemeinwesenpolitik zu übernehmen, direkt eine *politische Perspektive* eröffnet. Diakonie und Kirche sind demnach nicht einfach Organisationen an einem Ort, sondern haben eine politische Funktion in der Stadt-, Gemeinde- und Regionalentwicklung.

Mit der Aufforderung, sich in lokale Entwicklungskonzepte und Strategien einzubringen, ist eine *lokale Perspektive* angesprochen, in der kirchliche und diakonische Einrichtungen sich bewusst als nachbarschaftlich eingebettet verstehen und organisieren sollen. Sich als Akteur für ein lebenswertes Quartier zu verstehen, ändert den Blick auf die eigene Rolle. Kirche und Diakonie sind zwar einerseits Orte religiöser Angebote oder sozialer Dienstleistungen. Andererseits bedeutet dieser Appell, die Angebote in Verbindung mit dem Quartier und in Kooperation mit anderen Akteuren zu entwickeln und damit Sichtweisen und

---

[14] Diakonisches Werk der Evangelischen Kirche in Deutschland: Handlungsoption Gemeinwesendiakonie. Die Gemeinschaftsinitiative Soziale Stadt als Herausforderung und Chance für Kirche und Diakonie, Diakonie Texte 12.2007.
[15] Ebd., 6.

Bedürfnisse anderer Interessengruppen in die eigene Handlungsbestimmung aufzunehmen.

Bei dieser *partizipatorischen Perspektive* geht es darum, eine kirchliche oder diakonische Organisation nicht mehr allein nach ihren eigenen Zielen oder Geschäftsmodellen zu entwickeln, sondern die Gegebenheiten und Herausforderungen des Quartiers, die Interessen und Bedürfnisse der Menschen im Quartier zu Motiven eigenen Handelns werden zu lassen. Dabei geht es nicht nur um eine Leistungserbringung, deren Passgenauigkeit durch eine bessere Einbindung der Leistungsempfänger optimiert wird. Der in der Sozialen Arbeit mit Sozialraumorientierung verbundene Ansatz der Subjektorientierung soll nicht mehr nur für den einzelnen Hilfe- oder Unterstützungsprozess handlungsleitend sein, sondern Rückwirkungen auf die Gestaltung der Organisation auslösen.

Die so angesprochene *organisationale Perspektive* hat zur Folge, dass sich kirchliche und diakonische Einrichtungen in einem radikalen Sinn als Akteure in einem Netzwerk verstehen sollen. Dabei geht es nicht um eine gute Vernetzung zur Wahrnehmung eigener Interessen, um Ressourcensicherung und Einfluss, um Akquise oder Kundenbindung. Die mit Gemeinwesenorientierung verbundene *Netzwerk-Perspektive* stellt eine Herausforderung für Organisationen dar, weil die organisationalen Logiken des Selbsterhaltes bewusst durch den Willen anderer Menschen und die Interessen anderer Akteure relativiert werden sollen. Das hat zur Folge, dass strategische und planerische Entscheidungen von der Perspektive der Nutzerinnen und Nutzer aus zu denken sind. Kirche, Diakonie, Kommunen und andere Träger sollen gemeinsam ein Netzwerk aufspannen, das das Gemeinwesen für die dort lebenden Menschen zu einem lebenswerten Raum werden lässt. Hinzu kommen weitere mit dem Quartier verbundene Fragestellungen, wie *wirtschaftliche Perspektiven* (Arbeitsplätze, Wege zur Arbeit, Beziehungen durch die Arbeit) oder *ökologische Perspektiven* (Fragen nachhaltiger Quartiersentwicklung).

In der Handlungsoption Gemeinwesendiakonie wird nicht zuletzt eine *ekklesiologische Perspektive* angesprochen, wenn Gemeinwesenorientierung – ausgehend von der biblischen Aufforderung, der Stadt Bestes zu suchen – mit dem Ziel verbunden wird, Kirchgemeinden aus einer Milieuverengung herauszulösen. Das impliziert zwar einerseits, eigene Werte und Glaubensüberzeugen in den Diskurs und die Gestaltung des Sozialraums einzubringen. Andererseits muss es bei einer Kirche „mit anderen" auch um deren Werte und Überzeugungen gehen. Gemeint ist ein wirklicher Diskurs zwischen verschiedenen Lebenserfahrungen, Narrativen und Positionen, der eine soziale Öffnung einschließt. Allerdings erschweren soziale Unterschiede und kulturelle Differenzen Begegnungen auf Augenhöhe. Eine Kirche „mit anderen" muss Formen und Begegnungsmöglichkeiten finden, die über eine einfache Niederschwelligkeit hinausgehen. Wenn im Sinne der Subjektorientierung von der Perspektive der Nutzerinnen und Nutzer ausgegangen wird, bedeutet das eine verantwortliche Beteiligung der Menschen. Es geht nicht darum, den Zugang zu kirchlichen oder diakonischen Einrichtungen zu erleichtern, sondern die kirchlichen oder diakonischen Räume so zu verändern, dass sie zu gemeinsamen lebenswerten Räumen werden.

In der Handlungsoption Gemeinwesendiakonie wird nicht zuletzt ein „gemeinsames Interesse für und mit dem Gemeinwesen" adressiert. Aber wer bestimmt darüber, was gemeinsame Interessen sind? Es bleibt offen, wie diese zustande kommen und ob dabei von einer genügend starken integrativen Motivation ausgegangen werden kann.

4. Konvergenzen und Divergenzen in der Handlungsoption Gemeinwesendiakonie

Wie in der kurzen Analyse der Handlungsoption Gemeinwesendiakonie deutlich wurde, soll mit einer Gemeinwesenorientierung in Kirche und Diakonie auf ein vielschichtiges handlungsleitendes Konzept Bezug genommen werden. Auch wenn einerseits davon ausgegangen wird, dass sich die verschiedenen Motive und Dimensionen ergänzen, so darf das andererseits nicht den Blick dafür verstellen, dass diese verschiedenen Perspektiven in sich Konflikte tragen und oft zueinander in Spannung stehen. So kann weder eine ekklesiologische Bestimmung einfach auf eine kirchliche Wirklichkeit übertragen werden noch ergänzen sich organisationale und partizipatorische Gestaltungsansprüche spannungsfrei.

Gemeinwesen sind komplex und durch vielfache Differenzen bestimmt. Dazu gehören Benachteiligungen durch soziale Ungleichheit, unterschiedliche Partizipationschancen durch Bildungsunterschiede oder ungleiche Rechte durch verschiedene Rechtsstatus. Merkmale wie Ethnie, Geschlecht, soziales Milieu oder auch das Alter verändern die Perspektive auf das Gemeinwesen und haben oft gesellschaftliche Benachteiligungen zur Folge. Aus unterschiedlichen Lebensstandards resultieren andersgeartete Erwartungen und Forderungen an das Gemeinwesen.

Ein Verständnis des Gemeinwesens, das die Konflikte, Ungleichheiten, Hierarchien und Machtstrukturen außer Acht lässt, wird der Komplexität sozialer Wirklichkeit nicht gerecht. Wenn die Probleme und deren Verflochtenheit nicht thematisiert und in die Fragestellungen der Gemeinwesenorientierung aufgenommen werden, bleiben die Projekte und Prozesse oberflächlich, ihre Operationalisierung unübersichtlich und eine strategische Umsetzung wird erschwert.

In der Frage, welche Interessen und Ziele mit einer Gemeinwesenorientierung verbunden werden, ist weiterhin von einer Positionalität der institutionellen Akteure auszugehen. Das betrifft zunächst die unterschiedlichen Organisationen innerhalb des Gemeinwesens. „Die Ziele der Gemeinwesenorientierung von Kirchgemeinden und denen der Gemeinwesendiakonie sind nicht deckungsgleich."[16] Das betrifft aber auch die Interessen und Ziele Einzelner innerhalb der Institutionen. Daraus resultieren unterschiedliche und divergierende Handlungsmotive. Beispielhaft stehen sich gegenüber:

Subjektorientierung	versus	Gestaltung von Verhältnissen
Subjektorientierung	versus	Organisationsentwicklung
Milieubezug	versus	Öffnungen und Diffusion
Milieubezug	versus	Divergenz der Interessengruppen
Selbsterhalt der Organisation	versus	Öffnung der Organisation

Wenn die Arbeitsweisen einer kirchlichen oder diakonischen Institution zu einer Gemeinwesenorientierung entwickeln werden sollen, müssen diese divergierenden Motive miteinander in eine Balance gebracht werden. Dabei sind wiederum traditionelle bzw. kulturelle Prägungen ein entscheidender Faktor. Mit dem Milieubezug, beispielsweise von Kirchgemeinden, sind Bindungen und eingeübte Arbeitsweisen verbunden, die für die Stabilität der Organisation nicht unerheblich sind. Eine Öffnung von Gruppen, die maßgeblich für Organisationen Verantwortung tragen, muss mit der Schwierigkeit einer Diffusion von Verbindlichkeit und Zugehörigkeit umgehen. Zugleich stehen die Gruppen einer Vielzahl von Einzel- und Gruppeninteressen gegenüber, die in sich durchaus nicht kongruent sind. Nicht zuletzt steht das Organisationen innewohnende Selbsterhaltungsinteresse den Unbestimmtheiten und Risiken gegenüber, die mit gemeinwesenorientierten Öffnungen verbunden sind. Dabei kann eine gezielte Ausrichtung am Willen der Menschen in einem Quartier sowohl mit den Divergenzen zwischen einzelnen Lebenssituationen und Interessen als auch mit den Rahmenbedingungen des Gemeinwesens und der Organisation kollidieren. Rechtsvorgaben, Satzungen und Planungen, Finanz- bzw. Budgetgrenzen schränken den Handlungsraum von Institutionen und Einrichtungen ein.

In der Gemeinwesenorientierung ist es eine zentrale Frage, Bezugspunkte zu finden und sie operational umzusetzen, um mit diesen Divergenzen und Spannungen produktiv umzugehen. Für eine überbrückende, integrierende Kraft braucht es Ansätze eines gemeinsamen Verständnisses, die wenigstens Ausdruck überlappender Interessen sind. Mit Gemeinwesen verbinden sich Bilder und Narrationen. Verbunden damit sind Wertvorstellungen. Selbst im zwanglosen Zusammenkommen eines Begegnungscafés klingen solche Werte wie Freiheit, Respekt oder Offenheit an. Dieser Raum der Partizipation soll Ausdruck von Sozialität sein, und es wird davon ausgegangen, dass es Rückwirkungen auf andere Austauschprozesse gibt. Implizit wird vorausgesetzt, dass dieser Begegnungsort dem Ziel der Gemeinwesenorientierung entspricht und nicht vorrangig anderen Interessen wie z. B. einer Gewinnerzielung oder Kundengewinnung verpflichtet ist. Gemeinwesenorientierung wird ein eigener „Wert" zugeschrie-

---

[16] Brunn, Frank Martin: Von Compassion bis Konvivenz, in: Deutsches Pfarrerblatt 2018 (118), 83–87, 86.

ben und sie darf kein abgeleitetes „Gut" sein. Wie kann also Gemeinwesenorientierung als eigenes „Gut" verstanden und gestaltet werden? Für kirchliche und diakonische Einrichtungen verbindet sich diese Frage zentral mit der Frage, welche Bedeutung ihre theologischen Grundlagen für ihre Gestaltung haben, in welchem Sinn sie ein religiöser Akteur im Sozialraum sind.

5. Versuche einer theologischen Verortung der Gemeinwesenorientierung

Am Anfang der Frage nach einer theologischen Verortung der Gemeinwesenorientierung steht die ernüchternde Einsicht, dass „die bislang vorliegenden Ansätze der Gemeinwesendiakonie [...] weit davon entfernt [sind], sich durchgängig auf ein theologisches Konzept zu beziehen."[17] Eine Ursache für diese Leerstelle liegt im Wandel des Verhältnisses von Kirchgemeinden und Kommunen. Die bis ins 19. Jahrhundert hinein gedachte und gelebte Deckungsgleichheit hatte zwar schon durch die Unterscheidung sozialer und religiöser Verantwortlichkeiten und die auseinandergehende Aufgabenteilung kirchlicher und weltlicher Obrigkeiten begonnen, sich aufzulösen. Formell bestand diese Kongruenz aber bis zur Zivilstandsgesetzgebung, bis Ende des 19. Jahrhunderts und dem Ende des landesherrlichen Kirchenregiments 1918. Auch wenn durch eine wachsende Zahl von aus der Kirche Austretenden und ihr fern Bleibenden dieses Verhältnis zu erodieren begann, blieb doch ein Zuständigkeitsgefühl der Kirchgemeinde für das kommunale Gemeinwesen bestimmend. Aus dieser Tradition heraus verstehen sich Kirchgemeinden bis heute organisatorisch in einem klar definierten Ort bzw. Stadtteil für religiöse Angebote „zuständig". Wenn in diesem Sinn die Parochie als Zuständigkeitsbereich verstanden wird, bleibt insbesondere offen, in welchem Verhältnis sich die Kirchengemeinde zu anderen sozialen, zivilgesellschaftlichen und religiösen Akteuren sieht.

Wenn sich diakonische Träger oder Kirchgemeinden trotz dieser Unbestimmtheit im Gemeinwesen engagieren, dann geschieht das meist pragmatisch und setzt bei geographisch naheliegenden Umgebungen (Nachbarschaften), organisatorischen Fragen (z. B. Mitgliedergewinnung) oder wirtschaftlichen Probleme (z. B. ungenutzten oder unternutzten Gebäude) an. Kirchengemeinden oder diakonische Träger setzen sich mit ihrer Situation vor allem reaktiv auseinander. Sie reagieren – eher pragmatisch – auf Handlungsbedarfe, ohne dass im Vorfeld eine theologische Reflexion stattfindet. Das ist einerseits produktiv, hat aber andererseits zur Folge, dass die Umsetzung situativ bleibt und deren Nachhaltigkeit gefährdet ist. Auch theologische Deutungen können diesen Man-

---

[17] Glitzenhirn, Dierk: Gemeinwesendiakonie als Verwirklichung von Konvivenz, in: Pastoraltheologie 2011 (100), 227–242, 228.

gel kaum beheben, denn sie haben zumeist einen nachholenden und nachträglich legitimierenden Charakter. Gleichwohl entscheiden theologische Begründungen sowohl über die Frage, inwieweit Gemeinwesenorientierung als relevante Aufgabe der kirchlichen oder diakonischen Einrichtung verstanden wird, als auch über wichtige Akzente dieser Ausrichtung. Die im Folgenden behandelten Deutungsmuster und Selbstverständnisse werden vor dem Hintergrund der Frage entfaltet, welche Folgen für die Motivation zu einem gemeinwesenorientierten Engagement sie implizieren und welchen Herausforderungen sie gegenüberstehen.

5.1 Die Gemeinde als Träger religiöser und religionspädagogischer Angebote

Wenn sich Kirchgemeinden im traditionellen Sinn für eine Parochie in der Verantwortung sehen, dann verstehen sie sich in erster Linie als Träger religiöser und religionspädagogischer Angebote. Über die begrenzte Gruppe der Kerngemeinde hinaus, die Gottesdienste und Gemeindeabende besucht, sind es vor allem lebensbegleitende Rituale wie Taufe, Eheschließung, Sterbe- und Trauerbegleitung, die im Mittelpunkt stehen. Diese Lebensbegleitung wird durch ein religiöses Bildungsverständnis ergänzt, bei dem – etwa im Religionsunterricht – Grundlagen des christlichen Glaubens und die mit den Ritualen verbundenen Hintergründe vermittelt werden. Ausgehend von einem Begriff der „Bildung" im Schnittfeld von Lernen und Glauben versteht sich die Gemeinde als in den Raum der Parochie gesandt. So sollen sich Gottesdienste, Familiengottesdienste, Religionsunterricht, Einbeziehung von Eltern in die pädagogische Arbeit der kirchlichen Kindertagesstätte und Angebote der Erwachsenenbildung gegenseitig ergänzen und das Leben der Menschen begleiten.

Diese Angebotsorientierung schließt an eine sendeorientierte Verkündigung an und hat das Gemeinwesen, wenn überhaupt, vor allem als Adressat im Sinn. Durch die immer weiter voranschreitende Säkularisierung und religiöse Diversifizierung wächst allerdings an vielen Stellen die Diskrepanz zwischen Angebot und Nachfrage. Grenzen dieses Verständnisses von Gemeinwesenorientierung sind die divergierenden und oft ganz anders gelagerten Interessen der Beteiligten und der Zielgruppen. Mit ihrer Ausrichtung auf eine religiöse Versorgung Einzelner laufen die Angebote gegenüber dem Gemeinwesen oft ins Leere, bzw. beziehen sie sich nicht auf das Gemeinwesen.

5.2 Die Gemeinde als liturgisch geprägter Raum

Wenn die Gemeinde im reformatorischen Sinn als Versammlung der Gläubigen vor allem vom Gottesdienst und dessen Liturgie her verstanden wird, dann liegt das Bild nahe, dass die Gemeinde sich als liturgisch geprägter Raum versteht. Dieses Bild hat eine starke Wurzel in der urkirchlich geprägten „Einheit von Liturgie und Diakonie", also einer diakonischen Ausrichtung des Pastorals im Gemeinwesen. Sichtbar wir dieses Bild z. B. in einer Einheit von Abendmahl und Sättigungsmahl – moderner vielleicht von Agapemahl und Gemeindefest. Der Begriff der Gemeinde, theologisch als liturgisch bestimmter Raum verstanden, hat eine idealtypische Überhöhung zur Folge.

Grenzen dieser vorgestellten Einheit gottesdienstlicher und sozialer Handlungen sind der mit der Säkularisierung verbundene Traditionsabbruch und gesellschaftliche Segmentierungen, die bis in die Gemeinde hineinreichen. Immer seltener gibt es eine religiöse Sozialisation und es fehlt zunehmend an religiöser Deutungskompetenz in den Familien. So fallen liturgisch geprägte Elemente des Gemeindelebens und diakonische Leistungen auseinander und werden allenfalls symbolisch überbrückt. In der Folge werden die sozialen Angebote der Kirchgemeinde oder des Kirchenkreises nicht vom Gottesdienst her gedeutet, sondern als ethisch motivierte soziale Aktivität der Kirche.

Diese Trennung religiöser und sozialer Aktivitäten der Kirchgemeinde korrespondiert mit der Differenzierung kirchlicher und öffentlicher Aufgaben in den spätmittelalterlichen Kommunen. Als im reformatorischen Kontext an vielen Orten die Verantwortung für den Gemeinen Kasten – eine Gemeindekasse, die u. a. für die Armenversorgung und andere soziale Aufgaben eingerichtet wurde – in die Hände der weltlichen Kommune gelegt wurde, ging es darum, die Bürgerschaft für diese Aufgaben in die Pflicht zu nehmen. Zugleich wurde aber mit dieser öffentlichen Verantwortung eine Trennung der religiösen bzw. liturgischen Dimension von sozialen Fragen befördert. Abgesehen davon, dass sich gemeindliche soziale Dienste vor allem an Einzelne richteten, beförderte das eine Differenzierung zwischen kirchgemeindlicher Arbeit und Gemeinwesenorientierung.

Obwohl leiturgia und diakonia zu den Grundvollzügen der Organisation der Kirche gehören, werden der liturgisch geprägte Raum der Gemeinde und ihr diakonisches Handeln als verschiedene Sphären wahrgenommen. Diese Unterscheidung kirchlicher Funktionen wird heute durch die unterschiedlichen Organisationsformen und Finanzierungsweisen kirchlicher Einrichtungen und diakonischer Unternehmen weiter vorangetrieben. Die unterschiedlichen Logiken dieser beiden Bereiche sorgen für ein Nebeneinander von Kirche und Diakonie, dem gegenüber Verschränkungen wie Gottesdienste in diakonischen Unternehmen oder diakonische Dienste der Kirchgemeinde eher am Rande stehen.

5.3 Die Gemeinde als Subjekt der Nächstenliebe

Nächstenliebe ist eine von Anfang an mit kirchlichem Handeln verbundene Haltung, allerdings überwog darin oft die an Einzelne gerichtete Barmherzigkeit.

Eine wesentliche Veränderung erfuhr diese Haltung mit dem Beginn der organisierten Diakonie im 19. Jahrhundert. In Reaktion auf den Pauperismus – die Verarmung und Verelendung vieler Menschen in den Städten Deutschlands durch Industrialisierung und Landflucht – organisierten und forderten die Gründungsväter und -mütter der Diakonie eine programmatische Ausrichtung auf soziale Aufgaben und Pflichten der Kirche. Diese Aufforderung zum sozialen Engagement richtete sich zunächst an die Mitglieder der Kirche – was damals formal deckungsgleich mit der Kommune war. Es ging um die Arbeiter, die den bürgerlich-städtischen Kirchgemeinden aus dem Blick geraten waren, mit ihnen um die Quartiersbewohner:innen und in diesem Sinn um das Gemeinwesen. Durch diese „rettende Liebe" sollten Menschen befähigt werden, ihre Lebensweise zu ändern und wieder einen Zugang zum – kirchlich gedachten – Gemeinwesen zu finden.

Obwohl dieses Modell einer Rechristianisierung – in diesem Sinne ging es um eine „Innere Mission" – durch diakonische Arbeit nicht aufging, hatte es doch erheblich Auswirkungen auf die Entwicklung des Sozialstaates und brachte mit der Freien Wohlfahrtspflege Akteure hervor, deren Programmatik viele gemeinwesenorientierte Elemente enthält. Im 20. Jahrhundert wurde diese Programmatik mit der Verbindung der sozialen Arbeit der Inneren Mission, die ab 1957 Diakonie genannt wurde, und der politischen Einflussnahme zu einem Gestaltungsprinzip des Gemeinwesens weiterentwickelt. Allerdings herrschte in dieser Mitgestaltung des Gemeinwesens ein Versorgungsgedanke vor, der weniger auf Mitwirkung und Partizipation ausgerichtet war. Mit der Sozialhilfegesetzgebung der 1960er Jahre wurden Rechtsansprüche und die Position der Hilfesuchenden schrittweise gestärkt. Aber erst mit der gezielten Einbeziehung Hilfesuchender – nicht nur als Einzelne, sondern in der Förderung von Initiativen, Kooperationen, Selbsthilfegruppen – kommt das Gemeinwesen in der Gestaltung von Hilfe- und Unterstützungsprozessen stärker in den Blick.

So beschreibt „Gemeinwesendiakonie [...] eine gemeinsame Strategie von verfasster Kirche und organisierter Diakonie, bei der kirchliche und diakonische Einrichtungen im Stadtteil mit weiteren Akteuren kooperieren. Ziel ist es, Quartierseffekte zu erzielen."[18]

Die Weiterentwicklung des christlichen Liebesgebotes hin zu einer Gemeinwesenorientierung ist produktiv. Allerdings muss mit der Schwierigkeit umgegangen werden, dass bei einer Öffnung kirchgemeindlichen sozialen Engagements in das Gemeinwesen die Motivation des christlichen Liebesgebots verschoben wird. Impliziert das Doppelgebot der Liebe durch die Verbindung von Nächsten- und Gottesliebe unmittelbar eine religiöse Dimension, so ist ein

---

[18] Giebel, Astrid: Theologische Ansätze zu Gemeinwesenarbeit und Sozialraumorientierung von Kirche und Diakonie, in: Borck, Sebastian / Giebel, Astrid u. a. (Hg.), Wechselwirkungen im Gemeinwesen. Kirchlich-diakonische Diskurse in Norddeutschland, Berlin 2016, 50–58, 52f.

soziales und gemeinwesenorientiertes Engagement nicht primär auf religiöse Kommunikation ausgerichtet.

5.4 Von der Gemeinde als Kirche für und mit anderen zur Konvivenz

Für die Frage, welche Verbindung eine Kirchgemeinde als religiöse Gemeinschaft zum Gemeinwesen hat, ist die Selbstwahrnehmung der Gemeinde und die Frage, inwieweit sie sich als Teil des Gemeinwesens versteht, wesentlich. Ein wichtiger Impuls für deren Beantwortung ist Dietrich Bonhoeffers Auffassung einer christlichen Pro-Existenz, die er als „Kirche für andere" bezeichnet: „Kirche ist nur Kirche, wenn sie für andere da ist. [...] Sie muß an den weltlichen Aufgaben des menschlichen Gemeinschaftslebens teilnehmen, nicht herrschend, sondern helfend und dienend. Sie muß den Menschen aller Berufe sagen, was ein Leben mit Christus ist, was es heißt, ‚für andere dazu sein'. [...] Sie wird die Bedeutung des menschlichen ‚Vorbildes' (das in der Menschheit Jesu seinen Ursprung hat und bei Paulus so wichtig ist!) nicht unterschätzen dürfen; nicht durch Begriffe, sondern durch ‚Vorbild' bekommt ihr Wort Nachdruck und Kraft."[19] Hier spielt die Haltung der begleitenden Nachfolge eine wesentliche Rolle. Es geht Bonhoeffer um eine Kirche, die mit anderen lebt und ihr Vorbildsein im Gemeinwesen bewährt.

Allerdings steht der Ansatz einer „Kirche für andere" mit der Betonung des eigenen Vorbildes in der Gefahr einer gegenüberstellenden Exklusion und kann paternalistische Züge annehmen. Die Weiterentwicklung des Ansatzes durch ein „mit anderen" verändert die eigene Position und soll dem entgegenwirken. Eine „Kirche mit anderen [...] schließt nach wie vor das Eintreten für Schwache ein, nimmt jedoch ‚die Anderen' als Subjekte ernst. Sie nicht als bloße Objekte unserer Fürsorge oder unserer missionarischen Bemühungen zu verstehen, ist Basis für echte Begegnung."[20]

Diese Formulierung aus einem kirchlichen Zukunftsprozess trifft ziemlich genau das, was an anderer Stelle unter Sozialraumorientierung geschrieben wird. Es geht um eine programmatische Einbeziehung der Menschen. Zusammen mit ihnen versteht sich eine Kirchgemeinde mit ihrer religiösen Dimension und als Teil des Gemeinwesens. Produktiv wird dieser Ansatz, wenn sich daraus ein Verständnis des Gemeinsamen in einem Gemeinwesen entwickelt. Dieses miteinander Leben und Lebensräume Gestalten wird in Aufnahme des von Theo Sundermeier stammenden missionstheologischen Programmbegriffs als „Kon-

---

[19] Bonhoeffer, Dietrich: Widerstand und Ergebung – Entwurf für eine Arbeit, DBW 8; 560f.
[20] Maltzahn, Andreas von: Stadt, Land, Kirche – Zukunft in Mecklenburg. Inhaltliche Impulse, u. a. aus der Arbeitsgruppe „Kirche der Freiheit", Evangelisch-Lutherischer Kirchenkreis Mecklenburg, I. Kirchenkreissynode, 5. Tagung, 22.März 2014, Drucksache 53, 10.

vivenz" bezeichnet.²¹ „Konvivenz" als bewusstes Miteinander-Leben-Teilen geht aus von gemeinsamen Lebenserfahrungen und will einer Gemeinwesen gestaltenden Praxis Raum geben. Das Teilen von Anwesenheit und Teilsein des Gemeinwesens soll Chancen einer Gemeinwesenorientierung bieten und Prozessen der Individualisierung und Segregation entgegenwirken. So soll die bewusste Wahrnehmung des sozialen Ortes der Kirchgemeinde einerseits ein Gegengewicht gegen eine an Bedeutung verlierende Kirche und ihre Tendenz zur Abgrenzung sein und zugleich den religiösen Dimensionen des Gemeindelebens einen Ort geben. Allerdings bleibt es eine Aufgabe, aus dem gelebten Miteinander ein Verständnis und ein Engagement für das Gemeinwesen zu entwickeln. Zugleich werden mit diesem Ansatz Fragen der Regeneration des eigenen Glaubens nur indirekt beantwortet.

6. Gemeinwesenorientierung – zwischen Vision und Pragmatismus

Kirchgemeinden und diakonische Einrichtungen stehen – vielleicht von verschiedenen Seiten ausgehend – vor der Frage, wie ihre religiösen und sozialen Dimensionen miteinander verbunden sind. Diese zugleich zwischen der Organisation und ihrer Umwelt zu gestaltende Balance steht unter erheblichem Anpassungsdruck.

An vielen Stellen stehen in der Kirche eine kleiner werdende Zahl von Mitgliedern und zunehmend begrenzte finanzielle Ressourcen einer großen organisationalen und ökonomischen Verantwortung gegenüber. Kirchgemeinden und -kreise haben bei ihren Zusammenschlüssen und flächenmäßigen Ausdehnungen die ungelöste Frage zu bewältigen, wie trotzdem Ortsbezüge und lebensräumliche Kontexte erhalten werden können. Zugleich stehen sie vor der Aufgabe, zu große oder für aktuelle Zwecke nur bedingt geeignete Immobilien zu unterhalten. Kirche ist als Institution damit befasst, diesen Anpassungsdruck durch Organisations- und Erneuerungsprozesse zu bewältigen. Dabei tut sich die Kirche, die mit parochialen Zuständigkeiten behördenmäßig administriert ist, schwer, sich als Teil der Zivilgesellschaft zu verstehen. In dieser Situation bietet Gemeinwesenorientierung mit den geschilderten Motivationen zwar Impulse, die aber für die Institutionen herausfordernd sind. Gemeinwesenorientierung verlangt, sich in einer eher verunsichernden Situation zu öffnen, bei knapper werdenden Mitteln die gewohnte Ressourcenverteilung und -gewinnung zu verändern und auf Stärken einer Partizipation von Quartiersbewohner:innen mit

---

[21] Sundermeier, Theo: Konvivenz als Grundstruktur ökumenischer Existenz heute, in: Huber, Wolfgang / Ritschl, Dietrich u. a. (Hg.), Ökumenische Existenz heute, Bd. 1. München 1986, 49–100.

deren eigenen Zielen und Motiven zu setzen. So bleibt offen, wie Gemeinwesenorientierung zugleich die Organisation stärken kann.

Schon in seiner Rede zur Eröffnung der Zukunftswerkstatt 2009 hat Wolfgang Huber eine Milieugefangenschaft der Kirche beklagt: „Die erste mentale Gefangenschaft [der Kirche, I. H.] ist die Gefangenschaft im eigenen Milieu."[22] Eine Verbindung zu sozial Schwachen wie zu intellektuellen und kulturellen Eliten gelingt unzureichend. Das geht über den Verlust einer kommunikativen Anschlussfähigkeit hinaus, denn diese soziale Milieuverengung geht nach der Analyse von Huber mit einer geistlichen einher, die sich in einer verbreiteten geistlichen Furchtsamkeit zeigt. Huber setzt in seinen Reformvorschlägen auf eine sich gegenseitig stärkende Bewegung von innen nach außen und von außen nach innen. „Wenn wir dagegen in unserem Bekenntnis zur Gnade Gottes in Christus gewiss sind, brauchen wir keine Angst vor der Weite der Welt zu haben."[23] Das ähnelt der Wechselwirkung, die von einer Gemeinwesenorientierung erhofft wird. Allerdings bleibt es eine offene Frage, wie aus dieser Interaktion religiöse Gewissheit erwachsen kann. Zu unbestimmt sind die sozialen Praktiken, die mit Gemeinwesenorientierung verbunden sind. Sie sind eher über eine ethische Haltung mit religiösen Ausgangspunkten verbunden.

Diakonische Unternehmen und Einrichtungen, die sich mit der Frage der Gemeinwesenorientierung befassen, stehen vor der Herausforderung, dass in vielen Fällen die Struktur ihrer sozialen Dienstleistungen an Vorgaben der Sozialgesetze und damit verbundenen Refinanzierungen ausgerichtet ist. Abgesehen von Bereichen wie der offenen Jugendarbeit, die gemeinwesenorientierte Angebote in die Leistungen einbeziehen, sind diakonische Dienstleistungen vorrangig auf individuelle Unterstützung und Hilfen ausgerichtet. Wenn gemeinwesenorientierte Arbeit aus anderen Zuschüssen oder Spenden finanziert wird, erhält sie den Charakter eines zusätzlichen und optionalen Engagements. Hinzu kommt der Vorbehalt, dass sozialräumliche Arbeit der Einsparung dient, weil sie auf die Ressourcen der Beteiligten setzt. Sozialräumliche bzw. gemeinwesenorientierte Arbeit, die über befristete Projekte finanziert werden, bleibt außerhalb der Kernprozesse von Einrichtungen. Verbunden mit einer oft projektbezogenen und temporären Ausgestaltung hat Gemeinwesenorientierung dann nur bedingt Rückwirkungen auf die diakonische Organisation.

Es ließen sich noch weitere Hemmnisse und Unbestimmtheiten – von der Frage nach geeignetem Personal bis zur inneren religiösen bzw. weltanschaulichen Pluralität – aufzählen, die einer gemeinwesenorientierten Ausrichtung kirchlichen und diakonischen Engagements im Weg stehen. In der Summe geht es um die Frage, inwieweit Gemeinwesenorientierung etwas mit dem Wesen –

---

[22] Huber, Wolfgang: Rede zur Eröffnung der Zukunftswerkstatt der EKD am 24.9.2009, URL: https://www.ekd.de/090924_huber_eroeffnung_zukunftswerkstatt.htm (zugegriffen am 1.4.2022).
[23] Ebd.

man könnte auch sagen mit dem Markenkern – von Kirche und Diakonie zu tun hat. Schon die „Handlungsoption Gemeinwesendiakonie" legt nahe, dass es sich um eine Perspektive handelt, von der nach Möglichkeit Gebrauch gemacht werden kann. Gemeinwesen- oder Sozialraumorientierung ist keine Kernkompetenz von Kirchgemeinden, die auf Mitglieder eines Kernmilieus konzentriert sind, oder diakonischen Einrichtungen, deren professionelle Dienste stark auf Einzelne ausgerichtet sind. Das Gemeinwesen kommt erst sekundär, als Lebensraum der Menschen, die mit Kirche und Diakonie in Verbindung stehen, in den Blick.

Wenn dieser kritischen Bilanz eine ganze Reihe von gemeinwesenorientierten Projekten und Initiativen gegenüberstehen, dann spricht das trotzdem für das Potential, das in diesem Ansatz steckt. Gemeinwesenorientierung ist ein produktives Ideal. Bei der Auseinandersetzung mit diesem Ansatz sollten die Spannungen und unterschiedlichen Organisationsinteressen nicht übergangen werden. Im Gegenteil: Ihre Analyse und der Umgang mit so sichtbar gewordenen Differenzen tragen zur produktiven Umsetzung bei. Neben den Praxiserfahrungen, die in diesen Projekten gesammelt werden, geht es um eine Veränderung der Haltung und der Wahrnehmung der eigenen Position. Das eigene Engagement aus der Perspektive der Menschen, im Kontext ihrer Lebenswelt, wahrzunehmen, wird ein zunehmend wichtiges Instrument zur Weiterentwicklung der kirchlichen und diakonischen Arbeit sein. Eine gemeinwesenorientierte Haltung steht einer Segmentierung der Gesellschaft und Privatisierung des Glaubens entgegen und erweitert zugleich den Horizont kirchlicher und diakonischer Arbeit.

Literatur

Bonhoeffer, Dietrich: Widerstand und Ergebung – Entwurf für eine Arbeit, DBW 8.
Borck, Sebastian / Giebel, Astrid u. a. (Hg.): Wechselwirkungen im Gemeinwesen. Kirchlich-diakonische Diskurse in Norddeutschland, Berlin 2016.
Brunn, Frank Martin: Von Compassion bis Konvivenz, in: Deutsches Pfarrerblatt 2018 (118), 83–87.
Diakonie Deutschland, Kirche und Diakonie in der Nachbarschaft. Neue Allianzen im ländlichen Raum, Diakonie Texte 05.2016.
Diakonisches Werk der Evangelischen Kirche in Deutschland, Handlungsoption Gemeinwesendiakonie. Die Gemeinschaftsinitiative Soziale Stadt als Herausforderung und Chance für Kirche und Diakonie, Diakonie Texte 12.2007.
EKD-Kirchenamt: Geht hin – Sozialraum- und Gemeinwesenorientierung der Kirche auf dem Land, Dokumentation der 4. Land-Kirchen-Konferenz der EKD vom 20. bis 22. September 2018 in Bad Alexandersbad, hrsg. vom EKD-Kirchenamt, Hannover 2019, epd-Dokumentation Nr. 14/2019.
Giebel, Astrid: Theologische Ansätze zu Gemeinwesenarbeit und Sozialraumorientierung von Kirche und Diakonie, in: Borck, Sebastian / Giebel, Astrid u. a. (Hg.), Wechselwirkungen im Gemeinwesen. Kirchlich-diakonische Diskurse in Norddeutschland, Berlin 2016, 50–58.
Glitzenhirn, Dierk: Gemeinwesendiakonie als Verwirklichung von Konvivenz, in: Pastoraltheologie 2011 (100), 227–242.

Grethlein, Christian: Sozialformen der Nähe, in: Pompe, Hans-Herrmann / Oelke, Christian Alexander, Gemeinschaft der Glaubenden gestalten. Nähe und Distanz in neuen Sozialformen, Leipzig 2019, 65–85.

Haubenreisser, Karen / Oertel, Armin: Q8 – Quartiere bewegen, in: Borck, Sebastian / Giebel, Astrid u. a. (Hg.), Wechselwirkungen im Gemeinwesen, Berlin 2016.

Hinte, Wolfgang: Geschichte, Quellen und Prinzipien des Fachkonzepts Sozialraumorientierung, in: Budde, Wolfgang / Früchtel, Frank u. a. (Hg.), Sozialraumorientierung. Wege zu einer veränderten Praxis, Wiesbaden 2006, 7–24.

Huber, Wolfgang: Rede zur Eröffnung der Zukunftswerkstatt der EKD am 24.9.2009, URL: https://www.ekd.de/090924_huber_eroeffnung_zukunftswerkstatt.htm (abgerufen am 1.4.2022).

Kant, Immanuel: Über den Gemeinspruch: Das mag in der Theorie richtig sein, taugt aber nicht für die Praxis, AA VIII: Abhandlungen nach 1781 (1793).

Lämmlin, Georg / Wegner, Gerhard (Hg.): Kirche im Quartier: Die Praxis. Ein Handbuch, Leipzig 2020.

Maltzahn, Andreas von: Stadt, Land, Kirche – Zukunft in Mecklenburg. Inhaltliche Impulse aus der Arbeitsgruppe „Kirche der Freiheit", Evangelisch-Lutherischer Kirchenkreis Mecklenburg, I. Kirchenkreissynode, 5. Tagung, 22. März 2014, Drucksache 53.

Reutlinger, Christian: Sozialraum, in: Graßhoff, Gunter / Renker, Anna u. a. (Hg.), Soziale Arbeit. Eine elementare Einführung, Wiesbaden 2018.

Schulz, Claudia: Wie das Evangelium sich Raum verschafft. Sozialraumorientierung als Paradigma für religionspädagogisches Handeln, in: Pastoraltheologie 2013 (102), 442–458.

Stoik, Christoph: Gemeinwesenarbeit und Sozialraumorientierung – Ein „entweder – oder" oder ein „sowohl – als auch"?, in: sozialraum.de (3) Ausgabe 1/2011, URL: https://www.sozialraum.de/gemeinwesenarbeit-und-sozialraumorientierung.php (abgerufen am 1.04.2022).

Stövesand, Sabine: Art. Gemeinwesenarbeit, https://www.socialnet.de/lexikon/Gemeinwesenarbeit (abgerufen 1.3.2022).

Sundermeier, Theo: Konvivenz als Grundstruktur ökumenischer Existenz heute, in: Huber, Wolfgang / Ritschl, Dietrich u. a. (Hg.), Ökumenische Existenz heute, Bd. 1, München 1986, 49–100.

Wendt, Wolf Rainer: Gemeinwesenarbeit. Ein Kapitel zu ihrer Entwicklung und zu ihrem gegenwärtigen Stand, in: Ebbe, Kerstin / Friese, Peter (Hg.), Milieuarbeit, Stuttgart 1989, 1–24.

Michael May

Der Raum, die Planung und die Menschen

Ausgehend von einer Kritik von Wolfgang Hintes Fachkonzept Sozialraumorientierung, soll ein Vorschlag zu einer klareren Fassung des darin eher diffusen Begriffs von Sozialraum unter Rückgriff auf Henri Lefebvres Raumanalytik zur Diskussion gestellt werden. Vor diesem Hintergrund sollen dann die beiden dialektisch aufeinander bezogenen Konzepte von Sozialraumentwicklung und Sozialraumorganisation vorgestellt werden.

1. Zur Kritik des Erfolgsmodells Sozialraumorientierung

„Sozialraum ist die Antwort: Was war nochmals die Frage?" – so lautet der Titel eines Heftes der Zeitschrift *Widersprüche* aus dem Jahr 2015. Mit diesem Titel spielt die Redaktion darauf an, „dass in unterschiedlichen Forschungs- (...) wie Handlungsfeldern (...), aber auch innerhalb dieser Felder, unter der angeblich gleichen Antwort – ‚Sozialraum' – ganz unterschiedliche Fragen bearbeitet [...] und damit verbundene Interessen bedient werden"[1]. Das betrifft auch das maßgeblich von Wolfgang Hinte geprägte *Fachkonzept Sozialraumorientierung*. Ausgehend von der Jugendhilfe fungiert dies mittlerweile in zahlreichen Feldern Sozialer Arbeit und darüber hinaus „als Richtschnur für Neuorganisationsprozesse"[2], und das in einer – wie Hinte seinen Ansatz selbst lobt – „Stringenz und Geordnetheit, wie es das noch mit keinem Fachkonzept in der sozialen Arbeit gab"[3].

Hinte hebt hervor, dass die in dieser Hinsicht „derzeit in zahlreichen Städten und Landkreisen laufenden Prozesse der Modernisierung [...] in vielerlei Hinsicht anspruchsvoll"[4] seien, „da in ihrem Verlauf in integrierter Weise zahlrei-

---

[1] Widersprüche Redaktion: Zu diesem Heft, in: Widersprüche Redaktion (Hg.), Sozialraum ist die Antwort. Was war nochmals die Frage?, Münster 2015, 3–18, hier: 3.

[2] Hinte, Wolfgang: Das Fachkonzept „Sozialraumorientierung" – Grundlage und Herausforderung für professionelles Handeln, in: Fürst, Roland / Hinte, Wolfgang (Hg.), Sozialraumorientierung. Ein Studienbuch zu fachlichen, institutionellen und finanziellen Aspekten, Stuttgart ³2019, 13–32, hier: 25.

[3] Hinte, Grundlage, 25.

[4] Hinte, Grundlage, 28.

che Teilprobleme in Konzeption und Organisation der Sozialen Arbeit analysiert, bearbeitet und evaluiert werden"[5]. Genau dies verweist darauf, dass auch in seinem Fachkonzept „Sozialraum" als Antwort auf höchst unterschiedliche Fragestellungen fungiert. Er selbst thematisiert in diesem Zusammenhang allein mit Blick auf die Soziale Arbeit ein Spektrum, das „von der Neujustierung der Aufgaben und Zugangsweisen des Allgemeinen Sozialdienstes über neue Formen der Kooperation zwischen Kostenträger und Leistungserbringern und – damit einhergehend – einem gesteuerten, inhaltlich geprägten Umbau der lokalen Trägerlandschaft bis hin zu innovativen Formen der Gestaltung von strukturgestützten Verfahren etwa im Bereich der Hilfeplanung, der Leistungs- und Entgeltvereinbarungen sowie der besseren Kooperation zwischen verschiedenen gesetzlichen Leistungsfeldern"[6] reiche. Kaum zu übersehen ist, dass dabei höchst unterschiedliche Interessen unter einen Hut zu bringen sind: allein innerhalb der Verwaltung und erst recht in Bezug auf unterschiedliche Bevölkerungsgruppen, die jeweils über sehr ungleiche Macht verfügen, ihre Interessen zur Geltung oder auch nur zu Gehör zu bringen. Nicht umsonst – dieses Sprachspiel sei erlaubt – verweist Hinte darauf, dass sein Konzept auch „zahlreiche Anregungen"[7] biete, wie immer knapper werdende Mittel „möglichst effizient eingesetzt"[8] und „bestmöglich investiert werden"[9] könnten.

Etwas verwunderlich ist, wie wenig sich in Hintes Schriften dazu finden lässt, was denn ein *Sozialraum* sei. Einerseits verweist er darauf, dass je „nach subjektiver Definition, Ausstattung und Gruppenzugehörigkeit [...] höchst individuell Sozialräume definiert"[10] würden. Gleichzeitig überschnitten und überlappten sich diese, was „dann von einem Teil der Bevölkerung als unser Sozialraum bezeichnet"[11] werde (wobei es sich dabei wohl eher um Fachkräfte und Funktionär:innen handeln dürfte, weil der Begriff in der Alltagssprache noch nicht so verbreitet ist). Zumindest wenn Hinte weiter schreibt, dass „sich [dort] Problemlagen und Ausdrucksformen von Alltagskultur"[12] abbildeten, bezieht er sich offensichtlich auf eine analytische Perspektive von außen auf bestimmte Praxen dieser Menschen.

Bei ihm findet sich dann noch eine weitere, die für sein Fachkonzept und dessen Rezeption wohl wichtigste Bedeutung von „Sozialraum als Steuerungs-

---

[5] Hinte, Grundlage, 28.
[6] Hinte, Grundlage, 28.
[7] Hinte, Grundlage, 29.
[8] Hinte, Grundlage, 29.
[9] Hinte, Grundlage, 29.
[10] Hinte, Wolfgang: Das Fachkonzept „Sozialraumorientierung", in: Hinte, Wolfgang / Treeß, Helga (Hg.), Sozialraumorientierung in der Jugendhilfe. Theoretische Grundlagen, Handlungsprinzipien und Praxisbeispiele einer kooperativen-integrativen Pädagogik, Weinheim ³2014, 14–130, hier: 32.
[11] Hinte, Fachkonzept, 32.
[12] Hinte, Fachkonzept, 32.

größe [...], definiert von Institutionen, die bezogen auf ein Wohngebiet Personal und Geldströme konzentrieren"[13], „mit dem Zweck eines gezielteren Einsatzes der vorhandenen Mittel"[14]. In dieser Hinsicht solle der Sozialraum als *Planungsraum* nicht nur „die klassischen Steuerungsdimensionen Fall, Immobilie oder Abteilung ergänzen oder auch dominieren"[15], sondern darüber hinaus „ein integrierendes Element für eine Vielzahl kommunaler Sektoren sein und somit die oft beklagte Parzellierung staatlicher Leistungen reduzieren"[16]. Hinte empfiehlt eine Schneidung „anhand möglichst plausibler und nachvollziehbarer Gebietsdefinitionen"[17] dergestalt, dass ein „von der Bürokratie definierter Sozialraum [...] mehrere solcher Überlappungen"[18] individueller bzw. gruppenbezogener Sozialräume umfassen sollte, so dass er auf diese Weise möglichst optimal als „Bindeglied zwischen der verwaltungsseits notwendigen Ordnungskategorie einerseits und den lebensweltlichen vorgenommenen Raumdefinitionen andererseits"[19] fungiert und „sich die Fachkräfte dann jeweils nach Bedarf in ihren Schwerpunktsetzungen"[20] darauf beziehen können.

Um Hintes drei Bedeutungen von Sozialraum auch sprachlich entsprechend zu differenzieren, hat Michael Noack[21] vorgeschlagen, letztere – wie Hinte – als *Planungsräume* zu bezeichnen. Den Begriff des *Sozialraums* schlägt er vor, der „Erfassung von gewachsenen räumlichen Gemeinschaften innerhalb der Planungsräume [vorzubehalten d. A.], über deren Beziehungsnetze Ressourcen solidarisch ausgetauscht werden"[22]. Schließlich bezieht er sich zur „Erfassung individueller und gruppendynamisch vorgenommener Konstruktion [...], aus deren Überlappung sich ein Sozialraum bildet"[23], auf Kurt Lewins Begriff des *Lebensweltraumes*, der angeblich „vom ‚Lebensraum' in Abgrenzung zur ‚Sozialen Welt'"[24] spreche. Lewin fasst jedoch mit seinem Terminus *psychologischer Lebensraum* „den Gesamtbereich dessen [...], was das Verhalten eines Individuums in einem gegebenen Zeitmoment bestimmt"[25]. Davon unterscheidet er dessen *physikalische*, *soziale* und *psychologische Umwelt*[26]. In Lewins Terminologie fokussiert

---

[13] Hinte, Fachkonzept, 32.
[14] Hinte, Wolfgang: Diskussionsbeitrag Gemeinwesenarbeit, in: Kessl, Fabian u. a. (Hg.), Handbuch Sozialraum, Wiesbaden 2005, 548–557, hier: 549.
[15] Hinte, Diskussionsbeitrag, 549.
[16] Hinte, Diskussionsbeitrag, 549.
[17] Hinte, Fachkonzept, 32.
[18] Hinte, Diskussionsbeitrag, 549.
[19] Hinte, Fachkonzept, 32.
[20] Hinte, Diskussionsbeitrag, 549.
[21] Noack, Michael: Der Raum als Scharnier zwischen Lebenswelt und Hilfesystem, in: sozialraum.de 4 (2012).
[22] Noack, Scharnier.
[23] Noack, Scharnier.
[24] Noack, Scharnier.
[25] Lewin, Kurt: Grundzüge der topologischen Psychologie, Berverly Hills 1969, 34.
[26] Lewin, Grundzüge, 40.

dabei einzig und allein die *physikalische Umwelt* etwas Örtliches, wie – auf das konkrete Individuum bezogen – dessen Zimmer, „aber auch die Lage dieses Zimmers im Haus, sowie die Lage des Hauses hinsichtlich seiner geografischen Lage (Stadtteil, Stadt, Land)"[27]. Demgegenüber bezieht sich die *soziale Umwelt* des Individuums auf die „Stellung der Personen, mit denen es ‚zwischenmenschliche' Beziehungen"[28] pflegt. Vor diesem Hintergrund habe ich keine rechte Vorstellung davon, was Noack mit *Lebensweltraum* meint, während mir sein *Sozialraum*-Begriff im Sinne einer „gewachsenen räumlichen Gemeinschaft[en]"[29] auf etwas zu zielen scheint, was auch bei Hinte häufig als (Wohn-)Quartier bezeichnet wird.

Über Hinte hinausgehend hat Noack in methodischer Hinsicht zumindest etwas konkretere Hinweise gegeben, wie *Planungsräume* zu umreißen und *Sozial-* sowie *Lebensweltäume* zu erfassen seien. So schlägt er im Hinblick auf die Kinder- und Jugendhilfe vor, *Planungsräume* „anhand sozialstatistischer Merkmale [...], die in Korrelation zum Bedarf an erzieherischen Hilfen stehen"[30], zu schneiden. Einhergehen soll dies mit der kleinräumigen Verdichtung dieser Daten über multivariate Verfahren wie die Faktorenanalyse, „um die Planstellen des öffentlichen Kostenträgers in den Planungsräumen – ausgehend von Belastungsfaktoren – zu verteilen"[31] sowie den Kostenträgern und Leistungserbringern erste Hinweise bezüglich der Frage zu geben, „auf welche Teilgebiete ein besonderes Augenmerk gelegt werden"[32] müsse.

Für andere Administrationen dürften jedoch die Bedarfe an erzieherischen Hilfen ziemlich uninteressant sein, so dass dieser Vorschlag nicht wirklich eine Lösung für die Schneidung eines *Planungsraumes* gemäß Hintes Anspruch, dieser solle „ein integrierendes Element für eine Vielzahl kommunaler Sektoren sein und somit die oft beklagte Parzellierung staatlicher Leistungen reduzieren"[33] bietet. Unreflektiert bleibt dabei auch die Frage, wer mit welchem Interesse und wie begründet, bestimmte Indikatoren als „Belastungsfaktoren"[34] definiert, ganz zu schweigen von den damit verbundenen stigmatisierenden Effekten bezüglich der Menschen, die dort wohnen[35]. Wenn dann die über entsprechende multivariate Verfahren ermittelten *Kompositionseffekte* bestimmter Faktorenbündel von Variablen als Wirkungen dieses Gebietes im Sinne eines *Kontexteffektes* fachlich

---

[27] Bogner, Dirk Paul: Die Feldtheorie Kurt Lewins. Eine vergessene Metatheorie für die Erziehungswissenschaft, Wiesbaden 2017, 108.
[28] Lewin, Grundzüge, 40.
[29] Noack, Scharnier.
[30] Noack, Scharnier.
[31] Noack, Scharnier.
[32] Noack, Scharnier.
[33] Hinte, Diskussionsbeitrag, 549.
[34] Noack, Scharnier.
[35] Vgl. zu diesem und dem Folgenden zusammenfassend May, Michael: Das Verhältnis von Sozialplanung und Sozialraum – theoretische Grenzziehung, Aussagefähigkeit und Nutzen in der Praxis, in: Sozialmagazin 42 (2017), 14–21.

und/oder politisch verhandelt werden, handelt es sich dabei um nicht weniger als einen ökologischen Fehlschluss[36]. So handelt es sich beispielsweise, wenn sich in einem bestimmten Planungsraum die Straffälligkeit von Heranwachsenden häuft, um einen typischen *Kompositionseffekt*. Von diesem darf nicht so ohne Weiteres auf einen *Kontexteffekt* dieses Gebietes geschlossen werden, wie etwa „Wohnblocks erzeugten Kriminalität", könnte diese gesteigerte Jugendkriminalität doch ganz andere Ursachen haben – vielleicht sogar nur, dass dort die Überwachung und Strafverfolgung besonders konsequent erfolgt.

Im Hinblick auf das Bestreben, Räume als Ursachen sozialer Besonderheiten zu fassen, hat Manuel Castells schon in den 1970er Jahren nicht nur infrage gestellt, „ob es Wohnsiedlungen gibt, die unter ökologischen Gesichtspunkten derart fest umrissen sind, daß sie eine Aufteilung der Siedlung in Untereinheiten mit wirklich spezifischer Eigenart zulassen"[37]. Darüber hinaus hat er gefordert, „die Verbindung Raum-Gesellschaft"[38] zu einer Forschungsfrage zu erheben, anstatt aus ihr – im Sinne „Sozialraum ist die Antwort" – „einen Angelpunkt für die Interpretation der Unterschiede im sozialen Leben zu machen"[39].

2. Zur Notwendigkeit raumtheoretischer Präzisierungen

Interessanterweise sieht auch Noack „die Bearbeitung der Wechselbeziehungen zwischen physischem Ort und Sozialstruktur als Ansatzpunkt des Fachkonzepts der Sozialraumorientierung"[40]. So sollten Fachkräfte im Rahmen dieses Konzeptes „zwischen objektiv-materiellen Raumaspekten – als Ergebnis vorangegangener Platzierungen sozialer Güter sowie Menschen (vgl. Löw 2007, 89) – und den Folgen dieser Strukturen in den individuell konstruierten und sich überschneidenden Lebensweltäumen vermitteln"[41]. Noack bezieht sich dabei auf Martina Löws[42] Ansatz, der Anthony Giddens'[43] Theorie einer Dualität von Struktur und

---

[36] Häußermann, Hartmut: Effekte der Segregation, in: FORUM WOHNEN UND STADTENTWICKLUNG (FW): Zeitschrift des vhw – Bundesverband für Wohnen und Stadtentwicklung e. V. 5 / 2007, 234–240.
[37] Castells, Manuel: Die kapitalistische Stadt. Ökonomie und Politik der Stadtentwicklung, Hamburg 1977, 96.
[38] Castells, kapitalistische Stadt, 107.
[39] Castells, kapitalistische Stadt, 107.
[40] Noack, Scharnier.
[41] Noack, Scharnier.
[42] Löw, Martina: Zwischen Handeln und Struktur. Grundlagen einer Soziologie des Raums, in: Kessl, Fabian / Otto, Hans-Uwe (Hg.), Territorialisierung des Sozialen. Regieren über soziale Nahräume, Opladen 2007, 81–100.
[43] Giddens, Anthony: Die Konstitution der Gesellschaft. Grundzüge einer Theorie der Strukturierung, Frankfurt a. M. ³1997.

Handeln zur Erklärung der Doppelexistenz von Raum heranzieht: Handeln konstituiert Raum und Raum strukturiert Handlungsvollzüge.

Wenngleich in einer eher fragwürdigen Weise[44] greift Löw dabei auch Henri Lefebvres[45] Theorie der Produktion des Raumes auf. Diese erscheint mir aber nicht allein aufgrund ihrer dialektischen Überwindung des Struktur-Handlungs-Dualismus weit geeigneter, die hier unter der Chiffre ‚Sozialraum' verhandelten Phänomene wissenschaftlich-analytisch wie fachlich-praktisch zu bearbeiten, was zu zeigen ist. Analytisch unterscheidet Lefebvre in seiner Theorie zwischen der *Repräsentation des Raumes,* dem *Raum der Repräsentation* und der *räumlichen Praxis*. Während Löw die *Repräsentation des Raumes* strukturtheoretisch interpretiert, fokussiert Lefebvre mit diesem Begriff den „konzeptualisierten Raum, den Raum der Wissenschaftler, der Planer, der Urbanisten, der technokratischen Unterteiler und der Sozialingenieure"[46]. Es liegt also nahe, Hintes und Noacks *Planungsräume* als *Repräsentation des Raumes* zu interpretieren. Wenn Löw Lefebvres Begriff von *räumlicher Praxis* rein handlungstheoretisch interpretiert, übersieht sie, dass die *Repräsentation des Raumes* – bleiben wir beim Beispiel des *Planungsraumes* – das Produkt eines hegemonialen Kompromisses spezifischer *räumlicher Praxen* eben solcher Fachleute ist, wie Lefebvre sie in der Erläuterung seines Begriffes u. a. aufzählt.

Auch wenn Lefebvre den *Raum der Repräsentation* explizit als „unmittelbar gelebten [...] und damit Raum der ‚Bewohner' und ‚Nutzer'"[47] charakterisiert, artikuliert sich darin eine je milieu- oder gruppenspezifische *räumliche Praxis*. So erlaubt Lefebvres Analytik, die sich zum Teil konflikthaft zuspitzenden Widersprüche zwischen der *Repräsentation des Raumes* und dem *Raum der Repräsentation*, in dessen Rahmen die verschiedenen Gruppen sich diesen als Ausdruck ihrer eigenen Lebenserfahrungen und -entwürfe anzueignen versuchen, zu untersuchen. Im Rahmen des *Fachkonzeptes Sozialraumorientierung* werden solche Konflikte durch die als *Intermediäre* begriffenen Fachkräfte *hegemonial* einzufrieden versucht – und dies trotz aller Rhetorik eines „immer wieder aufs Neue"[48] zu erkundenden „Wille[ns] der Adressatin / des Adressaten [...] und welche Ziele (kurz-, mittel- und langfristig) sie daraus für sich ableiten"[49]. Darauf wird noch zurückzukommen sein.

Es wurde schon angedeutet, dass selbst die *Repräsentation des Raumes* keineswegs eine widerspruchsfreie ist. Besonderes Augenmerk hat Lefebvre diesbezüglich auf das Verhältnis gelegt, in dem Tausch- (im Sinne verschiedener, aus-

---

[44] May, Michael: Gemeinschaftlich Wohnen: Überlegungen zu einer angemessenen Analytik und Unterstützungspraxis Sozialer Arbeit, in: Alisch, Monika / May, Michael (Hg.), Ein Dach über dem Kopf, Opladen / Leverkusen 2021, 29–52.
[45] Lefebvre, Henri: The production of space, Oxford 1991.
[46] Lefebvre, Production, 38 (eigene Übersetzung).
[47] Lefebvre, Production, 39 (eigene Übersetzung).
[48] Hinte, Grundlage, 27.
[49] Hinte, Grundlage, 27.

zubalancierender kapitalistischer Profit- und Verwertungsinteressen) und Gebrauchswertaspekte für unterschiedliche Nutzungsgruppen stehen. Daneben existieren an einem Ort aber zumeist auch höchst unterschiedliche *Räume der Repräsentation* im günstigsten Falle miteinander oder schlicht nebeneinander. Darauf verweisen Hintes und Noacks Begriffe von *Überschneiden* und *Überlappen*. In – wie Lefebvre sie nennt – „contrasting places"[50] können diese aber auch in Konflikt miteinander geraten. Vermutlich aufgrund des angesprochenen hegemonialen Einfriedungsbestrebens findet sich dazu in den Schriften zum *Fachkonzept Sozialraumorientierung* so gut wie gar nichts.

Lefebvres Raumanalytik lässt sich sowohl auf die Ebenen dessen beziehen, was Noack *Sozialraum*, als auch, was er *Lebensweltraum* nennt. Ich würde jedoch vorschlagen, statt wie Noack von *Sozialraum*, besser von (Wohn-)Quartier zu sprechen, wie das auch Hinte immer wieder tut. Und auch hier wäre zu vermerken, dass die Grenzen dessen, was Menschen als *Quartier* bezeichnen, nur selten klar definiert sind, es sei denn es handelt sich um Abgrenzungen, wie Flüsse, nicht-überquerbare Straßen, Schienen oder große Industrieanlagen. Eine weitere Variante eines klar abgegrenzten Quartiers ist die ohne Anbindung an einen Ortskern in die Landschaft gesetzte Siedlung, was besonders häufig bei Obdachlosensiedlungen oder im sozialen Wohnungsbau der 60er und 70er Jahre der Fall war. Auf der anderen Seite des sozialen Spektrums finden sich sogenannte *Gated Communities* der Reichen, deren Grenzen sogar durch Überwachung und Sicherheitsdienste geschützt werden. Eventuell lassen sich diese auch zu jenen „gewachsenen räumlichen Gemeinschaften"[51] zählen, die Noack auf dieser Ebene zu fassen versucht. Wohl kaum aber werden „über deren Beziehungsnetze Ressourcen solidarisch ausgetauscht"[52].

Trotz diesbezüglich häufig übersehener Ansätze[53] dürfte es sich bei Noacks Charakterisierung jedoch auch für die Mehrzahl jener Quartiere, die von der kapitalistischen Entwicklung abgehängt wurden, um eine leere Aktivierungs-Rhetorik handeln.[54] Wenngleich auf die verschiedenen Formen der Sozialraumkonstitution gleich noch einmal etwas konkreter eingegangen werden soll, ist jedoch schon an dieser Stelle festzuhalten, dass es zwar bestimmte Bevölkerungsgruppen gibt, bei denen ihr alltäglicher Raum und ihre regelmäßigen Sozialkontakte sehr stark und oft notgedrungen auf ein solches Quartier bezogen sind[55]. Dies kann dann auch zu Konflikten zwischen diesen führen, im Sinne dessen, was Lefebvre *contrasting places* genannt hat. Für andere jedoch beschränken

---

[50] Lefebvre, Production, 63.
[51] Noack, Scharnier.
[52] Noack, Scharnier.
[53] May, Michael, Communing und Share Economy bei älteren Zugewanderten in Deutschland, in: SWS-Rundschau 58 (2018), 6–22.
[54] Leider ist hier nicht der Raum, deren Hintergründe zu analysieren.
[55] May, Michael / Alisch, Monika: Formen der Segregation, in: May, Michael / Alisch, Monika (Hg.), Formen sozialräumlicher Segregation, 2012, 7–22, hier: 15f.

sich ihre alltäglichen Räume und auch engen Sozialkontakte gerade nicht auf ein solches Quartier[56], so dass Hintes und Noacks Konstrukt von sich überlappenden *Lebensweltträumen*, nach denen dann Hinte auch *Planungsräume* gerne schneiden würde, sich bis auf gettoisierte Quartiere als unmöglich erweist.

Um zu fokussieren, welche räumlichen und sozialen Rahmen Menschen sich zu schaffen suchen, um sich ihrer Bedürfnisse zu vergewissern und ihre nicht immer bewussten Lebensentwürfe zu verwirklichen, mit denen sie sich dann – einschließlich der Lebenserfahrungen, auf denen sie gründen – auch im Raum und in der Gesellschaft *repräsentiert* sehen wollen, bedarf es eines anderen Sozialraumbegriffes. Lefebvre hat seine sogenannte *Trialektik* von *räumlicher Praxis*, *Repräsentationen des Raums* und *Räumen der Repräsentation* „auf das Wahrgenommene (*le perçu*), das Konzipierte (*le conçu*) und das Gelebte (*le vécu*)"[57] bezogen, was in der Literatur schon unterschiedlich übersetzt und erst recht verschieden interpretiert wird. Wie Belina vermerkt, mag dies „auch daran liegen, dass viele Autor:innen die beiden Dreiersets an Begriffen tendenziell als Schema oder Modell verwenden, das starrer, abstrakter und damit inhaltsleerer ist, als dies von Lefebvre intendiert war. Nicht nur verwendet er selbst die Begriffe in *La Production de l'Espace* sehr unsystematisch, er warnt auch davor, sie als Systematik zu begreifen"[58].

Weniger umstritten dürfte jedoch sein, dass es einen inneren Zusammenhang zwischen dem geben dürfte, *wie* Menschen Raum *wahrnehmen, konzipieren* und *leben.* Ich habe vorgeschlagen, dies mit dem Begriff *raumbezogene Interessenorientierung* zu fassen[59] und *Sozialräume* im Anschluss an Pankoke[60] als ein gruppen-, institutions- bzw. praxiszusammenhangspezifisches Netzwerk entsprechender *raumbezogener Interessenorientierungen* zu fassen. *Sozialräume* konstituieren sich demzufolge in enger Verkopplung mit spezifischen Raumqualitäten der *Repräsentation des Raumes* über die situative Vernetzung solcher *raumbezogener Interessenorientierungen* in der Unmittelbarkeit des Sozialen der *räumlichen Praxis*. Darüber entsteht dann in dem Maße,

- wie die Vorstellung über die Konstitution der gebauten Umwelt in Übereinstimmung zu bringen ist mit dem realen stofflichen Raum, eine spezifische *kognitive Vertrautheit*;

---

[56] Beck, Sebastian / Perry, Thomas: Studie Soziale Segregation. Nebeneinander und Miteinander in der Stadtgesellschaft, in: FORUM WOHNEN UND STADTENTWICKLUNG (FW), Zeitschrift des vhw – Bundesverband für Wohnen und Stadtentwicklung e. V. 3 / 2008, 115–122.
[57] Belina, Bernd: Raum. Zu den Grundlagen eines historisch-geographischen Materialismus, Münster ²2017, 46.
[58] Belina, Raum, 46.
[59] May, Gemeinschaftlich Wohnen.
[60] Pankoke, Eckart: POLIS und REGIO. Sozialräumliche Dimensionen kommunaler Kultur, in: Soziologia Internationalis 15 (1977), 31–61.

- wie Nutzungswünsche mit Nutzungsvorstellungen und der tatsächlichen Nutzung der im Raum verteilten Objekte vermittelt werden können, eine spezifische *affektive Vertrautheit*;
- wie eigene Vorstellungen über andere Subjekte im Raum mit den Beziehungen zu diesen in Übereinstimmung zu bringen sind und auf diese Weise ein Ausgleich zwischen Öffentlichkeit und Privatheit, Bezogenheit und Absonderung, Öffnung und Rückzug erreicht werden kann, eine spezifische *soziale Vertrautheit*.

Erst diese drei von Chombart de Lauwe[61] herausgearbeiteten *Vertrautheiten* lassen in der *räumlichen Praxis* der *Sozialraumkonstitution* eine *Repräsentation des Raumes* zu einem *Raum der Repräsentation* nun entsprechend sozial geteilter Lebenserfahrungen und -entwürfe werden.

3. Zu Grammatiken der Sozialraumkonstitution unterschiedlicher Gruppen

Bourdieu spricht von der *generativen Grammatik* eines Habitus als einem „System verinnerlichter Muster […], die es erlauben, alle typischen Gedanken, Wahrnehmungen und Handlungen einer Kultur zu erzeugen – und nur diese"[62]. Ähnlich gehe auch ich davon aus, dass es implizite *Kodes* gibt, nach denen ein gesellschaftliches Individuum in dieser Gesellschaft „sich selbst, seine Welt (die ‚kleine Welt') im Alltagshandeln unmittelbar und das Ganze der Gesellschaft, auch die ‚große Welt' also, mittelbar reproduziert"[63]. Dies – so meine in der Forschung mit verschiedensten Bevölkerungsgruppen gewonnene Erkenntnis – gilt ebenso für den (Sozial-)Raum. Ich schließe dabei an die Theorie der *Reproduktionskodes* an. In deren Rahmen konnten *idealtypisch* vier historisch ausdifferenzierte Kodes von *inheritance* (kulturelles und materielles ‚Erbe'), *apprenticeship* (Lehre), *career* (Werdegang/Karriere) und *vocation* (Berufung)[64] rekonstruiert werden.

Sehr viel bekannter und praktisch mehr genutzt sind sicher die „[m]it Hilfe von Milieudaten und Branchen-Knowhow […] für jedes Sinus-Milieu [typisierten, M. M.] Anforderungsprofile bezüglich der Bedürfnisse an Infrastruktur, Lage, Bauweise, Ausstattung und vieles mehr für die Quartierplanung"[65]. Jenseits

---

[61] Chombart de Lauwe, Paul-Henry: Aneignung, Eigentum, Enteignung, in: arch+ 34 / 1977, 2–6.
[62] Bourdieu, Pierre: Zur Soziologie der symbolischen Formen, Frankfurt a. M. [11]2015, 143.
[63] Heller, Agnes: Das Alltagsleben. Versuch einer Erklärung der individuellen Reproduktion, Frankfurt a. M. 1978, 31.
[64] May, Michael: Soziale Herkunft, in: Grendel, Tanja (Hg.), Sozialisation und Soziale Arbeit. Studienbuch zu Theorie, Empirie und Praxis, Wiesbaden 2019, 126–137.
[65] SINUS-Institut, Case Study: wahrZeichen Marketing Wohnwelten – Segmentierung von Wohnwelten. https://www.sinus-institut.de/sinus-institut/case-studies/wahrzeichen (abgerufen am 28.9.2022).

dessen, dass die Modellierung der Sinus-Milieus ein Geschäftsgeheimnis ist, das einem der wichtigsten Kriterien wissenschaftlicher Seriosität – der Nachvollziehbarkeit –widerspricht, da nicht offengelegt wird, auf welcher Datengrundlage und anhand welcher multivariaten statistischen Verfahren diese konstruiert werden, scheint mir dieses Projekt eines zu sein, das mittlerweile auf dem besten Weg zu einer selbsterfüllenden Prophezeiung ist. Denn nicht nur die Immobilienwirtschaft und Wohnungsausstattungsindustrie orientiert sich daran. Selbst Stadtverwaltungen und auch Kirchen adressieren nun die verschiedenen Milieus in je spezifischer Weise und machen sie damit erst zu dem, wie sie von Sinus immer konkreter für verschiedenste Lebensbereiche homolog typisiert werden. Demgegenüber interessiert sich die Theorie der *Reproduktionskodes* gerade für Kodebrüche und Kodeverschiebungen. Zwar können diese auch dazu führen, dass Einzelne oder Gruppen umso stärker am Gewohnten festhalten. Sie können jedoch durch eine entsprechende Rahmung auch dazu führen, dass sie sich bisher verborgene Potenziale erschließen.

Dass Gruppen ihre *Sozialräume* auf der Grundlage des gleichen *Reproduktionskodes* konstituieren, heißt nun keinesfalls zwangsläufig, dass sie dies ohne Weiteres gemeinsam täten. Vielmehr ist gerade bei denjenigen, die durch den zwischen den Reproduktionskodes von *inheritance* (‚Erbe') und *apprenticeship* (Lehre) sich entfaltenden Erfahrungszusammenhang des *Erbes der Fertigkeiten* geprägt sind, Territorialität stark ausgeprägt. Um dies an einem realen Fall aus meiner Untersuchungspraxis zu illustrieren, wäre es – ähnlich wie im ländlichen Bereich häufig zwischen einzelnen Dörfern – unmöglich gewesen, dass Bewohner:innen der einen Siedlung über die vierspurige Straße hinweg die Eckkneipe der Siedlung gegenüber besuchen, ohne dort in Konflikt mit der Stammbesucherschaft zu kommen. Dabei wurden beide von derselben Brauerei gleich möbliert und auch die Gebäude gleichen sich, weil sie von derselben gemeinnützigen Wohnungsbaugesellschaft im Rahmen des sozialen Wohnungsbaus zeitgleich errichtet wurden. Auch grenzt sich die durch diesen Erfahrungszusammenhang geprägte autochthone Wohnbevölkerung bei Zuzug von allochthonen Gruppen häufig von diesen ab, wie diese sich zum Teil auch untereinander abgrenzen, obwohl sie ihre *Sozialräume* im Rahmen des gleichen Kodegitters konstituieren – besonders wenn es aus bestimmten Ländern zu unterschiedlichen Zeiten Zuwanderungswellen gab.[66]

Dies ist bei denjenigen, die ihre *Sozialräume* im Rahmen eines Kodegitters von *career* (Werdegang/Karriere) und *vocation* (Berufung) an bestimmten Szeneorten konstituieren, grundlegend anders. Selbst wenn sie dort Menschen begeg-

---

[66] May, Michael: Social spaces and methods of reproduction of autochthonous and allochthonous residents of working-class districts. Sozialräume und Reproduktionsweisen autochthoner und allochthoner Wohnbevölkerung in Arbeiter*innenviertel, in: Diebäcker, Marc u. a. (Hg.), Working Class Districts: Urban Transformations and Qualities of Life in the Growing City. Urbane Transformationen und Lebensqualitäten der wachsenden Stadt, Wien 2018, 57–61.

nen, die ihnen bisher vollkommen unbekannt waren, werden sie sich nicht fremd vorkommen, sondern sofort ihre gemeinsamen *raumbezogenen Interessenorientierungen* zu einem entsprechenden *Sozialraum* vernetzen. Ein weiterer bedeutender Unterschied ist, dass der *Reproduktionskode* von *career* (Werdegang/ Karriere) in hohem Maße mit einer Lebensordnung korrespondiert, die Kohli[67] als *Institutionalisierung des Lebenslaufs* beschrieben hat. Dabei konstituieren sich *Sozialräume* im Rahmen funktional ausdifferenzierter Institutionen nach einer Handlungslogik der *Verbindlichkeit*, die sich in entsprechenden rechtlichen Grundlagen (z. B. Vereinsrecht) und klaren administrativen Regelungen manifestiert und häufig sogar explizite vertragliche Vereinbarungen umfasst. Demgegenüber folgt eine *Sozialraumkonstitution* im Rahmen des Kodegitters von *inheritance* (‚Erbe') und *apprenticeship* (Lehre) typischerweise einer Handlungslogik, die Kunstreich[68] als eine Logik von *Verlässlichkeit* gekennzeichnet hat. Charakterisiert ist diese durch persönliches Vertrauen, das „nie an eine Institution gebunden [ist], sondern immer an Personen"[69], und in Beziehungen entsteht, die „keine instrumentellen Zwecke verfolgen"[70].

4. Zu den Konzepten von Sozialraumentwicklung und Sozialraumorganisation

Ich hatte angekündigt, noch einmal auf Hintes Devise, am *Willen* der Bevölkerung anzusetzen, zurückzukommen. Was Hinte nicht mitreflektiert, ist einerseits, dass dieser *Wille* vielfach kulturindustriell – dazu würde ich auch die verschiedensten Adressierungen auf der Basis der Sinus-Milieus zählen –, aber auch ideologisch überformt wird. Was Letzteres betrifft, dürfte Hinte wohl kaum bereit sein, Menschen personell und materiell zu unterstützen, deren erklärter *Wille* es ist, ‚ihr' Quartier ethnisch zu ‚säubern' und zu einer ‚national befreiten Zone' zu erklären. Ebenso wenig reflektiert Hinte das Phänomen *adaptiver Präferenzbildung*[71], welches gerade bei Menschen zu beobachten ist, die über wenig Ressourcen verfügen bzw. bei denen Lebensvollzüge sehr stark von anderen be-

---

[67] Kohli, Martin: Der institutionalisierte Lebenslauf: ein Blick zurück und nach vorn, in: Allmendinger, Jutta (Hg.), Entstaatlichung und soziale Sicherheit. Verhandlungen des 31. Kongresses der Deutschen Gesellschaft für Soziologie in Leipzig 2002, Opladen 2003, 525–545.

[68] Kunstreich, Timm: Sozialer Raum als „Ort verlässlicher Begegnung". Ein Essay über Verbindlichkeit und Verlässlichkeit, in: Widersprüche Redaktion (Hg.): Sag mir wie? Methodisches Handeln zwischen Heilsversprechen und klugem Takt, Münster 2012, 87–92.

[69] Kunstreich, Ort, 90.

[70] Kunstreich, Ort, 90.

[71] May, Michael: Methodologische Implikationen von Subjektbegriffen unterschiedlicher Theorien Sozialer Arbeit, in: Rießen, Anne van / Jepkens, Katja (Hg.), Nutzen, Nicht-Nutzen und Nutzung Sozialer Arbeit, Wiesbaden 2020, 41–58, hier: 47.

stimmt werden. Wieder andere Menschen hatten bisher aufgrund des permanenten Drucks, bestimmte, kaum von ihnen zu beeinflussende Herausforderungen zu bewältigen, überhaupt keinen *Raum* – im übertragen, oft aber auch örtlichen Sinne –, um sich dessen zu vergewissern, was sie *wollen*. Um den auch von Hinte immer wieder hoch gehaltenen *Teilhabe*-Anspruch ernsthaft einzulösen, müssen all diesen Gruppen Gelegenheiten eröffnet werden, in dialogisch, partizipativen Prozessen einer – wie Nancy Fraser[72] sie nennt – *Politik der Bedürfnisinterpretation,* immer wieder aufs Neue herauszufinden, was sie „wirklich wirklich wollen", wie Frithjof Bergmann[73] dies ausgedrückt hat.

Monika Alisch und ich[74] nennen den professionellen Modus Sozialer Arbeit, solche Prozesse anzustoßen, *Sozialraumentwicklung*. Dieser zielt[75] einerseits darauf, gemeinsam mit Gruppen von Menschen, die auf Grund vergleichbarer Blockierungszusammenhänge einen spezifischen Mangel erfahren, *Sozialräume* zu konstituieren, die es ermöglichen, die Dialektik von *Bedürfnis*, *Wünschen* und *Wollen* im Hinblick auf Aspekte zu öffnen, die zwar objektiv möglich sind, bisher jedoch noch keinen Raum hatten, verwirklicht zu werden, und deshalb im Sinne Lefebvres[76] *u-topisch* sind (im ursprünglichen Wortsinn von: keinen Ort haben). Zum anderen zielt *Sozialraumentwicklung* dann weitergehend darauf, diese Gruppen nicht nur an solchen speziellen, im Rahmen Sozialer Arbeit geschaffenen, sondern auch an den sie darüber hinaus interessierenden (halb-)öffentlichen Orten darin zu unterstützen, sich *Räume der Repräsentation* ihrer Lebenserfahrung und -entwürfe sozialräumlich anzueignen. Selbst bei Gruppen, die diesbezüglich schon über bestimmte Strategien verfügen, scheint es erforderlich zu sein, immer wieder Möglichkeiten zu eröffnen, sich im Rahmen der skizzierten Prozesse von *Sozialraumentwicklung* zu vergewissern, ob ihre bisherige *räumliche Praxis* von *Sozialraumkonstitution* oder eine andere Form die aus ihrer Sicht angemessenste Verwirklichung ihrer Lebensentwürfe ermöglicht.

Indem Menschen im Kontext einer in dieser Weise durch *Sozialraumentwicklung* beförderten *Politik der Bedürfnisinterpretation* ihr „Eigeninteresse und dessen Formulierung bei anderen"[77] wiedererkennen, erwächst daraus nicht nur ein „erweitertes Ausdrucksvermögen"[78], in dem ihr *Wille* an „Direktion"[79] und dar-

---

[72] Fraser, Nancy: Widerspenstige Praktiken. Macht, Diskurs, Geschlecht, Frankfurt a. M. 1994, 240.
[73] Bergmann, Frithjof: Die Freiheit leben, Freiamt im Schwarzwald 2005.
[74] Alisch, Monika / May, Michael: Management, in: Kessl, Fabian / Reutlinger, Christian (Hg.), Sozialraum. Eine elementare Einführung, Wiesbaden 2021, 265–276.
[75] May, Michael: Soziale Arbeit als Arbeit am Gemeinwesen. Ein theoretischer Begründungsrahmen, Leverkusen 2017, 146ff.
[76] Lefebvre, Production, 163ff.
[77] Negt, Oskar / Kluge, Alexander: Maßverhältnisse des Politischen. Vorschläge zum Unterscheidungsvermögen, in: dies., Der unterschätzte Mensch. Gemeinsame Philosophie in zwei Bänden, Frankfurt a. M. 2001, 693–1005, 708.
[78] Negt / Kluge, Maßverhältnisse, 708.
[79] Bloch, Ernst: Das Prinzip Hoffnung, Frankfurt a. M. ⁷1979, 127.

über vermittelt an Kraft im Hinblick auf dessen Verwirklichung gewinnt. Zugleich gestärkt wird so auch das Bewusstsein ihrer selbst als politische Subjekte mit begründbaren Ansprüchen. Diese gilt es dann im Hinblick auf eine Beeinflussung der *Repräsentation des Raumes* in einem nächsten Schritt laienplanerisch mit Unterstützung professioneller Planer:innen im Anschluss an das Konzept der *Planungszelle*[80] in Entwürfe umzusetzen. Allerdings kann es in einem solchen, auf eine spezifische Gruppe von Betroffenen zielenden Prozess der *Sozialraumentwicklung* über die dabei in Gang gesetzte *Politik der Bedürfnisinterpretation* auch zu einer vorschnellen Übertragung entsprechender Ansprüche als verallgemeinerbare in ein gesamtgesellschaftliches Verhältnis kommen. Es entwickeln sich dann zwischen verschiedenen Gruppen „sich überstürzende[.] Geltungsansprüche[.], die häufig die Tendenz haben, einander zu zerstören"[81].

Um dem entgegenzuwirken, gilt es schon bei den einzelnen Prozessen von *Sozialraumentwicklung* darauf zu achten, dass sie Menschen zusammenbringen, die eine spezifische Erfahrung des *Mangels* an Verwirklichungsbedingungen oder gar von Unterdrückung teilen und deshalb zunächst einen eigenen *Raum* für eine darauf bezogene *Politik der Bedürfnisinterpretation* benötigen. Ein Beispiel wären geflüchtete Frauen, die sich vielfach überlagernden Diskriminierungen ausgesetzt sind, welche sich für sie zu einer ganz spezifischen Erfahrung eigener Qualität verdichten.[82] In einem weiteren Schritt ist es dann erforderlich, in einer *Sozialraumentwicklung* gewissermaßen „zweiter Ordnung" *Versammlungsorte*[83] für eine *übergreifende Politik der Bedürfnisinterpretation* zu kreieren, die es ermöglichen, Interessensüberschneidungen gewahr zu werden und die eigenen Ansprüche an gesellschaftliche *Teilhabe* und *Teilnahme* in die anderer Gruppen zu übersetzen. Entsprechend wären dann die geflüchteten Frauen jenseits von geschlechtlichen Identifizierungen auch mit ganz anderen Menschen mit einem unsicheren Aufenthaltsstatus sowie in weiteren Schritten jeweils mit Menschen, die von Sexismus und von Rassismus etc. betroffen sind, zusammenzubringen.

Solche *Versammlungsorte* und die an ihnen angestoßene *übergreifende Politik der Bedürfnisinterpretation* bedürfen einer *allparteilichen* Moderation. Wenn Menschen durch andere daran gehindert werden, ihre *Subjektivität* zu verwirklichen, oder wenn Ansprüche auf gesellschaftliche *Teilhabe* und *Teilnahme* einzelner (Gruppen) von anderen angefochten werden ist gegebenenfalls sogar eine Mediation erforderlich[84]. Um allen die gleichen Möglichkeiten der Artikulation zu eröffnen, wären für diejenigen, die aus dem Prozess einer solch *übergreifenden Politik der Bedürfnisinterpretation* herauszufallen drohen, übergangsweise, wieder im Zuge einer spezifischen *Sozialraumentwicklung*, Rückzugsmöglichkeiten zu

---

[80] Dienel, Peter C.: Die Planungszelle. Der Bürger als Chance, Wiesbaden ⁵2002.
[81] Negt / Kluge, Maßverhältnisse, 709.
[82] Ich schließe hier an das Konzept der Intersektionalität an, vgl. May, Arbeit am Gemeinwesen, 167ff.
[83] Negt / Kluge, Maßverhältnisse, 709.
[84] May, Arbeit am Gemeinwesen, 154f.

schaffen, in denen sie sich selbst ihrer spezifischen Ansprüche bezüglich einer Teilnahme und Teilhabe an jenem *Versammlungsort* zu vergewissern vermögen. Auf diese Weise gestärkt können sie dann wieder aktiv in den *übergreifenden* Prozess einer *Politik der Bedürfnisinterpretation* einsteigen.

Darüber hinaus erfordert die demokratische Aushandlung der zu realisierenden, unterschiedlichen Konzeptvorschläge bezüglich einer bestimmten *Repräsentation des Raumes* eine die verschiedenen Prozesse der *Sozialraumentwicklung* übergreifende *Sozialraumorganisation*, wie Monika Alisch und ich[85] dies nennen. Entsprechende Formen der *Sozialraumentwicklung* „zweiter Ordnung" fungieren dazu als Schnittstelle. Einzubeziehen in einen solchen übergreifenden Prozess der *Sozialraumorganisation* sind neben den professionellen Planer:innen auch die Entscheidungsbefugten der entsprechenden kommunalen Ämter, die über die Ressourcen zur Realisierung der Planungen verfügen. Zur Vorbereitung werden den verschiedenen Gruppen die Planungsideen der anderen zur Verfügung gestellt, um die jeweiligen *Folgen*[86] für sie kritisch zu diskutieren. Auf diese Weise gilt es, die Basis zu schaffen, auf deren Grundlage dann versucht wird, in Koproduktion eine entsprechende *Repräsentation des Raums* zu konzipieren, die es den verschiedenen Gruppen ermöglicht, in ganz unterschiedlichen Konstellationen *Räume der Repräsentation* zu verwirklichen.

Eine solche Form übergreifender *Sozialraumorganisation* erfordert es nicht selten, die Grenzen eines geographischen Raumes von Quartier zu überschreiten, insofern die Zielsetzungen einer umfassenden *Teilnahme* und *Teilhabe* aller nur auf mehreren, sich gegenseitig überlappenden Ebenen – nicht nur territorialer, sondern auch sozioökonomischer, sowie politisch-institutioneller Räume – zu verwirklichen sind. Stets müssen den Beteiligten auf all diesen Ebenen über *Sozialraumentwicklung* Gelegenheiten eröffnet werden, sich räumlich wie sozial einen ihnen angemessenen Rahmen zu einer *Politik der Bedürfnisinterpretation* zu schaffen. Denn nur auf diese Weise vermögen sich die verschiedenen Gruppen entsprechende *Räume der Repräsentation* ihrer eigenen Lebenserfahrungen und -entwürfe auf jenen sich gegenseitig bedingenden und überlappenden Ebenen *sozialräumlich* anzueignen. Auf dieser Basis kann der Prozess von *Sozialraumorganisation* in weiteren Schritten, spiralförmig mehr und mehr in seinen demokratischen Aushandlungsprozessen geweitet werden, um so dafür zu sorgen, dass allen daran Beteiligten die gleichen Chancen auf eine umfassende *Teilhabe* und *Teilnahme* an Gesellschaft in all ihren Facetten eröffnet werden.

---

[85] Alisch / May, Management.
[86] Fraser, Widerspenstige Praktiken, 282.

Literatur

Alisch, Monika / May, Michael: Management, in: Kessl, Fabian / Reutlinger, Christian (Hg.), Sozialraum. Eine elementare Einführung, Wiesbaden 2021, 265–276.
Beck, Sebastian / Perry, Thomas: Studie Soziale Segregation. Nebeneinander und Miteinander in der Stadtgesellschaft, in: Forum Wohnen und Stadtentwicklung: Zeitschrift des vhw – Bundesverband für Wohnen und Stadtentwicklung e. V. 3/2008, 115–122.
Belina, Bernd: Raum. Zu den Grundlagen eines historisch-geographischen Materialismus, Münster ²2017.
Bergmann, Frithjof: Die Freiheit leben, Freiamt im Schwarzwald 2005.
Bloch, Ernst: Das Prinzip Hoffnung, Frankfurt a. M. ⁷1979.
Bogner, Dirk Paul: Die Feldtheorie Kurt Lewins. Eine vergessene Metatheorie für die Erziehungswissenschaft, Wiesbaden 2017.
Bourdieu, Pierre: Zur Soziologie der symbolischen Formen, Frankfurt a. M. ¹¹2015.
Castells, Manuel: Die kapitalistische Stadt. Ökonomie und Politik der Stadtentwicklung, Hamburg 1977.
Chombart de Lauwe, Paul-Henry: Aneignung, Eigentum, Enteignung, in: arch+ 34/1977, 2–6.
Dienel, Peter C.: Die Planungszelle. Der Bürger als Chance, Wiesbaden ⁵2002.
Fraser, Nancy: Widerspenstige Praktiken. Macht, Diskurs, Geschlecht, Frankfurt a. M. 1994.
Giddens, Anthony: Die Konstitution der Gesellschaft. Grundzüge einer Theorie der Strukturierung, Frankfurt a. M. ³1997.
Häußermann, Hartmut: Effekte der Segregation, in: Forum Wohnen und Stadtentwicklung: Zeitschrift des vhw – Bundesverband für Wohnen und Stadtentwicklung e. V. 5/2007, 234–240.
Heller, Agnes: Das Alltagsleben. Versuch einer Erklärung der individuellen Reproduktion, Frankfurt a. M. 1978.
Hinte, Wolfgang: Das Fachkonzept „Sozialraumorientierung" – Grundlage und Herausforderung für professionelles Handeln, in: Fürst, Roland / Hinte, Wolfgang (Hg.), Sozialraumorientierung. Ein Studienbuch zu fachlichen, institutionellen und finanziellen Aspekten, Stuttgart ³2019, 13–32.
Hinte, Wolfgang: Das Fachkonzept „Sozialraumorientierung", in: Hinte, Wolfgang / Treeß, Helga (Hg.), Sozialraumorientierung in der Jugendhilfe. Theoretische Grundlagen, Handlungsprinzipien und Praxisbeispiele einer kooperativen-integrativen Pädagogik, Weinheim ³2014, 14–130.
Hinte, Wolfgang: Diskussionsbeitrag Gemeinwesenarbeit, in: Kessl, Fabian u. a. (Hg.), Handbuch Sozialraum, Wiesbaden 2005, 548–557.
Kohli, Martin: Der institutionalisierte Lebenslauf: ein Blick zurück und nach vorn, in: Allmendinger, Jutta (Hg.), Entstaatlichung und soziale Sicherheit. Verhandlungen des 31. Kongresses der Deutschen Gesellschaft für Soziologie in Leipzig 2002, Opladen 2003, 525–545.
Kunstreich, Timm: Sozialer Raum als „Ort verlässlicher Begegnung". Ein Essay über Verbindlichkeit und Verlässlichkeit, in: Widersprüche Redaktion (Hg.), Sag mir wie? Methodisches Handeln zwischen Heilsversprechen und klugem Takt, Münster 2012, 87–92.
Lefebvre, Henri: The production of space, Oxford 1991.
Lewin, Kurt: Grundzüge der topologischen Psychologie, Beverly Hills 1969.
Löw, Martina: Zwischen Handeln und Struktur. Grundlagen einer Soziologie des Raums, in: Kessl, Fabian / Otto, Hans-Uwe (Hg.), Territorialisierung des Sozialen. Regieren über soziale Nahräume, Opladen 2007.

May, Michael / Alisch, Monika: Formen der Segregation, in: May, Michael / Alisch, Monika (Hg.), Formen sozialräumlicher Segregation, 2012, 7–22.

May, Michael: Communing und Share Economy bei älteren Zugewanderten in Deutschland, in: SWS-Rundschau 58 (2018), 6–22.

May, Michael: Das Verhältnis von Sozialplanung und Sozialraum – theoretische Grenzziehung, Aussagefähigkeit und Nutzen in der Praxis, in: Sozialmagazin 42 (2017), 14–21.

May, Michael: Gemeinschaftlich Wohnen. Überlegungen zu einer angemessenen Analytik und Unterstützungspraxis Sozialer Arbeit, in: Alisch, Monika / May, Michael (Hg.), Ein Dach über dem Kopf, Opladen / Leverkusen 2021.

May, Michael: Methodologische Implikationen von Subjektbegriffen unterschiedlicher Theorien Sozialer Arbeit, in: Rießen, Anne van / Jepkens, Katja (Hg.), Nutzen, Nicht-Nutzen und Nutzung Sozialer Arbeit, Wiesbaden 2020, 41–58.

May, Michael: Social spaces and methods of reproduction of autochthonous and allochthonous residents of working-class districts. Sozialräume und Reproduktionsweisen autochthoner und allochthoner Wohnbevölkerung in Arbeiter*innenviertel, in: Diebäcker, Marc u. a. (Hg.), Working Class Districts. Urban Transformations and Qualities of Life in the Growing City. Urbane Transformationen und Lebensqualitäten der wachsenden Stadt, Wien 2018, 57–61.

May, Michael: Soziale Arbeit als Arbeit am Gemeinwesen. Ein theoretischer Begründungsrahmen, Leverkusen 2017.

May, Michael: Soziale Herkunft, in: Grendel, Tanja (Hg.), Sozialisation und Soziale Arbeit. Studienbuch zu Theorie, Empirie und Praxis, Wiesbaden 2019, 126–137.

Negt, Oskar / Kluge, Alexander: Maßverhältnisse des Politischen. Vorschläge zum Unterscheidungsvermögen, in: dies., Der unterschätzte Mensch. Gemeinsame Philosophie in zwei Bänden, Frankfurt a. M. 2001, 693–1005.

Noack, Michael: Der Raum als Scharnier zwischen Lebenswelt und Hilfesystem, in: sozialraum.de 4 (2012).

Pankoke, Eckart: Polis und Regio. Sozialräumliche Dimensionen kommunaler Kultur, in: Soziologia Internationalis 15 (1977), 31–61.

SINUS-Institut: Case Study. wahrZeichen Marketing Wohnwelten – Segmentierung von Wohnwelten. https://www.sinus-institut.de/sinus-institut/case-studies/wahrzeichen (abgerufen am 28.9.2022).

Widersprüche Redaktion (Hg.): Sozialraum ist die Antwort. Was war nochmals die Frage?, Münster 2015, 3–18.

Marian Burchardt

Religion in urbanen Gefügen

Eine stadtsoziologische Skizze zu Recht, Raum und Governance

In diesem Artikel untersuche ich, wie religiöse Vielfalt auf städtischer Ebene reguliert wird. Dabei wird versucht, Muster dieser Regulierungspraxis zu identifizieren und zu erklären. Vor diesem Hintergrund entwickele ich den Begriff des *urbanen Gefüges religiöser Diversität*, womit ich die heterogenen Regulierungsapparate meine, die territoriale Skalierungen unterlaufen und deshalb mehrdeutig und fließend sind, sich im Laufe der Zeit verändern und als ermöglichende und einschränkende Bedingungen für religiöse Ausdrucksformen in verschiedenen Städten wirken. Meine These ist dabei, dass diese urbanen Gefüge, die aus menschlichen Akteuren (staatlichen und nichtstaatlichen, säkularen und religiösen), materiellen Elementen (Infrastrukturen, Technologien und Artefakten), Gesetzen und Darstellungsmitteln (z. B. Karten) bestehen, religiöse Vielfalt als urbane soziale Realität produzieren und gestalten. Auf der Grundlage dieser theoretischen Überlegungen werden in dem Artikel Felder der Regulierungspraxis identifiziert und es wird gezeigt, wie diese durch soziale und rechtliche Auseinandersetzungen geformt werden.

1. Einleitung

Obgleich viele Soziolog:innen prognostiziert haben, dass die Bedeutung von Religion im städtischen Leben im Zuge von Säkularisierungsprozessen abnähme,[1] sind in den Städten rund um den Nordatlantik de facto dynamische und lebendige Formen urbaner Religiosität entstanden. Entwicklungen wie die zunehmende transnationale Migration, das Wachstum neuer religiöser Bewegungen und die immer häufiger werdenden Flüchtlingskrisen haben zur religiösen Diversifizierung der Städte beigetragen. Zudem haben sich Städte zu Orten religiöser Innovation entwickelt und sind zu Schauplätzen religiöser Events und Festivals geworden, die Teil städtischer Konsumkulturen sind und zur Konstruk-

---

[1] Z. B. Wilson, Bryan. R.: Religion in Secular Society, New York 1969.

tion von städtischen Identitäten und Stadtbildern beitragen.[2] Gleichzeitig hat die Ausbreitung religiöser Strukturen und Ausdrucksformen in städtischen Kontexten eine Reihe von Herausforderungen für die Governance von Städten mit sich gebracht. Zwar hat die Soziologie inzwischen durchaus begonnen, die Formen und Ausprägungen dieser neuen städtischen Religionsvielfalt zu erforschen. Jedoch hat sie sich bislang kaum damit befasst, wie diese reguliert und gesteuert wird.[3]

Dieser Artikel konzeptualisiert die Ursprünge, Formen und Folgen der urbanen Governance religiöser Vielfalt, identifiziert Leerstellen in der bestehenden Forschungsliteratur und zeigt mögliche Ansätze für zukünftige Forschungsarbeiten auf. An der Schnittstelle von Religions-, Stadt- und Migrationssoziologie werden die Verflechtungen von Regulierungsprozessen, religiösen Ausdrucksformen und urbanen Räumlichkeiten in nordatlantischen Stadtlandschaften herausgearbeitet. Zu diesem Zweck wird der Begriff des *urbanen Gefüges religiöser Diversität* entwickelt, womit ich die heterogenen Regulierungsapparate meine, die territorial mehrdeutig und fließend sind, sich im Laufe der Zeit verändern und als ermöglichende und einschränkende Bedingungen für religiöse Ausdrucksformen in verschiedenen Städten wirken. Ich behaupte, dass diese urbanen Gefüge, die aus menschlichen Akteuren (staatlichen und nichtstaatlichen, säkularen und religiösen), materiellen Elementen (Infrastrukturen, Technologien und Artefakten), Gesetzen und Darstellungsmitteln (z. B. Karten) bestehen, religiöse Vielfalt als urbane soziale Realität produzieren und gestalten.

Die folgenden Überlegungen basieren auf empirischen Untersuchungen, die ich in Québec und Spanien durchgeführt und die ich an anderer Stelle ausführlich behandelt habe.[4] In diesem Kapitel stehen hingegen die übergeordneten Entwicklungen im Vordergrund, welche eine Perspektivverschiebung und die Hinwendung zu urbanen Konstellationen religiöser Diversität sinnvoll erscheinen lassen sowie die Konsequenzen, welche sich aus dieser theoretischen Neuausrichtung ergeben.

2. Religion, Städte und Raum

Städte stehen aus mehreren Gründen unter besonderem Druck, einen Umgang mit religiöser Vielfalt zu entwickeln. Weltweit sind Großstädte Drehscheiben der transnationalen Migration und zählen überproportional viele Migrant:innen zu

---

[2] Knott, Kim u. a.: Iconic Religion in Urban Space, Material Religion, 12(2), 2016, 123–136.
[3] Aber siehe Martínez-Ariño, Julia: Conceptualising the Role of Cities in the Governance of Religious Diversity in Europe, Current Sociology, 66(5), 2018, 810–827.
[4] Burchardt, Marian: Religion in urban assemblages: space, law and power. Religion, State & Society, 47(4/5), 2019, 374–389; Burchardt, Marian: Regulating difference: Religious diversity and nationhood in the secular West, New Brunswick 2020.

ihren Bewohner:innen. In der Folge ist die religiöse Vielfalt in Städten am ausgeprägtesten. Zudem sind Städte Konfigurationen von Orten und Räumen, in denen sich religiöse Diversität räumlich manifestiert und sichtbar wird und in denen religiöse Gemeinschaften mit anderen sozialen Gruppen und Nutzer:innen mitunter um den städtischen Raum als knappe Ressource, um symbolische Demarkationslinien und die Bedeutungen des Raumes konkurrieren oder sich als konkurrierend begreifen. Dies bedeutet auch, dass städtische Regulierungsprozesse in besonderer Weise räumliche Dimensionen ins Visier nehmen und dabei maßgeblich auf die räumliche Präsenz religiöser Gemeinschaften abzielen. Denn durch ihre Präsenz im urbanen Raum erlangen religiöse Gemeinschaften Sichtbarkeit für andere Gruppen der städtischen Bevölkerung, untermauern ihren Anspruch, ein legitimer Teil der Stadtgesellschaft zu sein, ziehen symbolische und räumliche Grenzen zwischen sich und anderen und behaupten ihre kollektiven Identitäten, wodurch ihr innerer sozialer Zusammenhalt gestärkt wird. Aus diesen Ausführungen ergibt sich nicht zuletzt die Frage, inwieweit zwischen den Metropolen und den sie umgebenden Nationalstaaten Kontinuitäten oder Diskontinuitäten innerhalb der Lebenswirklichkeiten und der Regulierungsdynamiken im Feld der religiösen Vielfalt bestehen.

Um dieses politisch umstrittene Terrain konzeptionell abzustecken, müssen Erweiterungen vorgenommen und Brücken zwischen zwei unterschiedlichen Strängen der Forschungsliteratur geschlagen werden, nämlich den Studien zur Integration einerseits und ethnographischen Untersuchungen urbaner Religion andererseits. *Auf der einen Seite* hat die Forschung zur Integration von Migrant:innen und staatsbürgerschaftlichen Dynamiken konstatiert, dass Gesellschaften im Zuge der religiösen Diversifizierung zunehmend vor der Herausforderung stehen, religiöse Newcomer in den bestehenden institutionellen Rahmen zur Regelung der Beziehungen von Staat und Religion einzupflegen und diesen Rahmen dabei so anzupassen, dass Religionsfreiheit, Nicht-Diskriminierung und Gleichbehandlung gewährleistet und der soziale Zusammenhalt und das konfliktfreie Zusammenleben unterschiedlicher religiöser Gruppen gefördert werden. Dieser Strang der Forschungsliteratur hat sich vor allem mit dem Nationalstaat sowie mit regionalen und internationalen Rechtsregimen zu Religion und Menschenrechten befasst.[5] Wie Fox[6] zeigen konnte, gibt es weltweit weitreichende und sogar zunehmende staatliche Eingriffe und Regulierungen im Bereich der Religion, die regional unterschiedlich ausgeprägt sind und von denen

---

[5] Bader, Veit: Secularism or Democracy? Associational Governance of Religious Diversity. Amsterdam 2007; Koenig, Matthias: Governance of Religious Diversity at the European Court of Human Rights, in: Bolden, Jane / Kymlicka, Will (Hg.), International Approaches to Governing Ethnic Diversity, Oxford 2015, 51–78; Burchardt, Marian: Diversity as neoliberal governmentality: Towards a new sociological genealogy of religion, Social Compass, 64(2), 2017, 180–193.

[6] Fox, Jonathan: A world survey of religion and the state, Cambridge 2008.

zu erwarten ist, dass sie sich auf der städtischen Ebene wiederfinden oder sich zumindest auf diese auswirken.

Während diese Entwicklungen und Herausforderungen auf der Makroebene in den Städten besonders deutlich zu Tage treten, produziert religiöse Vielfalt im städtischen Bereich zudem eine Reihe ganz *eigener* Herausforderungen, die aus den spezifischen Eigenschaften von Städten als sozialräumlichen Konfigurationen und Verdichtungen resultieren. Tatsächlich geht es in der urbanen Governance daher in erster Linie um die Organisation der räumlichen Präsenz religiöser Vielfalt. Auch wenn nationale Normen und Gesetze die wichtigste Grundlage für die Regulierung von Religion bleiben, haben Städte eigene Regulierungskompetenzen und -möglichkeiten. Eine zentrale empirische Frage ist daher, wie und in welchem Ausmaß nordatlantische Städte diese Regulierungsmöglichkeiten nutzen und weiterentwickeln. Es braucht mehr empirische Erkenntnisse dazu, wie urbane Akteure religiöse Vielfalt tatsächlich regulieren sowie neue Konzepte und theoretische Innovationen zur Interpretation und Erklärung unterschiedlicher Muster in der urbanen Governance von Religion.

Auf der anderen Seite haben sich anthropologische, religionswissenschaftliche und humangeographische Studien zunehmend mit der Bedeutung von Religion im urbanen Kontext befasst und dabei untersucht, wie religiöse Minderheiten ihre Präsenz in Großstädten alltagsweltlich verhandeln.[7] Wie Praktiken und Identitäten religiöser Minoritäten in urbanen Kontexten von Regulierungsprozessen beeinflusst werden und inwieweit religiöse Gemeinschaften in Governance-Netzwerke eingebunden sind, wurde hingegen bislang kaum beachtet.[8] Selbstverständlich sind die städtischen Behörden und Verwaltungen nicht die einzigen Akteure, die an der urbanen Governance religiöser Vielfalt beteiligt sind. Regulierungen der religiösen Diversität entstehen durch die Handlungen eines komplexen Netzwerks und Gefüges von Akteuren, das sich aus Regierungsinstitutionen, gesetzgebenden Organen, religiösen Vertreter:innen und Organisationen, Nachbarschafts- und Anwohner:innen-Initiativen sowie weiteren zivilgesellschaftlichen Akteuren zusammensetzt. Darüber hinaus wurden weitere wichtige Fragen außen vor gelassen, etwa, ob sich städtische Regulierungen unterschiedlich auf verschiedene religiöse Gruppen auswirken und wie die Regulierung religiöser Vielfalt die Vorstellungen von städtischer Teilhabe und Zugehörigkeit beeinflusst und die symbolische Konstruktion und Nutzung des städtischen Raums durch religiöse Gruppen im Kontext von Kämpfen um Zugehörigkeit und Identität prägt.

---

[7] Becci, Irene u. a.: Religious super-diversity and spatial strategies in two European cities, Current Sociology, 65(1), 2017, 73–91; Eade, John: Religion, Home-Making and Migration Across a Globalising City: Responding to mobility in London, Culture and Religion, 13(4), 2012, 469–483; Gale, Richard / Naylor, Simon: Religion, Planning and the City. The Spatial Politics of Ethnic Minority Expression in British Cities and Towns, Ethnicities, 2(3), 2002, 387–409.

[8] Aber siehe Gale / Naylor 2002.

Vor diesem Hintergrund verfolgt der Artikel zwei eng miteinander verwobene Ziele: *Erstens* werden unterschiedliche Dimensionen des Einflusses urbaner Governance auf die räumliche Präsenz verschiedener religiöser Gemeinschaften sowie des Einflusses religiöser Gemeinschaften auf die Entwicklung und Funktionsweise dieser Regulierungspraxis identifiziert und *zweitens* werden die unterschiedlichen Ansätze der Regulierung religiöser Vielfalt auf städtischer Ebene konzeptualisiert. Dabei ist es zwar sinnvoll, auf Forschungsarbeiten zur Integration von Migrant:innen und zu Staat-Religions-Regimen einzugehen. Dennoch erscheint es angebracht, über diesen engen Rahmen hinauszugehen, indem drei Aspekte der jüngsten konzeptionellen Innovationen in der wissenschaftlichen Beschäftigung mit Religion aufgegriffen werden: die Hinwendung zu Materialität,[9] zu Räumlichkeit[10] und zu Sichtbarkeit.[11]

3. Räumliche Gouvernementalität zwischen Nationalstaat und Stadt: Entwicklungen und Muster

Während einige Studien zwar die relative Unabhängigkeit und Eigenständigkeit von Städten im Hinblick auf die Regulierung von Prozessen der Integration von Migrant:innen betonen,[12] liegt der Fokus der meisten Arbeiten nach wie vor auf der Rolle des Nationalstaats.[13] Als Inbegriffe souveräner Macht wurden Nationalstaaten lange Zeit als die maßgeblichen Akteure in Belangen der Staatsbürgerschaft, Einwanderung und Integration aufgefasst sowie als Träger

---

[9] Keane, Webb: The Evidence of the Senses and the Materiality of Religion, Journal of the Royal Anthropological Institute, 14(1), 2008, 110–127; Knott 2016.

[10] Hervieu-Léger, Danièle: Space and Religion. New Approaches to Religious Spatiality in Modernity, International Journal of Urban and Regional Research, 26(1), 2002, 99–105; Knott, Kim: The Location of Religion: A Spatial Analysis. London 2005.

[11] Göle, Nilüfer: The Public Visibility of Islam and European Politics of Resentment: the Minarets-Mosques Debate, Philosophy & Social Criticism, 37(4), 2011, 383–392; Garbin, David: The Visibility and Invisibility of Migrant Faith in the City. Diaspora Religion and the Politics of Emplacement of Afro-Christian Churches, Journal of Ethnic and Migration Studies, 39(5), 2013, 677–696; Bramadat, Paul u. a. (Hg.): Urban Religious Events. Public Spirituality in Contested Spaces, London 2021; Burchardt, Marian u. a.: Religious Superdiversity and Urban Visibility in Barcelona and Turin, in: Berking, Helmuth u. a. (Hg.), Religious Pluralism and the City: Inquiries into Postsecular Urbanism, London 2018, 83–103.

[12] Alexander, Michael: Cities and Labour Immigration: Comparing Policy Responses in Amsterdam, Paris, Rome and Tel Aviv, Aldershot 2007; Poppelaars, Caelesta / Scholten, Peter: Two Worlds Apart: The Divergence of National and Local Immigrant Integration Policies in the Netherlands, Administration & Society, 40(4), 2008, 335–357; Schiller, Maria: European Cities, Municipal Organizations and Diversity: The New Politics of Difference, Basingstoke 2016.

[13] Martínez-Ariño 2018.

unterschiedlicher nationaler Modelle (z. B. Multikulturalismus oder Assimilationismus), welche mit pfadabhängigen Prozessen der Nationenbildung und Staatsgründung zusammenhängen.[14] In den letzten Jahren sind diese „Modell-Ansätze" jedoch zunehmend in die Kritik geraten, da sie Unterschiede in den Regulierungspraktiken innerhalb von Nationalstaaten ignorieren und ausblenden, dass nationale Modelle nicht einfach nur Modelle *der* Realität sind, sondern ebenso Modelle *für* die Realität, auf die sich politische Eliten strategisch beziehen, um ihre jeweiligen ideologischen Agenden voranzutreiben.[15] Außerdem ist zu beobachten, dass der Multikulturalismus in bedeutsamen Einwanderungsgesellschaften wie den Niederlanden und Großbritannien zuletzt in die Defensive geraten ist und durch eine „staatsbürgerliche Wende" in der Einwanderungspolitik und im Migrationsrecht ersetzt wurde, welche darauf abzielt, Minderheiten zur Übernahme von Normen, Werten und Sprache des Aufnahmelandes zu veranlassen.[16] Instrumente wie Einbürgerungstests, die darauf ausgelegt sind, Minderheiten, die „westliche" Werte und Lebensstile nicht teilen, auszuschließen, dienen dabei als Beleg für die Hinwendung von Nationalstaaten zu einem repressiven bzw. illiberalen Liberalismus.[17]

Diese Debatten wurden auch im Kontext der Forschungen zu Religions-Staats-Beziehungen aufgegriffen. Soziologische Studien haben unterschiedliche Muster der Eingliederung von Religionen als das Resultat unterschiedlicher nationaler Traditionen der Ausgestaltung der Beziehungen von Staat und Kirche aufgefasst, so z. B. als das Ergebnis einer Tradition der *laïcité* oder des Korporatismus[18] oder unterschiedlicher Säkularismus-Vorstellungen.[19] Wie auch in der

---

[14] Brubaker, Rogers: Citizenship and Nationhood in France and Germany, Cambridge 1992.
[15] Bertossi, Christophe / Duyvendak, Jan Willem: Introduction. National Models of Immigrant Integration. The Costs for Comparative Research. Comparative European Politics, 10(3), 2012, 237–247; Favell, Adrian: Integration Policy and Integration Research in Europe: a Review and Critique, in: Aleinikoff, Thomas Alexander / Klusmeyer, Douglas (Hg.), Citizenship Today. Global Perspectives and Practices, Washington, D. C. 2001, 351f.; Reekum, Rogier van u. a.: National Models of Integration and the Crisis of Multiculturalism: a Critical Comparative Perspective, Patterns of Prejudice, 46(5), 2012, 417–426.
[16] Joppke, Christian: The Retreat of Multiculturalism in the Liberal State. Theory and Policy, The British Journal of Sociology, 55(2), 2004, 237–257.
[17] Michalowski, Ines: Required to Assimilate? The Content of Citizenship Tests in Five Countries, Citizenship Studies, 15(6–7), 2011, 749–768; Joppke, Christian: Beyond National Models. Civic Integration Policies for Immigrants in Western Europe, West European Politics, 30(1), 2007, 1–22.
[18] Fetzer, Joel S. / Soper, Christopher J.: Muslims and the State in Britain, France, and Germany, New York 2005; Koenig, Matthias: Incorporating Muslim Migrants in Western Nation States – a Comparison of the United Kingdom, France, and Germany, Journal of International Migration and Integration 6/2, 2005, 219–234.
[19] Kuru, Ahmet T.: Secularism and State Policies toward Religion. The United States, France, and Turkey, New York 2009; Cady, Linell / Hurd, Elizabeth (Hg.): Comparative Secularisms in a Global Age, New York 2010; Modood, Tariq: Moderate Secularism, Religion as Identity and Respect for Religion, The Political Quarterly, 81(1), 2010, 4–14; Wohlrab-Sahr, Monika /

Literatur zur Integration von Migrant:innen, sind diese „Modell-Ansätze" in der Analyse religiöser Governance jedoch in die Kritik geraten, da sie die internen Inkonsistenzen und Widersprüche von Kirche-Staat-Beziehungsmodellen,[20] Konvergenzen zwischen Staaten und Variationen innerhalb von Staaten[21] sowie die Abweichungen zwischen den Maßnahmen, die Modelle vorherzusagen scheinen, und den tatsächlich wirksamen Maßnahmen[22] ignorieren.

Als Reaktion auf diese Kritik haben einige Soziolog:innen[23] neue Formen der netzwerkartigen Governance von Religion untersucht, die neue zivilgesellschaftliche Akteure, die parallel zu nationalen *Top-down*-Modellen arbeiten, wie interreligiöse Initiativen und religiöse Dachverbände umfassen. Die spezifische Relevanz dieser Netzwerk-Governance auf städtischer Ebene wurde hingegen noch nicht systematisch adressiert. Auch die Frage, wie politische Maßnahmen zur Regulierung religiöser Diversität in unterschiedlichen Städten innerhalb desselben nationalen Kontextes variieren, wurde bisher kaum behandelt, obwohl Studien wiederholt gefordert haben, die Variationen religiöser Governance innerhalb von Staaten stärker in den Blick zu nehmen. Im Allgemeinen scheinen nationalstaatliche Regulierungen eher von normativen Prinzipien auszugehen, während sich städtische Regulierungen oftmals als Produkte pragmatischerer Anliegen darstellen.[24] Poppelaars und Scholten[25] haben zeigen können, dass die Maßnahmen zur Integration von Migrant:innen auf lokaler und nationaler Ebene unterschiedlich ausfallen und erklären diese Unterschiede mit unterschiedlichen politischen Rahmenbedingungen und Diskrepanzen in den institutionellen Logiken auf unterschiedlichen Regierungsebenen.[26]

Burchardt, Marian: Multiple secularities: Toward a cultural sociology of secular modernities, Comparative Sociology, 11(6), 2012, 875–909.

[20] Bowen, John: A View from France on the Internal Complexity of National Models, Journal of Ethnic and Migration Studies, 33(6), 2007, 1003–1016.

[21] Bader 2007; Koenig, Matthias. Europeanising the Governance of Religious Diversity: An institutionalist Account of Muslim Struggles for Public Recognition, Journal of Ethnic and Migration Studies, 33(6), 2007, 911–932.

[22] Maussen, Marcel: Pillarization and Islam. Church-State Traditions and Muslim Claims for Recognition in the Netherlands, Comparative European Politics, 10(3), 2012, 337–353.

[23] Griera, Mar: Public Policies, Interfaith Associations and Religious Minorities: a New Policy Paradigm? Evidence from the Case of Barcelona, Social Compass, 59(4), 2012, 570–587; Martikainen, Tuomas: Multilevel and Pluricentric Network Governance of Religion, in: Martikainen, Tuomas / Gauthier, François (Hg.), Religion in the Neoliberal Age. Political Economy and Modes of Governance, Ashgate 2013, 129–142.

[24] Schiller 2016.

[25] Poppelaars und Scholten 2008.

[26] Schiller (2016) hat vier Faktoren identifiziert, die die Ausgestaltung politischer Maßnahmen in Städten erklären: (1) Europäische Regularien; (2) nationales Recht und politische Maßnahmen auf nationalstaatlicher Ebene; (3) der Austausch zwischen Städten in Städtenetzwerken; sowie (4) die Besonderheiten des lokalen Kontexts. Ihre Analyse verweist dabei auf das Erfordernis, verstärkt in den Blick zu nehmen, wie die politischen Maßnahmen

Bislang gibt es jedoch keine vergleichbaren Arbeiten, die sich explizit mit der urbanen Governance religiöser Vielfalt auseinandersetzen.[27] Somit existieren kaum Erkenntnisse im Hinblick auf die Reichweite und den Inhalt städtischer Regulierungen. Zudem bleibt in der bestehenden Literatur weitgehend ungeklärt, warum Regulierungen zu bestimmten Zeitpunkten in der Geschichte in bestimmten Städten auftauchen, ob diese Regulierungen sich transnational verbreiten (z. B. durch Städtenetzwerke wie CLIP oder EUROCITIES), ob sie durch problemorientierte *Bottom-up* Prozesse oder durch mediale Diskurse zu religiösen Minoritäten induziert werden und wie sich diese politischen Regulierungen im Zeitverlauf entwickeln. Auf theoretischer Ebene lässt sich außerdem konstatieren, dass die bestehende Literatur bislang die Besonderheiten von Städten und deren Qualitäten als räumliche Konfigurationen nicht systematisch berücksichtigt hat. Ausgehend von diesen Defiziten gilt es, die unterschiedlichen regulierenden Aktivitäten im Zusammenhang mit Religionen in den großen nordatlantischen Städten herauszuarbeiten, Muster der Regulierungspraxis zu identifizieren und diese systematisch auf eine Reihe von stadt- und nationalstaatsspezifischen Faktoren zu beziehen sowie die zeitliche Entwicklung dieser Muster nachzuvollziehen. Dies erfordert einen Mehrebenen-Ansatz, welcher die städtische Ebene nicht isoliert betrachtet, sondern sie auf ihre Beziehungen zur nationalstaatlichen Ebene (insbesondere in Bezug auf nationalstaatliche Regulierungen) sowie zur transnationalen Ebene (z. B. im Hinblick auf die Verbreitung von Governance-Praktiken in Städtenetzwerken) hin befragt.

4. Konsequenzen: Wie sich die urbane Governance religiöser Diversität auf unterschiedliche religiöse Gemeinschaften auswirkt

Religiöse Gemeinschaften und Identitäten sind elementare Bestandteile des sozialen Lebens in Städten. Trotzdem hat die Soziologie erst vor kurzem damit begonnen, die Besonderheiten urbaner Religion als bedeutsame Ausprägung kultureller Differenz und Diversität eingehender zu untersuchen. Zweifelsohne prägen Prozesse der Urbanisierung religiöse Identitäten und Formen der Zugehörigkeit.[28] Städte wirken sich auf Religion aus, indem sie religiöse Gemeinschaf-

---

auf lokaler Ebene von Regelwerken und Netzwerken auf unterschiedlichen Regierungsebenen beeinflusst werden.

[27] Mit Ausnahme einer Studie von Martínez-Ariño (2018) zur Regulierung von Religion unter Bezugnahmen auf die *laïcité* in drei französischen Städten.

[28] McLeod, Hugh: Piety and Poverty. Working-Class Religion in Berlin, London, and New York, New York 1996, 1870–1914; Veer, Peter van der: Urban Aspirations in Mumbai and Singapore, in: Becci, Irene u. a. (Hg.), Topographies of Faith: Religion in Urban Spaces, Boston / Leiden 2013, 61–72.

ten und ihre Formen der Sozialität in bestimmte räumliche Regime einbinden und so zur Territorialisierung religiöser Kategorien beitragen. In diesem Zusammenhang kann Religion sowohl als Brücke als auch als Hindernis für die Eingliederung von Migrant:innengruppen in die Stadtgesellschaft fungieren.[29] Die Einrichtung religiöser Kultstätten ist in dieser Hinsicht von besonderer Bedeutung für Migrant:innen und mit unterschiedlichen Vorstellungen, Wünschen und Problemen unterschiedlicher Generationen verbunden.[30] Gleichwohl handelt es sich dabei nur um ein Element innerhalb einer komplexen Reihe von Materialitäten, Technologien und Ikonographien, die religiöse Ausdrucksformen in den städtischen Raum einschreiben.[31]

Mit Ausnahme von Moscheekonflikten[32] hat sich die Soziologie allerdings bislang kaum damit auseinandergesetzt, wie urbane religiöse Ausdrucksformen durch städtische Regulierungen blockiert, transformiert oder im Gegenteil gefördert und gestärkt werden. So beschreibt Garbin[33] in einem ansonsten sehr stichhaltigen Überblicksartikel die Praktiken religiöser Minderheiten als „*religious place-making*", das er als „die Aneignung und das Erleben von Raum durch verschiedene religiöse Aktivitäten" (ebd., Übersetzung M.B.) definiert, ohne zu berücksichtigen, wie solche Aneignungen durch Governance-Prozesse ermöglicht und eingeschränkt werden. Es stellen sich somit nach wie vor die dringlichen Fragen, wie religiöse Gemeinschaften mit städtischen Verwaltungen und Governance-Netzwerken interagieren, wie sie an diesen teilhaben und durch sie geprägt werden.

Einige jüngere Studien zur Netzwerk-Governance weisen auf solche rekursiven Dynamiken in der Regulierung von Religion hin.[34] Diese Dynamiken zeigen sich nicht nur in deliberativen Entscheidungsprozessen, sondern ebenso im Rahmen von religiösen Festivals, die Städte feiern, um ihre Weltoffenheit zu de-

---

[29] Eade 2012; Garbin 2013.
[30] De Galembert, Claire: The City's ‚Nod of Approval' for the Mantes-la-Jolie Mosque Project. Mistaken Traces of Recognition, Journal of Ethnic and Migration Studies, 31(6), 2005, 1141–1159; Maussen, Marcel: Constructing Mosques. The Governance of Islam in France and the Netherlands, PhD diss., University of Amsterdam 2009.
[31] Oosterbaan, Martijn: Sonic Supremacy Sound, Space and Charisma in a Favela in Rio de Janeiro, Critique of Anthropology, 29(1), 2009, 81–104; Meyer, Birgit: Media and the Senses in the Making of Religious Experience: an Introduction, Material Religion, 4(2), 2008, 124–134; Hirschkind, Charles: The Ethical Soundscape: Cassette Sermons and Islamic Counterpublics, New York 2006.
[32] Cesari, Jocelyne: Mosques in French Cities. Towards the End of a Conflict? Journal of Ethnic and Migration Studies, 31(6), 2005, 1025–1043; de Galembert 2005; Maussen 2009; Astor, Avi: Social Position and Place-Protective Action in a New Immigration Context: Understanding Anti-Mosque Campaigns in Catalonia, International Migration Review, 50(1), 2016, 95–132.
[33] Garbin, David: Introduction. Believing in the City, Culture and Religion, 13(4), 2012, 401–404, 401.
[34] Griera 2012; Martikainen 2013.

monstrieren (z. B. die „Lange Nacht der Religionen", die in Barcelona und Berlin gefeiert wird oder Festivals wie *„faiths in tune"* in Berlin) und bei denen religiöse Gemeinschaften sich auf der Bühne des urbanen Multikulturalismus präsentieren. Solche Veranstaltungen lenken die Aufmerksamkeit auf heikle Themen und Kontroversen, insbesondere zu Fragen der Anerkennung, Vereinnahmung und Legitimation.[35] Die Fragen, wie religiöse Autoritäten diese Themen verhandeln sowie welche unterschiedlichen Auswirkungen der Governance auf verschiedene Religionsgemeinschaften beobachtet werden können, bleiben jedoch weitgehend unbeantwortet und bedürfen dringend vergleichender Forschung.

Ausgehend von der Annahme, dass Städte Konfigurationen von Räumen, Akteuren und Materialitäten sind, die sich durch dominante Modi der Zugehörigkeit, hegemoniale Definitionen öffentlicher Räume und hierarchische Ordnungen räumlicher Nutzungen auszeichnen, sind die folgenden Fragen zentral für das Verständnis von Governance-Effekten: Wie entfalten sich urbane Governance-Praktiken im Wechselspiel zwischen religiösen Gemeinschaften, städtischen Verwaltungen und anderen urbanen Akteuren? Welche Ähnlichkeiten und welche Unterschiede bestehen hinsichtlich der Auswirkungen der Regulierungen auf unterschiedliche religiöse Gruppen? Und inwieweit nehmen verschiedene religiöse Gemeinschaften an Governance-Netzwerken teil und prägen dadurch die Gestalt urbaner Politik?

Während diese Fragen noch weitgehend ungeklärt sind, werden im Folgenden Ansätze präsentiert, wie diese Fragen untersucht werden können. Dazu wird in einem ersten Schritt systematisiert, auf welche unterschiedlichen Bereiche sich die urbane Governance religiöser Vielfalt bezieht. Anhand meiner bisherigen empirischen Untersuchungen lassen sich dabei folgende Bereiche urbaner Regulierung identifizieren: (1) Glaubensstätten (Antrags- und Genehmigungsverfahren, Planung und Instandhaltung, Besonderheiten der Flächennutzungs- und Bauvorschriften, z. B. zur Größe und Anzahl der Nutzer:innen; Beschränkungen für Dekoration, Gestaltung und religiöse Symboliken, z. B. Minarette); sowie (2) infrastrukturelle Regulierung, z. B. zu Parkplätzen und Belästigungen Dritter, z. B. durch „akustische Verschmutzung", den Gebetsruf des Muezzin oder religiöse Musik; (3) die Nutzung des öffentlichen Raums für Festivals (Genehmigungen, Anzahl pro Jahr und Gemeinschaft, Entscheidungen über Routen, z. B. für christliche, hinduistische und Shia-Prozessionen); (4) Hygienevorschriften in Bezug auf das Schlachten von Tieren im Rahmen religiöser Feste; (5) Existenz von Friedhöfen für religiöse Minderheiten und Erlaubnis der Bestattung ohne Sarg; (6) offizielle Beziehungen und Vertretung (Existenz interreligiöser Initiativen sowie Förderung und Einbeziehung in der Stadtverwaltung; zeremonielle Beziehungen einschließlich Besuche, Dialog und Beratungsgremien für

---

[35] Astor, Avi: Governing Religious Diversity Amid National Redefinition. Muslim Incorporation in Spain, in: Burchardt, M. / Michalowski, I. (Hg.), After Integration, Wiesbaden 2015, 247–265.

religiöse Minderheiten); (7) andere religiöse Symbole, wie der islamische Vollschleier.[36]

5. Erklärungen für Formen urbaner Governance

Die entscheidende Frage ist natürlich, ob die Regulierungen in diesen unterschiedlichen Domänen bestimmte Formen annehmen und wie ihr Auftreten oder ihre Dominanz in bestimmten Städten erklärt werden kann. Die wissenschaftliche Literatur zu Themen der Staatsbürgerschaft und zur Integration von Migrant:innen wird von Indizes dominiert, die typischerweise entlang der Achse liberal/restriktiv operieren. Im Hinblick auf urbane religiöse Ausdrucksformen und deren Zugang zum öffentlichen Raum kann dieser Ansatz mithilfe der folgenden Typologie abgewandelt werden. Es kann davon ausgegangen werden, dass die Städte und deren urbane Regulierungen sich um folgende Cluster herum gruppieren: (1) Säkulare Verständnisse des städtischen Raums, (2) inklusive, multireligiöse Verständnisse des städtischen Raums, oder (3) abgestufte und hierarchische Inklusion in den städtischen Raum. Diese Differenzierung ist von entscheidender Bedeutung, da ein und dasselbe Regelwerk für eine Reihe (offiziell anerkannter) Religionen liberal und permissiv sein kann, während es andere religiöse Gruppen nicht berücksichtigt und diese folglich in ihren öffentlichen Ausdrucksformen stark einschränkt. In der Folge könnte man sowohl die Ähnlichkeiten und Unterschiede der Regulierungen als auch deren Dichte und Tiefe in unterschiedlichen Städten erklären, indem man sie zu einer Reihe von länder- und stadtspezifischen Faktoren in Beziehung setzt. Zu den länderspezifischen Faktoren gehören die Art des bestehenden nationalen Staatsbürgerschaftsregimes, die Regelungen der Beziehungen zwischen Staat und Religion sowie der Grad politischer Zentralisierung oder Subsidiarität.

Zu den stadtspezifischen Faktoren zählen wiederum demographische Faktoren (wie die Größe der Bevölkerung und ihre Zusammensetzung im Hinblick auf die Religionszugehörigkeit), ökonomische Faktoren (z. B. die Preisstrukturen des städtischen Immobilienmarktes, die sich potenziell auf religiöse Gemeinschaften auswirken können), die Teilnahme an Städtenetzwerken, die koloniale Geschichte und das Auftreten spezifischer Ereignisse, die mit einer bestimmten Religion oder Minorität in Verbindung gebracht werden, wie etwa Terroranschläge. Eine solche Analyse ermöglicht Aufklärung darüber, ob und in welchen Ländern sich institutionelle Privilegien von Mehrheitsreligionen auf nationaler Ebene ebenso in städtischen Maßnahmen widerspiegeln oder ob Städte eigene

---

[36] Der in mehreren europäischen Ländern von Kommunen reguliert wird, siehe Burchardt u. a. 2015 sowie Burchardt, Marian / Griera, Mar: To see or not to see: explaining intolerance against the „Burqa" in European public space, Ethnic and Racial Studies, 42(5), 2019, 726–744.

Ansätze der Governance religiöser Diversität entwickeln, deren Charakteristika es zu spezifizieren gilt. An dieser Stelle lassen sich weitere Fragen anschließen: Ist die urbane Governance religiöser Diversität mit der Zeit inklusiver geworden? Hängen Änderungen der urbanen Governance von Religion mit einer veränderten religiösen Zusammensetzung der Bevölkerung, mit bestimmten Ereignissen in der Stadt (z. B. religiös motivierten Terroranschlägen und Verschärfungen der Sicherheitspolitik) oder mit Veränderungen des öffentlichen und politischen Diskurses über Religionen zusammen?

Da Recht und politische Maßnahmen Governance-Ergebnisse nicht eindeutig bestimmen, sondern immer auch Gegenstand von machtabhängigen Interpretationen und Auseinandersetzungen sind, muss außerdem die Frage nach den Ähnlichkeiten und Differenzen der Auswirkungen von Regulierungen auf unterschiedliche Gemeinschaften gestellt werden: Werden bestimmte religiöse Gemeinschaften in urbanen Governance-Prozessen benachteiligt? Sind diese Benachteiligungen das Ergebnis von negativen Images, Stereotypen oder Sicherheitsbedenken? Oder handelt es sich um unintendierte Folgen scheinbar neutraler Regularien, welche auf implizite Weise bestimmte religiöse Traditionen begünstigen? Wiegen religiöse Gemeinsamkeiten mit der westlichen Mehrheitsgesellschaften (z. B. im Fall afrikanischer Christ:innen) schwerer als andere Dimensionen kultureller Distanz und verbessern dadurch die Chancen dieser Gemeinschaften, positive Beziehungen zur städtischen Verwaltung aufzubauen? Schaffen die im Namen des Säkularismus[37] erlassenen Vorschriften und säkulare Auffassungen des urbanen Raumes Hindernisse für religiöse Gruppen oder gewährleisten sie vielmehr gleiche Zugangsbedingungen zum städtischen Raum? Welche symbolischen und materiellen Ressourcen können religiöse Gemeinschaften im Rahmen ihrer alltäglichen Interaktionen mit der städtischen Umwelt und ihrer Partizipation in Governance-Netzwerken mobilisieren?

In der Beantwortung dieser Fragen lohnt es sich, auf das Konzept des *assemblage urbanism* zurückzugreifen, wie es in letzter Zeit in der Stadtforschung diskutiert wurde. Mit diesem Konzept sind drei zentrale Zielsetzungen verbunden: *Erstens*, anstatt sich auf die Handlungen autonomer Akteure (wie religiöse Gruppen oder Regierungen) zu konzentrieren, werden die *Beziehungen* zwischen diesen Akteuren und anderen Elementen in den Vordergrund gerückt. Urbane Gefüge sind umfassende Gebilde, die aus materiellen Infrastrukturen, Gebäuden, rechtlichen Arrangements und menschlichen Körpern bestehen. *Zweitens*, anstatt von stabilen Kausalbeziehungen zwischen unterschiedlichen Gegebenheiten in der Welt auszugehen, beziehen sich urbane Gefüge auf dynamische Prozesse, in denen Elemente angeordnet, fixiert und umgeordnet sowie ständig hergestellt, aufgelöst und wieder erneuert werden. Laut Angelo[38] platzieren

---

[37] Zum Begriff des Säkularismus siehe Burchardt 2021, 26.
[38] Angelo, Hillary: Hard-Wired Experience: Sociomateriality and the Urban Everyday, City, 15, 2011, 570–576.

urbane Gefüge Formen des Sozialen somit notwendigerweise in räumlichen Kontexten und Beziehungen. *Drittens* ist in diesen Beziehungen die menschliche Intentionalität ebenso wichtig für das Zustandekommen bestimmter Ergebnisse wie die Trägheit oder Kurzlebigkeit materieller Objekte oder der technologische Wandel. Daraus folgt, dass es bei Governance nicht nur um institutionelle Regeln und Machtverhältnisse geht, die das urbane religiöse Leben prägen, sondern genauso um Soziomaterialitäten, in denen religiöse Objekte (wie ein *Eruv*), profane Objekte (wie Feuertreppen) und rechtliche Objekte (wie Planungs- und Raumordnungsrecht) mit sozialen Beziehungen verwoben sind und diese mitproduzieren.[39]

6. Resümee

In ihrer Studie zu Ansätzen der Regulierung von Religion in drei französischen Städten und zu den Beziehungen, die diese mit Frankreichs Modell der *laïcité* unterhalten, hat Martínez-Ariño[40] eine hierarchische Rahmenordnung verschiedener Governance-Ebenen (supranational, national, kommunal) entwickelt, denen lokale Akteure unterworfen sind. Sie legt auf überzeugende Weise dar, dass „am Ende dieser Regulierungsprozesse bestimmte (oftmals umstrittene) normative Definitionen von ‚akzeptablen' oder ‚legitimen' öffentlichen Ausdrucksformen von Religiosität stehen, die anschließend von verschiedenen lokalen Akteuren sowohl durch formale Verfahren als auch informelle Praktiken umgesetzt werden".[41]

Während ich diese Einsicht grundsätzlich teile, fügt das Konzept der *urbanen Gefüge religiöser Diversität* diesem Ansatz noch weitere Elemente hinzu und gewichtet deren Relevanz zudem leicht unterschiedlich. *Erstens*, materielle Formen, physische Räume und infrastrukturelle Formationen sind zentrale Elemente urbaner Gefüge. Sowohl das äußere Erscheinungsbild einer Synagoge als auch die Größe eines Parkplatzes sind daher elementare Bestandteile dessen, was in den Praktiken und Verfügungen der Gouvernementalität auf dem Spiel steht und was von diesen bearbeitet wird. *Zweitens*, während Governance-Prozesse auf den ersten Blick hierarchisch geordnet erscheinen, sind dies urbane Gefüge nicht. Der paradigmatischen Argumentation von Farías und Bender[42] folgend, handelt es sich bei urbanen Gefügen weniger um hierarchische (An-)Ordnungen als um dezentrierte Netzwerke im Latourschen Sinne, die sich aus hete-

---

[39] Siehe auch Burchardt, Marian / Höhne, Stefan: The infrastructures of diversity: Materiality and culture in urban space – an introduction, New Diversities, 17(2), 2016, 1–13.
[40] Martínez-Ariño 2018.
[41] Martínez-Ariño 2018, 814; Übersetzung M. B.
[42] Farías, Ignacio / Bender, Thomas (Hg.): Urban Assemblages. How Actor-Network Theory Changes Urban Studies, Abingdon 2012.

rogenen Elementen zusammensetzen. Anhand empirischer Fallbeispiele lässt sich zeigen, wie bestimmte Räume zunächst religiös genutzt werden, bevor dies von verschiedenen Akteuren infrage gestellt und von Kommunalpolitiker:innen mithilfe von Bürokrat:innen reguliert wird, woraufhin deren Praktiken jedoch wiederum von Gerichten für unzulässig befunden werden und geändert werden müssen. Religiöse Gemeinschaften sind in diesen Prozessen keine Zaungäste, sondern gestalten ihre Gebäude und Praktiken oft so um, dass sie einer administrativen Definition oder Raumordnungsvorschrift Genüge tun, indem sie als sozial, zivilgesellschaftlich, religiös und so weiter markiert werden. Die Gegenstände der Regulierung verändern sich somit permanent, während sie innerhalb des urbanen Gefüges religiöser Diversität zirkulieren und dessen verschiedene Arenen und Regulierungsinstanzen passieren. Dies bedeutet nicht, dass alle Elemente innerhalb dieser Gefüge die gleiche Bedeutung haben, aber es bedeutet, dass Macht und Autorität nicht immer auf vorhersehbare Weise verteilt sind.

Abschließend lässt sich festhalten, dass es in der urbanen Sphäre meist keine einheitliche normative Definition von „akzeptabler" oder „legitimer" öffentlicher Religion gibt, sondern dass dort vielmehr verschiedene Ansprüche, über solche Definitionen zu verfügen, auf wechselnden Schauplätzen im Rahmen sich ständig verschiebender Machtverhältnisse aufeinandertreffen. So können bestimmte religiöse Aneignungen des städtischen Raumes durch minoritäre Gemeinschaften über Jahre hinweg unbemerkt geblieben sein, bevor sie plötzlich skandalisiert und verteufelt werden, wenn nationalistische und xenophobe Diskurse die Aufmerksamkeit darauf lenken, deren Legitimität infrage stellen, den städtischen Raum für „Einheimische" zurückfordern und auf ihre kulturelle Hegemonie bestehen. Zukünftige Forschungsarbeiten sollten insbesondere in vergleichender Weise die Frage adressieren, wie sich die Governance urbaner religiöser Vielfalt entwickelt und dabei sowohl ihren Ursachen als auch ihren Effekten nachgehen.

Literatur

Alexander, Michael: Cities and Labour Immigration: Comparing Policy Responses in Amsterdam, Paris, Rome and Tel Aviv, Aldershot 2007.

Angelo, Hillary: Hard-Wired Experience. Sociomateriality and the Urban Everyday, City, 15, 2011, 570–576.

Astor, Avi: Governing Religious Diversity Amid National Redefinition. Muslim Incorporation in Spain, in: Burchardt, M. / Michalowski, I. (Hg.), After Integration, Wiesbaden 2015, 247–265.

Astor, Avi: Social Position and Place-Protective Action in a New Immigration Context. Understanding Anti-Mosque Campaigns in Catalonia, International Migration Review, 50(1), 2016, 95–132.

Bader, Veit: Secularism or Democracy? Associational Governance of Religious Diversity, Amsterdam 2007.
Becci, Irene u. a.: Religious super-diversity and spatial strategies in two European cities, Current Sociology, 65(1), 2017, 73–91.
Bertossi, Christophe / Duyvendak, Jan Willem: Introduction. National Models of Immigrant Integration. The Costs for Comparative Research. Comparative European Politics, 10(3), 2012, 237–247.
Bowen, John: A View from France on the Internal Complexity of National Models, Journal of Ethnic and Migration Studies, 33(6), 2007, 1003–1016.
Bramadat, Paul u. a. (Hg.): Urban Religious Events. Public Spirituality in Contested Spaces, London 2021.
Brubaker, Rogers: Citizenship and Nationhood in France and Germany, Cambridge 1992.
Burchardt, Marian: Diversity as neoliberal governmentality. Towards a new sociological genealogy of religion, Social Compass, 64(2), 2017, 180–193.
Burchardt, Marian: Religion in urban assemblages: space, law and power. Religion, State & Society, 47(4/5), 2019, 374–389.
Burchardt, Marian: Regulating difference: Religious diversity and nationhood in the secular West, New Brunswick 2020.
Burchardt, Marian / Höhne, Stefan: The infrastructures of diversity: Materiality and culture in urban space – an introduction, New Diversities, 17(2), 2016, 1–13.
Burchardt, Marian u. a.: Narrating liberal rights and culture: Muslim face veiling, urban coexistence and contention in Spain, Journal of Ethnic and Migration Studies, 41(7), 2015, 1068–1087.
Burchardt, Marian / Griera, Mar: To see or not to see: explaining intolerance against the „Burqa", in: European public space, Ethnic and Racial Studies, 42(5), 2019, 726–744.
Burchardt, Marian u. a.: Religious Superdiversity and Urban Visibility in Barcelona and Turin, in: Berking, Helmuth u. a. (Hg.): Religious Pluralism and the City: Inquiries into Postsecular Urbanism, London 2018, 83–103.
Cady, Linell / Hurd, Elizabeth (Hg.): Comparative Secularisms in a Global Age, New York 2010.
Cesari, Jocelyne: Mosques in French Cities: Towards the End of a Conflict? Journal of Ethnic and Migration Studies, 31(6), 2005, 1025–1043.
De Galembert, Claire: The City's ‚Nod of Approval' for the Mantes-la-Jolie Mosque Project. Mistaken Traces of Recognition, Journal of Ethnic and Migration Studies, 31(6), 2005, 1141–1159.
Eade, John: Religion, Home-Making and Migration Across a Globalising City. Responding to mobility in London, Culture and Religion, 13(4), 2012, 469–483.
Farías, Ignacio / Bender, Thomas (Hg.): Urban Assemblages. How Actor-Network Theory Changes Urban Studies. Abingdon 2012.
Favell, Adrian. Integration Policy and Integration Research in Europe: a Review and Critique, in: Aleinikoff, Thomas Alexander / Klusmeyer, Douglas (Hg.), Citizenship Today. Global Perspectives and Practices, Washington, D. C. 2001, 351f.
Fetzer, Joel S. / Soper, Christopher J.: Muslims and the State in Britain, France, and Germany, New York 2005.
Fox, Jonathan: A world survey of religion and the state, Cambridge 2008.
Gale, Richard / Naylor, Simon: Religion, Planning and the City. The Spatial Politics of Ethnic Minority Expression in British Cities and Towns, Ethnicities, 2(3), 2002, 387–409.
Garbin, David: Introduction. Believing in the City, Culture and Religion, 13(4), 2012, 401–404.

Garbin, David: The Visibility and Invisibility of Migrant Faith in the City: Diaspora Religion and the Politics of Emplacement of Afro-Christian Churches, Journal of Ethnic and Migration Studies, 39(5), 2013, 677–696.

Göle, Nilüfer: The Public Visibility of Islam and European Politics of Resentment: the Minarets-Mosques Debate, Philosophy & Social Criticism, 37(4), 2011, 383–392.

Griera, Mar: Public Policies, Interfaith Associations and Religious Minorities: a New Policy Paradigm? Evidence from the Case of Barcelona, Social Compass, 59(4), 2012, 570–587.

Hervieu-Léger, Danièle: Space and Religion. New Approaches to Religious Spatiality in Modernity, International Journal of Urban and Regional Research, 26(1), 2002, 99–105.

Hirschkind, Charles: The Ethical Soundscape: Cassette Sermons and Islamic Counterpublics, New York 2006.

Joppke, Christian: The Retreat of Multiculturalism in the Liberal State. Theory and Policy, The British Journal of Sociology, 55(2), 2004, 237–257.

Joppke, Christian: Beyond National Models. Civic Integration Policies for Immigrants in Western Europe, West European Politics, 30(1), 2007, 1–22.

Keane, Webb: The Evidence of the Senses and the Materiality of Religion, Journal of the Royal Anthropological Institute, 14(1), 2008, 110–127.

Knott, Kim: The Location of Religion. A Spatial Analysis, London 2005.

Knott, Kim u. a.: Iconic Religion in Urban Space, Material Religion, 12(2), 2016, 123–136.

Koenig, Matthias: Incorporating Muslim Migrants in Western Nation States – a Comparison of the United Kingdom, France, and Germany, Journal of International Migration and Integration 6/2, 2005, 219–234.

Koenig, Matthias: Europeanising the Governance of Religious Diversity. An institutionalist Account of Muslim Struggles for Public Recognition, Journal of Ethnic and Migration Studies, 33(6), 2007, 911–932.

Koenig, Matthias: Governance of Religious Diversity at the European Court of Human Rights, in: Bolden, Jane / Kymlicka, Will (Hg.), International Approaches to Governing Ethnic Diversity, Oxford 2015, 51–78.

Kuru, Ahmet T.: Secularism and State Policies toward Religion. The United States, France, and Turkey, New York 2009.

Martikainen, Tuomas: Multilevel and Pluricentric Network Governance of Religion, in: Martikainen, Tuomas / Gauthier, François (Hg.), Religion in the Neoliberal Age. Political Economy and Modes of Governance, Ashgate 2013, 129–142.

Martínez-Ariño, Julia: Conceptualising the Role of Cities in the Governance of Religious Diversity in Europe, Current Sociology, 66(5), 2018, 810–827.

Maussen, Marcel: Pillarization and Islam. Church-State Traditions and Muslim Claims for Recognition in the Netherlands, Comparative European Politics, 10(3), 2012, 337–353.

Maussen, Marcel: Constructing Mosques. The Governance of Islam in France and the Netherlands, PhD diss., University of Amsterdam 2009.

McLeod, Hugh: Piety and Poverty. Working-Class Religion in Berlin, London, and New York, New York 1996, 1870-1914.

Meyer, Birgit: Media and the Senses in the Making of Religious Experience: an Introduction, Material Religion, 4(2), 2008, 124–134.

Michalowski, Ines: Required to Assimilate? The Content of Citizenship Tests in Five Countries, Citizenship Studies, 15(6–7), 2011, 749–768.

Modood, Tariq: Moderate Secularism, Religion as Identity and Respect for Religion, The Political Quarterly, 81(1), 2010, 4–14.

Oosterbaan, Martijn: Sonic Supremacy Sound, Space and Charisma in a Favela in Rio de Janeiro, Critique of Anthropology, 29(1), 2009, 81–104.

Poppelaars, Caelesta / Scholten, Peter: Two Worlds Apart: The Divergence of National and Local Immigrant Integration Policies in the Netherlands, Administration & Society, 40(4), 2008, 335–357.

Schiller, Maria: European Cities, Municipal Organizations and Diversity. The New Politics of Difference, Basingstoke 2016.

Van der Veer, Peter: Urban Aspirations in Mumbai and Singapore, in: Becci, Irene u. a. (Hg.), Topographies of Faith: Religion in Urban Spaces, Boston / Leiden 2013, 61–72.

Van Reekum, Rogier u. a.: National Models of Integration and the Crisis of Multiculturalism: a Critical Comparative Perspective, Patterns of Prejudice, 46(5), 2012, 417–426.

Wilson, Bryan R.: Religion in Secular Society, New York 1969.

Wohlrab-Sahr, Monika / Burchardt, Marian: Multiple secularities. Toward a cultural sociology of secular modernities, Comparative Sociology, 11(6), 2012, 875–909.

Mehmet T. Kalender

Platz für Begegnung schaffen

Zur Relevanz und sozialräumlichen Verortung interreligiöser Nischen

1. Interreligiöse Aktivitäten und Nischen im Sozialraum: Einleitende Begriffsbestimmungen

In Folge zunehmender religiöser Pluralisierung kommt es im alltäglich begangenen Sozialraum zu Überschneidungssituationen, in denen Menschen mit unterschiedlichen religiösen Hintergründen aufeinandertreffen. Aus einer situationsbezogenen Perspektive können diese Überschneidungen als räumlich und zeitlich begrenzte Gelegenheiten des Religionskontakts verstanden werden. Dort, wo dieser Religionskontakt tatsächlich zustande kommt, spreche ich von *interreligiösen Aktivitäten*.[1] Systematisch lassen sich dabei nicht-intendierte von intendierten Formen dieses Religionskontakts unterscheiden. Nicht-intendierte interreligiöse Aktivitäten entstehen zufällig als flüchtige Begegnungen im Alltag, in denen die unterschiedlichen religiösen Zugehörigkeiten der Beteiligten situativ Bedeutung erhalten. Demgegenüber handelt es sich bei intendierten Begegnungen um geplante und thematisch bzw. programmatisch auf religiöse Pluralität hin ausgerichtete Aktivitäten. In meinen folgenden Ausführungen stehen vor allem intendierte interreligiöse Aktivitäten im Zentrum der Aufmerksamkeit. Für eine genauere Betrachtung der Verortungen dieser Aktivitäten im Sozialraum bemühe ich den Begriff der *Nische*, um deutlich zu machen, dass es sich um einen spezifischen Handlungstypus handelt, der unter Berücksichtigung kontextueller Bedingungen verschiedentlich im Sozialraum etabliert und gepflegt werden kann.

---

[1] Mein Verständnis schließt an Nagel an, der interreligiöse Aktivitäten als institutionalisierten Religionskontakt im Kontext religiöser Pluralisierung beschreibt, vgl. Nagel, Alexander-Kenneth: Vernetzte Vielfalt. Religionskontakt in interreligiösen Aktivitäten, in: ders. (Hg.), Diesseits der Parallelgesellschaft: Neuere Studien zu religiösen Migrantengemeinden in Deutschland, Bielefeld 2012, 242f.

Der Begriff der *Nische* ist aufgrund seiner vielfältigen Bedeutungsebenen erklärungsbedürftig. Etymologisch wird er auf das französische *niche* (eine Wandvertiefung) bzw. das altfranzösische *nichier* (Bauen eines Nestes) zurückgeführt. Daran anschließend finden sich in alten und noch anhaltenden biologischen Diskursen vor allem im Bereich der Evolutionsbiologie und Ökosystemforschung räumliche und funktionale Ausprägungen des Nischenbegriffs.[2] So betonen manche Ansätze, dass die Nische vor allem die Bezeichnung einer konkret bestimmbaren Umwelt darstellt, die von einer spezialisierten biologischen Art in Anpassung an ihre Eigenschaften und Ressourcen als Lebensraum genutzt wird (auch bezeichnet als Platznische). Demgegenüber heben andere Ansätze den Nischenbegriff als Bezeichnung der bestimmten Funktion einer biologischen Art hervor, die diese innerhalb eines Ökosystems übernimmt (auch bezeichnet als funktionale Nische).[3] Ein zentraler Punkt in der begrifflichen Konzeption scheint zu sein, ob die Nische primär von der räumlichen Umwelt oder vom Organismus aus gedacht wird. Diese Gegenüberstellung erinnert an raumsoziologische Fragen des Zusammenhangs von Mensch und Umwelt oder genauer: an das viel diskutierte Wechselverhältnis von Raum und Handeln.[4] An einen relationalen Raumbegriff anknüpfend schlage ich in diesem Beitrag einen raumsoziologisch informierten Begriff der Nische vor, der weder die Umwelt (Raumdeterminismus) noch die Handelnden (Raumvoluntarismus) ins Zentrum rückt. Vielmehr fokussiere ich mit ihm das Wechselverhältnis zwischen den Eigenschaften und Ressourcen einer konkreten Umwelt einerseits und interreligiösen Aktivitäten als bestimmtem Handlungstypus andererseits. Das Wechselverhältnis äußert sich in der sozialen Konstruktion von Räumen im Handeln und Denken, deren Strukturen wiederum weiteres Handeln kanalisieren.[5]

Die Konkretion des relationalen Raums als Nische setzt voraus, dass es sich bei der Nische um einen physisch begrenzten Raum handelt, der in komplexere Raumstrukturen eingelagert ist. Um dies transparenter zu machen, möchte ich abschließend meinen Sozialraumbegriff konturieren und darin die Nischen konzeptionell verorten. Der *Sozialraum* gestaltet sich aus meiner Perspektive als ein Netz sozial (re)produzierter Räume, die sich an konkreten Orten auftun und je ihre eigene gesellschaftliche Funktion übernehmen.[6] So dienen beispielsweise ein Supermarkt und eine Bank ökonomischen, ein Rathaus und ein Parteibüro

---

[2] Für einen aufschlussreichen historischen Abriss dieser Diskurse siehe Toepfer, Georg, Nische, in: ders.: Historisches Wörterbuch der Biologie. Geschichte und Theorie der biologischen Grundbegriffe, Band 2: Gefühl – Organismus, Stuttgart / Weimar 2011, 669–680.

[3] Toepfer, Nische, 669–671.

[4] Löw und Schroer bieten jeweils einen theoriegeschichtlichen Überblick zum Verhältnis von Raum und Handeln, vgl. Löw, Martina: Raumsoziologie, Frankfurt a. M. ⁷2012, 17–63 sowie Schroer, Markus: Räume, Orte, Grenzen. Auf dem Weg zu einer Soziologie des Raums, Frankfurt a. M. 2006, 29–160.

[5] Vgl. Schroer, Räume, 175 und Löw, Raumsoziologie, 131.

[6] Vgl. Schroer, Räume, 144.

politischen sowie eine Universität, eine Schule und ein Museum Bildungszwecken. Genauso verhält es sich mit Räumen, die primär dem religiösen Handlungsfeld (z. B. Kirchengemeinde, Moschee) zugeordnet werden. Innerhalb dieser Räume und auch in den vielfältigen Transitzonen dazwischen entstehen zahlreiche Gelegenheiten der zufälligen Alltagsbegegnung. Intendierte Formen der Begegnung finden, wie ich für interreligiöse Aktivitäten im folgenden Abschnitt aufzeigen werde, in verschiedenen Variationen innerhalb der zahlreichen gesellschaftlichen Räume statt. Von einer Nische spreche ich dann, wenn die Art der sozialen Aktivität *nicht im primären Funktionsspektrum eines Ortes* liegt. Die Nische stellt damit kein reines Raumgebilde dar, sondern eine intendierte sowie zeitlich und räumlich begrenzte Wechselwirkung zwischen einem spezifischen Handlungstypus (interreligiöse Aktivität) sowie einer konkreten ressourcenhaften Umwelt (Ort der Aktivität), die in ihrer primären Funktion nicht diesem Handlungstypus zugedacht ist.

Vor dem Hintergrund dieser Sensibilisierung für den Nischenbegriff und den materiell wie funktional differenziert gedachten Sozialraum nehme ich in diesem Beitrag die sozialräumliche Relevanz und Verortung interreligiöser Aktivitäten genauer ins Auge und trage dazu Ergebnisse verschiedener Forschungen, an denen ich beteiligt war, zusammen. Ich werde zunächst das Bild von interreligiösen Aktivitäten schärfen, indem ich verschiedene Formate und ihre jeweiligen räumlichen Bedingungen bespreche. Um die sozialräumliche Relevanz interreligiöser Aktivitäten aufzuzeigen, werfe ich sodann Licht auf die Potenziale und Grenzen interreligiöser Betätigung, wie sie sich aus Sicht beteiligter Akteure darstellen. Vor dem Hintergrund meiner aktuellen Forschung zur Räumlichkeit interreligiöser Veranstaltungen zeige ich schließlich systematisch wichtige Dimensionen der Wechselwirkung zwischen Raum und Handeln in interreligiösen Aktivitäten auf und formuliere damit ein theoretisches Gerüst für die Beschaffenheit interreligiöser Nischen. Der Beitrag endet mit einem kurzen Plädoyer für eine gestreute Einrichtung und Förderung interreligiöser Nischen im Sozialraum.

2. Zur Vielgestalt interreligiöser Aktivitäten

Bevor ich in den folgenden Kapiteln stärker auf die Relevanz und Verortungen interreligiöser Aktivitäten zu sprechen komme, werde ich in diesem Abschnitt zunächst einen Überblick über mögliche Formate geben, in denen diese Aktivitäten vorzufinden sind. Im Rahmen des Forschungsprojekts „Religionskontakt in interreligiösen Aktivitäten" an der Universität Bochum untersuchten wir auf Grundlage von knapp 30 teilnehmenden Beobachtungen und 23 Interviews mit Ansprechpartnerinnen und Gesprächspartnern der Aktivitäten die Ausgestaltung interreligiöser Begegnung in verschiedenen Veranstaltungsformen.⁷ Daraus ist u. a. eine Typologie der Formate interreligiöser Aktivitäten hervorgegangen. So unterscheidet Nagel interreligiöse Nachbarschaftsinitiativen, interreligiöse Dialogveranstaltungen, interreligiöse Friedensgebete, interreligiöse Schulgottesdienste, Tage der offenen Tür sowie interreligiöse Feste voneinander. Ich werde die genannten Formate kurz und besonders im Hinblick auf Hinweise der Verortung in den Blick nehmen.

2.1 Interreligiöse Nachbarschaftsinitiativen

Bei diesem ersten Typus handelt es sich um auf eine Nachbarschaft oder einen Stadtteil begrenzte Treffen mit Beteiligten aus dem räumlich nahen Umfeld. Die Beteiligung an diesen Treffen geschieht entsprechend vor dem Hintergrund lokaler Präsenz, so dass z. B. auch kleinere religiöse Gemeinschaften aus dem Nahraum hier einbezogen sein können. Als Orte dieser Treffen verweist Nagel, besonders für eine Variante, die er als *Get-Togethers* bezeichnet, auf private Räume und Räumlichkeiten lokaler religiöser Gemeinden.⁸

2.2 Interreligiöse Dialogveranstaltungen

Der zweite Typus umfasst im engeren Sinne klassische Gesprächskreise, die sich häufig unter Beteiligung religiöser Spezialistinnen und Spezialisten inhaltlich mit theologischen oder sozialethischen Fragen auseinandersetzen. Dabei lässt sich ein Spektrum unterschiedlicher Subformen ausmachen: vom kleinen intimen Kreis mit Gruppendiskussion bis hin zu großen Veranstaltungen mit Podiumsdiskussion (ggf. mit geladenen Gästen). Veranstaltungen dieses Typus finden oft in religiösen Räumlichkeiten statt. Es gibt aber, wie ich noch zeigen werde, aufgrund der vielfältigen Ausgestaltungen auch diverse weitere Räume, in denen Dialogveranstaltungen verortet sein können.⁹

2.3 Interreligiöse Friedensgebete

Gebets- oder Andachtsveranstaltungen, bei denen Personen aus verschiedenen religiösen Traditionen nacheinander traditionsspezifische Beiträge (z. B. Text-

---

⁷ Das Projekt wurde im Kontext der Nachwuchsforschergruppe „Religion vernetzt" am Centrum für Religionswissenschaftliche Studien (CeReS) hauptverantwortlich vom Nachwuchsgruppenleiter Alexander-Kenneth Nagel durchgeführt. Der Autor dieses Beitrags war als studentische Hilfskraft am Erhebungs- und Auswertungsprozess beteiligt. Weitere Informationen zur Nachwuchsgruppe finden sich hier: https://ceres.rub.de/de/forschung/projekte/nachwuchsforschergruppe-religion-vernetzt/ (letzter Zugriff: 19.09.2022).
⁸ Vgl. Nagel, Vielfalt, 252f.
⁹ Vgl. Nagel, Vielfalt, 254f.

lesungen, Rezitationen) liefern und aneinander rituell teilhaben, fasst Nagel als dritten Typus zusammen. Im Zentrum steht hierbei in der Regel die geteilte religiöse Erfahrung. Diese Veranstaltungen sind meist größer und bieten prinzipiell die Möglichkeit, ein breites Spektrum religiöser Traditionen einzubeziehen. Prinzipiell ist dieser Typus in religiösen Räumlichkeiten zu verorten. Im Rahmen unserer Forschung fanden wir entsprechende Veranstaltungen beispielsweise im Gebetsraum oder in Gemeinderäumlichkeiten von Moscheegemeinden. Eine Ausnahme bildete ein Friedensgebet in einem Rathaus.[10]

2.4 Interreligiöse Schulgottesdienste

Der vierte Typus hat mit den interreligiösen Friedensgebeten eine Ausrichtung auf religiöse Praxis gemein. Hier jedoch in einem lokal eher beschränkten Einzugsbereich und vor allem als Angebot für schulangehörige Familien. Das religiöse Spektrum ist hier in der Regel deutlich schmaler (christlich-islamisch). Als Ort dienen häufig Räumlichkeiten der Schule oder der Schule nahegelegene religiöse Orte (vor allem Kirchen).[11]

2.5 Tage der offenen Tür

Der Typus Tage der offenen Tür schließt an eine gängige Öffnungspraxis von Moscheegemeinden an und umfasst ausschließlich Einladungen in eine religiöse Gemeinde. Neben dem „Tag der offenen Moscheen" (3. Oktober) können Fastenbrechen-Abende (Iftar) als klassische und institutionalisierte Beispiele dieses Typus dienen. Verortet sind diese Gelegenheiten entsprechend in den Räumlichkeiten religiöser Gemeinden (Sakralräume, Begegnungszentren, Speiseräume etc.).[12]

2.6 Interreligiöse Feste/Events

Der letzte Typus ist einer der vielfältigsten und umfasst eine breite Palette von Sportereignissen und Festivitäten. Dabei muss es nicht um konkrete religiöse Inhalte gehen, religiöse Vielfalt kann vielmehr in andere Medien übertragen werden, beispielsweise in Form eines interreligiösen Fußballturniers (z. B. Pfarrer gegen Imame) oder dem gemeinsamen Essen von Speisen mit verschiedentlicher religiöser Konnotation. Ereignisse dieser Art finden sich vor allem in religiösen

---

[10] Vgl. Nagel, Vielfalt, 255ff.
[11] Vgl. Nagel, Vielfalt, 257f.
[12] Vgl. Nagel, Vielfalt, 259f.

Räumlichkeiten und an öffentlichen Plätzen. Aufgrund der Vielgestalt dieses Formats sind aber auch zahlreiche andere Verortungen denkbar.[13]

Anhand von Nagels Typologie der Formate interreligiöser Aktivitäten wird deutlich, wie vielfältig die Aktivitäten ausgestaltet sein können und wie breit ihre potenzielle Verortung im Sozialraum ist. Bei den vorgestellten Formaten handelt es sich nicht um eine abschließende Typologie, sondern eine erste Systematisierung, die um weitere Formate, z. B. interreligiöse Kursangebote oder Gremienarbeit ergänzt werden könnte. Mit der Konkretion dessen, in welcher Vielfalt interreligiöse Aktivitäten konzipiert werden können, ist ein Grundstein gelegt, um davon ausgehend die Relevanz und die Verortungen interreligiöser Aktivitäten im Sozialraum systematisch in den Blick zu nehmen.

3. Potenziale und Grenzen interreligiöser Aktivitäten

Interreligiöser Verständigung wird bisweilen großes Gewicht beigemessen, wenn es um Fragen der Integration[14] und des sozialen Friedens[15] geht. Im Rahmen des Forschungsprojekts „Religion und Dialog in modernen Gesellschaften (ReDi)" an der Universität Hamburg haben wir uns unter anderem gefragt, welche Potenziale und Grenzen die Beteiligten interreligiöser Aktivitäten selbst sehen.[16] Vor dem Hintergrund teilnehmender Beobachtungen in verschiedensten Formaten interreligiöser Veranstaltungen sowie vor allem auf Grundlage 44 halboffener Interviews mit Personen unterschiedlicher religiöser und auch nichtreligiöser Zugehörigkeit, die Erfahrungen in interreligiöser Praxis gemacht

---

[13] Vgl. Nagel, Vielfalt, 260f.
[14] Liedhegener u. a. zeigen beispielsweise im Rahmen der KONID-Studie eine breite gesellschaftliche Befürwortung interreligiösen Dialogs auf. So stimmten 85 Prozent der „Hochreligiösen" und immerhin noch 25 Prozent der „Nichtreligiösen" der Wichtigkeit interreligiöser Verständigung zu. Da die Zustimmung besonders auch unter Angehörigen religiöser Minderheiten stark sei, sehen die Autorinnen und Autoren hier ernstzunehmendes Potenzial für Integration, vgl. Liedhegener, Antonius u. a.: Wie Religion „uns" trennt – und verbindet. Befunde einer Repräsentativbefragung zur gesellschaftlichen Rolle von religiösen und sozialen Identitäten in Deutschland und der Schweiz 2019, Göttingen u. a. 2019, 33.
[15] Gleichwohl ist die Stärkung sozialen Zusammenhalts nicht der einzige Beweggrund für interreligiöses Engagement. In unserer Forschung zeigten sich beispielsweise politische und symbolische Interessen als wichtige Impulse für eine Beteiligung an interreligiösen Aktivitäten, vgl. Nagel, Alexander-Kenneth / Kalender, Mehmet: The Many Faces of Dialogue. Driving Forces for Participating in Interreligious Activities, in: Weisse u. a. (Hg.), Religions and Dialogue. International Approaches, Münster / New York 2014, 85–98.
[16] Das Forschungsprojekt wurde an der Akademie der Weltreligionen (AWR) in Kooperation mit nationalen und internationalen Partneruniversitäten durchgeführt. Für weitere Informationen siehe hier: https://www.awr.uni-hamburg.de/forschung/beendete-forschungsprojekte/redi-projekt.html (letzter Zugriff: 19.09.2022).

haben, generierten wir eine akteurszentrierte Matrix zu Voraussetzungen und Bedingungen sowie zu wahrgenommenen Potenzialen und Grenzen interreligiöser Aktivitäten.[17] Im Folgenden werde ich auf die Ergebnisse zu Potenzialen und Grenzen genauer eingehen, um daraus anschließend für die Kernaussage meines Beitrags ein realistisches Bild von der Bedeutung interreligiöser Nischen im Sozialraum abzuleiten.

Zu den von Beteiligten wahrgenommenen Potenzialen interreligiöser Aktivitäten gehören a) die Schaffung von Begegnung, b) die Bildung von Sozialkapital, c) die Änderung von Einstellungen sowie d) die Änderung von Strukturen. Die sozialräumliche Bedeutung interreligiöser Aktivitäten für die *Schaffung von Begegnung* ist aus Sicht der Beteiligten nicht zu unterschätzen. Die Möglichkeit, Personen anderer religiöser Zugehörigkeit kennenzulernen und sich mit ihnen über religiöse Inhalte und Praktiken auszutauschen, ist für viele Menschen im Alltag wenig bis gar nicht verankert.[18] Hierfür bieten interreligiöse Aktivitäten eine exklusive Gelegenheit, um z. B. mediale Diskurse auf einer persönlichen Ebene zu verarbeiten und auf diese Weise eine religions- und kulturübergreifende Sprachfähigkeit zu entwickeln.

Auf Grundlage dieser Begegnungen bilden sich im Idealfall Bekanntschaften aus, die auch über die Situation hinausreichende Wirkungen entfalten können und damit zur *Bildung von Sozialkapital* beitragen. Zum einen wird in den Interviews immer wieder die Bedeutung der persönlichen Ebene betont, die z. B. eine potenzielle Basis für Freundschaften darstellt. Zum anderen können je nach Format aber auch institutionelle Kontakte aufgebaut werden, wie beispielsweise die Mitarbeiterin einer Kommunalverwaltung im Gespräch über ein interreligiöses Stadtteilprojekt berichtet:

> Und da ist dieses Projekt in [Name eines Stadtteils]. Einfach wunderbar! Was sich da an Netzwerk ergeben hat, das ist ja / da sind Leute oder Institutionen dazu gekommen, die vorher nie dabei gewesen waren. Es gab auch früher gute Netzwerke, aber das waren dann die, die immer schon in Netzwerken gearbeitet hatten. Mittlerweile haben wir [...] Institutionen, die früher nicht in den Netzwerken vertreten waren. Und mittlerweile sind einige von denen selbstverständlicher Bestandteil und das ist super![19]

Interreligiöse Aktivitäten können demnach auch örtlich bislang nichtbeteiligte

---

[17] Vgl. Ohrt, Anna / Kalender, Mehmet: Interreligious Practice in Hamburg. A Mapping of Orientations, Conditions, Potential Benefits and Limitations from a Participant's Perspective, in: Ipgrave, Julia u. a. (Hg.), Religion and Dialogue in the City. Case Studies on Interreligious Encounter in Urban Community and Education, Münster / New York 2018, 55–84.

[18] Ausnahmen bilden hier natürlich interreligiöse Freund- und Partnerschaften, in denen alltäglich gelebte Religion auch Gelegenheiten zu wechselseitiger Auseinandersetzung bietet. Religionsunterricht kann als zwar alltägliche aber intendierte Gelegenheit des Religionskontakts verstanden werden, sofern es sich um eine religiös gemischte Gruppe handelt.

[19] ReDi-Interview 39, nichtreligiös.

Akteure mobilisieren und so zur Stärkung lokaler Netzwerke beitragen. Auf diese Netzwerke kann im Bedarfsfall zurückgegriffen werden, z. B. bei der Suche nach Ansprechpartnerinnen und Ansprechpartnern zu spezifischen religiösen Themen.[20]

Dass die Bekanntschaften und Netzwerke zur lokalen Resilienz im Hinblick auf verschärfte öffentliche Diskurse beitragen können, zeigt der Studienleiter einer katholischen Bildungseinrichtung auf, der sich seit Jahren an einem interreligiösen Gesprächsformat beteiligt. Er erläutert, dass die Beteiligten anlässlich einer öffentlich entflammten Beschneidungsdebatte im Jahr 2012 mit einer gewissen Gelassenheit an die Thematik gehen konnten, da im Kreis bereits zuvor viele der öffentlich verhandelten Argumente erörtert worden waren.[21] Hier zeigt sich neben der deeskalierenden Wirkung einer vertrauensvollen persönlichen Begegnungsebene auch die stärkende und schulende Wirkung interreligiöser Praxis. In beiden Aspekten steckt das Potenzial *Einstellungen zu ändern*. Dies gehört zu den in den Interviews meist genannten Potenzialen interreligiöser Aktivitäten. Durch die Erweiterung des eigenen Wissens im direkten Austausch mit anderen kann die eigene Perspektive weiterentwickelt oder hinterfragt werden. Auf dieser Grundlage werden, so die Befragten, eigene Vorurteile erkannt und ein Diversitätsbewusstsein gestärkt.

Darüber hinaus können interreligiöse Aktivitäten durch die Konfrontation mit der Lebenswelt anderer die Wahrnehmung struktureller Schieflagen und bestehender Hierarchien begünstigen. Aus diesen Einsichten können Prozesse der Selbstermächtigung hervorgehen. Wenn beispielsweise religiöse Minderheiten, die bislang gesellschaftlich im Hintergrund standen und Erfahrungen der Benachteiligung gemacht haben, im Zuge interreligiöser Praxis mit dem nötigen Wissen und entsprechenden Kompetenzen ausgestattet werden, können sie sich eine eigene öffentliche Stimme erarbeiten. Interreligiöse Aktivitäten sind dann Keimzellen von Empowerment und tragen somit potenziell auch zur *Änderung von Strukturen* bei.[22]

Bei aller allgemeinen Befürwortung interreligiösen Engagements und seiner positiven Potenziale sind den Beteiligten auch Grenzen interreligiöser Aktivitäten gewärtig. In unserer Analyse haben wir vier teils miteinander verwobene Grenzen identifiziert, die die Wirkung interreligiöser Aktivitäten in der Wahrnehmung der Beteiligten beschränken: a) eine geringe Reichweite, b) eine geringe gesellschaftliche Relevanz, c) eine unzureichende Qualität sowie d) falsche Zielsetzungen. Viele Beteiligte bemängeln eine *geringe Reichweite* interreligiöser Aktivitäten und bedauern, dass ein großer Teil der Gesellschaft nicht an solchen

---

[20] Für eine ausführliche Auseinandersetzung mit den gesellschaftlichen Potenzialen interreligiöser Netzwerke vgl. Schubert, Nelly: Inter(ethno)religiöse Kooperation. Erscheinungsformen und Kontexte kommunaler Repräsentationsbeziehungen zwischen lokalen Religionsgemeinschaften im Ruhrgebiet, Göttingen 2022.
[21] ReDi-Feldnotiz 19.
[22] Vgl. Ohrt / Kalender, Interreligious Practice, 74–76.

Aktivitäten partizipiert. Der Vorsitzende einer islamischen Gemeinde äußert sich entsprechend:

> [M]eine einzige Sorge ist, dass dieser Dialog nur eine geringe Gruppe erreicht. [...] die Menschen, die auch dialogbereit sind haben meistens auch keine großen Vorurteile. [...] Also die sind sowieso gut informiert, die Menschen, die dialogbereit sind. Aber die Menschen, die keine Bereitschaft dazu haben, also die sich auch nicht informiert haben, die keinen Kontakt zu diesen Gemeinden haben, [...] also eigentlich sind diese Gruppe meine Sorgengruppen und die werden [mit den interreligiösen Angeboten, M. K.] auch nicht erreicht, meiner Meinung nach.[23]

Interreligiöse Aktivitäten können demnach ihr Potenzial nicht voll ausschöpfen, weil nur eine interessierte Minderheit in der Bevölkerung daran beteiligt ist. Eine positive Breitenwirkung in die Gesellschaft hinein sei, so mehrere der befragten Personen, damit kaum möglich. Als eine Begründung für die fehlende Breitenwirkung mag die wahrgenommene *geringe gesellschaftliche Relevanz* als weitere Grenze dienen. So werden in einigen Interviews kaum Überschneidungen zwischen Themen interreligiöser Aktivitäten mit relevanten Themen der Gesellschaft gesehen. Hierbei wird zum einen infrage gestellt, ob Religion überhaupt eine adäquate Ressource für Antworten auf Fragen der heutigen Gesellschaft darstellt. Zum anderen werden interreligiöse Aktivitäten nicht als sinnvolle Antwort auf aktuelle gesellschaftliche Probleme betrachtet. So könne man beispielsweise, zumindest in den Augen mancher der befragten Personen, mit interreligiösem Dialog keine Feindbilder eliminieren, die in der Gesellschaft kursierten.

Die Frage nach der Qualität interreligiöser Aktivitäten berührt ein normatives Verständnis dessen, was so genannter ‚interreligiöser Dialog' leisten muss. So wird vielfach betont, dass das Geschehen im Idealfall einen ‚inneren Effekt' hat, was aber nicht immer der Fall ist und dann als *unzureichende Qualität* wahrgenommen wird. Eine gewisse Enttäuschung beschreibt auch ein Herr mit christlichem Hintergrund im Hinblick auf seine Erfahrungen in interreligiösen Veranstaltungen:

> Ja, also ein Dialog hat ja immer [...] einen Anlass, so und dann muss ich ja aber zu dem was ich rede ja eine Position, eine Meinung haben. Und ein Dialog / also richtiger, also so wie ich sowas verstehen würde, kann ja nur funktionieren, wenn ich irgendwo eine Idee habe und sie eine Idee haben und wir dann beide gucken, was passiert da. So, dann kann man feststellen, wir haben [...] ganz unterschiedliche Meinungen [...] oder wir bemerken, Moment mal an der Stelle ist das ja ziemlich spannend, und wenn ich dann nach Hause gehe, hat sich meine Position vielleicht verändert oder ihre oder wie auch immer. Das ist [im Fall der besuchten Veranstaltungen, M. K.] eben nicht da.[24]

---

[23] ReDi-Interview 10, sunnitischer Muslim.
[24] ReDi-Interview 07, evangelisch-lutherischer Christ.

Dass interreligiöse Aktivitäten diesem Anspruch auf innere Transformation nicht immer gerecht werden, mag zum einen an sehr hohen Erwartungen liegen. Zum anderen rückt bei der hier expliziten Forderung nach einer klaren und religiös soliden Haltung auch ein strukturelles Ungleichgewicht ins Blickfeld. So können sich an interreligiösen Aktivitäten maßgeblich Beteiligte aufgrund unterschiedlicher Voraussetzungen nicht unbedingt im gleichen Maße engagieren. Beispielsweise treffen hauptberufliche Pastorinnen und Pastoren auf ehrenamtliche Moscheevorstandsmitglieder, theologisch ausgebildete Personen auf religiöse Laien sowie Muttersprachlerinnen und Muttersprachler auf Personen mit nicht voll ausgereiften Deutschkenntnissen – eine „Schieflage", auf die auch in früheren Forschungen schon hingewiesen wurde und die vielleicht nicht allen Teilnehmenden und nicht Beteiligten bewusst ist.[25]

Eine letzte und mit den übrigen als verwoben wahrgenommene Grenze sind *falsche Zielsetzungen*. So seien interreligiöse Aktivitäten nicht „das Heilmittel"[26] für alle gesellschaftlichen Probleme, sondern höchstens ein mögliches Werkzeug, um bestimmte Ziele zu erreichen. Extreme Haltungen oder Instrumentalisierungen von Religion könnten damit nicht verhindert oder abgebaut werden. Während bei dem Aspekt mangelnder Relevanz potenzielle Wirkungen interreligiöser Betätigung beäugt werden, sind mit dem Punkt falscher Zielsetzungen Planungs- und Organisationsfragen interreligiöser Aktivitäten aufgeworfen. Im Kern wird hier ein kritischer Blick auf eine mangelnde Reflexion zu dem Anliegen, dem Format und der Zielgruppe interreligiöser Aktivitäten gelegt. Infrage gestellt wird z. B., ob ein theologischer Austausch als eine Form interreligiöser Praxis ein sinnvoller Weg ist, um Jugendliche ins Gespräch zu bringen oder ob nicht andere Formate geeigneter wären.[27]

Aus den präsentierten Ergebnissen zu Potenzialen und Grenzen interreligiöser Aktivitäten, wie sie sich aus Sicht der Beteiligten darstellen, lässt sich für die Pointe dieses Beitrags eine wichtige Erkenntnis ableiten: Im Kern bleiben interreligiöse Aktivitäten hinter großspurigen Erwartungen hinsichtlich ihrer integrativen Effekte und dem Anspruch der Stärkung sozialen Friedens zurück. Unter dem Vergrößerungsglas tritt jedoch ihre eigentliche Kraft deutlich vor Augen. So sind es vor allem die kleinräumigen Effekte, die diesen Aktivitäten ihren eigentlichen Wert verleihen. Ihre Wirkung entfalten sie auf die Beteiligten, die in ihnen Selbstbildung betreiben können, indem sie eigene Vorurteile abbauen, interreligiöse und interkulturelle Sprachfähigkeit entwickeln und ein soziales Netz aufbauen. Um dieses Potenzial sinnvoll und ertragreich im und für den Sozialraum zu nutzen, bedarf es nicht der Vergrößerung des Einzugsgebie-

---

[25] Vgl. Klinkhammer, Gritt u. a.: Interreligiöse und interkulturelle Dialoge mit MuslimInnen in Deutschland. Eine quantitative und qualitative Studie, Bremen / Wiesbaden 2011, 182.
[26] ReDi-Interview 21, Adventist.
[27] Vgl. Ohrt / Kalender, Interreligious Practice, 76–78.

tes bestehender Aktivitäten, sondern vielmehr einer Streuung vieler unterschiedlich gestalteter Formate in der Breite des Sozialraums. Hierfür ist, so die These meines Beitrags, von Seiten der religiösen wie nichtreligiösen Institutionen im Sozialraum die Schaffung und Pflege von Nischen notwendig. Im folgenden Abschnitt werde ich vor dem Hintergrund meiner aktuellen Forschung ein theoretisches Verständnis dieser interreligiösen Nischen vorschlagen.

4. Verortungen im Sozialraum: Interreligiöse Aktivitäten als Nischenphänomen

Nachdem ich die vielfältigen Formate interreligiöser Aktivitäten aufgezeigt und ihre Relevanz im Sozialraum abgesteckt habe, komme ich nun zu einer systematischeren Betrachtung ihrer räumlichen Verortung im Sozialraum. Im Rahmen meiner Dissertation zur „Räumlichkeit interreligiöser Veranstaltungen" bin ich anhand von vier interreligiösen Veranstaltungsreihen in Hamburg der Wechselwirkung von interreligiöser Aktivität und dem jeweiligen Veranstaltungsort nachgegangen. Die Ergebnisse meiner Forschung lassen sich im Folgenden für das Anliegen dieses Beitrags zu einem theoretischen Gerüst interreligiöser Nischen, also einer *Ökologie interreligiöser Aktivitäten* im Sozialraum verdichten.[28] Bevor ich auf die zentralen Aspekte dieser Ökologie eingehe, werde ich kurz den Zusammenhang meiner Fälle und des eingangs eingeführten Nischenbegriffs aufzeigen.

Ich hatte darauf verwiesen, dass Formate interreligiöser Aktivitäten vielfältig im Sozialraum zu finden sind, und zwar in religiösen wie auch nichtreligiösen Räumen. In meiner situationsbezogenen Untersuchung habe ich deshalb neben einer *interreligiösen Silvesterfeier im Kirchenraum* einer Hamburger Kirchengemeinde und einem *interreligiösen Gesprächskreis in einer Teeküche* des Pfarrhauses derselben Gemeinde auch eine *interreligiöse Gesprächsreihe in der Hamburger Kunsthalle* sowie eine *Podiumsveranstaltung im Hamburger Rathaus* hinsichtlich der Verbindung von Raum und Handeln in den Blick genommen. Während die Silvesterfeier in der Kirche am ehesten Nagels Typus des „interreligiösen Friedensgebets" zuzurechnen ist, handelt es sich bei den drei anderen Veranstaltungsreihen um verschiedene Varianten des Typus „interreligiöse Dialogveranstaltung". Alle Veranstaltungsreihen, auch jene in der Kirchengemeinde, begründen eine eigene Nische, insofern sie in den betrachteten Kontexten als unüblicher Handlungstypus gelten können. Das religiöse Handlungsfeld könnte jenes Feld sein, dem aufgrund des grundsätzlich religiösen Bezugs noch am

---

[28] Der vorliegende Abschnitt basiert auf Ergebnissen meiner Dissertation, die im Falle eines tiefergehenden Interesses dort ausführlicher nachzulesen sind, vgl. Kalender, Mehmet T.: Räumlichkeit und interreligiöse Begegnung. Wechselwirkungen von religiöser Pluralität, Materialität und Interaktion, erscheint voraussichtlich 2023.

ehesten eine natürliche Nähe zu religionsübergreifendem Handeln zugesprochen werden mag. Dennoch lässt sich darüber streiten, ob interreligiöse Aktivitäten zum Kerngeschäft religiöser Gemeinden gehören.[29] Ich gehe davon aus, dass interreligiöse Aktivitäten auch in religiösen Kontexten Nischen hervorbringen.

In meiner Analyse der gewählten Veranstaltungsreihen haben sich vier verschiedene Dimensionen der Verbindung von Raum und interreligiösem Handeln herauskristallisiert. Das sind im Einzelnen (1) die Regionalisierung der Veranstaltungsformate, (2) die Veranstaltungsorte als interaktiver Fundus, (3) das raumbestimmte Rollenverhalten und (4) die Handlungsfeldcluster. Da diese vier Dimensionen der Verortung interreligiöser Aktivitäten eine Sensibilisierung für die konstituierenden Elemente interreligiöser Nischen ermöglichen, werde ich sie folgend umreißen.

4.1 Regionalisierung der Veranstaltungsformate

Ich habe im Zusammenhang mit der Vielgestalt interreligiöser Aktivitäten bereits aufgezeigt, dass jede interreligiöse Aktivität, sofern es sich um eine intendierte und damit geplante Veranstaltung handelt, mehr oder weniger deutlich einem Veranstaltungsformat folgt. Das Veranstaltungsformat gibt eine bestimmte Dramaturgie im Ablauf der Aktivität vor und strukturiert damit die einzelnen Elemente und Phasen des Ereignisses. Die Phasen dieses Verlaufs bringen ihre je eigenen räumlichen Anforderungen mit sich. Mit der Regionalisierung der Veranstaltungsformate nehme ich diese Korrespondenz zwischen dem Verlauf einer Veranstaltung und den physischen Gegebenheiten und Arrangements eines Veranstaltungsortes in den Blick. Ich greife dazu Goffmans Begriff der Region auf und meine damit einen physisch durch Wahrnehmungsschranken begrenzten Bereich, innerhalb dessen zeitlich begrenzt eine face-to-face-Interaktion stattfindet.[30] Das Arrangement einer Region, sei es ein Saal im Hamburger Rathaus oder eine kleine Teeküche, ermöglicht und begrenzt Bewegungsmöglichkeiten und Positionierungen der Beteiligten einer interreligiösen Aktivität. Die Regionalisierung differenziere ich für die konkrete Analyse in dreierlei Hinsicht aus. Sie umfasst die Grundformation der Gruppe, die grundsätzliche Verhältnisbestimmung der Beteiligten zueinander sowie die allgemeine Bewegungsdynamik im Veranstaltungsverlauf. Für die *Grundformation einer Gruppe*

---

[29] In meiner Einzelanalyse zur Silvesterfeier in der Kirchengemeinde arbeite ich beispielsweise heraus, dass die monoreligiöse Praxis und Gemeinschaftspflege zentrale Tätigkeiten innerhalb religiöser Einrichtungen sind und interreligiöse Aktivitäten höchstens als zusätzlich gewählter Bereich hinzukommen, vgl. Kalender, Räumlichkeit, Kapitel 5.1 und 6.4.

[30] Vgl. Goffman, Erving: Wir alle spielen Theater. Die Selbstdarstellung im Alltag, München u. a. ⁹2011, 99.

habe ich im Hinblick auf die von mir gewählten Fälle mit dem zirkulären und dem frontalen Arrangement zwei Typen der Grundformation ausgemacht. So gestalteten sich zwei der Fälle als frontale Gegenüberstellung eines aktiven Ensembles (Referierende, Vortragende bzw. musikalisch Darbietende) einerseits und einer deutlich größeren Gruppe von Zuschauenden andererseits. In den anderen beiden Fällen bildete sich ein tendenziell rundes Arrangement (um einen Tisch bzw. vor einem Kunstwerk) als Grundformation aus. Mit der *Verhältnisbestimmung der Beteiligten zueinander* rückt die soziale Dimension dieser Formationen ins Blickfeld. Besonders interessant sind hier die Fälle mit zirkulärer Grundformation. Der Gesprächskreis in der Teeküche findet am Küchentisch statt, um den sich die Beteiligten gleichrangig und ohne große Rollenunterschiede herum verteilen. Diesen physischen Ausdruck einer sozialen Gleichrangigkeit beschreibe ich als proportionale Verhältnisbestimmung. Demgegenüber führen die Rollenunterschiede im Rahmen des interreligiösen Gesprächs in der Kunsthalle zu einer Fokussierung (und damit auch körperlichen Ausrichtung) der Interaktion auf die um das Kunstwerk versammelten Referierenden. Hier wie auch bei den frontal ausgerichteten Fällen spreche ich von einer antiproportionalen Verhältnisbestimmung der Beteiligten. Schließlich wirft auch die *allgemeine Bewegungsdynamik* der Gruppe im Verlauf einer Veranstaltung Licht auf die Regionalisierung der Veranstaltungsformate. Hier lassen sich nomadische von sesshaften Aktivitäten unterscheiden. Während beispielsweise der Gesprächskreis in der Teeküche am Küchentisch einen festen Anker hat und deshalb als sesshaft zu verstehen ist, bewegt sich die Gruppe der Teilnehmenden am interreligiösen Gespräch in der Kunsthalle nomadisch durch die Museumsräumlichkeiten und sucht sich innerhalb einer Veranstaltung zwei verschiedene Anker (thematisch ausgewählte Kunstwerke), die von Veranstaltung zu Veranstaltung zudem variieren.

4.2 Veranstaltungsorte als interaktiver Fundus

Die Ausstattung einer Region, in der eine interreligiöse Aktivität stattfindet, kann für das interaktive Geschehen eine hohe Relevanz haben. Dies betrifft neben der technischen Ausstattung (z. B. Mikrofone und Lautsprecher), die für einige Formate wichtiger ist als für andere, besonders die *dekorative und symbolisch-materielle Ausgestaltung*, die optisch ansprechend sein soll bzw. bedeutungsvoll auf immaterielle Zusammenhänge verweist. Bei dem Blick auf Letzteres liegt der Gedanke zugrunde, dass Orte im Sozialraum nicht nur gewisse gesellschaftliche Funktionen übernehmen, sondern ihre Gestaltung auch bestimmte Vorstellungswelten spiegeln, die in einer sozialen Situation adressiert werden können, beispielsweise in ihrer intendierten Deutung oder auch in einer Umdeutung ihres Gehalts. In der Möglichkeit dieser situativen Bezugnahme liegt die Qualität eines Veranstaltungsortes als interaktiver Fundus begründet. Die zentrale Frage ist, ob und in welcher Funktion im Rahmen einer interreligiösen Aktivität die materielle Gestaltung einer Region in ihrer rein dekorativen Form oder symbolisch-materiellen Bedeutung von den Beteiligten adressiert wird. In der Untersuchung der von mir ausgewählten Fälle taten sich unterschiedliche Konfigurationen der *Zu- bzw. Abwendung hinsichtlich des Dekors bzw. des symbolisch-materiellen Gehalts der Gestaltungselemente* auf. Als besonders dem Dekor zugewandte Interaktion kann beispielsweise das Geschehen im Rathaus beschrieben werden. Hier wird in Begrüßungsreden und auch in der Diskussion immer mal wieder auf die Schönheit des Kaisersaals, in dem die Veranstaltungsreihe stattfindet, Bezug genommen. Die Erlaubnis in diesem prächtigen Saal zu sprechen, wird dabei immer wieder als ehrvoll beschrieben, womit die Veranstaltung insgesamt auch eine Aufwertung erfährt. Die Hinwendung zum Dekor geht hier allerdings mit einer deutlichen Abwendung vom symbolisch-materiellen Gehalt der Gestaltung einher. Das liegt vermutlich besonders daran, dass der Kaisersaal die Geschichte des Hamburger Handels vor allem in Bildern darstellt, die heute als Teil der Kolonialgeschichte beschrieben werden müssen – eine Geschichte, deren Aufarbeitung in Hamburg noch in den Anfängen steckt. Während in der Rathausveranstaltung das Dekor gelobt wird und die Symbolik also eher im Hintergrund steht, kann die symbolisch-materielle Gestaltung in der Kunsthalle zum integralen Bestandteil des interreligiösen Gesprächs erklärt werden. Entlang zweier Kunstwerke kommen drei Referierende aus unterschiedlichen Traditionen hier in einen Austausch über Formen, Farben, Gesichtsausdrücke, Symbole etc. Die Kunstwerke der Kunsthalle bilden hier somit ein festes Glied der Interaktion.

4.3 Raumbestimmtes Rollenverhalten

In der Einleitung habe ich die allgemeine Zuweisung gesellschaftlicher Räume zu Handlungsfeldern (Religion, Politik, Bildung etc.) stark gemacht. Zumindest für die von mir untersuchten Orte lässt sich eine weitgehend geteilte Zuweisung der Veranstaltungsorte zu einem jeweils *primären Handlungsfeld* nachzeichnen. Mit dem raumbestimmten Rollenverhalten gelangen die rollenbezogenen Auswirkungen der Zuordnung zu einem Handlungsfeld in den Blick. Die Grundannahme hierbei ist, dass den Beteiligten aufgrund dieser Verortung bestimmte Rollenerwartungen zukommen können, die ihr Verhalten in einer interreligiösen Veranstaltung sowie die Art und Weise der Ausgestaltung religiöser Bezüge kanalisieren. Das möchte ich entlang meiner Fälle verdeutlichen. Als musealer Raum sind die Räumlichkeiten der Kunsthalle auf Präsentation und Wissensvermittlung ausgerichtet. Vor diesem Hintergrund kommt religiöse Vielfalt in der Kunsthalle über traditionsspezifische Wissensbestände und Symbolsysteme in den Blick. An die religiösen Rollen im interreligiösen Gespräch – das betrifft insbesondere die Referierenden – wird deshalb besonders traditionsspezifische Expertise und eine religiös gefärbte Perspektive auf die Kunstwerke als Erwartung herangetragen. Im Rathaus als politischem Raum stehen Religion und religiöse Vielfalt hingegen stets im Licht der immer wieder betonten und eingeforderten staatlichen Neutralität. So werden religiöse Gruppen hier vor allem als Interessensgruppen neben anderen Gruppen der Gesellschaft betrachtet. Die aktiven Akteure auf dem Podium treten primär als Personen aus der Wissenschaft oder der Politik in Erscheinung, während ihre jeweilige religiöse Perspektive vor der Grundthematik der Podiumsreihe immer wieder als Rollenzusatz ausgestaltet wird. Die Kirche als religiöser Raum setzt religiöse Vielfalt vor allem als vielfältige religiöse Gemeinschaften ins Bild. Religiöse Rollen in der Silvesterfeier sind damit immer gebunden an eine Vertretungsfunktion für eine bestimmte religiöse Gemeinschaft, sei es das Christentum als Gastgeberin oder nicht-christliche Gemeinschaften als Gäste. Die Teeküche im Pfarrhaus, in der sich der interreligiöse Gesprächskreis trifft, ist schließlich der einzige nicht-repräsentative Raum. Primär ist die Küche aufgrund ihrer Verortung in der Gemeinde, dem religiösen Feld zuzuordnen. Da es sich hier allerdings um eine periphere Lage innerhalb der Gemeinde (hinterer Kirchhof, Keller des Pfarrhauses) handelt, kann hier auch von einer gewissen Entkopplung vom religiösen Feld gesprochen werden. Vielmehr entsteht in der peripher gelegenen Küche eine Art Alltagsraum, wo sich Menschen als Individuen begegnen. Im interreligiösen Gesprächskreis kanalisiert sich dieser Individuen-Fokus auf religiöse Vielfalt als vielfältige biografische Facetten, die die Beteiligten in die Gespräche mit einbringen.

4.4 Handlungsfeldcluster

Mit dem raumbestimmten Rollenverhalten habe ich die Zuweisung von Orten zu primären Handlungsfeldern betont. Bei genauerer Betrachtung ist die Annahme einer eindeutigen Zuweisung von konkreten Orten zu *einem* Handlungsfeld bis zu einem gewissen Grad irreführend, denn jeder Ort kann kommunikativ in unterschiedliche Kontexte gesetzt werden. So ist für die situative Rahmung einer Kirche beispielsweise eine religiöse, eine touristische oder eine kunstgeschichtliche Zuweisung denkbar.[31] Das Konzept der Handlungsfeldcluster führe ich ein, um dem Umstand Rechnung zu tragen, dass es zwar einerseits allgemein geteilte Zuordnungen von Orten zu primären Handlungsfeldern gibt, die situativ Wirkung entfalten können, dass es andererseits im Geschehen einer Aktivität aber *diskursive Bezugnahmen* geben kann, die andere Handlungsfelder in der Situation relevant werden lassen. Mit Blick auf die Felder Politik, Religion und Bildung lassen sich verschiedene diskursive Cluster für die von mir betrachteten interreligiösen Veranstaltungsreihen zeichnen. Und so zeigt sich, dass in der Kunsthalle

---

[31] Zur Mehrdeutigkeit von Räumen und Orten vgl. beispielsweise Krech, Volkhard: Dimensionen des Religiösen, in: Pollack, Detlef u. a. (Hg.), Handbuch Religionssoziologie, Wiesbaden 2018, 65.

neben dem Feld der Bildung über die religiösen Referierenden auch ein starker Einbezug des religiösen Feldes stattfindet, während politische Bezüge nur am Rande gestreift werden. Vor diesem kunstmuseal-religiösen Grund werden Themen angesprochen, die religiöse Kernfragen mit gesellschaftlichen Themen der Gegenwart ins Gespräch bringen. Beispiel sind Themen wie „Reichtum und Bereicherung" oder „Opfer". In der Rathausveranstaltung steht Politik im Zentrum. Durch die wissenschaftlichen Vorträge ist zudem das Feld der Bildung zentral, während im engeren Sinne religiöse Fragen und Praktiken eher randständig sind. Der Fokus liegt hier auf Möglichkeiten der gesellschaftlichen Teilhabe und der religiösen bzw. interreligiösen Potenziale zur Schaffung gesellschaftlichen Zusammenhalts. Bei der Silvesterfeier in der Christuskirche steht das religiöse Feld mit der starken religiösen Performanz deutlich im Fokus, während einige wenige politische Bezüge aufgemacht werden. Die Themen fokussieren sich zumeist ins religiöse Feld hinein, berühren aber auch allgemeine Aspekte des Zusammenlebens, wie beispielsweise das Thema „Vertrauen" oder „Hass ist keine Alternative". Das Handlungsfeldcluster des Gesprächskreises in der Teeküche verdeutlicht schließlich die tendenzielle Entkopplung der Teeküche vom primären Handlungsfeld Religion. Hier spiegeln sich die großen Freiheiten der Beteiligten in der thematischen Gesprächsentwicklung in einer Hinwendung zu allen Handlungsfeldern bei gleichzeitiger Ungebundenheit an ein bestimmtes. Die Handlungsfeldcluster verweisen damit insgesamt auf eine unterschiedliche Verortung der Veranstaltungsreihen im Hinblick auf die drei gewählten Felder und damit einhergehend auf unterschiedliche gesellschaftliche Diskurse.

5. Bildet Nischen! Eine Schlussbetrachtung

Müsste ich auf Grundlage der Gedanken des vorliegenden Beitrags eine schematische Karte vom ‚Sozialraum' gestalten, würde ich eine Landschaft zeichnen, deren diverse Bebauung ins Auge fällt. Alle gezeichneten Bauten auf der Karte stünden für Orte, die auf die eine oder andere Weise für einen primären Zweck erbaut und ausgestaltet wurden. So sind einige Bauwerke privaten Zwecken zugedacht, andere Orte dienen verschiedenen gesellschaftlichen Aufgaben und verweisen damit auf die vielen verschiedenen Handlungsfelder (Religion, Politik, Bildung, Wirtschaft etc.), in denen und deren Transitzonen sich gesellschaftliches Leben abspielt.

Für meine Ausführungen zu interreligiösen Aktivitäten im Sozialraum habe ich den Begriff der Nische stark gemacht und eine Nische als jene Wechselwirkung beschrieben, die entsteht, wenn ein bestimmter Handlungstypus an einem Ort stattfindet, der primär nicht diesem Handlungstypus zugedacht ist. Eine ökonomische Nische entsteht dementsprechend, wenn im Foyer eines Rathauses, das primär wohl zumeist dem politischen Handlungsfeld zuzurechnen ist, ein Markt stattfindet. Die Intensität der Wechselwirkung, d. h. die Nischenqualität, dürfte je nach Fall unterschiedlich ausgeprägt sein. Bei interreligiösen Aktivitäten handelt es sich insofern um einen besonderen Handlungstypus, als dass er zwar als Subfeld des religiösen Handlungsfeldes beschrieben werden kann, er aber nicht unweigerlich zum Kernaufgabenbereich religiöser Gemeinden zählt und selbst kaum Orte hat, die eigens für interreligiöses Handeln eingerichtet wurden.[32] Der Mangel an spezifischen interreligiösen Veranstaltungsräumen mag ein Grund dafür sein, warum interreligiöse Aktivitäten offensichtlich auch von nichtreligiösen Akteuren in nichtreligiösen Kontexten als eigenes Betätigungsfeld aufgegriffen und initiiert werden.

Mit einem akteurszentrierten Blick auf die Potenziale und Grenzen interreligiöser Aktivitäten im Sozialraum habe ich deutlich gemacht, dass die Stärke dieses Handlungstypus vor allem im kleinräumigen Wirkungsbereich der Beteiligten liegt und dort eine gewisse transformative Kraft entfaltet. Diese Kraft für die positive Gestaltung des Sozialraums nutzbar zu machen, indem interreligiöse Aktivitäten in verschiedensten Formaten an vielen Orten des Sozialraums erprobt und gepflegt werden, ist eine Empfehlung, mit der ich nun am Ende meines Beitrags stehe. Anhand existierender interreligiöser Nischen habe ich mittels meiner Systematik der Regionalisierung der Veranstaltungsformate, der Veranstaltungsorte als interaktiver Fundus, des raumbestimmten Rollenverhaltens und der Handlungsfeldcluster die potenziellen Dimensionen der Wechselwirkung zwischen interreligiöser Aktivität und Veranstaltungsort herausgearbeitet. Meine Differenzierungen sollen dazu beitragen, auch aus Anbietendenperspektive – seien es religiöse oder nichtreligiöse Einrichtungen im Sozialraum – eine Reflexion der Bedarfe und Optionen in der raumsensiblen Organisation interreligiöser Aktivitäten zu ermöglichen.

Literatur

Goffman, Erving: Wir alle spielen Theater. Die Selbstdarstellung im Alltag, München u. a. ⁹2011.
Kalender, Mehmet T.: Räumlichkeit und interreligiöse Begegnung. Wechselwirkungen von religiöser Pluralität, Materialität und Interaktion, erscheint voraussichtlich 2023.

---

[32] Ob religiös plurale Raumarrangements diese Rolle erfüllen können und sollen, steht in Zweifel. Zumindest scheinen multi- und interreligiös gestaltete „Räume der Stille" überwiegend sequenziellen Nutzungen zu dienen, vgl. Nagel, Alexander-Kenneth: Cui Bono? Soziologische Einsichten zur Funktion und Nutzung multireligiöser Räume, in: Erne, Thomas u. a. (Hg.), Open Spaces. Räume religiöser und spiritueller Vielfalt, Marburg 2016, 66. Allenfalls die wenigen „Gärten der Religionen" werden bisweilen als Orte interreligiöser Veranstaltungen genutzt oder sollen perspektivisch auch dafür genutzt werden, vgl. Kalender, Mehmet: Gärten der Religionen, in: Klöcker, Michael / Tworuschka, Udo (Hg.), Handbuch der Religionen, I-25.7, EL 64 (2020), 17f.

Kalender, Mehmet: Gärten der Religionen, in: Klöcker, Michael / Tworuschka, Udo (Hg.), Handbuch der Religionen, I-25.7, EL 64 (2020), 1–25.

Klinkhammer, Gritt u. a.: Interreligiöse und interkulturelle Dialoge mit MuslimInnen in Deutschland: Eine quantitative und qualitative Studie, Bremen / Wiesbaden 2011.

Krech, Volkhard: Dimensionen des Religiösen, in: Pollack, Detlef u. a. (Hg.), Handbuch Religionssoziologie, Wiesbaden 2018, 51–94.

Liedhegener, Antonius u. a.: Wie Religion „uns" trennt – und verbindet. Befunde einer Repräsentativbefragung zur gesellschaftlichen Rolle von religiösen und sozialen Identitäten in Deutschland und der Schweiz 2019, Göttingen u. a. 2019.

Löw, Martina: Raumsoziologie, Frankfurt a. M. ^{7}2012.

Nagel, Alexander-Kenneth: Cui Bono? Soziologische Einsichten zur Funktion und Nutzung multireligiöser Räume, in: Erne, Thomas u. a. (Hg.), Open Spaces. Räume religiöser und spiritueller Vielfalt, Marburg 2016, 61–70.

Nagel, Alexander-Kenneth / Kalender, Mehmet: The Many Faces of Dialogue. Driving Forces for Participating in Interreligious Activities, in: Weisse, Wolfram u. a. (Hg.), Religions and Dialogue. International Approaches, Münster / New York 2014, 85–98.

Nagel, Alexander-Kenneth: Vernetzte Vielfalt. Religionskontakt in interreligiösen Aktivitäten, in: ders. (Hg.), Diesseits der Parallelgesellschaft. Neuere Studien zu religiösen Migrantengemeinden in Deutschland, Bielefeld 2012, 241–268.

Ohrt, Anna / Kalender, Mehmet: Interreligious Practice in Hamburg. A Mapping of Orientations, Conditions, Potential Benefits and Limitations from a Participant's Perspective, in: Ipgrave, Julia u. a. (Hg.), Religion and Dialogue in the City. Case Studies on Interreligious Encounter in Urban Community and Education, Münster / New York 2018, 55–84.

Schroer, Markus: Räume, Orte, Grenzen. Auf dem Weg zu einer Soziologie des Raums, Frankfurt a. M. 2006.

Schubert, Nelly: Inter(ethno)religiöse Kooperation. Erscheinungsformen und Kontexte kommunaler Repräsentationsbeziehungen zwischen lokalen Religionsgemeinschaften im Ruhrgebiet, Göttingen 2022.

Toepfer, Georg: Nische, in: ders., Historisches Wörterbuch der Biologie. Geschichte und Theorie der biologischen Grundbegriffe, Band 2: Gefühl – Organismus, Stuttgart / Weimar 2011, 669–680.

Daniel Hörsch

„Sozialraum" als konzeptioneller Container-Begriff und der Mehrwert für die kirchliche und diakonische Praxis

Erkundungen und Perspektiven

1. Einleitung

In kirchlichen und diakonischen Diskursen begegnet einem seit geraumer Zeit landauf, landab der Begriff des Sozialraums. Beinahe kann man dabei den Eindruck gewinnen, dass in der *Sozialraumorientierung ein wesentlicher Bezugsrahmen kirchlich-diakonischer Praxis* gesehen wird.[1]

Nach wie vor ist die parochiale Verfasstheit strukturbildend für die evangelische Kirche, so wie es die vereins- und verbandsmäßige Verfasstheit für die Diakonie ist. Zugleich ist mit Händen zu greifen, dass eben dieses Parochial- und Vereins-/Verbandsprinzip in seiner Ausschließlichkeit an seine Grenzen kommt angesichts der Transformationsprozesse vor denen Glaube, Religion, Kirche und Diakonie im 21. Jahrhundert stehen. Genannt seien in diesem Zusammenhang holzschnittartig die Auswirkungen der Pluralisierung, der Individualisierung bzw. Singularisierung, der Digitalität und die Herausforderungen der Mobilität. Allesamt gesellschaftliche Megatrends, die auch die Kirche in ihrer ekklesiologi-

---

[1] Der Kongress WIR&HIER hat sich dezidiert mit der Thematik befasst und kann auch als Ausdruck dieses Bemühens verstanden werden. Vgl. auch: Geht hin – Sozialraum- und Gemeinwesenorientierung der Kirche auf dem Land, Dokumentation der 4. Land-Kirchen-Konferenz der EKD vom 20. bis 22. September 2018 in Bad Alexandersbad, hrsg. vom EKD-Kirchenamt, Hannover 2019, epd-Dokumentation Nr. 14/2019; Eidt, Ellen / Schulz, Claudia: Kirche im Dorf. Die Sozialraumanalyse als Entwicklungsinstrument für Kirchengemeinden in strukturschwachen Räumen, in: Deutsches Pfarrblatt 4/2014; Hoffmann, Lothar / Schramm, Steffen: Leitfaden Sozialraumorientierung. Erkundungsraster eines Wohnortes zur Erfassung von Informationen für kirchliche Arbeit, hrsg. vom Institut für kirchliche Fortbildung der Ev. Kirche in der Pfalz, http://www.evpfalz.de/zentrum_typo3/filead min/user_upload/institut/Butenschoen_Campus/Gemeinde_geht_weiter/M_2_Erkundun gsraster_Sozialraum.pdf (abgerufen am 23.4.2022); Wegner, Gerhard: Religiöse Ressourcen in der Zivilgesellschaft. Die Neuentdeckung des Sozialraums, in: Wegner, Gerhard, Wirksame Kirche. Sozio-theologische Studien, Leipzig 2019, 297–333.

schen Gestalt herausfordern und die die Diakonie dazu auffordern, Klärungen hinsichtlich ihrer evangelischen Identität herbeizuführen.

Die Parochie, so die erste Grundthese, stellt einen Sozialraum im Konzert der Sozialräume im Gemeinwesen dar. Somit wirkt die kirchliche Praxis zunächst *in* den Sozialraum Parochie. Angesichts des seit Jahrzehnten zu beobachtenden Relevanzverlustes von Religion und Kirche, kann das Bemühen von Kirche und Diakonie, die Kategorie des Sozialraums verstärkt nutzbarmachen zu wollen, als Reaktion auf zu beobachtenden Relevanzverlust gedeutet werden. Damit einher geht die Hoffnung, dass durch die Weitung des kirchlich-diakonischen Wirkradius über den parochialen Raum hinaus in den Sozialraum Religion, Kirche und Diakonie an Relevanz wiedergewinnen können, so die zweite Grundthese.

Der folgende Aufsatz geht der Frage nach, was sich hinter dem vielfach gebrauchten und doch diffus erscheinenden Begriff des Sozialraums verbirgt und welche konzeptionellen Überlegungen in Kirche und Diakonie dabei leitend sind (Kap. 2). Dabei ist auch der Frage nach einer Theologie des Sozialraums nachzugehen (Kap. 3), ebenso der Frage, wie eine am Sozialraum orientierte kirchliche und diakonische Praxis konkret aussieht (Kap. 4). Schließlich werden Herausforderungen und Handlungsnotwendigkeiten diskutiert, die auch als Impulse verstanden werden dürfen (Kap. 5).

2. Theoretische Zugänge

Überblickt man die fachwissenschaftliche Literatur zum Thema Sozialraum, so lässt sich konstatieren, dass bisher sehr unterschiedliche Begriffsbestimmungen vorherrschend sind und der Begriff „Sozialraum" in gewisser Hinsicht diffus Verwendung findet[2] – auch in kirchlichen und diakonischen Kontexten.[3]

---

[2] Vgl. hierzu Löw, Martina: Raumsoziologie, Frankfurt 2011, 11, insbesondere 35f.; darüber hinaus: Schroer, Markus: Räume, Orte, Grenzen. Auf dem Weg zu einer Soziologie des Raumes, Frankfurt 2006, 47–60; Noack, Michael: Kompendium Sozialraumorientierung. Geschichte, theoretische Grundlagen, Methoden und kritische Positionen, Weinheim / Basel 2015; Kessl, Fabian / Reutlinger, Christian: Sozialraum. Eine Einführung, Wiesbaden 2010; Sozialraum ist die Antwort – was war nochmals die Frage? Widersprüche, Heft 135 (2015).

[3] Vgl. Düchting, Frank: Kirche auf Raumpatrouille. Sozialraum und Gemeinwesendiakonie in der kirchlichen Diskussion, in: Zeitschrift für sozialistische Politik im Bildungs-, Gesundheits- und Sozialbereich, 36 (140), 65–76; Benedict, Hans-Jürgen: Gemeinwesenorientierte Diakonie, in: Herrmann, Volker / Horstmann, Martin (Hg.), Wichern drei – gemeinwesendiakonische Impulse, Neukirchen 2010; Kirche findet Stadt (Hg.): Kirche als Akteur in der Stadt- und Quartiersentwicklung in Nordrhein-Westfalen – Potenziale und Strategien für zukunftsfähige Quartiere, Berlin 2013; Dieckbreder, Frank / Dieckbreder-Vedder, Sarah (Hg.): Das Konzept Sozialraum. Vielfalt, Bescheidenheit und Begegnung, Göttingen 2016; Hinte, Wolfgang u. a.: Grundlagen und Standards der Gemeinwesenarbeit. Ein Reader zu

Zum einen wird der Sozialraum definiert als soziogeographisch abgrenzbarer Lebensraum, der sowohl durch strukturelle als auch durch soziale Merkmale gekennzeichnet ist. Als Bezirk, Stadtteil oder Dorf hat der Sozialraum für die kommunale Verwaltung und Planung sowie als politisches Gemeinwesen räumlich und objektiv fassbare Grenzen und Strukturen.[4]

Zum anderen ist der Sozialraum als Wohn- und Lebensumfeld eine subjektiv wahrgenommene Kategorie. Er wird durch soziale Beziehungen, Aktivitäten und persönliche Interessen im Alltag eines jeden Menschen und damit durch die jeweils individuelle lebensweltliche Realität bestimmt.[5] Dabei sind die persönlichen Beziehungen und Kontakte heutzutage nicht mehr ausschließlich nach Lebensalter oder ökonomischer Ausgangslage auf das unmittelbare Wohnumfeld beschränkt. Mittlerweile sind diese Beziehungen durch den Megatrend Digitalisierung ein Stück weit davon losgelöst und digitaler Natur.

Grundsätzlich lassen sich vier unterschiedliche Deutungshorizonte ausmachen, in denen der Begriff der Sozialraumorientierung in Beziehung gesetzt wird:

- Die Gemeinwesenorientierung. Sie denk vom Sozialraum zur Person. Maßgeblich ist hier das Konzept der Gemeinwesenarbeit (GWA).
- Das Fachkonzept der Sozialraumorientierung (SRO), das von der Person zum Sozialraum denkt und vor allem in diakonischen Kontexten entwickelt und praktiziert wird.
- Die Lebensweltorientierung, die von der Alltags- und Lebenswelt des Einzelnen zur sozialen Wirklichkeit her operiert.
- Die Kontextbezogenheit, die von der Institution her den Sozialraum bedenkt.

Entwicklungslinien und Perspektiven, Stuttgart 2011; siehe auch zahlreiche Artikel im Online-Journal „sozialraum" unter https://www.sozialraum.de/ (abgerufen am 23.4.2022); Noack, Michael (Hg.): Empirie der Sozialraumorientierung, Weinheim / Basel 2016. Zum Diskurs in katholischen Kontexten vgl. Lösch, Martin: Prinzipien sozialräumlicher Pastoral, http://www.futur2.org/article/prinzipien-sozialraeumlicher-pastoral/ (abgerufen am 23.4.2022); Deutscher Caritasverband (Hg.): Erkenntnisse aus dem Projekt „Gemeinsam aktiv im Sozialraum". Sozialraumorientierung in der Caritas, Freiburg 2017; Sozialräumliche Orientierung im pastoralen Raum. Vortragsfolien der Abteilung Pastorale Dienststelle des Erzbistum Hamburg, http://www.katholische-kirche-neubrandenburg.de/fileadmin/KaKiNB/data/2017/Praesentation_patoraler-Raum_Nbg-Stav-Friedl_2017-01-21.pdf (abgerufen am 23.4.2022); Den Sozialraum wahrnehmen. Impulse für die Kirche am Ort, hrsg. vom Bischöflichen Ordinariat, Hauptabteilung IV – Pastorale Konzeption der Diözese Rottenburg-Stuttgart, Rottenburg 2016.

[4] Vgl. hierzu Störkle, Mario u. a. (Hg.): Sozialräumliche Entwicklungsprozesse in Quartier, Stadt, Gemeinde und Region, Luzern 2016.

[5] Vgl. hierzu Faix, Tobias / Reimer, Johannes (Hg.): Die Welt verstehen. Kontextanalyse als Sehhilfe für die Gemeinde, Marburg 2012; Ahrens, Petra-Angela / Wegner, Gerhard: Lebensstile – Sozialstrukturen – kirchliche Angebote, Stuttgart 2013.

Für den diakonischen und kirchlichen Kontext von Bedeutung sind vor allem die Gemeinwesenorientierung und das sozialraumorientierte Arbeiten. Das Gemeinwesen umfasst eine Vielzahl an sozialen Bezugsgrößen, meist als soziale Netzwerke markiert. Diese zeichnen sich durch ein stark ausgeprägte Nahverhältnis aus. Hierzu zählen Vereine, Verbände, Kommunen, Kirchengemeinden und vieles mehr. Auch fallen darunter Sozialformen der Selbstorganisation wie Genossenschaften, Mehrgenerationenhäuser, Nachbarschaftshäuser u. a. Zivilgesellschaftlich findet das Gemeinwesen seinen Ausdruck unter anderem in stadtteilbezogenen Bürgerbewegungen, Bürgerplattformen, Zukunftswerkstätten u. a.

Das sozialraumorientierte Arbeiten hat hingegen nicht nur den Sozialraum als solchen im Blick. Der Blick wird vor allem auf die im Sozialraum für den Einzelnen vorfindlichen Ressourcen gelenkt. Ziel ist es, den Klienten durch soziale Einbindung und leibhaft erfahrene Nähe zu stärken, um die ihm zur Verfügung stehenden Lebensführungs- und Problembewältigungskompetenzen zu stabilisieren.

In gewisser Hinsicht zielt also die Gemeinwesenorientierung durch das Moment der Vergemeinschaftung auf die Stabilisierung sozialer Beziehungen im Nahbereich und auf einen für alle sichtbar werdenden Mehrwert des sozialen Raumes, wohingegen die sozialraumorientierte Arbeit einen angeleiteteten Problemlösungsansatz darstellt, der die Persönlichkeit des Klienten im Blick hat und die Ressourcen des Sozialraum für dessen Stabilisierung gezielt nutzt, quasi verzweckt.

Im Folgenden wird deshalb vorgeschlagen, den Sozialraum theologisch als einen Erfahrungsraum der Gegenwart Gottes zu definieren. „Im Sozialraum werden durch diakonisches und kirchliches Handeln soziale Wirklichkeiten und Beziehungen in der Perspektive des Reiches Gottes und der biblischen Verheißung erschlossen und interpretiert." Ziel sozialräumlichen Handelns ist folglich die Teilhabe und Mitgestaltung des Gemeinwesens und der Gesellschaft sowie Kirche mit und für andere zu sein.[6]

3. Theologische Annäherung

Erstaunlicherweise scheint der Sozialraum in der Theologie noch im Dornröschenschlaf zu liegen. Zumindest sucht man vergeblich nach einer dezidert ausformulierten Theologie des Sozialraums.[7] Im Folgenden wird deshalb Bezug

---

[6] Siehe hierzu auch Wegner, Katharina: Art. Sozialraumorientierung in: Friedrich, Norbert u. a. (Hg.), Diakonie-Lexikon, Göttingen 2016, 413ff.

[7] Angedeutet bei Pohl-Patalong, Uta: „Kirchliche Orte". Ein Zukunftsmodell der Kirche angesichts der aktuellen Herausforderungen, in: Diakonia 50 (2019), 119–126; s. auch Grethlein, Christian: Kirchentheorie. Kommunikation des Evangeliums im Kontext, Berlin 2018, 163–185, hier: 182ff.; auch bei Hauschild, Eberhardt / Pohl-Patalong, Uta: Kirche, Gütersloh

genommen auf drei Ansätze, die für eine theologische Annäherung an den Begriff von Nutzen sind.

Theologische Perspektiven auf den Sozialraum und das Gemeinwesen entwickelt Gerhard Wegner unter der Überschrift „Nächstenliebe im Gemeinwesen".[8] Sozialräume versteht Wegner als *„Kraftfelder Gottes",* oder *„Realisierungsfelder des Reich Gottes".* Sie können als „Ort der Gottesbegegnung" und „schöpferische Ordnungen" begriffen werden. Sozialraumorientierung impliziert somit immer ein gewisses Maß an Unverfügbarkeit, womit gemeint ist, dass nicht alles planbar, organisierbar ist und verfügbar gemacht werden kann.[9] Das Moment des Unverfügbaren mit Blick auf eine Sozialraumorientierung scheint mir als theologische Fundierung im diakonischen und kirchlichen Kontext unerlässlich.

Daran anknüpfend sind die Überlegungen von Frank Martin Brunn zur ekklesiologischen Perspektive der kirchlichen und diakonischen Arbeit im Gemeinwesen für eine theologische Erschließung des Begriffsfeldes, das mit Sozialraum umschrieben wird, von Interesse.[10] Ein Blick auf die Begründungsmodelle der Gemeinwesenorientierung macht deutlich, dass es eine Fülle an möglichen, auf unterschiedlichen theologisch-biblischen Ebenen liegenden Begründungen für ein gemeinwesenorientiertes Handeln gibt. Brunn konzentriert sich auf *sieben wissenschaftliche Begründungsmodelle,* die auch als Bezugsrahmen einer theologischen Fundierung dessen, was unter Sozialraum(-orientierung) verstanden werden kann, dienen können:

- Die *Einheit von Liturgie und Diakonie.* Im Rekurs auf Barmen IV wird dem auf Herrschaft angelegten Amtsverständnis ein dienendes entgegengesetzt.

2018, 48. Konzeptionelle Versuche, mit dem Begriff der Sozialreligion den Wandel der Sozialgestalt von Kirche im Gemeinwesen in der Moderne zu beschreiben, fanden bisher keine nachhaltige Resonanz im theologischen Diskurs. Friedrich Fürstenberg hatte den Begriff der Sozialreligion zu Beginn der 80er Jahre in seinem Aufsatz „Der Trend zur Sozialreligion" aufgegriffen und bezeichnete als Sozialreligion sozial engagierte Glaubensformen, die die religiösen Traditionen und Weltanschauungen mit dem gesellschaftlichen Wandel, der aufkommenden Ökumene und modernem Sozialmanagement verbinden. Vgl. hierzu Fürstenberg, Friedrich: Die Zukunft der Sozialreligion, Konstanz 1999, 91; Wunder, Edgar: Religion in der postkonfessionellen Gesellschaft, Stuttgart 2005; siehe auch Jähnichen, Traugott: Von der „Inneren Mission" zur „Sozialreligion"? Kontroversen angesichts der Transformationen diakonischen Hilfehandelns, in: Zeitschrift für Evangelische Ethik (52) 2008, 243–248.

[8] Vgl. hierzu und im Folgenden Wegner, Gerhard: Nächstenliebe im Gemeinwesen. Theologische Perspektiven, in: epd-Dokumentation 39/2011, 6–19.
[9] Vgl. hierzu Rosa, Hartmut: Unverfügbarkeit, Wien / Salzburg 2018.
[10] Vgl. hierzu und im Folgenden Brunn, Frank Martin: Warum die kirchliche und diakonische Arbeit am Gemeinwesen orientieren? Eine Erörterung aus ekklesiologischer Perspektive, in: Dietz, Alexander / Höver, Hendrik (Hg.), Gemeinwesendiakonie und Unternehmensdiakonie, Berlin 2019, 30–54; Dietz, Alexander: Theologische Begründungen der Gemeinwesendiakonie, in: Dietz, Alexander / Höver, Hendrik, Gemeinwesendiakonie, 9–29.

- *„Wichern eins"* bis *„Wichern drei"*, das von der Idee der Inneren Mission her geprägt war, wobei mitzudenken ist, dass damals noch von einer wesentlichen Kongruenz von Quartier und Kirchengemeinde ausgegangen werden konnte.
- *Konvivenz*, ein Konzept, das auf Theo Sundermeier zurückgeht, der davon ausgeht, dass im Zusammenleben von Menschen in ihrer Diversität Vielfalt und Reichtum liegen. „Dieser entfaltet sich, wenn die Fremdheit des Anderen stehen gelassen und ausgehalten wird, ohne dabei die eigene Identität aufzugeben." Konvivenz meint folglich ein „einander helfen, voneinander lernen und miteinander feiern".
- *Compassion*, das den diakonischen Aspekt stärker betont und auf der Wahrnehmung von strukturell verursachtem Leid fußt und der Kompetenz, sich davon berühren zu lassen und schließlich in der Deutung dieser Erfahrung als Gottesbegegnung.
- *Inkarnation*: Ein Konzept, das einfordert, dass eine Orientierung an den Herausforderungen des Gemeinwesens zu den zentralen Aufgaben einer Kirchengemeinde gehört, deren Wahrnehmung sich auf die Kirchengemeinde positiv auswirkt.
- Einen *christologischen Ansatz* verfolgt der EKD-Text „Gott in der Stadt" (2007), in dessen Mittelpunkt das dreifache Amt Christi und der Auftrag der Kirche steht.

Die „Theologie des Mitseins", wie sie vom anglikanischen Theologen Samuel Wells skizziert wurde, scheint eine Klammer darstellen zu können, um den theologischen Ertrag der übrigen Ansätze unter der Perspektive „Kirche für und mit Anderen" für kirchliche und diakonische Belange zu bündeln.[11]

Im Zentrum seiner „Theologie des Mitseins" stehen für Wells vier Möglichkeiten, sich vom Schicksal, das einem widerfährt, berühren zu lassen. Zugrunde liegt das Bild vom barmherzigen Samariter, der einem auf der Straße liegenden hilfebedürftigen Menschen begegnet. Im folgenden Beispiel ein Obdachloser:

„Wir müssen diese Menschen von der Straße holen, ihnen eine Wohnung und eine Beschäftigung verschaffen, damit sie ihre Zeit sinnvoll nutzen können. Wir können dem Obdachlosen ein Sandwich, ein Getränk, Kleidung oder einen Handzettel mit Angeboten für Wohnungslose bringen.

Die zweite Möglichkeit ist: mit der obdachlosen Person sprechen, mit ihr klären, welche Möglichkeiten ihr offenstehen, wo es eine kostenlose ärztliche Behandlung und wo es Notunterkünfte gibt.

Die dritte Möglichkeit ist, sich einfach zu dem Obdachlosen zu setzen, Zeit mit ihm zu verbringen, sich seine Geschichte erzählen zu lassen. Dann ist die

---

[11] Vgl. hierzu und zum Folgenden Schroeder, Christoph: Das wichtigste Wort im christlichen Glauben. Samuel Wells' inspirierende Theologie des Mitseins, in: Deutsches Pfarrerblatt, Ausgabe 4 / 2019; ausführlich bei Wells, Samuel: A Nazareth Manifesto. Being with God, Chichester 2015.

obdachlose Person nicht länger das ‚Problem' und ich die ‚Lösung', sondern beide sind auf Augenhöhe.

Die vierte Möglichkeit ist, sich darüber aufzuregen, dass es so viele Obdachlose in London gibt, dies auf einem Blog zu beklagen und Geld zu spenden für Organisationen, die sich für Obdachlose einsetzen."[12]

Betrachtet man die vier Kategorien, die sich daraus unter theologischen Gesichtspunkten ableiten lassen, dann stellt man fest, dass diakonisches und kirchliches Handeln sich diesen vier Kategorien zuordnen lassen.

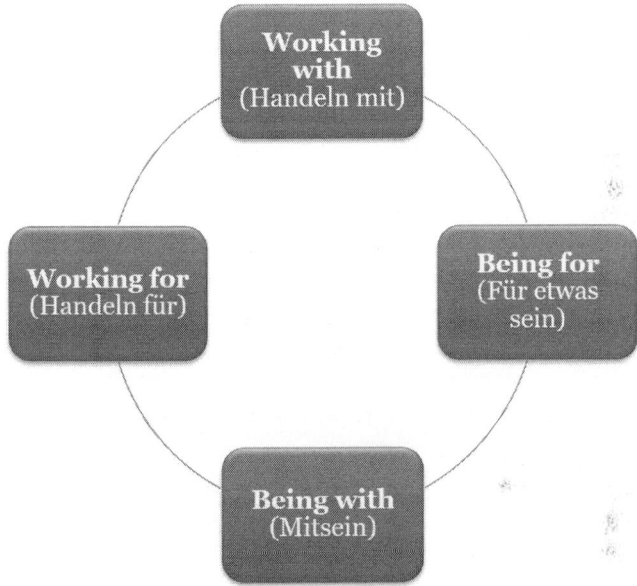

Vier Kategorien diakonischen Handelns nach Wells; eigene Darstellung

Von dieser Perspektive der unterschiedlichen Haltungen aus, mit denen Kirche und Diakonie Menschen begegnen, lässt sich in der Folge auch die Sozialraumorientierung diakonischen und kirchlichen Handelns näher beschreiben und deren Motivation theologisch begründen, wobei das Moment des Unverfügbaren – wie eingangs beschrieben – bzw. der Anverwandlung im Sinne eines Berührtseins, einen wesentlichen Fixpunkt bei der Betrachtung darstellt.

Mit der „Theologie des Mitseins" wurde ein Programm skizziert, das lohnenswert zu sein scheint, theologisch durchdekliniert zu werden, vor allem mit Blick auf den Ertrag für eine sozialraumorientierte, kirchliche und diakonische Praxis. Ulrich Lilie weist in seiner Skizze zu „Wichern IV bereits darauf hin, dass Wichern IV – Kirche und Diakonie mit anderen" bedeutet, „Netze zu knüpfen für

---

[12] Schroeder, Christoph: Das wichtigste Wort im christlichen Glauben. Deutsches Pfarrerblatt, Ausgabe 4 / 2019.

Menschlichkeit, Teilhabe aller und ein offenes demokratisches Gemeinwesen. Aus Glauben an die Kraft des Geistes Jesu Christi u n d gemeinsam mit den Menschen, die am Wohl und der Teilhabe aller Menschen in einer offenen und gerechten Welt mitwirken wollen."[13]

4. Der Sozialraum als zentrale Bezugsgröße künftigen kirchlichen und diakonischen Handelns

Zu den Stärken der Kirche gehört ihre Präsenz vor Ort. In den Stadtteilen und Dörfern gewinnt die Kirche ihr Gesicht: im Zusammenleben der Menschen, im Dialog mit denen, die dazugehören und denen, die (noch) in Distanz sind, im Wahrnehmen der Lebenswirklichkeiten in ihrer ganzen Vielfalt und im Bemühen darum, dass alle Menschen eine Chance auf Teilhabe am Leben bekommen.

Die Vor-Ort-Ebene des Sozialraums mit einer auf Resonanz zielenden Haltung des Mitseins neu zu entdecken, scheint für kirchlich-diakonisches Handeln zukunftsträchtig zu sein. Dem Sozialraum als zentrale Bezugsgröße und *Referenzpunkt der Nähe* kommt dabei eine besondere Bedeutung zu.

Die parochial verfasste Kirchengemeinde kann als *eine* Sozialgestalt von Kirche betrachtet werden. Sie stellt sozialräumliche Kontexte her: neben der Kommunikation des Evangeliums sind dies soziale Dienstleistungen und kulturelle Aktivitäten für den sozialen Nahbereich.

Die Bedeutung der Parochie als sozialbildende Akteurin im Sozialraum ist unbestritten. Jüngst hat eine Studie des Sozialwissenschaftlichen Instituts der EKD (SI) eindrücklich darauf hingewiesen, dass zivilgesellschaftliche Prinzipien wie Selbstorganisation oder Gemeinwohlorientierung in hohem Maße mit christlichen Überzeugungen vereinbar sind. Mit der großen Zahl an Ehrenamtlichen und der Verfügbarkeit gemeindlicher Strukturen besitzt die Kirche beste Voraussetzungen für einen aktiven Beitrag zur Sozialraumentwicklung. Und nicht zuletzt kann sich ein starkes zivilgesellschaftliches Engagement positiv auf die Außenwahrnehmung der Gemeinden auswirken und so dem Relevanzverlust von Kirche entgegenwirken.[14] Dabei stand die Frage im Zentrum der Untersuchung, wo der Ort der Kirche in einer zunehmend entkirchlichten Gesellschaft ist. Worin liegen ihre Aufgaben? Soll sie sich auf sich selbst und ihre Mitglieder beschränken oder sich dem Sozialraum öffnen? In sechs Fallstudien wurde diesen Fragen konkret nachgegangen. Kirchengemeindliche Akteure wie auch andere zivilgesellschaftlich aktive Menschen wurden zu ihren Beziehungen, Kooperationen, gegenseitigen Wahrnehmungen befragt. Die Ergebnisse zeigen

---

[13] Siehe hierzu Lilie, Ulrich: Sozialräume als Neue Evangelische Orte, in: Brennpunkt Gemeinde 6 (2019).

[14] Vgl. hierzu und im Folgenden Ohlendorf, David / Rebenstorf, Hilke: Überraschend offen. Kirchengemeinden in der Zivilgesellschaft, Leipzig 2019.

eine überraschende Offenheit sowohl der Kirchengemeinden gegenüber ihrer Umwelt als auch der Vereine, Initiativen, Gruppen, Kommunalpolitik u. a. gegenüber der Kirchengemeinde – überraschend, weil Kirche oftmals als altmodisch, unmodern etikettiert wird. Sie nimmt aber offensichtlich je nach konkreten Bedingungen vor Ort zentrale Funktionen für das Gemeinwesen wahr.

In den Kirchenmitgliedschaftsuntersuchungen der EKD wird eine eher geringe Bedeutung der religiösen Kommunikation bzw. der Kommunikation über Religion im eigenen Lebensumfeld als Form eigener religiöser Praxis offenbar.[15] Zugleich ist seit langem bekannt, dass der Einsatz für (sozial) Benachteiligte den höchsten Rang unter den Erwartungen (nicht nur) der Kirchenmitglieder an die Kirche einnimmt. Das diakonische Engagement im sozialen Nahbereich hat also eine enorme Bedeutung für die Relevanz von Kirche und letztlich auch für den Wirkradius religiöser Praxis.[16] Der „Nah Dran"-Studie des SI zufolge geben knapp die Hälfte der Befragten an, von diakonischen Einrichtungen vor Ort zu wissen. Diese Kenntnis ist überwiegend an den eigenen Kontakt gebunden. An erster Stelle der offenen Nennungen stehen Pflegedienste inklusive der konkreten Bezeichnung Diakonie-Sozialstation. Dies entspricht der häufigsten spontanen Assoziation zur Diakonie als Pflegedienst. Darüber hinaus zählen allerdings auch Einrichtungen der Sozialarbeit zu den meist genannten, was mit den zuvor nachgefragten sozial engagierten Organisationen vor Ort zu tun haben könnte.

Den Sozialraum in seiner Vielfalt wahrzunehmen, den sozialräumlichen Horizont kirchlichen und diakonischen Handelns gemeinwesenorientiert zu weiten, stellen Perspektiven dar, die nachfolgend erörtert werden.

5. Herausforderungen und Perspektiven

Außer der Notwendigkeit einer Theologie des Sozialraums sind es folgende Aspekte, die für den weiteren Diskurs als hilfreich angesehen werden können.

---

[15] Zuletzt nachgewiesen in der V. Kirchenmitgliedschaftsuntersuchung der EKD. Bedford-Strohm, Heinrich / Jung, Volker (Hg.): Vernetzte Vielfalt. Kirche angesichts von Individualisierung und Säkularisierung. Die fünfte EKD-Erhebung über Kirchenmitgliedschaft, Gütersloh 2015.

[16] Vgl. hierzu und im Folgenden Ahrens, Petra-Angela: Nah dran? Diakonie aus Sicht der Bevölkerung – Trends und neue Perspektiven aus einer bundesweiten Repräsentativbefragung, SI-KOMPAKT 2/2018.

5.1 Pluralität von Kirche und Diakonie im Sozialraum[17]

Die Parochie kann als eine sozialräumliche Gestalt im Gemeinwesen angesehen werden. Andere Formen von Gemeinden und christlichen Sozialformen im Sozialraum gilt es wahrzunehmen und unter dem Gesichtspunkt der Kommunikation des Evangeliums und deren Beitrag dazu als gleichrangig wertzuschätzen.[18]

Um das Diakonische im parochialen Raum besser wahrzunehmen, bietet es sich an, die bisherige explorative „Nah-Dran"-Studie des SI der EKD zu weiten und eine repräsentative Studie durchzuführen. Insbesondere die fünf bisher sichtbaren zivilgesellschaftlichen Funktionen der Parochie im Sozialraum verdienen einer substantiierten Grundlage.

5.2 Handlungsfeld „Gemeinwesendiakonie"

Gemeinwesendiakonie beschreibt „eine Gestalt kirchlich-diakonischer Arbeit, die von Kirchengemeinden und Kirchenkreisen, von diakonischen Diensten und Einrichtungen gemeinsam getragen wird und in der mit weiteren Akteuren kooperiert wird. Sie nimmt den Stadtteil in den Blick, orientiert sich an den Lebenslagen der Stadtteilbewohner und öffnet sich so zum Gemeinwesen hin. Ein gemeinsames Handeln von verfasster Kirche und organisierter Diakonie setzt eine strategische Zusammenarbeit voraus, um Klienten-, Mitglieder- und Gemeinwesen-orientierung in Balance zu bringen."[19]

Aus der Perspektive der Diakonie bedeutet der gemeinwesendiakonische Ansatz eine sozialräumliche Weiterentwicklung ihrer jeweiligen Arbeitsfelder. Aus der Perspektive der Kirchengemeinde bezeichnet gemeinwesendiakonisches Engagement eine Perspektive der Gemeindearbeit, die sich dezidiert sozialraumorientiert ausrichtet. Vielfach kann man allerdings den Eindruck gewinnen, dass durch die Ausdifferenzierung der Arbeitsfelder in den zurückliegenden fünf Jahrzehnten das gemeinwesendiakonische Engagement im kirchengemeindlichen Kontext ein eher stiefmütterliches Dasein fristet.

Das Handlungsfeld Gemeinwesendiakonie bietet Potential für künftiges kirchliches und diakonisches Handeln. Erforderlich scheint hierfür allerdings eine „Strategie Gemeinwesendiakonie", verstanden als Ausdruck einer gemeinsamen kirchlich-diakonischen Sozialraumorientierung. Kennzeichnend für eine solche Strategie könnte sein, dass das Handeln gemeinwesenorientiert ausge-

---

[17] Vgl. zur Pluralitätsfähigkeit von Kirche auch Hörsch, Daniel: Kirche im Zeichen des gesellschaftlichen Wandels. Plädoyer für eine pluralitätsfähige Kirche, Studienbrief G7, in: Brennpunkt 3 (2019).

[18] Vgl. ausführlich Berneburg, Erhard / Hörsch, Daniel: Atlas neue Gemeindeformen, Berlin 2019 sowie den midi-Atlas unter www.mi-di.de/atlas (abgerufen am 23.4.2022).

[19] Horstmann, Martin / Neuhausen, Elke: Mutig mittendrin. Gemeinwesendiakonie in Deutschland. Eine Studie des Sozialwissenschaftlichen Instituts der EKD, Münster 2010, 5.

richtet, kooperativer Natur und querschnittsförmig ist, und es sowohl von einem helfend fürsorglichen, seelsorgerlich-anwaltlichen wie auch einem verstärkt solidarisch-partizipativen und gemeinschaftlichen Verständnis ausgeht.

5.3   Das Konzept „Sorgende Gemeinde"

Hintergrund des Konzepts „Sorgende Gemeinde" stellt der aktuelle Siebte Altenbericht der Bundesregierung dar. Dessen Thema lautet: „Sorge und Mitverantwortung in der Kommune – Aufbau und Sicherung zukunftsfähiger Gemeinschaften".[20] Für die Kirche hat er aus mindestens drei Gründen eine besondere Bedeutung. Zum einen greift der Siebte Altenbericht ein Themenfeld auf, das der Kirche besonders naheliegt. Sich um die Nächsten zu sorgen und Mitverantwortung zu übernehmen gehört neben der Wortverkündigung zur Identität der christlichen Gemeinde. Zum zweiten geht es um die Bedeutung der Kirchengemeinden in der Kommune. Indem der Altenbericht die Kommunen als die Orte benennt, an denen die Gestaltung von Wohlfahrt zu definieren und das füreinander Sorgen zu organisieren ist, geraten Kirchengemeinden neu in den Fokus.

Drittens ergeben sich aus den Impulsen des Altenberichts auch für die Kirchengemeinden selbst Chancen zur Neuorientierung und Erneuerung. Gemeinden, die sich für die Menschen in ihrem Stadtteil oder Dorf öffnen und mithelfen, Sorgestrukturen zu entwickeln, werden sichtbar, erfahren Akzeptanz und Zustimmung auch bei Nichtmitgliedern. Sie erarbeiten sich neue Kompetenzen und wirken motivierend und einladend auf Menschen, die sich ehrenamtlich engagieren möchten. Auch eröffnen sich ihnen durch eine enge(re) Zusammenarbeit mit diakonischen Fachstellen neue Möglichkeiten. Die Evangelische Arbeitsgemeinschaft für Altenarbeit in der EKD (EAfA) hat das Thema des Altenberichts mit dem Projekt „Sorgende Gemeinde werden" schon früh aufgegriffen und auf die Herausforderungen und Chancen für die Kirchengemeinden hingewiesen. Zwischenzeitlich liegt ein umfassendes Werkheft hierzu vor, das Kirchengemeinden, Kirchenbezirke, Kirchenkreise und Dekanate anregen soll, sich darüber zu verständigen, welchen Beitrag sie in den Stadtteilen und Dörfern leisten können und wollen, um zukunftsfähige Gemeinschaften zu schaffen und zu erhalten.[21]

Das Konzept „Sorgende Gemeinde" über das Feld der Altenarbeit hinaus als gemeinwesenorientierten Ansatz kirchlichen und diakonischen Handelns im So-

---

[20] www.siebter-altenbericht.de/fileadmin/altenbericht/pdf/Der_Siebte_Altenbericht.pdf (abgerufen am 23.4.2022).
[21] Evangelische Arbeitsgemeinschaft für Altenarbeit in der EKD (EAfA) (Hg.): Werkheft „Sorgende Gemeinde". Grundlagen, Konzepte, Material, Hannover 2016, www.ekd.de/eafa/sorgende_gemeinde_werkheft.html (abgerufen am 23.4.2022).

zialraum zu begreifen, scheint neue Perspektiven zu eröffnen, die es vor Ort zu erörtern und vor allem zu erproben gilt.

5.4 Sozialraumorientierung als Einladung zum Paradigmenwechsel: von der parochialen Komfortzone zur Gemeinwesenorientierung

Es liegt nahe, dass Kirchengemeinden und diakonische Organisationen wegen ihrer regionalen Verankerung und Vernetzung für die Sozialraumorientierung eine große Bedeutung haben. Kirchenräume sind „Orte gebauten Transzendenzbezuges" im Zentrum von Stadtvierteln oder Dörfern.[22]

Exemplarisch wurden in einem ökumenischen Modellprojekt „Kirche findet Stadt" 36 Initiativen dokumentiert, um zu zeigen, wie kirchliche Potenziale vor Ort für das Gemeinwesen fruchtbar werden können und welche Früchte dieses Engagement für Kirchengemeinden trägt. Zu den Projekten gehören Stadtteilzentren, Mehrgenerationenhäuser, Bürgerhäuser, Kulturzentren etc.

Allerdings zeigen die Erfahrungen mit den Projekten auch, dass Kirchengemeinden bisher ihre Rolle in der Zivilgesellschaft nur zögerlich wahrnehmen und die Kooperationen und Netzwerke noch ausbaufähig sind. Wenn Kirchengemeinden bereit sind, sich in den gesellschaftlichen Prozess einzubringen, in dem Subsidiarität neugestaltet und Zivilgesellschaft miteinander gelebt wird, wird das vielfältige Formen annehmen – je nach Bedarfslage im Quartier. Um diese Bedarfslage und die Möglichkeiten zu erkennen, stehen verschiedene Formen der Sozialraumanalyse zur Verfügung, durch die sowohl die Problemlagen im Quartier als auch potenzielle Kooperationspartner wahrgenommen und Strategien entwickelt werden. Sozialräumliches Denken fordert von Kirchengemeinden und diakonischen Organisationen die Bereitschaft zur Kooperation und eine neue Kultur der Zusammenarbeit. Von den unmittelbar Beteiligten wird erwartet, sich auf unterschiedliche Denkweisen, Entscheidungssysteme und Interessen einzulassen. Von den Gemeinden fordert Sozialraumorientierung die Bereitschaft, nicht nur religiöse Interessen der Kerngemeinde in das Zentrum der eigenen Aktivitäten zu stellen. Es gilt zugleich, die Belange und Bedarfe der Menschen in dem Quartier, in dem sich die Kirchengemeinde befindet, wahrzunehmen und als „Salz der Erde" das Gemeinwesen mitgestalten zu wollen.

5.5 Caring Communities

Eng verknüpft mit dem Konzept der Sorgenden Gemeinde ist das Konzept der Caring Communities. Wenn Gemeinden heute wieder Caring Communities wer-

---

[22] Vgl. hierzu und im Folgenden Hofmann, Beate: Perspektiven für das Zusammenwirken von Kirche und Diakonie, in: Werkheft „Sorgende Gemeinde", 24–27, hier: 25.

den wollen, müssen sie umdenken: Es geht darum, die Ressourcen – also auch die Gemeindehäuser und das Bauland – so zu nutzen, dass sie dem gesamten Gemeinwesen dienen. Mit dem Umbau von Kirchen, dem Bau von Mehrgenerationenhäusern zum Beispiel. Es geht aber auch darum, Gemeinde als Gemeinschaft der Verschiedenen zu begreifen und schließlich, die informelle Care- und Fürsorgearbeit endlich in gleicher Weise anzuerkennen wie Erwerbsarbeit und soziale Dienstleistungen, die sich „rechnen lassen".[23] Das Konzept der Caring Communities steckt ebenfalls – bezogen auf das diakonische und kirchliche Handeln – in den Kinderschuhen. Hier dürften künftig erhebliche Potentiale für eine nachhaltige Sozialraumorientierung liegen.

5.6 Der Sozialraum aus der Netzwerkperspektive

Mit der V. Kirchenmitgliedschaftsuntersuchung hat die EKD Potentiale von Netzwerken der Gelegenheiten für die kirchliche Praxis sichtbar machen können. Die Kirchengemeinde konnte in ihrer netzwerkartigen Struktur wahrgenommen werden.[24] Vor dem Hintergrund, dass durch die Netzwerkperspektive der polyzentrische und polyperiphere Charakter von Kirchengemeinden in den Blick geraten ist, wird in der VI. Kirchenmitgliedschaftsuntersuchung nicht nur die Netzwerkperspektive und -analyse in gewisser Weise fortgeschrieben. Vielmehr wird sie ergänzt um kontextübergreifende Verbindungen im Sozialraum, um so für kirchliches und diakonisches Handeln von Nutzen sein zu können.

Literatur

Ahrens, Petra-Angela / Wegner, Gerhard: Lebensstile – Sozialstrukturen – kirchliche Angebote, Stuttgart 2013.
Ahrens, Petra-Angela: Nah dran? Diakonie aus Sicht der Bevölkerung – Trends und neue Perspektiven aus einer bundesweiten Repräsentativbefragung, SI-KOMPAKT 2/2018.
Bedford-Strohm, Heinrich / Jung, Volker (Hg.): Vernetzte Vielfalt. Kirche angesichts von Individualisierung und Säkularisierung. Die fünfte EKD-Erhebung über Kirchenmitgliedschaft, Gütersloh 2015.
Benedict, Hans-Jürgen: Gemeinwesenorientierte Diakonie, in: Herrmann, Volker / Horstmann, Martin (Hg.), Wichern drei – gemeinwesendiakonische Impulse, Neukirchen 2010.
Berneburg, Erhard / Hörsch, Daniel: Atlas neue Gemeindeformen, Berlin 2019 sowie den midi-Atlas unter www.mi-di.de/atlas (abgerufen am 23.4.2022).

---

[23] Coenen-Marx, Cornelia: Sorgende Gemeinde werden. Eine diakonisch-theologische Reflektion, in: Werkheft „Sorgende Gemeinde", 20–23.
[24] Ausführlich hierzu Roleder, Felix / Weyel, Birgit: Vernetzte Kirchengemeinde. Analysen zur Netzwerkerhebung der V. Kirchenmitgliedschaftsuntersuchung der EKD, Leipzig 2019; Roleder, Felix: Die relationale Gestalt von Kirche. Der Beitrag der Netzwerkforschung zur Kirchentheorie, Stuttgart 2020; Hörsch, Daniel / Pompe, Hans-Hermann: Kirche aus der Netzwerkperspektive. Metapher, Methode, Vergemeinschaftungsform, Leipzig 2018.

Brunn, Frank Martin: Warum die kirchliche und diakonische Arbeit am Gemeinwesen orientieren? Eine Erörterung aus ekklesiologischer Perspektive, in: Dietz, Alexander / Höver, Hendrik (Hg.), Gemeinwesendiakonie und Unternehmensdiakonie, Berlin 2019, 30–54.

Coenen-Marx, Cornelia: Sorgende Gemeinde werden. Eine diakonisch-theologische Reflektion, in: Werkheft „Sorgende Gemeinde", 20–23.

Deutscher Caritasverband (Hg.): Erkenntnisse aus dem Projekt „Gemeinsam aktiv im Sozialraum". Sozialraumorientierung in der Caritas, Freiburg 2017.

Deutsches Zentrum für Altersfragen (DZA) (Hg.): Der Siebte Altenbericht der Bundesregierung, https://www.siebter-altenbericht.de/fileadmin/altenbericht/pdf/Der_Siebte_Altenbericht.pdf (abgerufen am 23.4.2022).

Dieckbreder, Frank / Dieckbreder-Vedder, Sarah (Hg.): Das Konzept Sozialraum: Vielfalt, Bescheidenheit und Begegnung, Göttingen 2016.

Dietz, Alexander: Theologische Begründungen der Gemeinwesendiakonie, in: Dietz, Alexander / Höver, Hendrik, Gemeinwesendiakonie, 9–29.

Diözese Rottenburg-Stuttgart: Den Sozialraum wahrnehmen. Impulse für die Kirche am Ort, hrsg. vom Bischöflichen Ordinariat, Hauptabteilung IV – Pastorale Konzeption der Diözese Rottenburg-Stuttgart, Rottenburg 2016.

Düchting, Frank: Kirche auf Raumpatrouille. Sozialraum und Gemeinwesendiakonie in der kirchlichen Diskussion, in: Zeitschrift für sozialistische Politik im Bildungs-, Gesundheits- und Sozialbereich, 36 (140), 65–76.

Eidt, Ellen / Schulz, Claudia: Kirche im Dorf. Die Sozialraumanalyse als Entwicklungsinstrument für Kirchengemeinden in strukturschwachen Räumen, in: Deutsches Pfarrblatt 4/2014.

EKD-Kirchenamt: Geht hin – Sozialraum- und Gemeinweseorientierung der Kirche auf dem Land: 4. Land-Kirchen-Konferenz der EKD, 20. bis 22. September 2018, Evangelisches Bildungs- und Tagungszentrum Bad Alexandersbad, epd-Dokumentation Nr. 14, 2019.

Evangelische Arbeitsgemeinschaft für Altenarbeit in der EKD (EAfA) (Hg.): Werkheft „Sorgende Gemeinde". Grundlagen, Konzepte, Material, Hannover 2016, https:// www.ekd.de/eafa/sorgende_gemeinde_werkheft.html (abgerufen am 23.4.2022).

Faix, Tobias / Reimer, Johannes (Hg.): Die Welt verstehen. Kontextanalyse als Sehhilfe für die Gemeinde, Marburg 2012.

Fürstenberg, Friedrich: Die Zukunft der Sozialreligion, Konstanz 1999.

Grethlein, Christian: Kirchentheorie. Kommunikation des Evangeliums im Kontext, Berlin 2018, 163–185.

Hauschild, Eberhardt / Pohl-Patalong, Uta: Kirche, Gütersloh 2018.

Hinte, Wolfgang u. a.: Grundlagen und Standards der Gemeinwesenarbeit. Ein Reader zu Entwicklungslinien und Perspektiven, Stuttgart 2011.

Hoffmann, Lothar / Schramm, Steffen: Leitfaden Sozialraumorientierung. Erkundungsraster eines Wohnortes zur Erfassung von Informationen für kirchliche Arbeit, hrsg. vom Institut für kirchliche Fortbildung der Ev. Kirche in der Pfalz, http://www.evpfalz.de/zentrum_typo3/fileadmin/user_upload/institut/Butenschoen_Campus/Gemeinde_geht_weiter/M_2_Erkundungsraster_Sozialraum.pdf (abgerufen am 23.4.2022).

Hofmann, Beate: Perspektiven für das Zusammenwirken von Kirche und Diakonie, in: Werkheft „Sorgende Gemeinde", 24–27.

Hörsch, Daniel / Pompe, Hans-Hermann: Kirche aus der Netzwerkperspektive. Metapher, Methode, Vergemeinschaftungsform, Leipzig 2018.

Hörsch, Daniel: Kirche im Zeichen des gesellschaftlichen Wandels. Plädoyer für eine pluralitätsfähige Kirche, Studienbrief G7, in: Brennpunkt 3 (2019).

Horstmann, Martin / Neuhausen, Elke: Mutig mittendrin. Gemeinwesendiakonie in Deutschland. Eine Studie des Sozialwissenschaftlichen Instituts der EKD, Münster 2010.

Jähnichen, Traugott: Von der „Inneren Mission" zur „Sozialreligion"? Kontroversen angesichts der Transformationen diakonischen Hilfehandelns, in: Zeitschrift für Evangelische Ethik (52) 2008, 243–248.

Kessl, Fabian / Reutlinger, Christian: Sozialraum. Eine Einführung, Wiesbaden 2010.

Kirche findet Stadt (Hg.): Kirche als Akteur in der Stadt- und Quartiersentwicklung in Nordrhein-Westfalen – Potenziale und Strategien für zukunftsfähige Quartiere, Berlin 2013.

Lilie, Ulrich: Sozialräume als Neue Evangelische Orte, in: Brennpunkt Gemeinde 6 (2019).

Lilie, Ulrich / Loheide, Maria: Art. Sozialraumorientierung in: Friedrich, Norbert u. a. (Hg.), Diakonie-Lexikon, Göttingen 2016, 411–414.

Lösch, Martin, Prinzipien sozialräumlicher Pastoral, http://www.futur2.org/article/prinzipien-sozialraeumlicher-pastoral/ (abgerufen am 23.4.2022).

Löw, Martina: Raumsoziologie, Frankfurt 2011.

Noack, Michael (Hg.): Empirie der Sozialraumorientierung, Weinheim / Basel 2016.

Noack, Michael: Kompendium Sozialraumorientierung. Geschichte, theoretische Grundlagen, Methoden und kritische Positionen, Weinheim / Basel 2015.

Ohlendorf, David / Rebenstorf, Hilke: Überraschend offen. Kirchengemeinden in der Zivilgesellschaft, Leipzig 2019.

Pastorale Dienststelle des Erzbistum Hamburg: Sozialräumliche Orientierung im pastoralen Raum. Vortragsfolien der Abteilung Pastorale Dienststelle des Erzbistum Hamburg, http://www.katholische-kirche-neubrandenburg.de/fileadmin/KaKiNB/data/2017/Praesentation_patoraler-Raum_Nbg-Stav-Friedl_2017-01-21.pdf (abgerufen am 23.4.2022).

Pohl-Patalong, Uta: „Kirchliche Orte". Ein Zukunftsmodell der Kirche angesichts der aktuellen Herausforderungen, in: Diakonia 50 (2019), 119–126.

Roleder, Felix / Weyel, Birgit: Vernetzte Kirchengemeinde. Analysen zur Netzwerkerhebung der V. Kirchenmitgliedschaftsuntersuchung der EKD, Leipzig 2019.

Roleder, Felix: Die relationale Gestalt von Kirche. Der Beitrag der Netzwerkforschung zur Kirchentheorie, Stuttgart 2020.

Rosa, Hartmut: Unverfügbarkeit, Wien / Salzburg 2018.

Schroeder, Christoph: Das wichtigste Wort im christlichen Glauben. Samuel Wells' inspirierende Theologie des Mitseins, in: Deutsches Pfarrerblatt, Ausgabe 4 / 2019.

Schroer, Markus: Räume, Orte, Grenzen. Auf dem Weg zu einer Soziologie des Raumes, Frankfurt 2006, 47–60.

Störkle, Mario u. a. (Hg.): Sozialräumliche Entwicklungsprozesse in Quartier, Stadt, Gemeinde und Region, Luzern 2016.

Wegner, Gerhard: Nächstenliebe im Gemeinwesen. Theologische Perspektiven, in: epd-Dokumentation 39/2011, 6–19.

Wegner, Gerhard: Religiöse Ressourcen in der Zivilgesellschaft. Die Neuentdeckung des Sozialraums, in: Wegner, Gerhard, Wirksame Kirche. Sozio-theologische Studien, Leipzig 2019, 297–333.

Wells, Samuel: A Nazareth Manifesto. Being with God, Chichester 2015.

Widersprüche Redaktion (Hg.): Sozialraum ist die Antwort – was war nochmals die Frage? Widersprüche, Heft 135 (2015).

Wunder, Edgar: Religion in der postkonfessionellen Gesellschaft, Stuttgart 2005.

Frank Dieckbreder

Sozialraum als diakonische Bezugsgröße

1. Einleitung

Diakonie ist die Soziale Arbeit der evangelischen Kirchen und Sozialraum ein Paradigma der Sozialen Arbeit. Angesichts dieser einfachen Feststellungen ist das gegenseitige Bezogen-Sein also immer dann im Spiel, wenn Soziale Arbeit diakonisch zur Anwendung kommt. Damit Soziale Arbeit diakonisch ins Spiel kommt, sind Bezugsräume notwendig, die sowohl diakonisch als auch sozialarbeiterisch relevant sind. Es gilt also zu fragen: Um welche Räume handelt es sich, wenn Soziale Arbeit und Diakonie zusammentreffen?

Um diese Frage beantworten zu können, bedarf es zunächst einer Klärung des Raumbegriffs. Dies deshalb, weil Raum als Begriff eine ganze Reihe möglicher Assoziationen zulässt, die besonders in Wortkombinationen Wirkung entfalten. Raum an sich und ohne zweites Hauptwort mag ein schlichtes Synonym für Zimmer sein, also ein Würfel mit Löchern für Tür und Fenster. Ganz andere Bilder entstehen, wenn vom Weltraum die Rede ist, mit dem ja nicht die Welt, sondern die *unendlichen Weiten* jenseits von dieser gedanklich so verknüpft werden, als befände sich die Welt in einem Zimmer der Unendlichkeit. Ebenso abstrakt wird es, wenn Raum hinter Zeit zum Zeitraum zusammengeschoben wird und daraus die Kombination des substanzlosen Fluidums der Zeit und der Physis des Raums entsteht. Bei einer solchen Wortvereinigung scheint geradezu eine Sehnsucht erkennbar, dem Wissen um die eigene zeitliche Begrenztheit und der Überforderung bei der Vorstellung von zeitlicher und räumlicher Unendlichkeit der Angelegenheit erst recht einen physischen und daher überschaubaren Bezugsrahmen zu geben, indem die Zeit in einen Raum gesteckt wird.

Um Bezüge zwischen Diakonie und Sozialer Arbeit herzustellen, bedarf es eines Raums, der mit etwas anderem als Zeit gefüllt ist, nämlich mit Menschen. Ein solcher Raum kann dann qua Bedeutung des Wortes Sozial als Sozialraum bezeichnet werden.

Doch so einfach ist es dann doch nicht, denn das Wort Sozial hat eine vergleichbare Nicht-Konsistenz wie Zeit. Sozial lässt sich nicht anfassen. Wohl aber kann das Soziale emotional erlebt und über dieses Erleben dann in bestimmten Situationen auch körperlich gespürt werden. Sozial ist, entgegen der landläufigen Annahme, nicht das Gute, sondern schlicht auf alles bezogen, was Menschen im Plural betrifft. Das physische Erleben des Sozialen ist sowohl der Kuss als auch der Fausthieb. Sozial ist ferner bereits das Wissen mindestens zweier Menschen voneinander; unabhängig von Zeit und Raum, wobei für die Wechselwirkung die Lebendigkeit beider Voraussetzung ist. Es ist diese Gemengelage, der das Wort Raum hinzugestellt wird, um Sozialraum als abstrakte Größe für etwas Konkretes entstehen zu lassen.

Was dieses Konkrete ist, hat (noch) keine feste, respektive einheitliche Definition erfahren. Je nach Kontext werden unterschiedliche Deutungshoheiten beansprucht. Ein wesentliches theoretisches Denkmodell ist der Erfahrungs-, respektive Verhaltensraum. Prominent ist hier der Ansatz von Wolfgang Hinte[1] zu nennen, der in zahlreichen Beispielen beschreibt, wie sich Menschen ihre Umwelt aneignen und z. B. beim Bäcker immer wieder denselben Leuten begegnen, wobei der Weg zum Bäcker bereits Teil des Bewegungs- und somit Begegnungssozialraums ist. Deshalb wird hier als Deutung des Sozialraumbegriffs davon ausgegangen, dass ein einzelner Mensch die persönliche Innenwelt mit dem verknüpft, was und wer die Person umgibt.

Aus einem stark in der Gemeinwesenarbeit verhafteten Ansatz,[2] in dem zugleich Modelle wie Empowerment einbezogen sind, gehen Vorstellungen über den Begriff Sozialraum hervor, in denen kulturelle Aneignungen letztlich zur bewussten (Mit-)Gestaltung gesellschaftlicher Zusammenhänge führen. Sozialraum wird hier also als das Engagement mehrerer Menschen für das sie Betreffende verstanden. Dabei kann es sich sowohl um Nahräume handeln, wie z. B. das Verhindern eines Bahnhof-Bauprojektes in Stuttgart, als auch um globale Angelegenheiten, wie es beispielsweise beim Thema Klimaschutz mit der Fridays for Future-Bewegung der Fall ist.

Diese beiden, hier nur sehr grob skizzierten und in viele Einzelteile und Besonderheiten weiter ausdifferenzierbaren Linien von Sozialraumerklärungen, die bei bestimmten Aspekten untereinander nicht stringent trennscharf darzustellen sind, unterscheiden sich substanziell von einer dritten Deutung des Begriffs Sozialraum, der im Politischen und (Kommunal-)Administrativen zur Anwendung kommt. Sozusagen von außen wird hierbei als stadtplanerische Größe Gebieten unterstellt, ein Sozialraum zu sein. Dadurch entsteht ein letztlich der Willkür unterlegenes Synonym zwischen Sozialraum und Quartier, das als Denkhorizont wesentlich dadurch geprägt ist, dass Menschen bei dieser Annahme ihre Sozialräume nicht selbst konstituieren, sondern diesen zugeordnet werden.

Somit lässt sich festhalten, dass es hinsichtlich des Paradigmas des Sozialraums zwei wesentliche Linien gibt; zum einen, vornehmlich im Kontext von so-

---

[1] Z. B. Fürst, Roland / Hinte, Wolfgang (Hg.): Sozialraumorientierung 4.0 – Das Fachkonzept: Prinzipien, Prozesse & Perspektiven, Wien 2020.
[2] Z. B. Oelschlägel, Dieter: Zur Aktivierung bürgerschaftlichen Engagements im Rahmen von Kommunalpolitik und Kommunalverwaltung. Einige Anmerkungen aus dem Blickwinkel der Gemeinwesenarbeit, in: Hinte, Wolfgang u. a., Grundlagen und Standards der Gemeinwesenarbeit – Ein Reader zu Entwicklungslinien und Perspektiven, Weinheim / München 2011, 177–190.

zialwissenschaftlicher Theorie, vom menschlichen Innen auf das umweltliche Außen verweisend, zum anderen, als Verwaltungsakt, vom Außen auf das Innen schließend. Analog hierzu kann konstatiert werden, dass beim sozialwissenschaftlichen Paradigma auf die Lebenswelt (Thiersch), also die eigene Erfahrung von Menschen fokussiert wird, indes mit dem Verwaltungsparadigma über die (gemeinhin ökonomische) Lebenslage (Sozialer Brennpunkt, Villenviertel) Menschen zugeordnet werden.

Die Frage lautet nun: Was folgt aus diesen unterschiedlichen Deutungen, wenn Diakonie als Bezugsgröße zu Sozialraum angenommen wird?

2. Sozialräume und Diakonie

Noch einmal die Frage: Was folgt aus diesen unterschiedlichen Deutungen, wenn Diakonie als Bezugsgröße zu Sozialraum angenommen wird?

Bei der Beantwortung dieser Frage sind, je nach Perspektive, beide Sozialraumdeutungspositionen einnehmbar. Auf der Ebene sozialwissenschaftlicher Theorie könnte Diakonie aus seiner altgriechischen Bedeutung διακονία „diakonía" als Dienst übernommen werden, weil diesem Dienst gemeinhin der (semantisch und inhaltlich gruselige) Zusatz „am Menschen" zugeschrieben wird. Auf einen ersten Blick spricht also viel dafür, dass Diakonie Beziehung zum und zwischen Menschen bedeutet und sich damit bei Bedarf in die Reihe der Leute einordnen lässt, die jemand beim Bäcker oder auf dem Weg dorthin trifft.

Nun lässt sich aber ein Dienst nicht treten, weil dieser davon abhängig ist, dass Menschen ihn tun. Die sozialräumliche Dimension ist somit schlicht die der Begegnung in einem bestimmten Kontext, der seine Bedeutung über Erwartungen an diesen erfährt. Dabei sind sich Bäckereien und Diakonie durchaus ähnlich, weil auch beim Bäcker eine Erwartung ausschlaggebend für die Begegnung ist. Beim Bäcker mag diese Erwartung darin bestehen, dort Brötchen usw. erwerben zu können. Doch was ist die Erwartung bei der Begegnung mit Menschen, die für die Diakonie tätig sind?

Mit Blick auf die verschiedenen Deutungen des Sozialraumbegriffs sind in diesem Zusammenhang die Deutungshoheiten zu beachten. Aus einer sozialdiakonischen Perspektive sind a priori und deshalb reflexhaft die oben skizzierten sozialtheoretischen Grundlagen als Erwartungshaltung anzunehmen. Gemeint sind dabei jedoch ausschließlich die Erwartungshaltungen derjenigen, die sozial-diakonische Arbeit als Adressat*innen betrifft. Die alte Frau, die zur Aufrechterhaltung ihrer Selbstständigkeit Unterstützung bei der Bewältigung ihres Alltags benötigt, erwartet nicht lediglich, dass jemand kommt und diese Unterstützung leistet. Sie erwartet zudem, dass eine bestimmte Person kommt, um diese Unterstützung zu leisten. Denn es geht um mehr als die Erledigung von Aufgaben, es geht um Beziehung, Vertrauen und darin und deshalb um die Erwartung der Erwartbarkeit.

Tatsächlich ist die Umsetzung zum Beispiel des Fachkonzepts Sozialraumorientierung (Hinte) und dem dahinterliegenden Methodenkoffer in vielen Punkten davon abhängig, dass sich Erbringende sozial-diakonischer Leistungen und die Adressat*innen dieser kennen; so gut kennen, dass die unterstützende Person überhaupt weiß, worin der individuelle Unterstützungsbedarf besteht (und nicht besteht – Empowerment!) und sich die adressierte Person auf die Unterstützung einlassen kann. Erst wenn diese Voraussetzung gegeben ist, entfaltet sich in der Beziehung eine sozialräumliche Dimension, die über eine flüchtige Begegnung beim Bäcker hinausweist.

Auf der Ebene der kommunalen Sozialraumdeutung ist die Erwartung weitgehend losgelöst von konkreten Personen angelegt. In diesem Zusammenhang wird auf der Basis von Daten angenommen, dass in einem Stadtteil z. B. viele Menschen mit einem hohen Alter leben und deshalb davon auszugehen ist, dass ein gewisser Versorgungsbedarf besteht. Auf dieser Ebene ist es lediglich wichtig, dass Versorgung gemäß den gesetzlich vorgeschriebenen Qualitätsmaßstäben sichergestellt wird. Wer (Person) diese letztlich übernimmt, spielt hierbei keine Rolle. Somit spielt es auch keine Rolle, ob die Unterstützungsleistung diakonisch oder anders motiviert erbracht wird.

Mit diesen Überlegungen bleibt in letzter Konsequenz festzuhalten, dass es der im Beispiel genannten alten Frau wichtig sein kann, dass die Person, die zu ihr kommt, einen christlichen Background hat. Es kann aber auch sein, dass ihr dies egal ist und sie schlicht Diakonie mit der Institution Kirche assoziiert und dieser, der Situation hinsichtlich Kirchenaustritten und Skandalen zum Trotz unterstellt, für „das Gute" zu stehen. In der Kommune wird ein sozial-diakonischer Dienst als ein Anbieter von Dienstleistungen unter anderen Dienstleistern verstanden, dessen Weltanschauung, solange sie rechtskonform ist, keine Bedeutung hat. Was also bleibt, ist eine Diakonie, die in zwei wesentlichen Sozialraumdeutungen mit unterschiedlichen Erwartungen agiert (agieren muss), indes sie sich ihren diakonischen Anspruch darin selbst zu geben hat. Sie kann weder von Adressat*innen, noch von administrativer Seite Diakonie erwarten, doch sie muss damit umgehen, dass diese von ihr erwartet wird. Bleibt zu fragen, was eigentlich Erwartungen an Diakonie sind?

3. Sozialräumliche Erwartungen an Diakonie

Zunächst ein Intermezzo:
Bevor die Frage aus dem vorangegangenen Kapitel beantwortet werden kann, ist zunächst klarzustellen, dass, um den Rahmen dieses Artikels einzuhalten, hier von der sogenannten Unternehmerischen Diakonie ausgegangen wird. Gemeint sind also eigenständige diakonische Organisationen wie Stiftungen und Vereine sowie auch Diakonische Werke mit fest angestellten Mitarbeitenden in Abgrenzung zu z. B. ehrenamtlich organisierten Besuchsdiensten durch Kir-

chengemeinden, die ebenfalls einen diakonischen Dienst, respektive diakonisches Handeln, leisten.

Um zu klären, was Erwartungen an Diakonie sind, ist in Fremd- und Selbsterwartung an Diakonie zu unterscheiden.

Die Fremderwartung wurde oben bereits ein wenig an den Beispielen der alten Frau und der Kommunen beschrieben. Dabei kam zum Ausdruck, dass beide Parteien zumindest die Möglichkeit haben, dass ihnen das Diakonische egal ist. Allerdings gilt es in diesem Zusammenhang zu beachten, dass auf diesen Seiten jederzeit die „Diakoniekarte" gezogen werden kann und auch gezogen wird. Dies kommt gemeinhin immer dann zum Tragen, wenn etwas nicht so gelingt, wie es sich die jeweiligen Beteiligten vorstellen.

Die Vorstellung darüber, was denn Diakonie sei, ist eher die Erwartung, was Diakonie zu sein hat. Wie oben erwähnt, ist damit die Erwartung verbunden, dass Diakonie für das Gute steht, respektive eben zu stehen hat. Das Gute an sich ist jedoch schwer zu fassen und zudem, aus der Ferne des 18. und besonders 19. Jahrhunderts nachhallend, mit dem *Wahren* und *Schönen* assoziiert. Sozusagen stürmend, drängend, klassisch und romantisch hat sich bis in unsere Zeit ein Bild bewahrt, das es zu bedienen gilt. Dieses Bild als Ganzes mag zwar in der vagen Erinnerung an einen Mythos verschwommen sein, hält jedoch für Einzelne eine erstaunliche Klarheit bereit. Eine Klarheit, die dann als Erwartung von Diakonie erfüllt werden soll, ohne dass diese von den diakonischen Akteur*innen selbst erkannt werden kann. So sehen sich säkulare Anbieter von Dienstleistungen zwar immer mal wieder dem ebenfalls abstrakten und als Frage formulierten Vorwurf ausgesetzt: Wo ist denn dieses oder jenes Handeln noch sozial? Bezogen auf Diakonie ist diese Frage jedoch noch weitreichender, wenn gefragt wird: Wo ist denn dieses oder jenes Handeln noch diakonisch oder gar christlich?

Diese Fragen nach dem Ort (wo) erschüttern Menschen, die ihren christlich-diakonischen Auftrag aus innerer Überzeugung ernst nehmen, sozusagen bis ins Mark. Ihre Selbsterwartung ist mit einer solchen Frage berührt. Was ist nun also die Selbsterwartung von Diakonie oder besser: der Akteur*innen in Diakonie?

Diese Frage evoziert erstaunliche Abstraktionsgrade. Wenn die Fremderwartung an Diakonie eine eher simple Mischung aus einem Mythisch-abstrakt-ganzen und Individuell-klar-eindeutigen darstellt, so gilt dies in noch komplexerer Weise für diejenigen, die sich im Innenleben von Diakonie befinden. Mit Simon Sinek[3] ist die Frage nach der Selbsterwartung von Personen, die in der Diakonie tätig sind, zunächst über die Frage nach dem *Warum* zu beantworten. Diese *Warum*-Frage ist zudem sozialräumlich im Horizont des Beginns der Tätigkeit in der Diakonie, dem Verlauf der Tätigkeit in der Diakonie und der Gegenwart der Tätigkeit in der Diakonie zu stellen.

Also erstens: *Warum* hat sich jemand entschlossen, in der Diakonie tätig zu sein? Sozialräumlich lässt sich diese Frage zunächst mit dem beantworten, was

---

[3] Sinek, Simon: Frag immer erst warum, München 2017.

auch für die Fremderwartung gilt. Denn vor dem „Eintritt" in die Diakonie gelten dieselben Bedingungen. In Bezug auf Sozialraum kann es jedoch, wie beim Autor dieses Textes, sein, dass persönliche Bezüge bereits vorher bestanden, weil z. B. ein:e Angehörige:r in der Diakonie tätig war. Zweitens: Die Realität in der Diakonie ist im Verlauf beruflicher Tätigkeit eine Realität wie jede andere auch. Die Abstraktion des Institutionellen, also die kenntnisfreie Erwartung an Diakonie (als Arbeitgeber), wird real organisational. Diakonie ist womöglich reduziert auf Rituale. Drittens: Die Tätigkeit in Diakonie ist ein (möglicher) gegenwärtiger Erfahrungshorizont von Wirksamkeit in einem bestimmten Kontext.

Warum also?

Vielleicht: Eine Person wollte und will in der Nachfolge Jesu Menschen begegnen und ihnen dienen. Deshalb hat diese Person Kompetenzen erworben und setzt diese unter den Rahmenbedingungen der Diakonie ein.

Vielleicht: Eine Person hat eine Erzieher*innenausbildung absolviert, weil ihr bei der Arbeit die Begegnung mit Menschen wichtig ist. Sie setzt die erworbenen Kompetenzen bei der Diakonie ein, weil die Einrichtung (Arbeitgeber) mit dem Rad erreichbar ist.

Diese beiden Optionen zeigen die Vielfalt unter dem Dach der Diakonie. Mit Blick auf die Praxis fällt auf, dass unter dem sprichwörtlichen Dach der Diakonie diese Vielfalt möglich ist. Als Zwischenfazit kann somit festgehalten werden, dass die sozialräumlichen Bezugsgrößen zu Diakonie mit Vielfalt einhergehen. Das wiederum gilt es genauer in den Blick zu nehmen, da Vielfalt und Beliebigkeit hier verwechselt werden können.

4. Sozialräume als Orte einer Diakonie der Vielfalt

Im letzten Kapitel wurde die Frage aufgeworfen, wo denn etwas diakonisch oder gar christlich sei. In diesem Zusammenhang geht es somit um die Bestimmung von Orten, die in den unterschiedlichen Deutungen des Sozialraumbegriffs ebenso unterschiedlich beschrieben werden. Aus kommunaler Sicht sind die Orte eindeutig, weil sie sich in einen Stadtplan einzeichnen lassen. Es entsteht ein Bild, in das immer tiefer hineingezoomt werden kann. Aspekte wie Demographie, ökonomische Lagen, Bildungsangebote usw. lassen sich so erkennen. Menschen werden mit dieser Sichtweise abstrakt in Zahlenwerten zusammengefasst und z. B. in Transferleistungsempfangende als Kategorie überführt.

Dieses Bild wird dann zunehmend zu einer Manifestation in gesellschaftlicher Wahrnehmung, weil Bewertungsfaktoren zur normativen Faktizität werden. Ein einzelner Mensch aus einem bestimmten Stadtteil, der zum Sozialraum umbenannt wurde, ist dann Träger*in von Merkmalen, die bei abnehmender ökonomischer Leistungsfähigkeit proportional zunehmend stigmatisierend und dann kommunal handlungsauffordernd werden. Kurzum, der Vorort mit den Villen wird in Ruhe gelassen, der Vorort mit den Hochhäusern bedarf, aus dieser

Perspektive, der Intervention. Denn dort leben, in der pervertierten Version der Nutzung des Wortes sozial, nicht die, wie es richtig bezeichnet wäre, ökonomisch, sondern die sozial Schwachen. Jene Menschen, die wenig Geld verdienen oder sogar auf staatliche finanzielle Hilfen angewiesen sind und deshalb, so das Bild, wenig zum Gesellschaftlichen beitragen oder diesem sogar etwas entziehen. In der öffentlichen Wahrnehmung handelt es sich bei diesen Sozialräumen im Grunde um versteckte Präfixe wie A- oder Dis-Sozialräume. Diese Zuschreibung führt außerhalb des Gebietes dann zu eben jenen Bezeichnungen für die Menschen, die darin leben. Dies dann durchaus mit der Folge, dass sich die Menschen selbst als asozial, also außerhalb von Gesellschaft befindlich, wahrnehmen und sich (als Folge daraus?) ggf. auch dissozial verhalten. Mit anderen Worten, die sozialräumliche Faktorisierung führt zur Kategorisierung und von dort zur Selbstkategorisierung.

Aus kirchlicher Sicht ist zu beobachten, dass solche Orte als verloren gelten. Denn für die Menschen dort ist Gott, wenn diese*r überhaupt eine Rolle spielt, in weite Ferne gerückt. Und sollte es, was selten genug der Fall ist, Verkündigung des Wortes geben, hört kaum jemand zu; nicht zuletzt deshalb, weil an solchen Orten oft Menschen leben, die eine andere Religion haben, diese dann aber sehr wohl ernst nehmen und ihren Glauben praktizieren. Warum das so ist und warum das den christlichen Kirchen nicht oder zumindest weniger gelingt, ist eine andere Geschichte, die an einer anderen Stelle erzählt werden muss.

Was aber ebenfalls auffällt, ist die Tatsache, dass an der verfallenden Kirche in einem Brandenburgischen Dorf ein kleines Auto mit der Aufschrift Diakonie vorbeifährt. Darin ein Mann mittleren Alters auf dem Weg zu einem Dorfbewohner, dessen Verband gewechselt werden muss. Der Pfleger trägt einen dicken Schlüsselbund bei sich und öffnet mit einem der Schlüssel eine Tür, die schon bessere Tage gesehen hat. Im Hausflur macht er auf sich aufmerksam, indem er laut und deutlich den Namen des Hausbewohners ausspricht, zusammen mit der Nennung der Tageszeit als Gruß. Er findet den Angesprochenen im Wohnzimmer in einem Sessel sitzend. Dieser macht mit der Fernbedienung den Fernseher aus und lächelt dem Besucher, den er ebenfalls mit Namen anspricht, zu. Eine Abfolge geübter Handgriffe startet, einhergehend mit einer nicht abbrechenden Kommunikation – man ist, ebenfalls geübt, in Kontakt.

Ein Zeitdruck wäre für Beobachtende dieser Szene kaum erkennbar. Die hier verbrachte Zeit ist zwar dem Diktat der Abrechnung für einen Verbandwechsel unterworfen, erlebt aber die Parallelität von weiteren Ereignissen. Der Pfleger weiß, welche Momente des Verbandwechsels für sein Gegenüber immer schmerzhaft sind. Deshalb kündigt er diese Momente an, entschuldigt sich für etwas, wofür er nichts kann. Während er ganz nah bei dem Dorfbewohner ist, ihn körperlich berührt, ihm Schmerzen zufügt, die heilen sollen, streichelt er ihm gelegentlich über den Handrücken; ein Ritual zwischen Ihnen, das seit geraumer Zeit dadurch vollendet wird, dass der Andere die Berührung der Hand erwidert.

In einem *Zeitraum* von sieben Minuten sind die wiederkehrenden Fragen nach den Enkelkindern gestellt, ist die Weltlage besprochen und der mahnende Hinweis auf genügend Flüssigkeitsaufnahme mit dem Verbot, zu schnell zu fahren, gekontert. Im Gehen folgt der alles entscheidende Satz des Pflegers: „Wir sehen uns morgen!" Was für ein Versprechen! Verkündigung durch Tat! Oder, wie unter Punkt 2 beschrieben: Beziehung, Vertrauen und darin und deshalb die Erwartung der Erwartbarkeit. „Bis morgen!", verabschiedet sich der Mann und schaltet den Fernseher wieder ein.

Stadt, Land, Deutungshoheiten, Abstraktion von Menschen als Kategorien, der einzelne Mensch, Eindimensionalität vs. Begegnung, Religionen. Wie in diesem Kapitel gezeigt, können all diese Aspekte mit wenigen Strichen beschrieben werden, denn im Grunde ist die Angelegenheit banal und mündet in der Erkenntnis, dass die Bezugsgröße Diakonie im sozialräumlichen Kontext eine Frage der vielfältigen, nicht beliebigen Ausgestaltung ist. Wen auch immer der Pfleger vor dem Mann, der in dem Haus mit der maroden Tür wohnt, aufgesucht hat, wen auch immer danach, es darf angenommen werden, dass der gesamte Arbeitstag des Pflegers ein Konglomerat von Ritualen und Narrativen war. Und das in einer absoluten Bezogenheit auf den jeweiligen Menschen und mit dem entscheidenden Satz am Ende: „Wir sehen uns morgen!"

5. Sozialräumliche Narrative als diakonische Gestaltungsformen

Wenn im letzten Punkt von Banalität geschrieben wurde, so konnte doch zugleich abgeleitet werden, dass die kleinste Banalität letztlich Komplexität entfalten kann. Diese These trifft auch auf diesen Satz zu: Diakonie muss da sein, wo Menschen sind. Aber was bedeutet das? Hierzu ein Blick in die Ursprünge der Diakonie.

In seiner berühmten Rede auf dem Kirchentag in Wittenberg im September 1848 sagte Johann Hinrich Wichern:

> „Meine Freunde, es tut eines Not, dass die evangelische Kirche in ihrer Gesamtheit anerkenne: ‚Die Arbeit der Innern Mission ist mein!', dass sie ein großes Siegel auf die Summe dieser Arbeit setze: die Liebe gehört mir wie der Glaube. Die rettende Liebe muss ihr das große Werkzeug, womit sie die Tatsache des Glaubens erweiset, werden. Diese Liebe muss in der Kirche als die helle Gottesfackel flammen, die kund macht, dass Christus eine Gestalt in seinem Volk gewonnen hat. Wie der ganze Christus im lebendigen Gottesworte sich offenbart, so muss er auch in den Gottestaten sich predigen, und die höchste, reinste, kirchlichste dieser Taten ist die rettende Liebe."[4]

---

[4] Wichern, Johann Hinrich: Rede auf dem Wittenberger Kirchentag 1848, https://glaubensstimme.de/doku.php?id=autoren:w:wichern:wichern-rede_auf_dem_wittenberger_kirchentag (abgerufen am 12.04.2022).

Diesem oft zitierten Absatz folgte im Jahr 1849 die Gründung des „Centralausschusses für die Innere Mission der deutschen evangelischen Kirche", woraus zunächst Heime und Anstalten sowie letztlich auch die Unternehmerische Diakonie hervorgingen.

Freilich ohne den Begriff des Sozialraums zu kennen, ging es Wichern offenbar darum, die Kirche zu den Menschen zu bringen und die Predigt als (Gottes-)Tat auszubauen. Somit kann behauptet werden, dass Wichern heute inhaltlich sicherlich näher an der sozialwissenschaftlichen als der kommunal-administrativen Deutung von Sozialraum wäre. Doch zugleich sah auch er sich Rahmenbedingungen ausgesetzt, die ihn zwangen, Kompromisse einzugehen.

Diese Kompromisse sind den ökonomischen Machtverhältnissen geschuldet, die bis heute, wenn auch sozialrechtlich sortiert, gelten. Dialektisch betrachtet stehen sich die kommunal-administrative und die sozialwissenschaftliche Deutung als These und Antithese gegenüber. Als Synthese muss daraus diakonisches Sozialraumhandeln als integrierendes Narrativ abgeleitet werden. Das wiederum stellt eine ebenso stetige wie mehrdimensionale Herausforderung dar, denn die Unternehmerische Diakonie agiert in einem ständigen Wechselspiel von Innen- und Außenwelten, das zu Abhängigkeiten und Widersprüchen führt. Die zahlreichen *Warums*, die weit über die oben skizzierten Beispiele hinausgehen, schwingen mit, wenn es in der Fortführung des Sinekschen Ansatzes, der vom *Warum* über das *Wie* zum *Was* führt, nun darum gehen muss, *wie* Diakonie sozialräumlich zum Tragen kommt und somit, *was* diakonisch-sozialräumlich eigentlich getan wird. Dies gilt es zu beachten, denn dieses *Wie* und dieses *Was* stehen in Abhängigkeit zum Wechselspiel von Innen- und Außenwelten.

Als Außenwelt sind die Rahmenbedingungen zu nennen, auf die die Unternehmerische Diakonie trifft. Diese Rahmenbedingung bestehen zunächst in der Sicherstellung von Leistungsrefinanzierungen, die mit Leistungsträgern wie Sozial- und Jugendämtern, je nach Bundesland Landschaftsverbänden, aber auch Krankenkassen ausgehandelt werden müssen. Daraus entsteht ein ökonomischer Handlungsrahmen mit Auswirkungen auf Möglichkeiten des Personaleinsatzes, Anschaffungen etc. In der Folge sind Tarifverträge und Fachkräftemangel ebenso zu berücksichtigen wie allgemeine Marktbedingungen hinsichtlich solcher Größen wie Baukosten und Kreditrahmen, Verknappung von Gütern und Konkurrenz. Bei bestimmten Dienstleistungen gibt es darüber hinaus Stakeholder wie Hausbesitzer*innen, die z. B. keine Kita in ihrer Nachbarschaft haben wollen.

Bei all diesen Rahmenbedingungen spielen sowohl das Sozialraum-Paradigma, respektive die Paradigmen, als auch das Diakonische, wenn überhaupt, eine untergeordnete Rolle.

Innenweltlich besteht aus diakonischer Perspektive jedoch die Gefahr, dass die außenweltlichen Rahmenbedingungen derart dominieren, dass sie den diakonischen Kompass überlagern. Dabei ist besonders in herausfordernden Zeiten dieser Kompass zentral.

Es hat einen tiefen Grund, dass Simon Sinek seinen Ansatz, den er den Golden Circle (goldener Kreis) nennt, als eine Denklogik aufbaut, in der das *Warum* über das *Wie* zum *Was* führt und nicht umgekehrt. Denn wenn im Kontext von Diakonie lediglich auf das *Was* abgehoben wird, dann kommt dabei z. B. heraus, dass eine Jugendhilfeeinrichtung betrieben wird. Im Zusammenhang mit einem kommunal-administrativ definierten und ggf. sozialräumlich begründeten Versorgungsauftrag fehlt bei der Reduktion auf das *Was* hierbei die Unterscheidbarkeit. Mit anderen Worten: Eine Jugendhilfeeinrichtung kann auch von anderen Anbietern betrieben werden.

Auch das *Wie* hilft nur bedingt, den diakonischen Kompass zu betonen, denn zur Anwendung gebrachte Erziehungsmethoden, inklusive des sozialwissenschaftlichen Sozialraum-Paradigmas, obliegen ebenfalls nicht der diakonischen Motivation. Es ist also die Klärung und stetige Betonung des *Warum*, die dazu beitragen kann, (ggf. allen Rahmenbedingungen zum Trotz) Diakonie als Bezugsgröße des Handelns sicherzustellen. Auf dieser Basis können dann sozialräumliche Narrative als Bezugsgröße zur Diakonie gebildet werden.

Wie sehr sich die Narrative unterscheiden, wenn entweder vom *Was* über das *Wie* zum *Warum* oder vom *Warum* über das *Wie* zum *Was* erzählt wird, machen die beiden folgenden Darstellungen deutlich:

Entweder: Wir betreiben eine Jugendhilfeeinrichtung. In dieser bringen wir Methoden zur Erziehung zur Anwendung. Wir tun dies auf der Basis unseres christlichen Menschenbildes.

Oder: Uns treibt an, dass alle Menschen Geschöpfe Gottes sind und von ihm geliebt werden. Deshalb unterstützen wir auf der Basis dem Menschen zugewandter Erziehungsmethoden junge Menschen und betreiben eine Jugendhilfeeinrichtung.

Bei diesen Schilderungen wird umgehend deutlich, dass sich bei vergleichbaren Inhalten die Erzählungen deutlich unterscheiden. Allerdings bleibt eine Frage offen, die im nächsten Punkt beantwortet werden soll. Sie lautet: Wer ist eigentlich wir?

6. Wir im Kontext sozialraumorientierter Diakonie

Es gibt im kirchlichen und diakonischen Duktus immer wieder eine merkwürdig unreflektierte und im Grunde Jesus widersprechende sowie anmaßende Form, von wir zu sprechen. Als ein Beispiel unter vielen sei hier die von Björn Büchert, Katharina Haubold und Florian Karcher herausgegebene Buchreihe „Theologie für Nichttheologen – Theolab":[5]

---

[5] Büchert, Björn / Haubold, Katharina / Karcher, Florian (Hg.): TheoLab. Theologie für Nichttheologen – Gott. Mensch. Welt, Stuttgart 2020.

„Wir handeln. So, wie Jesus gehandelt hat. Wir wenden uns jenen zu, die am Rand oder am Ende sind: Kranke, Arme, Verlassene. Sie sind da, überall. Und sie brauchen uns, unsere Zuwendung und – unsere Liebe. Und ja, es mag ein mühsames Arbeiten sein, aber vielleicht erleben wir dann in diesem liebevollen Handeln noch etwas anderes als die Mühe: dass wir Gott kennenlernen, ihn selbst erleben."[6]

Aus der Perspektive einer sozialraumorientierten Diakonie ist dieses Zitat, das wie beschrieben stellvertretend für andere Aussagen in diese Richtung steht, gänzlich zu verwerfen. Denn darin wird letztlich ein kommunal-administratives Sozialraum-Paradigma vertreten, indem es auf der einen Seite ein Wir der nachfolgend Gesalbten und ein Die derer gibt, die auf den Auftrag reduziert werden, durch ihre Marginalisierung den „Helfenden" zur Gottesnähe zu *verhelfen*. Diese Argumentation vertrat schon Thomas von Aquin im 13. Jahrhundert und sie hat bis heute offenbar zur Folge, dass die als Die Bezeichneten von einem kirchlich-diakonischen Wir als Menschen wahrgenommen werden, die es auf den Status von Hilfeempfangenden zu reduzieren gilt.

Ganz anders Jesus, wenn er z. B. in der berühmten Szene mit dem Blinden in Lukas 18 wie folgt agiert:

Als der Blinde bei ihm war, fragte Jesus ihn: „Was willst du? Was soll ich für dich tun?" Der Blinde antwortete: „Herr, dass ich sehen kann!" Jesus sagte zu ihm: „Du sollst sehen können! Dein Glaube hat dich gerettet!" (Basisbibel, LK 18,40–42)

In den von Wolfgang Hinte entwickelten fünf Prinzipien des Fachkonzepts Sozialraumorientierung ist das erste Prinzip an dieser Stelle besonders zu betonen. Es lautet: „Ausgangspunkt jeglicher Arbeit sind der Wille / die Interessen der leistungsberechtigten Menschen (in Abgrenzung zu Wünschen oder naiv definierten Bedarfen)."[7]

Die Gegenüberstellung der drei Zitate zeigt eindeutig, dass Jesu Ansatz darin bestand, den Willen der Menschen in den Fokus zu stellen. Jesus vertraut (Glaube) in dieser Szene auf die Kraft des Blinden, selbst (mit seinem Gottvertrauen) sein Ziel zu erreichen, das womöglich weniger in der physischen Überwindung von Blindheit, sondern im Drängen nach Erkennen besteht. Doch wie dem auch sei, für eine sozialraumorientierte Diakonie gilt festzuhalten, dass es darum geht, nach dem Willen von Menschen zu forschen und Begleitung anzubieten, diesen Willen (natürlich im Rahmen ethischer Vertretbarkeit) Wirklichkeit werden zu lassen. Bei all dem ist zu beachten, dass dieses Handeln immer eine Wechselwirkung darstellt. Ohne den Blinden kann Jesus nicht wirken, ohne Jesus kann der Blinde nicht erkennen. Letztlich kulminiert alles in dem Moment, in dem sich der Pfleger und der Mann, der einen Verbandwechsel benötigt, an den Händen berühren. Wenn dies gegeben ist, geschieht Diakonie im sozial-

---

[6] A. a. O., 219.
[7] Fürst, Roland / Hinte, Wolfgang (Hg.): Sozialraumorientierung – Ein Studienbuch zu fachlichen, institutionellen und finanziellen Aspekten, Wien 2014.

raumorientierten Bezug durch die Verkündigung in gegenseitiger Tat. Das Diakonische ist so gesehen nicht der professionelle Pflegeakt, sondern die Bindungsgestaltung zwischen den Personen. Hierbei auszuhalten, dass diese Bindung nicht zwangsläufig paritätisch besteht, sondern ggf. von einer Seite überproportional gestaltet und aufrechterhalten werden muss, ändert nichts an dieser Auffassung des Diakonischen. Denn unter allen Umständen bei den Menschen zu bleiben ist das große Bündnisversprechen Gottes. Dies durch Tat zu verkünden ist somit zwangsläufig Auftrag von Diakonie. Was das bedeuten kann, wird nun abschließend darzustellen versucht.

7. Fazit oder Sozialraum als diakonische Bezugsgröße durch Bindungsgerechtigkeit

Zum Abschluss dieses in seiner Form deskriptiv-analytisch gehaltenen Beitrags soll ein Vorschlag erfolgen, mit dem die Bezugsgröße Sozialraum diakonisch operationalisiert werden kann. In diesem Zusammenhang wird der vom Autor noch nicht vollständig entwickelte Begriff der Bindungsgerechtigkeit eingeführt. Doch bevor dieser zur Vorstellung kommt, soll der Begriff in seiner Beziehung zu Sozialraum und Diakonie verortet werden.

In einer westlichen Denktradition, die auch vom Autor dieses Beitrags verinnerlicht ist, wird von einer Dialektik in Bezug auf Zusammenhänge ausgegangen. Weiter oben ist dieses Denken durchaus berechtigt zum Tragen gekommen. Wenn es jedoch darum geht, eine Bezugsgröße oder Bezugsgrößen zwischen Sozialraum und Diakonie herzustellen, kann es nicht um synthetisierte Gegensätze gehen, sondern der Bezug selbst muss das Thema sein. Hinsichtlich der Begriffe Sozialraum und Diakonie ist die Bezugsgröße mehr als lediglich das Verhältnis beider zueinander, vielmehr entsteht etwas zwischen ihnen, das den Bezug zum Ausdruck bringt oder zumindest bringen kann.

Der franko-chinesische Universalgelehrte Françoise Cheng schreibt in seinen „Fünf Meditationen über die Schönheit":

> „Die Natur und der Rhythmus des Atems sind innerhalb dieses Weges dreiheitlich – in dem Sinn, dass der uranfängliche Atem sich in drei Arten von Atem teilt, die gleichzeitig wirken: der Atem yin, der Atem yang und der Atem der mittleren Leere. Der Atem der mittleren Leere, der sich zwischen dem yang, der aktiven Kraft, und dem yin, der aufnehmenden Sanftheit, bewegt und seine Macht aus der ursprünglichen Leere zieht, hat die Gabe, die beiden anderen Arten des Atems zu einer positiven Interaktion zu bewegen, und zwar im Hinblick auf eine wechselseitige Veränderung, die beiden gut tut."[8]

---

[8] Cheng, Françoise: Fünf Meditationen über die Schönheit, München 2020, 87–88.

In der poetischen Religiosität, die aus diesem Zitat hervorgeht, ließen sich viele Anknüpfungspunkte aufdecken, die auch für Christen wichtig sind. Hervorgehoben werden soll an dieser Stelle jedoch die Leere zwischen den letztlich wieder vielfältigen Formen des Atems oder, übersetzt, des leeren Zwischenraums, der entsteht, wenn sich zwei Menschen (Atem – im christlichen Verständnis auch Einhauchen des Lebens) begegnen. Denn die Leere ist dem Zwang unterworfen, alles aufnehmen zu müssen, was in sie dringt. Leere ist somit der freieste Gestaltungsspielraum, den es gibt. Es ist daher den sich begegnenden Menschen selbst überlassen, was sie daraus machen. Allerdings ist dieser Zwischenraum fragil und flüchtig, denn in dem Moment, in dem sich eine der beiden Personen abwendet, zerfällt er und mit ihm alles, was in ihm war.

Nun gibt es Situationen, in denen es Menschen unterschiedlich gelingt oder gelingen kann, den Zwischenraum, der naturgemäß ein Sozialraum ist, aufrecht zu erhalten. In diesem Moment ist es Auftrag der anderen Person, der Abwendung des Gegenübers so zu folgen, dass der Raum aufrechterhalten bleibt. Aus professionell-diakonischer Perspektive erhält die sozialräumliche Bezogenheit genau an dieser Stelle in Form von Bindungsgerechtigkeit Bedeutung.

Mit Bindungsgerechtigkeit ist gemeint, dass Menschen Bindung unterschiedlich erfahren. Dies kann zu Ungerechtigkeiten führen, so dass es angezeigt ist, hier Gerechtigkeit zu definieren und zur Anwendung zu bringen. Diesbezüglich können zahlreiche Beispiele gerade aus den diakonischen Handlungsfeldern benannt werden, was an anderer Stelle auch geschehen soll. Hier wird sich aus Platzgründen auf ein Beispiel reduziert:

Zwei Kinder werden am selben Tag in eine Kita aufgenommen. Das eine Kind hat bis zu diesem Zeitpunkt umfängliche Bindungskontinuität erfahren; es kam gesund zur Welt, konnte mit den Eltern nach Hause und auf Aufmerksamkeitseinklagungen wurde reagiert. Der Start des anderen Kindes war deutlich schwieriger. Es musste nach der Geburt noch mehrere Wochen im Krankenhaus bleiben. Auch wenn sich die dortigen Mitarbeitenden rührend um es gekümmert haben, so kamen bei Bedürfnisbekundungen doch immer wieder andere Menschen. Das ist das Gegenteil von Beziehung, Vertrauen und darin und deshalb der Erwartung der Erwartbarkeit.

Zuhause bei den Eltern haben diese nach Kräften getan, was sie konnten, doch eine große Energie des Kindes machte die Situation immer wieder schwierig und brachte die Eltern oft an ihre Belastungsgrenzen. In der Kita wird am ersten Tag deutlich, dass das erstbeschriebene Kind sich problemlos in die Gruppe integriert, genügsam und sogar gehorsam ist. Das zweite Kind tut sich schwer, Kontakt zu anderen aufzubauen und wenn, fällt es durch Schubsen auf. Im Verlauf der weiteren Zeit gilt das zweite Kind im Kreis der Mitarbeitenden und der anderen Eltern als zunehmend schwierig. Anlässe zur Klage werden täglich wahrgenommen und geäußert. In letzter Konsequenz wird das Kind der Kita verwiesen. Zum Zeitpunkt der Einschulung verlässt das erste Kind die Kita und vollzieht den Wechsel gemeinsam mit ihren Freund*innen. Beim zweiten Kind, das in drei Kitas gewesen ist, wird die Beschulungsfähigkeit noch überprüft.

Es wäre für das zweite Kind und die Eltern tragisch genug, wenn es sich bei diesem Beispiel um einen Einzelfall handeln würde. Das ist jedoch nicht der Fall. Die Verknappung von Kita-Plätzen macht es möglich, dass sich auch im Kontext von Kirche und Diakonie Herausforderungen entledigt werden kann; denn der Verweis aus der Kita hat keinen ökonomischen Schaden zu Folge. Zumindest nicht für die Organisation der Kita. In einer volkswirtschaftlichen Dimension sieht die Angelegenheit ganz anders aus, wenn dieses zweite Kind, im lebenslangen Erleben, nicht gewollt zu sein, schon frühzeitig als dissozial deklariert und letztlich von der Gesellschaft an sich ausgegrenzt und bis zur Selbstwahrnehmung a-sozialisiert wird. Im Bezogen-Sein von Sozialraum und Diakonie kann und muss die Verkündigung durch Tat somit darin bestehen, die Leere von Zwischenräumen durch Gottes Bündnisversprechen zu praktizieren, indem auch Menschen, denen es selbst schwerfällt, Bindung (Du bist gewollt!) zuteilwird. Dies gilt es auszuhalten und es gilt genau hinzuschauen, um zu erkennen, dass diese Bindung in letzter Konsequenz niemals einseitig sein kann.

Literatur

Büchert, Björn / Haubold, Katharina / Karcher, Florian (Hg.): TheoLab. Theologie für Nichttheologen – Gott. Mensch. Welt, Stuttgart 2020.

Cheng, Françoise: Fünf Meditationen über die Schönheit, München 2020.

Fürst, Roland / Hinte, Wolfgang (Hg.): Sozialraumorientierung – Ein Studienbuch zu fachlichen, institutionellen und finanziellen Aspekten, Wien 2014.

Fürst, Roland / Hinte, Wolfgang (Hg.): Sozialraumorientierung 4.0 – Das Fachkonzept: Prinzipien, Prozesse & Perspektiven, Wien 2020.

Oelschlägel, Dieter: Zur Aktivierung bürgerschaftlichen Engagements im Rahmen von Kommunalpolitik und Kommunalverwaltung. Einige Anmerkungen aus dem Blickwinkel der Gemeinwesenarbeit, in: Hinte, Wolfgang u. a., Grundlagen und Standards der Gemeinwesenarbeit – Ein Reader zu Entwicklungslinien und Perspektiven, Weinheim / München 2011, 177–190.

Sinek, Simon: Frag immer erst warum, München 2017.

Wichern, Johann Hinrich: Rede auf dem Wittenberger Kirchentag 1848, https://glaubensstimme.de/doku.php?id=autoren:w:wichern:wichern-rede_auf_dem_wittenberger_kirchentag (abgerufen am 12.04.2022).

Steffen Merle

Sozialraumorientierung als strategischer Impuls für Kirche und Diakonie

Einleitung

Sozialraumorientierung wird als strategische Option für eine Vielzahl organisationaler, regionaler und sozialer Herausforderungen diskutiert, denn das „Grundversprechen des Programms Sozialraumorientierung ist eine Innovation durch die kleinräumige Ausrichtung von Angebotsstrukturen"[1]. Ursprünglich als Fachkonzept im Kontext der Jugendhilfe entworfen, dienen meist fünf programmatische Muster als Folie und Handlungsorientierung für kommunale, caritative und soziale Organisationen:[2]
1. Konsequenter Ansatz am Willen und den Interessen der Menschen.
2. Vorrang der Aktivierung vor der Betreuung: Aktivierende Soziale Arbeit und Förderung der Selbsthilfe.
3. Konzentration auf die Ressourcen der im Sozialraum lebenden Menschen sowie der Struktur des Sozialraums.
4. Zielgruppen- und bereichsübergreifender Arbeitsansatz.
5. Vernetzung relevanter sozialer Dienste.

Für Kirche und Diakonie ist dieses Aufgabenfeld nicht neu. Gemeinwesenarbeit und Programme wie „Kirche findet Stadt" indizieren seit Jahrzehnten eine Grund-DNA von Kirche und Diakonie, die ihre soziale Arbeit auch der „Entwicklung lebenswerter Quartiere, Städte und Dörfer in gemeinsamer Verantwortung"[3] widmet. Neu ist allerdings, dass dies im Kontext strategischer Überlegungen geschieht. Sozialraumorientierung war Thema eines jeden der vier gemeinsamen Strategiegespräche zwischen dem Rat der EKD und der Diakonie Deutschland, die seit 2018 regelmäßig stattfinden. Allein das indiziert die strategische Bedeutung, die dem Thema Sozialraumorientierung zugemessen wird. In diesen Kontext ist der Wir&Hier-Kongress ebenso eingebettet wie die Entscheidung, die Sozialraumorientierung von Kirche und Diakonie aus der Perspektive der Wissenschaft zu begleiten. Der nachfolgende Aufsatz bezieht sich auf die

---
[1] Kressl, Dirks: Sozialraumorientierung: Innovation durch Kleinräumigkeit?, 7.
[2] Vgl. Hinte, Wolfgang: „Zehn Gebote" für sozialräumliche Arbeit, in: Lämmlin, Georg / Wegner, Gerhard, 41–51.
[3] http://www.kirche-findet-stadt.de (abgerufen am 3. August 2022).

ebenfalls im Umfeld des Wir&Hier-Kongresses entstandenen „12 Leitimpulse für eine diakonische Kirche mit Zukunft"[4]. Diese wurden als Impulse für den weiteren Prozess der Sozialraumorientierung von Kirche und Diakonie in Thesenform zum Abschluss des Kongresses der Öffentlichkeit vorgestellt.

Ziel dieses Aufsatzes ist es zu zeigen, dass und warum Sozialraumorientierung als strategischer Impuls für Kirche und Diakonie verstanden werden kann. Hinte hatte allerdings gute Gründe, im Begriff der Sozialraumorientierung „eine wehrlose Konzeptvokabel"[5] sehen zu müssen. Und man könnte fortfahren mit: „[...], die nun also auch noch für die Strategieentwicklung von Kirche und Diakonie herhalten soll". In der Tat gibt es viele Organisationen, die auf diesen Zug aufspringen und deren „Konzepte" sich an den *Prozesslogiken der Sozialraumorientierung* orientieren. Wenn Sozialraumorientierung für Kirche und Diakonie nicht nur wehrlose Konzeptvokabel sein soll, dann müssen sich die programmatischen Muster der Sozialraumorientierung auf theologische Grundüberzeugungen beziehen lassen, bzw. dann sollte es theologische Grundüberzeugungen geben, aus denen die programmatischen Muster der Sozialraumorientierung als strategische Muster für Kirche und Diakonie plausibel werden.[6]

Ich reduziere die Komplexität dieser Aufgabe auf zwei meines Erachtens Weichen stellende Paradigmenwechsel, die ich insbesondere mit Fokus auf die EKD zur Sprache bringen möchte:

Im ersten Teil wird der Begriff „Strategie" problematisiert, der nur dann Sinn macht, wenn es Ziele gibt, auf die strategisch zugesteuert wird. Da solche Ziele aber bisher nicht explizit gemacht wurden, versuche ich durch eine semiotische Musterung der 12 Leitsätze der EKD[7] solche *impliziten* Zielvorstellungen herauszuarbeiten. Allerdings: Wenn von solchen Zielvorstellungen die Rede ist, dann setzt man sich dem Verdacht der Verzweckung der Sozialraumorientierung aus. Die hierzu entfaltete Antwort wird unter dem Begriff der Selbstaussetzung theologisch eingebettet. So läuft der erste Hauptteil auf die Frage zu, wie Kirche und Diakonie für ihre strategischen Herausforderungen durch Sozialraumorientierung Impulse erhalten. Der erste Teil der Antwort liegt

---

[4] Die 12 Hamburger Leitimpulse sind nachzulesen auf der Homepage des Wir&Hier-Kongresses: https://www.wirundhier-kongress.de. Dort findet sich auch die erweiterte Gremienfassung der Leitimpulse.

[5] Hinte, Wolfgang: Original oder Karaoke – was kennzeichnet das Fachkonzept Sozialraumorientierung?, in: Fürst, Roland / Hinte, Wolfgang (Hg.), Sozialraumorientierung 4.0. Das Fachkonzept: Prinzipien, Prozesse & Perspektiven, Wien 2020, 14.

[6] Da ich nun selbst maßgeblich die 12 Hamburger Leitimpulse mitgeschrieben habe, setze ich mich mit dieser Aufgabenstellung des Aufsatzes freilich dem Verdacht einer ex-post Zuschreibung aus, die programmatische Muster der Sozialraumorientierung mit strategischen Mustern von Kirche und Diakonie harmonisiert und synchronisiert. Das wird sich nur dann umgehen lassen, wenn ich auf Überlegungen und Texte zurückgreife, die vor meiner Arbeit mit der Sozialraumorientierung veröffentlicht worden sind.

[7] EVANGELISCHE KIRCHE IN DEUTSCHLAND (2020): Hinaus ins Weite – Kirche auf gutem Grund. Zwölf Leitsätze zur Zukunft einer aufgeschlossenen Kirche, Leipzig 2019.

in einem strategischen Paradigmenwechsel von der Institutions- zur (proaktiven) Vernetzungslogik. Diese korreliert mit den programmatischen Mustern der Konzentration auf die Ressourcen im Sozialraum und der bereichsübergreifenden Vernetzung.

Der zweite Paradigmenwechsel ist ein hermeneutischer Impuls, „Religion im Sozialraum" nicht als Objekt, sondern als Subjekt ernst zu nehmen. Damit werden die ersten beiden programmatischen Grundmuster der Sozialraumorientierung aufgenommen: Von dem ausgehen, was da ist! Und das sollte Religion im Sozialraum doch einschließen! Und zwar vorurteilslos und nicht etwa, indem man denen „da draußen" im Vorhinein Indifferenz zuschreibt. Die Frage der Religiosität im Sozialraum sehe ich nicht als Verschiebung von „religiös nach sozial"[8], sondern als Veränderung einer (sich weiter säkularisierenden) *Deutung* des Sozialen – und das heißt auch einer entsprechenden Deutung des sozialen Engagements von Kirche und Diakonie. Das wird in den Horizont semiotischer Grundüberzeugungen (letztlich einer relationalen Ontologie) und einer diskursiven Hermeneutik eingezeichnet. Der hermeneutische Paradigmenwechsel besteht dann darin, nicht aus einer Begründungshermeneutik heraus eine Wahrheit hinter sich zu haben (die man dann im Sozialraum nur noch zu adressieren hätte), sondern die Wahrheit vor sich zu haben, die – gemeinsam mit den Menschen im Sozialraum – sich etwa als religiöse Dimensionen des Lebens gemeinsam entdecken lässt: Soziale Arbeit, das Miteinander, die Vernetzung der Organisationen, die Projekte: In, mit und unter diesen Prozessen leuchtet „dahinter" eine religiöse Dimension auf, die wir als Kirche und Diakonie wachhalten und ins Gespräch bringen können. Es ist das semiotische Muster einer drittheitlichen Kontextualisierung (dazu unten mehr), das ich hier als strategisches Motiv in Spiel bringen möchte: Letztlich hat sich in diesem abduktiven Entdeckungshorizont das Modell der christlichen Tradition als Lebensdeutungsmodell zu plausibilisieren.

1. Strategischer Paradigmenwechsel auf den Sozialraum bezogener Prozesse

1.1 Strategie ja – aber was ist das Ziel?

Strategie ist konsistente Steuerung von Prozessen auf ein zuvor bestimmtes Ziel hin. Was aber ist das Ziel, das mit Sozialraumorientierung erreicht werden soll? Ein solches Ziel ist explizit von Kirche und Diakonie nicht formuliert worden: Weder im Rahmen der Strategiegespräche noch an einer anderen infrage kom-

---

[8] Vgl. Wegner, Gerhard: Last Exit: Sozialreligion?, https://cursor.pubpub.org/pub/0c2vx43w/release/2 (Zugriff am 02.07.2022).

menden Stelle. Kann dann aber überhaupt von Strategie, bzw. etwas zurückhaltender von einem „strategischen Impuls" gesprochen werden?

Dabei gibt es eine gewaltige Spannbreite implizit mitlaufender Zielvorstellungen: von der „missionarischen Gelegenheit" über beispielsweise ökologische Motive bis hin zu sozialdiakonischem Engagement. Mit anderen Worten: Auf den Sozialraum werden bereits bestehende theologische Grundhaltungen projiziert. Einmal abgesehen davon, dass dabei meist zwischen Zweck (als Urgrund von Handeln) und Ziel (als einem bewusst durch Entscheidung fokussiertem noch nicht bestehendem Zustand) nicht unterschieden wird: Die programmatischen Muster einer Sozialraumorientierung verbieten solche Verzweckung. Netzwerke und Initiativen „funktionieren" im Sozialraum ja längst ohne Kirche und Diakonie. Der Sozialraum ist Subjekt. Er ist nicht als Objekt und Adressat theologischer oder sozialethischer Motive geeignet. Der ehemalige Vorsitzende des Rates der EKD Heinrich Bedford-Strohm hat in seinem Impuls auf dem Wir&Hier-Kongress davon gesprochen, dass Sozialraumorientierung „absichtslos" geschehen solle. Demnach verbietet es sich, Sozialraumorientierung auf irgendein Ziel hin zu verzwecken – in welche Richtung auch immer.

Wie aber kann dann andererseits von Strategie gesprochen werden? Der Begriff der Absichtslosigkeit ist das Gegenteil von dem, was man unter strategischer Steuerung verstehen sollte: das *absichtsvolle* Handeln, um das Erreichen eines zuvor definierten Zieles wenigstens wahrscheinlicher zu machen. Gegen eine solche strategische Motivation werden allerdings zahlreiche Argumente vorgebracht:

Übersetzt man z. B. den Begriff der (Nächsten-)Liebe mit Wilfried Härle als „Das Beste für den anderen/die andere zu wollen um ihrer selbst willen"[9], dann verbietet sich aus theologischen Gründen jede Selbstreferentialität – und jede strategische Ausrichtung, die auch nur insgeheim auf eine Rückwirkung auf Kirche und Diakonie etwa zum Zweck der Mitgliederbindung oder gesellschaftlichen Plausibilisierung schielt. Allerdings richtet sich dieses Argument nicht gegen strategisches Denken, sondern gegen dessen *Verzweckung*. Zu den theologischen Vorbehalten gesellen sich bisweilen organisationale Bedenken: Wie sollte sich eine EKD-Strategie überhaupt durchsetzen lassen? Die föderale Struktur der EKD lässt keine top-down-Hierarchie zu, durch die man Sozialraumorientierung konsistent von oben nach unten durchsteuern könnte – dorthin aber, in die Regionen müssten die Ideen sich fortsetzen. Aber auch hier kann man dagegenhalten: Denn Steuerung muss ja nicht top-down-Logiken folgen, sondern kann auch auf inhaltliche Plausibilisierung im Rahmen flacher Hierarchien setzen. Und schließlich: Kritik an Strategieentwicklung wird nicht selten mit dem Argument begründet, dass im Kontext theologischer Reflexion und Kommunikation Denke und Sprache aus Managementprozessen gänzlich fehl am Platze seien. In Sachen des Glaubens gäbe es keine Prozess-Steuerung, die

---

9   Vgl. Härle, Wilfried: Dogmatik, Berlin 2022, 359.

man an der Hand führen, also „managen" könne. Das lege die falsche Schlussfolgerung nahe, als hätten wir die Konstitution des Glaubens das ius executionem. Diesen Vorbehalt teile ich, denn es gibt keinen kausalen Zusammenhang zwischen einem Zeichen (etwa dem äußeren Wort) und der dieses interpretierenden Deutung.[10] Aber auch das schließt Strategie nicht aus. Denn eine solche könnte ja schon darauf ausgerichtet sein, eine intendierte Deutung (etwa durch die Art und Weise, wie Zeichen- und Objektbezüge hergestellt werden) wenigstens wahrscheinlicher zu machen.

Angesichts dieser strategisch-diffusen Ausgangslage mag es wenig verwundern, dass Zielorientierung bisher vor allem nach innen als Organisationsentwicklung verstanden wurde. Steuerbare Prozesse lassen sich nur organisationsintern absichern – und auch das ist nur bedingt richtig, weil Steuerung von organisationalen Prozessen von Leitungs- und Führungshandeln, von hierarchischen oder flachen, zentralistischen oder föderalen Strukturen und vielen weiteren Faktoren abhängt.

Indem aber strategische Ziele definiert werden, die über die eigene Organisationsentwicklung hinausreichen, kommt der *Resonanzraum* in den Blick. Wenn man sich allerdings solcher Resonanzkopplung erst einmal „aussetzt", dann bringt sie neue Chancen, wie etwa die der Zielgruppenorientierung, mit sich. Man muss aber Resonanzen auch aushalten können, wie etwa die, dass Kirche und Diakonie ihre Deutungshoheit im öffentlichen Raum verloren haben. Und unabhängig davon stellt sich dann immer noch die Frage, ob diese Gegenüberstellung von „wir" und die „anderen" so überhaupt stimmt: Die „da draußen" sitzen ja auch in „unseren" Kirchenvorständen und Leitungsgremien. Insofern dispensieren solche Überlegungen gerade nicht davon, Ziele nicht nur innerhalb

---

[10] Im semiotischen Modell nach Peirce (vgl. hierzu meine Ausführungen unter 1.2.1) legt ein Zeichen eine Deutung zwar nahe, aber es geht kein Weg daran vorbei, dass Deutung eine *vom Interpretanten geleistete kreative Zuschreibung von Zeichen-Bedeutung* (im Rahmen eines bestimmten – explorativen dann hypothetisch angenommenen – Deutungssystems) ist. Diese Deutungshoheit des Subjektes ist unhintergehbar, hat sich inzwischen in allen (Wissenschafts-)Bereichen durchgesetzt und ist ein Leitparadigma auch sozialraumbezogener Prozesse. Aber dass das so ist, dass es keine Verfügungsgewalt darüber gibt, wie Menschen die von Kirche und Diakonie gesetzten Zeichen wahrnehmen und deuten, das ist ein zwingendes Argument *dafür*, die Bedingung der Möglichkeit von Erkenntnis (objektiv) und die Realisierung der Möglichkeit von Erkenntnis (zeichenhaft) strategisch so zu steuern, dass eine intendierte Deutung wenigstens wahrscheinlicher wird. Die vermeintlich protestantische Demut der Strategielosigkeit und des Verzichtes auf eine klare Zielformulierung ist m. E. ein erkenntnistheoretisches Missverständnis: Denn sie wird bezogen auf die Bildung des Interpretanten, d. h. wie Zeichenbezüge in eigene Bilder, Emotionen, Schlussfolgerungen usw. „übersetzt" werden. Darauf haben wir in der Tat keinen Zugriff, kein ius executionem, und müssen dem Heiligen Geist überlassen, dass das geschieht, was geschehen soll, dass das verstanden wird, was verstanden werden möge. Aber dass wir im Blick auf Objekt- und Zeichenbezüge kann eine intendierte Deutung wahrscheinlicher gemacht werden. Das macht strategisches Nachdenken möglich und naheliegend und dafür ist eine klare Zielformulierung entsprechend hilfreich.

der Organisation (als Organisationsentwicklung) zu formulieren, sondern diese auch nach außen hin – das heißt in diesem Fall: auch in den Sozialraum hinein – zu formulieren. Oder besser noch: von diesem her zu formulieren.

1.2 Implizite Zielformulierung – eine semiotische „Musterung"

„Als evangelische Kirche wollen wir aufbrechen zu Neuem, Bewährtes stärken und Abschied von Vertrautem nehmen. Das bedeutet Offenheit, nicht Rückzug", heißt es in der Einleitung, die unter anderem auch auf sinkende Mitgliederzahlen und Ressourcen hinweist.[11] Auf dem Weg „Hinaus ins Weite" setzen sich die 12 Leitsätze (explizit in der Einleitung) angesichts zurückgehender Ressourcen und sinkender Mitgliederzahlen mit den Auswirkungen auf Kirchenentwicklung und Strukturveränderungen auseinander.

Im Entstehen der Hamburger Leitimpulse war zu klären, ob eine solche Leitbildformulierung, wie die der 12 Leitsätze des Rates, normativ für die strategische Ausrichtung der Sozialraumorientierung zu sein habe. Die Verknüpfung findet sich dann in der Formulierung „Hinaus ins Weite liegt ganz nahe – im Sozialraum" (These 2). Hinter dieser Ableitung steht das St. Galler-Management-Modell, in dem aus normativen Leitbildern strategische Muster abgeleitet und diese in operationalisierbaren Umsetzungen wiedererkennbar konkret werden sollen. Man könnte demzufolge sagen: „Hinaus ist Weite" wird durch die Sozialraumorientierung von Kirche und Diakonie „strategisch" umgesetzt.

Um zu solchen strategischen Ableitungen zu kommen, müssten aber Ziele formuliert sein, die über die eigene Organisation hinausreichen. Das bleibt allerdings auch in den 12 Leitsätzen ein Desiderat. So entsteht der Eindruck einer Suchbewegung auf dem Weg. Und dennoch, so möchte ich behaupten, stecken hinter den 12 Leitsätzen strategische Muster, aus denen ich das implizit-normative Ziel einer „Verdichtung von Bindung" herauslese: Letztlich stehen meines Erachtens nahezu alle strategischen Überlegungen im Horizont der impliziten Zielvorstellung, Kirche und Diakonie, ihre Botschaft, zeichenhaft im Kontext der Lebensdeutung des/der Einzelnen oder im Kontext der gesellschaftlichen Resonanz zu plausibilisieren.

1.2.1 Grundzüge der Semiotik nach Charles Sanders Peirce

Für die „Musterung" bzw. die strukturelle Bestimmung von religiösen Orientierungs- und Bindungsprozessen beziehe ich mich auf das semiotische Modell von Charles S. Peirce.[12]

---

[11] www.ekd.de/hinaus-ins-weite-kirche-auf-gutem-grund-62761.htm (abgerufen am 2. August 2022).

[12] Die Semiotik von Peirce hat in den vergangenen Jahren eine beträchtliche Rezeptionsgeschichte entwickelt. Als Grund dafür ist anzunehmen, dass Erkenntnistheorie nicht als

Die manchen bekannte Triade von „Zeichen – Objekt – Interpretant" ist allerdings nur die glattgebügelte Oberfläche des Modells. Dass *etwas für etwas anderes* (meist eher fälschlich als „das Dritte" bezeichnet) stehen kann, ist bekannt. Dass etwas für etwas *für jemanden* steht, ist nicht nur das Hinzufügen eines Dritten, sondern verweist auf die genuine Dreistelligkeit von Erkenntnis und Deutungsprozessen: der Interpretant (das ist nicht der Interpret, sondern die Übersetzung eines Objekt-Zeichen-Bezuges in einen Gedanken, ein Gefühl, eine Schlussfolgerung o. ä.) ist ein kreativer und produktiver Zuschreibungsakt (siehe Fußnote 9), der dem auf ein Objekt verweisenden Zeichen eine Be-Deutung zuschreibt. Das setzt Zeichen, Objekt und Interpretant in eine unauflösliche dreistellige, genuin triadische Verbindung. Dem Zeichen wird also erst durch den Interpretanten seine Bedeutung verliehen (Erkenntnisfunktion des Zeichens als produktiver Zuschreibungsakt). Zugleich steht das Zeichen für ein Objekt und repräsentiert dieses (Repräsentationsfunktion des Zeichens). Diese Dreistelligkeit von Erkenntnisprozessen gewinnt ihre eigentliche Tiefe aber erst dadurch, dass Peirce die Relationskategorien jeweils wiederum auf die drei Relate anwendet. Was damit gemeint ist macht nötig, auf eine relationale Ontologie zurückzugreifen: Die formale Struktur des Denkens folgt logisch drei Relationskategorien (erstheitlich, zweitheitlich, drittheitlich; Achtung: das ist nicht dasselbe wie Dreistelligkeit!): Entweder etwas steht für sich, steht in Relation zu etwas anderem oder ein Drittes stellt eine Relation zwischen Erstem und Zweitem her.[13]

Peirce weist diesen Relationskategorien entsprechende Modi zu: Erstheit ist bestimmt durch den Modus der Möglichkeit (die kein Defizit von Wirklichkeit ist, sondern Realität; wie ein Erfinder, der etwas „findet", das vorher als Möglichkeit ja real da war!). Zweitheit ist die Kategorie des Gegenwärtig greifbaren, aber

---

(zweistellige) Abbildtheorie (vom Objekt zum Subjekt) bzw. als zweistellige Projektionstheorie (vom Subjekt zum Objekt), sondern als produktiver, sich Erkenntnis intuitiv erschließender Deutungsprozess gedacht ist. Die umfassenden Rekonstruktionsmöglichkeiten entlang der drei Relationskategorien, wodurch sämtliche Erscheinungsweisen phänomenologisch eingefangen und analysierbar gemacht werden können, machen dieses Modell in vielerlei Hinsicht anschlussfähig. Letztlich allerdings geht es dabei nicht um eine bestimmte semiotische Position, sondern um einen besonders gut geeigneten Ansatz, um praktische Konsequenzen aus dem linguistic turn am Anfang des vorigen Jahrhunderts zu ziehen. (vgl. hierzu Nethöfel).

[13] Über diese drei Relationen hinaus gibt es keine Struktur, in der dem menschlichen Erkennen etwas erscheinen kann. Diese im Grunde phänomenologische Bestimmung der universalen Relationskategorien ist Ausgangspunkt von Peirce' Semiotik und Zeichenlehre. Abstrakt formuliert: Wie sich A zu B verhält, dafür gibt es entlang der Relationskategorien nur drei Möglichkeiten:
- Erstheit: A kann nur potenziell auf B bezogen sein (Modus der Erstheit: Möglichkeit);
- Zweitheit: A verweist auf B; ist aber nicht gleich B und verweist nur formal, nicht inhaltlich (Modus der Zweitheit: Gewöhnung; diverse Handlungsebene);
- Drittheit: Die Relation von A zu B wird durch C hergestellt (wie Zeichen zu Objekt durch Interpretant: Modus der Drittheit: Argument und Gesetzmäßigkeit).

ohne inhaltlich konkret sein zu können; hier geht es um Funktionen, Gewohnheit, Handlungen. Drittheit ist die Kategorie, die sich auf Gesetzmäßigkeiten beruft; so z. B. die Zeichendeutungssysteme (ZDSe), auf die man sich (in Semiosen) verständigt. Diese ZDSe können im Sinne Luhmanns auf Reduktionsformeln zurückgeführt werden (z. B. als Glaubensbekenntnis); aber (und das wird später wichtig): Der Bezug auf solche Deutungssysteme ist zwingend notwendig, um argumentativ zu plausibilisieren.[14]

Wendet man die Relationskategorien auf die Relate der Semiose an, so entsteht folgendes Grundmodell:

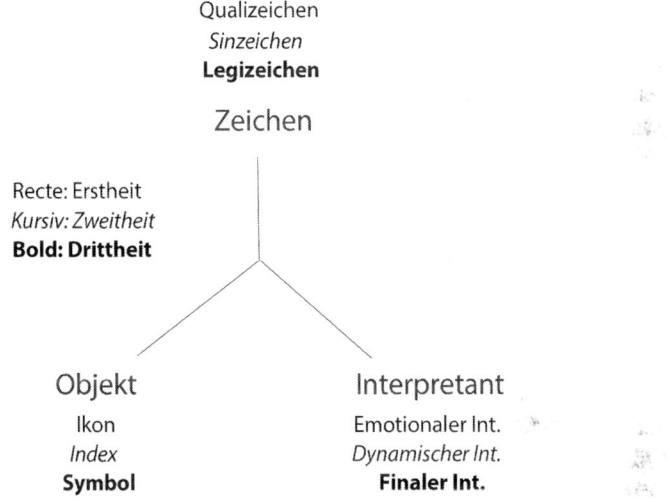

Ohne hier auf weitere Details des Modells eingehen zu können, möchte ich das analytische und dann auch das strategische Potenzial skizzieren:

Um die Kommunikation sozialer Systeme rekonstruieren zu können, ergeben sich im Modell genau drei hoch drei (gleich 27), und nicht beliebig viele Möglichkeiten einer erkenntnistheoretischen Musterung. Das ist für eine strategische Orientierung deswegen von Bedeutung, weil von der Außenperspektive (d. h. von dem Resonanzraum) her modelliert werden kann! Wie hilfreich dieses Modell in der Anwendung auf strategische Optionen sein kann, will ich an wenigen Beispielen und sehr vereinfachten Überlegungen zeigen: Soziale Systeme

---

[14] Der Grund dafür ist: Die ontologische Evidenz von Erstheit zu Drittheit nimmt ab. Beispiel: Eine ikonische Repräsentation des Objektes durch das Zeichen ist wie ein „Foto"; eine indexikalische Repräsentation des Objektes durch das Zeichen ist wie ein Inhaltsverzeichnis; eine symbolische Repräsentation des Objektes durch das Zeichen wird aber erst durch den Interpretanten, im abduktiven Abgleich mit dem ZDS, hergestellt. Mit anderen Worten: Inhaltliche Plausibilität stellt man nur durch „drittheitliche" Bezüge her. Das wird für die strategischen Überlegungen von großer Bedeutung sein!

zeichnen sich durch Kommunikation aus. Sie haben – je für sich – nach Luhmanns Modell sog. Reduktionsformeln. Was also, wenn die Reduktionsformel der kirchlichen Kommunikation zwar drittheitliche Zeichen setzt, diese aber vom Interpretanten im Umweltsystem nur noch auf der Ebene der Zweiheit „übersetzt" werden? Was, wenn man als Kennzeichen heutiger Religiosität erstheitliche Interpretantenbildung definieren kann: d. h. die Unmittelbarkeit des emotionalen Interpretanten (Authentizität; rel. Gefühl), das aber weitgehend ohne Deutungsbezüge auskommt, oder sich auf zweitheitliche Objektbezüge reduziert (Index: „höhere Macht")? Es zeigt sich, dass sich strategische Optionen genau da ergeben, wo eine diakonische Kirche die Bezüge außerhalb ihres eigenen Systems einbezieht. Was, wenn die Semantiken drittheitlicher Deutungssysteme im Umfeld funktionaler Systeme notwendig in zweitheitliche Bezüge degenerieren (Selbstsäkularisierung)? Die Reduktionsformel von gesellschaftlichen Funktionssystemen ist konsequent zweitheitlich – und zwar auf Zeichen-, Objekt- und Interpretantenebene! In dem Moment, wo drittheitlichreligiöse Deutungssysteme außerhalb des eigenen Systems agieren, degenerieren sie in zweitheitliche Bezüge. Es lässt sich zeigen, wie Semantik (als Bedeutungszuschreibung) sich „abschleift". So lässt sich der Prozess der Selbstsäkularisierung semiotisch rekonstruieren.

Ist dieses Muster erkannt, kann man es auch durch Umkehrung strategisch operationalisieren: Verdichtung von Bindung wird durch drittheitliche Bezüge wahrscheinlicher: Drittheitliche Kontextualisierung ist eine strategische Gegenbewegung in zweitheitlichen Funktionssystemen. Verdichtung von Bindung wird dann wahrscheinlicher, wenn Kirche drittheitliche Zeichenbezüge herstellt und damit den Bezug zum religiösen Deutungssystem wenigstens kontextuell herstellt.

„Verdichten" meint also im Prozess ins Umweltsystem, oder auch auf dem Weg „Hinaus ins Weite" das Transparent- und (Wieder-)Erkennbarmachen der theologischen Kontexte und Motive – oder schlicht: das Heranrücken an die Reduktionsformel. Der Vorteil: Das semiotische Modell ist nicht statisch, sondern konsequent dynamisch. Es bildet ab, wie sich Semantiken und Deutungskontexte verändern und neue Bezüge entstehen. D. h.: Die Differenz der Reduktionsformeln wird auf der Systemgrenze zur strategischen Option, indem zweitheitliche Muster bzw. Reduktionsformeln des Umweltsystems auf ein drittheitliches Deutungssystem kontextuell bezogen werden.

1.2.2 Strategische Muster – semiotisch kontextualisiert

„Zukünftig wird gezielter öffentliches Reden und diakonisches Handeln der Kirche gefördert, das geistliche Haltung und ethische Verantwortung glaubwürdig und erkennbar verbindet. Die Kirche wird sparsamer und konkreter zu gesellschaftlichen Prozessen öffentlich Stellung nehmen. Sie wird Zurückhaltung üben, wo der Rückbezug auf das Evangelium nicht deutlich und der Zusammenhang mit dem eigenen Handeln nicht exemplarisch erkennbar werden." In dem ersten Leitsatz ist nach meinem Verständnis der hermeneutische Schlüssel der folgenden Leitsätze enthalten. Semiotisch übersetzt: Sind Reden und Handeln einer diakonischen Kirche glaubwürdig, dann sollten sie auf die wiedererkennbare Reduktionsformel als Deutungsnenner des ZDS („Rückbezug auf das Evangelium") hin transparent gemacht werden können. Das bedeutet nicht, dass Deutungszähler (Vielfalt der Deutungsbezüge) reduziert werden, sondern deren Kontexte (erkennbarer auf das Evangelium bezogen) wahrnehmbar gemacht werden. Diese „drittheitliche Kontextualisierung" ist implizite strategische Option und strategisches Muster,[15] um (aus der Außenperspektive) Zeichendeutungsprozesse auf das Evangelium hin zu verdichten. Weil aber nicht in allem die Reduktionsformel des ZDSs transparent gemacht werden kann, wird die Kirche sparsamer in ihren Stellungnahmen sein und dort – wo es möglich ist – konkreter den drittheitlichen Bezug zum Deutungssystem wenigstens kontextuell herstellen. So kann eine Verdichtung von Bindung durch Bezug zur (religiösen) Reduktionsformel des kirchlichen Deutungssystems zumindest wahrscheinlicher werden.

Drittheitliche Kontextualisierung ist die semiotische Struktur des Rückbezugs kirchlicher und diakonischer (und NN-) Zeichen auf das symbolisch hinterlegte Deutungssystem. Im Kontext der christlichen Tradition würde man das mit Bezeugung des Evangeliums übersetzen, die Struktur wäre in anderen symbolischen Deutungssystemen strukturell gleich. Ich verwende den Begriff der drittheitlichen Kontextualisierung aber nicht nur in Bezug auf die drittheitlich-symbolische Repräsentation des Objektes im Zeichen, sondern auch im Hinblick auf die Erkenntnisfunktion des Zeichens in einem drittheitlich-argumentativen Zusammenhang als argumentative Übersetzung im Interpretanten: Plausibilität ist die drittheitliche Form der Interpretantenbildung (wohingegen Relevanz einen zweitheitlichen Bezug zu konkreten Erfahrungen herstellt). Wenn das aber das implizite oder explizite Ziel sein soll, so gilt es, da mit Peirce ein zweitheitliches Zeichen nie einen drittheitlichen Interpretanten wachruft, das strategische Ziel zu verfolgen, aus der zweistelligen Reduktion der Zeichen (die ich als Reduktionsformel von Funktionssystemen betrachte) eine Deutung der Zeichen zu drittheitlichen Bezügen offen zu halten oder jedenfalls wahrscheinlicher zu machen.

1.2.3 Ableitungen und Operationalisierungen

Folgt man dem St. Galler Managementmodell, das normative, strategische und operative Aspekte nicht nur voneinander unterscheidet, sondern sie aufeinander bezieht, dann sind strategische Muster für das Steuerungshandeln auf der operativen Ebene zentral. In den Prozessen und Projekten sollte die „DNA" des

---

[15] Merle, Mitglieder gewinnen, 141.

Leitdesigns und das strategische Muster wiedererkennbar umgesetzt werden. Das gilt übrigens gerade „von außen her", denn Bindung entsteht nicht nur durch Erkennen, sondern vor allem durch „Wieder-Erkennen" und ein Einordnen in Bekanntes; wenn man so will, ist das quasi die erkenntnistheoretische Grundlage des modernen Marketing-Mixes. Im operativen Geschäft muss die Steuerungsfrage also lauten, ob das strategische Muster umgesetzt und wiedererkennbar kommuniziert wird. Von entscheidender Bedeutung ist im Steuerungshandeln somit, dass aus Sicht der Organisationsentwicklung die höhere Ebene die unteren bestimmt und orientiert, aus der Außenperspektive ist entscheidend, dass die jeweils höhere Ebene „hinter" den anderen „transparent" bleibt. Das heißt: Organisationsentwicklung (nach innen) muss auf das Erreichen von Zielen nach außen hin orientiert sein, sonst bleibt sie Selbstzweck. Eine Zielentwicklung wiederum muss fragen, wie Prozesse gesteuert werden können, um das Erreichen von Zielen (durch organisationales Handeln) wahrscheinlicher zu machen. Zielentwicklung bedingt Organisationsentwicklung. Es geht also im strategischen Steuerungshandeln auch immer um die klassisch semiotische Frage: Was „steht für wen wofür"...? Und zugespitzt: Stehen Kirche und Diakonie zeichenhaft und erkennbar für ihren drittheitlichen Kontext? Das gilt so aber eben auch für alles, was potenziell zeichenhaften Charakter haben kann: Institutionen, Ressourcen und Strukturen: Wofür stehen sie? Was lässt sich aus ihnen ableiten? Welche Zeichen setzen sie? Und wie werden die Zeichen von außen her verstanden?

Um der Frage nachzugehen, wie Bindung zielgerichtet verdichtet werden kann, ein weiterer Blick auf das semiotische Modell. Peirce stellt Beziehungen zwischen den Zeichenklassen her, denn die Pole korrelieren miteinander. Und er zeigt, dass z. B. aus zweitheitlichen Zeichen kein drittheitlich-argumentativer Interpretant werden kann (siehe oben). D. h. aus reinen Handlungs- und Gewohnheitsbezügen auf der Zeichenebene ergeben sich keine argumentativen Potentiale. Verdichtung von Bindung braucht drittheitliche Zeichen oder Zeichenkontexte ... Umgekehrt lässt sich das im Sinne der Verdichtung von Bindung strategisch einsetzen, denn
- erstheitliche Bezüge dienen der Anknüpfung von Bindung,
- zweitheitliche Bezüge dienen der Verdichtung von Bindung und
- drittheitliche Bezüge machen Bindung argumentativ belastbar.

Angesichts der Meta-„Kommunikationsbedingungen" Individualisierung, Pluralisierung, Digitalisierung ..., sind folgende aufeinander abgestimmte und aufeinander zu beziehende strategische Ziele (semiotisch: als Interpretantenbezug bzw.) als „strategische Nenner" ableitbar.
- Herstellung von *Erreichbarkeit und Erkennbarkeit* ist gerade angesichts der derzeitigen Aufmerksamkeitsökonomie erstheitliche Zielbestimmung auf normativer Ebene. Erreichbarkeit ist (erstheitliche) „Bedingung der Möglichkeit" einer Verdichtung von Bindung.

- *Relevanz* kirchlicher Handlungs- und Deutungszeichen (angesichts von individualisierter Deutungshoheit) ist das Ziel (zweitheitlicher) „Realisierung der Möglichkeit" und eine Frage der Kontaktflächen und sich verdichtender Ermöglichungsräume.
- *Plausibilität* (in der pluralen Fülle von Deutungsangeboten) ist das Ziel drittheitlicher Bezüge, um Bindung belastbar zu machen. Sie ist als „Entdeckung der Möglichkeit" das (drittheitliche) Muster der Argumentation.

Verdichtung von Bindung (in Korrelation mit drittheitlicher Kontextualisierung) lässt sich als strategisches Muster (= Deutungsnenner) und orientierendes Ziel ausmachen.[16] Zusammenfassend kann nachstehende Darstellung hilfreich sein:

Ziel Verdichtung von	Herausforderung	Operatives Muster	Relationskategorie	Semiotischer Modus / Erkenntnistheorie
Erreichbarkeit und Erkennbarkeit	Aufmerksamkeits-Ökonomie	Anknüpfung von Bindung	Erstheitl.	Bedingung der Möglichkeit (extra nos)
Individueller und gesellschaftlicher Relevanz	Individuelle Deutungshoheit (Subjektorientierung)	Verdichtung von Bindung	Zweitheitl.	Realisierung der Möglichkeit (pro nobis)
Inhaltlicher Plausibilität	Pluralisierung der Angebote	Belastbarkeit von Bindung	Drittheitl.	Erkenntnis der Möglichkeit (in nobis)

Noch einmal: „Verdichtung" meint ausdrücklich nicht Rückzug und schon gar nicht inhaltliche Verengung, sondern das Wahrscheinlichermachen dessen, dass ein Interpretant im abduktiven Erschließen von Zeichenbedeutung Bezug auf das christliche Deutungssystem nimmt. Wahrscheinlicher wird das durch ein verdichtendes Heranrücken der Zeichen an eine wiederkehrend erkennbare Reduktionsformel (die z. B. auch Diversität meinen kann).[17]

---

[16] In diesem Sinne ließe sich m. E. auch die Rede von der „Tonalität" interpretieren, die die neue Vorsitzende des Rates, Präses Kurschus, direkt nach ihrer Wahl als Leitmotiv ausgegeben hat. Ohne sich hierbei auf die 12 Leitsätze zu beziehen, ist so jedenfalls implizit das strategische Muster der drittheitlichen Kontextualisierung aufgenommen und weitergetragen worden.

[17] Der Modus der *Verdichtung* (letztlich von Belonging und Believing), der Modus des „Hineinfindens" ist die Abduktion als permanente und semiotische Schleife im Abgleich und in zunehmender Annäherung (Verdichtung) von hypothetischer Annahme und Bezug zum (drittheitlichen) Deutungssystem. Es gilt, Möglichkeiten zu nutzen, um strategisch die Relationskategorien aufeinander zu beziehen und so eine Verdichtung von Bindung wahrscheinlicher zu machen. Dass Bindung durch inhaltliche Plausibilisierung (deren Modus

1.3 Inkarnatorische Selbstaussetzung als theologisches Motiv der Sozialraumorientierung

Auch wenn sich normative, strategische und operative Bezüge auf implizite Zielformulierungen beziehen lassen: Soll die Sozialraumorientierung keine leere Konzeptvokabel sein, dann muss sie sich aus einer theologischen Grundüberzeugung ableiten lassen. „Hinaus ins Weite" beschreibt zwar kein Ziel, aber eine Richtung. Es folgt der Logik inkarnatorischer und inklusiver Theologie: „Christus hielt es nicht für einen Raub, Gott gleich zu sein, sondern entäußerte sich selbst." (Phil. 2,6).

Auf dem Weg hinaus ins Weite könnte das m. E. ein theologisches Motiv sein, auf das hin sich Kirche „hinaus"-fordern lässt aus diffuser Selbstgenügsamkeit und einem (deprimierten) Rückzug aufs Kerngeschäft angesichts des Rückgangs von Ressourcen und Mitgliedern. Aber taugt der Sozialraum als Adressat eines exzentrischen und inkarnatorischer Selbstverständnisses?

1.3.1 Selbstbezug zwecklos!

Damit zurück zum o. g. Thema „Absichtslosigkeit", das Aufhänger einer theologischen Grundverständigung im Blick auf die Sozialraumorientierung ist: Genügt es denn nicht, Menschen um ihrer selbst Willen zu helfen? Anwalt zu sein? Selbstverständlich tut es das und ist Sinn und Zweck kirchlich-diakonischen Handelns. Aber fällt eine diakonische Kirche nicht sozusagen auf der anderen Seite vom Pferd, wenn sie daraus abzuleiten sich genötigt sähe, dass das, was sie tut, im Blick auf die Plausibilisierung der Verkündigung des Evangeliums *folgenlos* bliebe? Darauf und nur darauf können sich strategische Überlegungen beziehen, ohne sich dem Verdacht der Verzweckung auszusetzen. Kann, muss eine diakonische Kirche nicht das eine tun – und darf zugleich das andere im Blick haben? Nicht paternalistisch, sondern einladend, werbend, „lockend", wie Luther es nennt. Und ist Strategie hier dann nicht mehr, aber auch nicht weniger (!), als das Erreichen dieses Ziels konsistent gesteuert wahrscheinlicher zu machen?

Ist der religiöse Kontext kirchlich-diakonischen Handelns von der Außenwahrnehmung her nicht transparent, welche Alleinstellung sollte Kirche und Diakonie aus Sicht dieser Perspektive zugeschrieben werden? Warum sollte etwa jemand, der Kirche analog zu politischen Parteien oder anderen Akteuren im Sozialraum wahrnimmt, auf die Idee kommen, etwa seine religiöse Lebensdeutung oder sozialethische Urteilsbildung in den Kontext kirchlicher Verkündigung zu

---

als drittheitliche Kontextualisierung beschrieben worden ist) wahrscheinlicher wird, zeigt (vgl. hierzu: Merle, Mitglieder gewinnen), dass es eine nicht beliebige Korrelation von Belonging und Believing gibt – womit auch sichtbar wird, dass eine *theologische* Reflexion auf genau diese Frage von zentraler Bedeutung ist.

stellen? Werden gesellschaftliche und politische Stellungnahmen nicht daraufhin transparent kommuniziert (und also: durch Verweis auf theologische und kirchliche Motive transparent gemacht und so durch symbolische Objektbezüge des Zeichens drittheitlich kontextualisiert), besteht jedenfalls kein Grund, aus zweitheitlichen Bezügen abduktiv auszusteigen und Bindung an religiöse Deutungssysteme zu verdichten. Man könnte aber einwenden, dass genau dieses drittheitliche Offenhalten religiöser Deutungsbezüge als Alleinstellung von Kirche und Diakonie sich eben nicht auf Sozialraumorientierung beziehen darf. Es ist dies die Herausforderung, die in einer kirchlichen Sozialarbeit und Diakonie immer wieder zu bewältigen ist: der Profession entsprechend zu agieren und zugleich religiöse Dimensionen offen zu halten. Selbstaussetzung ist nicht dasselbe wie Selbstverleugnung! Aber wenn man den Sozialraum gleichzeitig nicht als Adressaten Verzwecken möchte, dann wird es ganz entscheidend darauf ankommen, mit welcher hermeneutischen Haltung man in diese Prozesse einsteigt.

Eines aber sollte hier festgehalten werden: Plausibel ist kirchliches Handeln im Sozialraum nur dann (für persönliche Lebensdeutung ebenso wie öffentliche Urteilsbildung), wenn glaubhaft gemacht werden kann, dass es in dem, was von Kirche und Diakonie im Sozialraum getan wird, nicht um den Selbsterhalt der Organisationen (durch Mitgliedschaft und Kirchensteuer) geht. Menschen haben Gott sei Dank ein präzises und sensibles Gespür dafür, wenn ihre Interessen und Belange verzweckt werden. Mit anderen Worten: Der Selbstbezug ist zwecklos. Kirche und Diakonie müssen sich als Zweck ins Aus setzen. Paradoxerweise wäre selbst das Werben für eine diakonische Kirche nur dann wahrscheinlicher zielführend, wenn plausibel gemacht werden kann, dass es um sie selbst nicht geht![18]

Dieser theologisch begründeten und selbst bestimmten Aussetzung (als außer Kraft Setzung) einer Verzweckung der Sozialraumorientierung korrespondiert die semiotische Einsicht: Ihr Handeln, Tun und Lassen sollte symbolisch für etwas anderes stehen (d. h. drittheitliche kontextualisiert sein)! Der „Container" kann gefüllt werden im Sinne drittheitlicher Kontextualisierung mit Begriffen wie Gottes- und Nächstenliebe, Begriffen des christlichen Traditions- und Deutungssystems: Wo das nach außen hin – und zwar auch unter den Bedingungen von vermeintlicher Indifferenz – hinreichend erkennbar bzw. wenigstens ahnbar wird, macht es womöglich eine drittheitliche Deutung wahrscheinlicher, die nun aus sich selbst heraus wiederum Verzweckung ausschließt. Am Ende läuft auch das wieder auf die semiotische Steuerungsfrage für strategische Ausrichtung hinaus: „Was steht wofür für wen?"

---

[18] In diesem Sinn verorte ich mein vermeintliches Programm zur „Mitgliedergewinnung" (und dem darin entworfenen strategischen Muster drittheitlicher Kontextualisierung) gerade als Selbstaussetzung dieses Zieles!

1.3.2 Selbstaussetzung – zur exzentrischen Existenz der Kirche

Das für die Sozialraumorientierung maßgebliche „Hinaus ins Weite" folgt der Logik inkarnatorischer (und zutiefst inklusiver) Theologie. Diese Selbstentäußerung, das „Sich Aussetzen" ist das exzentrische Motiv, das auch die Struktur des Glaubens bestimmt: Die Selbstaussetzung ist nach Überzeugung reformatorischer Theologie die Struktur des Glaubens als Vertrauen und eines „sich Verlassens auf". Nicht das „Ich" des Menschen trägt den Glauben. Vielmehr trägt der Glaube den Menschen. Außer sich zu sein (paulinisch: „nun lebe nicht mehr ich, sondern Christus lebt in mir" (Gal 2,20); lutherisch: der christologische Bezug des Glaubens, wie er etwa im Motiv des fröhlichen Wechsels sichtbar wird!), sich zu verlassen, aus sich rauszugehen und zu verlassen: In dieser *Selbstaussetzung des Ich* lässt sich die exzentrische Gegenbewegung zum Inkurvatus in se (lat.; dt.: „der auf sich selbst verkrümmte Mensch") ausfindig machen.[19]

Selbstaussetzung allerdings ist nicht nur Struktur- und Wesensmerkmal des Glaubens. Sie ist auch Struktur- und Wesensmerkmal der auf das Wort bezogenen ecclesia invisibilis. Die Kirche ist nach reformatorischem Verständnis dem Glauben nicht vor- oder übergeordnet, sondern durch den Glauben konstituiert. Und was daher für den Glauben zu sagen ist, das ist auch für die Kirche zu sagen. Und indem sie sich aussetzt, wird sie getragen. Im Bild des Seewandels des Petrus (Mt 14,23–33): Indem sie aus der Sicherheit „aussteigt" wird sie getragen – solange sie auf Christus schaut. Schaut sie auf sich selbst (wer kenn diese Nabelschau nicht?), bleibt sie nur bei sich, wird sie untergehen. Übersetzt heißt das: Nur relational auf Gott bezogen trägt der Glaube. In der Einleitung zu den 12 Leitsätzen wird das entsprechend als Verbundenheit mit Jesus Christus, Vertrauen und Praxis der Liebe formuliert. Die Leitsätze formulieren darin etwas, was man in seiner Bedeutung als nicht weitreichend genug einschätzen kann. Denn der Glaube wird hier zu einer Art Brille, besser semiotisch formuliert: zu einem Deutungsmuster, von dem aus auf das gesehen wird, was geschieht. Um es mit Luther zu sagen: Die Dinge sind nicht an und für sich etwas, sondern sie werden durch Glauben zu etwas gemacht. Diese kreative Schlussfolgerung des Interpretanten ist im wahrsten Sinn „bedeutungstragend". Wichtiger aber hier noch: Es handelt sich um einen Prozess, der erkenntnistheoretisch als Abduktion zu beschreiben ist. Dieses in der Logik als 0-1 Differenz bekannte Muster ist erkenntnistheoretisch von enormer Bedeutung, denn damit wird die Abduktion als dritte Form der logischen Schlussfolgerung zum Modus des „sich Verlassens". Abduktion ist eine auf Hypothesen basierende Annahme, die sich (auf un-

---

[19] Vgl. hierzu: Merle, Steffen, Mitglieder gewinnen, 141: „Die ganze Exzentrik dieses Prozesses ist das „Sich-Verlassen" (bzw. sein Herz personal an Christus hängen) als Aufhebung der Inseität. Die unmittelbare Gewissheit, sich auf diesen Zeichendeutungsrahmen eingelassen zu haben, ist eine Sicherheit und Gewissheit des Instikts bzw. der Intuition (Peirce nennt dies den „Abduzent")."

terschiedliche Weise) so verdichtet (!), dass man bereit ist, sich selbst zu verlassen und sich (erkenntnistheoretisch: schlussfolgernd; theologisch: existentiell auf etwas vertrauend) auf etwas Neues einzulassen. *„Verdichtung" von Annahmen als Modus abduktiver Erschließungsprozesse* müsste man also besser so schreiben, dass man hinter „Hinaus ins Weite" ein Ausrufezeichen setzt: „Hinaus ins Weite!": Indem sich Kirche selbst aussetzt und (Gott vertrauend sich) verlässt, wird sie getragen. Das „Muster der Verdichtung" ist Teil der Logik abduktiver Schlussfolgerungen, die im Modus des „sich Verlassens" nicht nur für den Glauben, sondern auch für die Exzentrik der Kirche auf dem Weg hinaus ins Weite konstitutiv sind.

Die gemeinsame Herausforderung ist Selbstaussetzung statt Rückzug. Angesichts zurückgehender Ressourcen und Mitglieder scheint der Rückzug aufs religiöse Kerngeschäft für manche Kirchengemeinde eine Option, die demzufolge aber auf falsche Sicherheiten setzt. Sozialraumorientierung scheint ihr Grundversprechen dadurch einlösen zu können, dass sie für viele Kirchengemeinden den Blick vom Downsizing hin zu einem konstruktiven, kreativen und „aus sich herausgehenden" Handeln ermutigt. Sozialraumorientierung ist gewiss auch wörtlich eine „Herausforderung", und für manche auf kirchliche Kernbezüge eingespurte Haupt- und Ehrenamtliche auch bisweilen eine Überforderung – aber sie ist auch eine strategische Gegenbewegung zur ekklesiologischen Embryonalhaltung (das „kirchliche Inkurvatus"). Auch und gerade in der „exzentrischen" Selbstaussetzung wird der tragende Grund erfahrbar, auf den hin man „sich verlassen" kann. Das ist aber eben nicht nur ein (semiotisch rekonstruierbarer) Deutungsprozess, sondern immer nur auch sozial vermittelt.

Wie Jesus sich von Menschen berühren ließ und sich ihnen aussetzte, so lässt sich eine diakonische Kirche stets neu vom Nächsten berühren (Phil 2,5-11). Das bewegt Christinnen und Christen, indem es sie hinaus ins Weite trägt. Im Für- und Mit-anderen-Sein, indem sie sich selbst aussetzt, kommt – paradoxerweise – Kirche diakonisch zu sich selbst. Die Kirche muss darum ringen, nicht nur durch deutende Worte, sondern durch erfahrbares Handeln dicht bei den Menschen zu sei. Insofern: *Kirche muss diakonischer werden.* Es geht das eine gar nicht ohne das andere, das Innere nicht ohne das Äußere! Diese zutiefst reformatorische Einsicht lässt ahnen, dass es ja ein Evangelium nie an sich gibt, sondern immer nur ad personam adressiert.

Im Sozialraum, im unmittelbaren Lebensumfeld zeigt sich, dass Mensch-Sein letztlich In-Beziehung-Sein ist (s. u.). Deshalb vermissten Menschen in der Pandemie am meisten das Zusammen-Sein. Im Sozialraum unterwegs zu sein, sich auf andere/s einzulassen – gleich ob Menschen, Räume, Denkmuster oder Prozesse – macht anschlussfähig. Eine diakonische Kirche setzt sich aber auch Mehrdeutigkeit aus. Zugleich entstehen neue Anknüpfungspunkte, neue Kontakte, neue Netzwerke mit verschiedensten Akteuren. Es ist eine lebendig machende Erfahrung, die in dieser Bewegung steckt: Vielfalt bereichert, macht lebendig, eröffnet die Möglichkeit innovativer Ideen und Initiativen. Eine diakonische Kirche, die nicht verwechselbar wird in funktionalen Systemen und unter ökonomischen Zwängen, steht zu ihrer Tradition, kommuniziert religiöse Deutungskontexte und gibt dem Geist Gottes Raum. Die Diakonie muss darum ringen, in ihrer Nähe zu den Menschen, ihre Quelle zu zeigen und sinnstiftend das Evangelium zu kommunizieren. Insofern: *Die Diakonie muss kirchlicher werden.*

So sehr die Struktur des Glaubens hier als Selbstaussetzung hervorgehoben wurde: Wenn man dieses existenziale Grundmuster auch ekklesiologisch geltend machen möchte, dann fokussiert sich die Fragestellung einerseits darauf, dass zu dieser geglaubten Kirche auch die sichtbare Kirche als Institution, Organisation und Gemeinschaft ins Verhältnis gesetzt werden muss und zweitens, dass als sichtbare Prozesse diese auf das programmatische Muster der Vernetzung im Sozialraum zu beziehen sind.

1.4 Von der Institutions- zur proaktiven Netzwerklogik

Es ist eine Spannung, die eine diakonische Kirche auszuhalten hat und die sich hier im Aufspannen eines handlungsorientierenden Koordinatennetzes zwischen Richtung gebender Strategie und Unverfügbarkeit, zwischen strategischen Mustern und Verzweckung ausschließender Selbstaussetzung gezeigt hat. Gelingen kann das nur im Prozess selbst, in der Art und Weise, sich als Akteur immer wieder selbst über die Schultern zu schauen und zu orientieren. Denn als verfasste Kirche ist sie nicht nur auf die Kirche des Glaubens bezogen, sondern eben auch eingebunden in z. B. organisationale Strukturen, systemische Bezüge, geschichtliche Prägung usw. Ein Bezug allerdings unterscheidet sie von der Diakonie: Der Bezug zum „Markt."

Verfasste Kirche ist als Institution nicht auf den Markt bezogen, sondern auf Verfügbarkeit hin ausgelegt. Hier haben Kirche und Diakonie sehr unterschiedliche Voraussetzungen – auf ihrem jeweiligen Weg in den Sozialraum, denn (nicht nur) in dieser Hinsicht ist Diakonie viel weiter auf dem Weg hinaus ins Weite und eine Marktkopplung hat sie der Institution Kirche in ihren organisationalen Strukturen weit voraus. Allein zeitliche Strukturen stellen dann schon mal für ein gemeinsames Agieren eine große Herausforderung dar: Bis ehrenamtliche Kirchenvorstände die Dinge auf dem Weg haben, sind professionelle Teams meist viel schneller. Diakonie, so könnte man sagen, ist in dieser Hinsicht dem funktionalen „Umweltsystem" weit mehr ausgesetzt und den Logiken entsprechend angepasst. Damit ist Diakonie weder besser als Kirche (weil sie die Markt- und Resonanzkopplung längst verinnerlicht hat), noch schlechter (weil sie sich in diesen funktionalen Systemen den Gefahren einer Selbstsäkularisierung aussetzt). Sie agiert einfach in anderen Rationalitäten. Es mag zu selten vorkommen, dass die Verschiedenheit dieser Organisationsstrukturen konstruktiv und kreativ aufgenommen und gestaltet wird. Aber eine Alternative mag ich nicht darin sehen, schon gar nicht vom „Niedergang der Kirche und dem

Aufstieg der Diakonie"[20] reden.[21] Funktionale Umweltsysteme sind (semiotisch) zweiheitlich organisiert. Die Diakonie agiert in den Rationalitäten dieser Umweltlogiken und ist daher natürlich besser aufgestellt, weil diese Zweiheitlichkeit der Handlungsorientierung das Leitdesign religiöser Orientierung darstellt, die (angesichts von Individualisierung usw.) weitgehend ohne drittheitliches Deutungsnormativ auskommen will. Dafür kann die Diakonie nichts. Es korrespondieren lediglich säkularisierte Deutungsmuster mit einer Bedeutungszunahme von vermeintlicher Sozialreligion.

Und ja: Angesichts dieser unterschiedlichen Voraussetzungen steht eine diakonische Kirche auch vor der Herausforderung, die interne Vernetzung zu verbessern: Indikator ist z. B. die schlichte Frage, wo und an welcher Stelle in den Kirchenentwicklungsprozessen in den Regionen die Diakonie einbezogen wird? Man bliebe als Kirche in den Logiken des eigenen Systems, wenn es nur um pastorale Räume oder Personalentwicklung ginge. Umgekehrt kann eine Diakonie in der Region auch Kirchengemeinden weit mehr für ihre Customer-Relations nutzen. Wie auch immer: Wenn es oben so formuliert wurde, dass „Kirche diakonischer werden solle und Diakonie kirchlicher", dann ist damit ausdrücklich nicht gemeint, den organisationalen Status infrage zu stellen, sondern die Art und Weise, wie beide gemeinsam vom Resonanzraum her wahrgenommen werden.

Dafür ein Beispiel typischer „Institutionslogik": Die Ausrichtung einer Institution auf Absicherung und Verfügbarkeit wird z. B. im Blick auf die Kasualien deutlich. Wenn ein Trauerfall eintritt, muss man jemanden im Pfarramt erreichen können. Ein für die Institution (wie Kirche oder Polizei ...) gültiger Satz ist dann bisweilen: „Gut, wenn sie da ist. Besser, wenn man sie nicht braucht." Zunächst gilt also für die Institution nach innen wie nach außen, dass ihre Logik unabhängig vom konkreten (Markt-)Bedarf verfügbar gehalten werden muss. Dem entsprechen die Logiken der Finanzplanung und Haushaltsführung ebenso wie die der strategischen Ausrichtung. Die Institutionslogik läuft also auf Verstetigung, Verlässlichkeit und Absicherung der Prozesse zu.

Damit gerät die Kirche (wie gezeigt mehr noch als die Diakonie) aber in ein *strategisches Dilemma*: Denn diese statische und auf Absicherung der Verfügbarkeit bedachte Institutionslogik meint de facto das Gegenteil von Hinaus ins Weite, wo man im Sozialraum auf dynamisch, agile und sich immer neu verändernde und erfindende Prozesse trifft. Kurzum: Das strategische Dilemma steckt für eine Institution, die sich auf den Weg in den Sozialraum macht, im Zuständigkeitsdenken, in langen Entscheidungswegen, in den Traditions-Beharrungs-

---

[20] Wegner, a.a.O.
[21] Mit Georg Lämmlin würde ich jedenfalls unbedingt ausschließen wollen, in dem sozialen Engagement eine Ersatzhandlung sehen zu müssen, die sich dann negativ auf die Kommunikation des Evangeliums auswirkt.

kräften innerhalb und außerhalb entscheidender Leitungsgremien usw.[22] Wo das nicht eingeübt und vorangebracht wird, da sind diese sich selbst verstetigenden (autopoietischen) Institutionslogiken nur sehr schwer veränderbar. Damit wird Sozialraumorientierung auch für die Kirche zu einer echten Herausforderung: Bis aber Zuständigkeiten geklärt sowie Gremien vorbereitet sind und Meinungsbildung abgeschlossen ist, ist dann eben in den WhatsApp-Gruppen (im Sozialraum) der Prozess meist längst drei Schritte weiter.

Dort allerdings, wo diese Institutionslogiken nicht (mehr) greifen, da entstehen mitunter Frei-Räume für kreative und dynamische Prozesse, die Aufbruchstimmung verbreiten. Diese Logik machen sich die sog. Erprobungsräume zu eigen. „Nagelprobe" für solche Erprobungsräume ist dann aber am Ende des Tages, ob eine (weiter weg ja immer noch präsente) Institution sich nicht doch irgendwann für „zuständig" erklärt, die Prozesse an sich zieht, ordnet, verstetigt und damit aber zugleich meist Dynamik (durch Fremdbestimmung) rausnimmt. Bzw., um noch einen Schritt weiterzugehen: Die eigentliche Herausforderung besteht darin, dass die Logik der Sozialraumorientierung von diakonischer Kirche im wahrsten Sinn ein Erprobungsraum *auch für die Selbstaussetzung der Institutionslogik* ist. „Setzt" sich eine diakonische Kirche dem wirklich „aus", dann muss sie auf sich ändernde Rahmenbedingungen der Kommunikation des Evangeliums eingehen und sich auf agile und dynamische Prozesse einlassen. Und damit kommt der eigentliche strategische Paradigmenwechsel von der Institutionslogik zur proaktiven Netzwerklogik in den Blick:

Nach innen bedeutet das, *eine Rückkopplung von außen in die eigenen Institutions- und Organisationsprozesse einzuschleifen!* Dabei ist wichtig, im Blick zu haben, dass das mehr ist als eine Resonanzkopplung zuzulassen. Eine Resonanzkopplung an sich kann ja auch in der Angebotslogik bleiben. Hier ist aber gemeint – und das ist programmatisch in der Sozialraumorientierung festgehalten – von der *Resonanzkopplung her* zu denken! Wenn man das zulässt, entdeckt man schnell, wie anachronistisch und überholt viele Institutionsmuster sind. Faktisch ist eine diakonische Kirche als Hybrid im Sozialraum unterwegs, denn Digitalisierung ist ja nicht nur die Veränderung von Kommunikation, sondern letztlich die Veränderung eines Weltbildes. Zugespitzt: Eine Institution braucht Prozesse wie die Sozialraumorientierung, um ihren Transformationsprozess auf den Weg zu bringen, agiler und dynamischer und faktisch hybrider in der eigenen Strukturlogik zu werden. Soll Innovation und Transformation ernsthaft in die Organisation eingespielt werden, dann muss das mit einem strategischen Paradigmenwechsel einhergehen, der konsequent die Denkrichtung umkehrt: Innovation kommt (mit Nethöfel) immer von den Rändern und von unten in den

---

[22] Es ist nicht nur die Kirche allein, die mit der Agilität und Dynamik solcher Prozesse mitunter überfordert ist. Das betrifft in derselben Weise alle Organisationen in einem dementsprechenden Transformationsprozess. Denn Beharrungskräfte gibt es überall da, wo Veränderungen anstehen und Verstetigung des Bekannten eine (trügerische) Sicherheit gibt.

Netzwerken. Irritation der Institution (von den Rändern her) ist strategisch sinnvoll und kein strategischer Störfall. Insofern sollte die steuernde Mitte die organisationalen Voraussetzungen dafür schaffen, Prozesse von außen nach innen zu ermöglichen – und zugleich, die internen Prozesse neu und vernetzter zu denken. Hier braucht kaum betont zu werden, dass Kirche und Diakonie, dort, wo sie in sozialen Räumen, in ihren Zuständigkeiten, versäult nebeneinanderher agieren, diese interne Vernetzung als Chance und nicht als Konkurrenz zu gestalten und zu verstehen haben sollten. Man braucht nicht über externe Vernetzungslogiken nachzudenken, wenn sie sich intern immer wieder als so problematisch darstellen. D. h. Kirchenentwicklung geht nicht ohne Diakonie! Das gilt umgekehrt freilich genauso. Entscheidende Voraussetzung, im Sozialraum eine diakonische Kirche sein zu können, ist, die eigene interne Versäulung zu überwinden, agiler, prozessorientierter und quervernetzt zu agieren – und das gemeinsam in den Prozessen im Sozialraum einzuüben (und nicht nur in gegenseitiger Repräsentanz von Leitungsgremien). Auch hierfür ist Sozialraumorientierung in ihrer programmatischen Vernetzungslogik ein wichtiger Impuls, denn diese Netzwerklogik lebt von der Dynamik in Prozessen, von der Ausrichtung nach vorne, von dem Über sich selbst hinausgehen, usw. – ein Lernfeld „Netzwerk- und Prozessorientierung", in das hinein statische Institutions- und Organisationslogiken „sich überwinden" und verlassen können.

Nach außen bedeutet das, sich einlassen, sich verlassen, sich explorativ auf den Weg hinaus ins Weite machen. Das heißt auch, die wahrscheinlich am tiefsten verwurzelte Sorge im Übergang von einer Institutions- zur Netzwerklogik zu überwinden: die des Kontrollverlustes. In Netzwerken entstehen Prozesse und Dynamiken dann, wenn ein solches Netzwerk eine gemeinsame DNA hat, wenn die gemeinsamen Ziele einleuchten, begeistern. Dazu braucht es meist Pioniergeist, Menschen, die vorangehen, mitziehen, bisweilen irritieren und aufbrechen. In solchen Netzwerken entstehen durch Einflüsse von außen und unten (Nethöfel) Potenziale, die Innovationen und kreative Prozesse generieren und wahrscheinlicher machen. Netzwerke beziehen Vielfalt mit ein, knüpfen an (dem an, was da ist), agieren nicht versäult (in Zuständigkeiten), sondern sind aufgaben- und prozessorientiert. Diese zutiefst im Grunde inklusive DNA der Netzwerkarbeit ist für die Sozialraumorientierung programmatisch und ein strategischer Impuls für eine diakonische Kirche auf dem Weg hinaus ins Weite. Eine Entwicklung im Sinne des semper reformanda braucht solche Impulse.

Insofern stellt sich allerdings am Ende die Frage, wie man kreative und dynamische Prozesse (als Institution) verstetigt. Die Antwort ist im Sinne der Netzwerklogik relativ einfach: indem man Irritation verstetigt. Und es wäre ein aufschlussreicher und sicher weiterführender Impuls, diese Irritation in Gremien von Kirche und Diakonie entsprechend zu hinterlegen – und weil Personen immer für Positionen stehen, sich nicht zu scheuen, entsprechende Personen jenseits von gewollten Homogenitätsmustern in die Prozesse (proaktiv) einzubinden.

Genau das hat eine sich in der Transformation befindliche diakonische Kirche zu lernen. Und genau dafür setzen die programmatischen Muster der Sozialraumorientierung wichtige „Lernimpulse": nämlich den Ansatz bei dem Willen und den Interessen der Menschen, den Ressourcen im Sozialraum, der Aktivierung usw. Das heißt: Von außen nach innen zu denken und nicht – wie gewohnt – in kirchlich-diakonischen Angebotsmustern. Letztlich muss man feststellen, dass die meisten Netzwerke in den Sozialräumen nicht auf Kirche und Diakonie warten. Aber sie geben uns die Chance, einen notwendigen strategischen Paradigmenwechsel einzuüben.

2. Hermeneutischer Paradigmenwechsel: Von der Begründungs- zur Entdeckungshermeneutik

Bindung als strategisches Motiv findet in der Sozialraumorientierung, die sich in Bindung und Verbindung von vernetzter und vernetzender Arbeit programmatisch darstellt, ihre Gestalt und Gestaltungsmöglichkeit: Hier verwirklichen sich Miteinander, partizipative Prozesse, inklusive Haltung – d. h. es geht immer auch um eine bestimmte Form der Gestaltung des Miteinanders, der personalen und gesellschaftlichen Bezüge. Dass *in, mit und unter* diesen Prozessen auch religiöse Dimensionen (drittheitlich) wachgehalten werden können – und darin letztlich auch ein Bezug zur Bindung (nicht zur diakonischen Kirche, sondern) zu Gott eröffnet werden könnte, das ist m. E. die Tonalität, die sie einträgt. Es sind die inklusiven und solidarischen Perspektiven, die ganzheitliche Ausrichtung der Prozesse. Das ist gerade als strategisches Muster auf dem Weg hinaus ins Weite und als Zielorientierung auf diesem Weg behauptet worden. Der gänzliche Verzicht darauf würde – etwa in einem rein sozialdiakonischen Ansatz – konsequent auf eine Selbstsäkularisierung in funktionalen Systemen zulaufen.[23] Das andere Extrem wäre demgegenüber die Verzweckung dieser Prozesse etwa in missionaler Absicht.

Kurz gesagt: Ich halte weder das eine noch das andere für richtig. Und es ist zu zeigen, wie die programmatische Ausrichtung der Sozialraumorientierung – im wahrsten Sinn mit dem anzufangen, was da ist – sozusagen auch hermeneutisch eine diakonische Kirche herausfordert. Die These, die ich hier verfolgen möchte, ist, dass der Sozialraumorientierung eine binäre Hermeneutik von „oben oder unten", „innen und außen", übertragen auf Kommunikationstheorie: „Sender-Empfänger"-Modellen dieser Prozesse, nicht gerecht wird.

---

[23] In der Tat lässt sich dieser Prozess der Selbstsäkularisierung gerade in funktionalen Bezügen m. E. semiotisch nachweisen. Ich verweise hierzu auf meine Überlegungen in V.KMU – Ein Interpretationsimpuls aus semiotischer Perspektive, 190–194.

Nachstehend soll diese Überlegung durch einen hermeneutischen Paradigmenwechsel hinterlegt werden, der durch eine Sozialraumorientierung nahegelegt aber auch für notwendig zu halten ist – wenn diese weder in eine dogmatisch-konservative noch in eine sozialdiakonisch-liberale Richtung verzweckt werden soll. Das heißt: Auch in der Frage der religiösen Lebensdeutung einer Hermeneutik zu folgen, die den Menschen das Evangelium so bezeugt, dass das „bei dem Anfangen, was da ist" auch für die religiösen Herausforderungen gilt. Dem wird in einem zweiten Schritt nachgegangen. Beginnen möchte ich diesen Abschnitt aber damit, die sozialräumliche Vernetzung (vor dem Hintergrund der inkarnatorischen Theologie) mit einem Gedankengang zur relationalen Erkenntnistheologie und Ontologie zu hinterlegen. Diese Überlegungen (im Branding des Hamburger Wir&Hier-Kongresses 2021 abzulesen an dem „&"-Zeichen) sind sozusagen das hermeneutische Pendant zur Selbstaussetzung (in strategischer Hinsicht). Es gilt darin zu zeigen, dass für programmatische Muster der Sozialraumorientierung auch theologische – und hier noch weiter gefasst: auch erkenntnistheoretische – Grundaussagen gefunden werden müssen, um jene als strategischen Impuls für Kirche und Diakonie in Anspruch nehmen zu dürfen.

2.1   Relationale Ontologie und Erkenntnistheorie

Mensch-Sein heißt „In-Beziehung" sein. Im unmittelbaren Nahraum des Lebens, im Sozialraum, wird dieses sichtbarer als irgendwo anders. Der Sozialraum ist Resonanzraum des Lebens, der angesichts der vielfältigen Transformationsprozesse seinen Reiz in besonderer Weise auszuüben in der Lage ist: Denn noch nie waren Menschen so vernetzt, aber gefühlt zugleich noch nie so allein.[24] Noch nie haben Menschen so viel kommuniziert. Aber es ist gewiss nicht nur mein Empfinden, dass Zoom-Kachel-Konferenzen soziale Bezüge nicht nur schneller getaktet haben, sondern diese auch oberflächlicher haben werden lassen. Noch nie haben Menschen so viel Wert auf Individualität gelegt, nur um dann wiederum ganz individuell zu entscheiden... wie alle anderen. Permanentes Hervorbringen von Einzigartigkeiten (Reckwitz) kann eben auch überfordern. Wo sich der/die Einzelne einer unübersichtlichen Komplexität gegenübersieht, da liegt entweder Rückzug nahe oder Flucht an (politische) Ränder – dorthin jedenfalls, wo es einfache Antworten zu geben scheint. Dort wiederum, wo Komplexität ausgehandelt und ausgehalten wird, in der gesellschaftlichen Mitte, haben es große Organisationen zunehmend schwer, den/die Einzelne zu binden und sich zu plausibilisieren. Hier kommt nun der Sozialraum ins Spiel. Hier wird die Komplexität der vielfältigen Herausforderungen nicht reduziert, sondern in vernetzten Prozessen und Beziehungen gestaltet. Vielleicht ist der Sozialraum gerade

---

[24]   Vgl. z. B. die Berichterstattung der tagesschau: https://www.tagesschau.de/ausland/europa/einsamkeit-corona-103.html (Zugriff am 15.07.2022).

deswegen für viele Organisationen eine Art strategischer Nenner, weil gesellschaftliche Metatrends und globale Transformationen im Nahraum des individuellen Lebens erfahrbar und gestaltbar werden, Mensch-Sein in Beziehungen unmittelbare Resonanz durch die Erfahrung von Selbstwirksamkeit möglich macht. Im unmittelbaren Nahraum des Lebens verhallen Verantwortung und Handeln nicht in unübersichtlichen Prozessen. Vielmehr finden Vielfalt und Gemeinsinn eine unmittelbare Resonanz, man spürt und sieht Wirkung, übernimmt erkennbar(e) Verantwortung. Das ist „global denken – lokal handeln" – in 2.0. Vor Ort bekommt das Hand und Fuß, Geschichten entstehen, Ideen begeistern, Bewegungen entstehen, Inklusion – genauso wie Exklusionen – haben hier Namen und Gesichter. Hier ist der Nachbar mein Nächster, die Nachbarin meine Nächste. Der Sozialraum ist relationaler Resonanzraum und Verantwortungsraum.

Dass „Mensch-Sein" heißt „In-Beziehung" zu sein, das gilt – wenn man es genau nimmt – schon mit dem Moment der Zeugung, prägt unser Leben und, um einen weiten theologischen Horizont aufzureißen, hat eschatologischen Charakter: Leben heißt „In-Beziehung-Sein", und „wenn wir selbst nicht im Tod zu Gott in Beziehung sind", so hat einmal meine Konfirmandin scharfsinnig weitergedacht, „dann werden wir leben. Einen anderen Sinn kann es nicht haben, wenn wir bekennen, dass Christus hinabgestiegen sei in das Reich des Todes – damit wir auch dort nicht allein sind, sondern zu ihm in Beziehung bleiben. Und leben." Diese Grundüberzeugung, dass „Leben in Beziehung-Sein" heißt, lässt sich also mit den Worten meiner Konfirmandin auch weiten in „ewiges Leben heißt, zu Gott in Beziehung zu bleiben". Diese Anekdote lässt sich gut mit Härles Überlegungen hinterlegen. Mensch-Sein heißt „In-Beziehung-Sein". Wie die Grundbeziehung des Menschen zu Gott theologisch ausgeleuchtet wird, lässt sich vor allem z. B. im Blick auf Tauftheologie (als Grundbezug des Lebens zu Gott) und reformatorische Rechtfertigungslehre thematisieren.

Selbstaussetzung des Ich lässt sich als exzentrisches „sich verlassen auf" beschreiben. Dieses apprehensive Grundverständnis des „Anhangen" ist die Gegenbewegung zum Inkurvatus in seipsum. Wilfried Joest formt das in den Begriff der Inseität und erweitert den Sündenbegriff damit sachgemäß um die Grundkategorie der Relation:[25] Man kann diesen Begriff übersetzen als „unabhängig von Gott sein wollen". Dahinter steckt aber noch mehr: Es zeigt nicht nur, dass „Bindung" ein theologisch zentraler Begriff sein sollte (insofern das Loslösen von einer Verbindung zu Gott als Verstoß gegen das Erste Gebot zu verstehen ist), sondern es verweist auf eine *grundsätzlich relational verfasste Ontologie und Erkenntnistheorie,* auf der übrigens auch das für die hier vorgestellten Überlegungen zentrale semiotische Modell aufsetzt: Die Relation von Zeichen-, Objekt- und Interpretantenbezügen ist in jedem Erkenntnis- und Deutungsprozess genuin triadisch vorhanden und nicht hintergehbar. Das Evangelium gibt es nie „an

---

[25] Joest, Wilfried, Ontologie der Person bei Luther.

sich", sondern nur ad personam, weil Verkündigung nie ohne personale und soziale Relationen und Bezüge möglich ist, weil das eine nicht ohne das andere geht. Das Evangelium setzt in Beziehung zu ..., der Glaube setzt in Beziehung zu ... Die Spitzenaussage zu Luthers dreistelligem Verständnis selbst des Glaubensbegriffes und seiner relationalen Ontologie findet sich in der Galaterbriefvorlesung und lautet: „fides creatrix divinitatis, non in se, sed in nobis". Das relationale Verfasstsein von Erkenntnis hat seine Spitze also darin, dass Interpretantenbildung ein kreativer Zuschreibungsakt von Zeichen-Bedeutung ist. In der Triade von Zeichen-, Objekt- und Interpretantenbezügen ist das deswegen so wichtig, weil dieses „in nobis" die eigene Realität konstituiert. Um das präziser aufzuschlüsseln folgende Überlegung: In der Kategorienlehre des Peirceschen Modells ist Erstheitlichkeit als Realität der Möglichkeit definiert. Allerdings ist Möglichkeit bei Peirce kein Defizit von Wirklichkeit, sondern Realität (wie das, was ein Erfinder erfindet, als Möglichkeit vorher schon real war, nur eben noch nicht erkannt). Der Objektpol bezeichnet demzufolge die Bedingungen von Möglichkeit (extra nos), der Zeichenpol die Realität von Möglichkeit (pro nobis), der Interpretantenpol aber die „Entdeckung der Möglichkeit" (in nobis). Es ist nicht das eine ohne das andere. Und was außerhalb dessen ist, kann nicht gedacht werden. D. h., wie etwas gesehen wird, setzt in Beziehung, ermöglicht, verdichtet und plausibilisiert, oder verhindert, belastet und relativiert Bindung. Insofern ist auch Bindung immer „gedeutete" Bindung und darin gibt es – so würde ich entlang dem semiotischen Modell geltend machen – eine nicht beliebige Relation von Deutungsmustern und Bindungsintensität. Die Dinge – auch der Sozialraum und das darin sich Zeigende – sind nie etwas „an sich", sondern *werden durch etwas zu etwas* gemacht (Martin Luther). Auch Erkenntnis und Deutung sind ein individueller, aber aktiver, kreativer und relationaler Zuschreibungsakt in einem bestimmten Deutungskontext.

Eine demgegenüber (semiotisch formuliert) „zweistellige" Kommunikationstheorie, wie „innen-außen", „oben-unten", „Sender-Empfänger", wird den komplexen Kommunikationsbedingungen nicht (mehr) gerecht.

2.2 Von der Begründungshermeneutik zur Entdeckungshermeneutik

Eine im Sozialraum engagierte diakonische Kirche bringt sich ein, begleitet und fördert, schafft z. B. Ermöglichungsräumen für Prozesse, Ideen, Menschen. Sie geht eine Meile mit, wenn es sein darf, dann auch zwei. Der hermeneutische Paradigmenwechsel vollzieht sich, indem sie Wahrheit (ebenso wie Programmplan, Projektziele usw.) nicht schon fertig mitbringt und hinter sich hat, sondern vor sich. Das entspricht dem programmatischen Muster sozialraumbezogener Arbeit, von dem auszugehen, was da ist. Bevor hier aber über die eigenen hermeneutischen Zugänge einer diakonischen Kirche nachgedacht werden soll, ein kurzer Blick darauf, was uns „da draußen" eigentlich erwartet.

2.2.1 Religion im Sozialraum

Eine diakonische Kirche im öffentlichen Raum bewegt sich in einer inzwischen postsäkularen Gesellschaft. Taufen, Trauungen und eine kirchliche Beerdigung sind längst nicht mehr selbstverständlich. Dennoch ist die Inanspruchnahme von Kasualien und der verloren gegangene kirchliche Bindungsbezug noch keine positive Aussage darüber, wie denn nun die Religiosität im Sozialraum beschrieben werden könnte. Damit aber verbindet sich auch sozialwissenschaftlich ein methodisches Problem: Wenn man eine Strategieentwicklung vom Resonanzraum her denken wollen würde, wie sollte man die Komplexität an (religiösen) Vorstellungen, Haltungen und Prozessen einfangen? Wenn man denn bestimmte strategische Tools oder Muster hätte einsetzen wollen, hätte man, um deren Wirksamkeit zu messen, Ausgangs- und End-Interpretanten bestimmen und im dazwischenliegenden Prozess die Einflussfaktoren definieren und vor allem reduzieren müssen. Wie sollte das gehen?

An diesem Dilemma ändert sich auch dann nichts, wenn man diese Herausforderung wegwischt, indem man der Religiosität „da draußen" Indifferenz zuschreibt. Diese Indifferenz wurde ja gemessen an dem kirchlichen Deutungssystem; ist also eine Zuschreibung, mit der sich die „da draußen" in ihrer religiösen Deutungsautonomie gar nicht angesprochen fühlen. Einmal abgesehen davon, dass das eine auf Defizite festgelegte Zuschreibung ist: Wenn da draußen vermeintlich nichts mehr wäre, dann wäre es umso mehr Aufgabe der diakonischen Kirche, entsprechend dem programmatischen Muster der Sozialraumorientierung, bei dem anzuknüpfen, „was (auch religiös denn halt noch) da ist".[26]

Kirche hat Deutungshoheit verloren, Menschen lassen sich angesichts religiöser Diversifizierung von Kirche nicht mehr einfach sagen, wie die Dinge sind oder sein sollen, wie das Leben zu deuten oder im Licht eines normativen Deutungs- und Wertesystems zu führen sei.[27] Nicht mehr hintergehbar ist das Paradigma der individuellen Selbstbestimmtheit und Deutungshoheit. Menschen deuten ihr Leben nicht mehr hinein in den Horizont eines christlichen Traditions- oder Lebensdeutungssystems. Vielmehr muss sich dieses Deutungssystem einordnen und plausibilisieren im Kontext individueller Lebens(deutungs)prozesse. Wenn man also die Frage stellen würde, auf welche Frage im Sozialraum heute eigentlich eine diakonische Kirche eine *alleinstellende* Antwort geben könnte, so würde ich verweisen auf das, was man in der Soziologie Kontingenzbewältigung nennt. Man kann sich das auch an einem schlichten Beispiel vor

---

[26] Wegner, Gerhard: Re-Sozialisierung der Religion? Die Rolle der Kirchen in inklusiven Sozialräumen, ZRGP 3(8) November 2019, DOI 10.1007/s41682-019-00045-6.

[27] Dieser Konsens kann formuliert werden auch ohne hier die Debatte zwischen Individualisierungs- und Säkularisierungsthese nochmal aufbereiten zu müssen.

Augen führen: Jemand fährt in einem Auto auf eine Kreuzung zu, es droht zum Unfall zu kommen. Es ist m. E. eine anthropologische Konstante, dass in so einem Fall das geschieht, was man Kontingenzbewältigung nennen kann: Dass der Unfall nicht passiert ist, wird der eine seinem fahrerischen Geschick zuschreiben, eine andere dem Schicksal, und wieder jemand anderes mag darin Gottes Bewahrung entdecken. Menschen deuten ihr Leben, ihr Kontingenzen, ihr „In-Beziehung-Sein". Die Frage ist, auf welches Deutungssystem sie sich dabei beziehen und welches ihnen für ihr Leben darin als plausibel erscheint – und zwar im Kontext eines pluralisierten und diversen, bisweilen auch unüberschaubaren Angebotes äquivalent nebeneinander und zueinander in Konkurrenz stehender Deutungsangebote.

Zwar also übersetzt jeder und jede die eigene Kontingenz in eigene Interpretanten, in eigene Emotionen, Schlussfolgerungen und Überzeugungen, dennoch sind diese nicht beliebig vielfältig. Religiöse Lebensdeutung jedenfalls ist entlang der semiotischen Musterung keine Einzelfallbeschreibung, sondern lässt sich auf drei hoch drei, also siebenundzwanzig mögliche semiotische Muster modellieren. Einige markante Deutungsmuster seien hier herausgehoben: Erstheitliche Objektbezüge (die Ahnung von Transzendenz), zweitheitliche Bezüge (eine höhere Macht) und drittheitliche Bezüge (symbolische Repräsentation des Objektes im Zeichen; im Beispiel die Bewahrung durch Gott). Dasselbe kann man auf der Zeichenebene oder auch der Interpretantenebene durchspielen: Bei Letzterer erscheinen erstheitliche Bezüge als Spiritualität (die weitgehend ohne normative Deutungsmuster auskommt und als vermeintliche Authentizität übersetzt wird), zweitheitliche Bezüge als konkrete Erfahrungsmuster oder drittheitliche Bezüge als Gesetzmäßigkeiten, die im Interpretanten als Argument übersetzt werden (vgl. oben: Erreichbarkeit, Relevanz und Plausibilität). Aus solchen, gewiss sehr grob orientierenden semiotischen Container-Mustern, lassen sich aber Rückschlüsse ziehen – so etwa der, dass Säkularisierung nichts anderes ist als die Abkopplung einer Zeichendeutung von seinem ursprünglich einmal drittheitlichen Deutungskontext.

Aber spielt das für eine am Sozialraum orientierte Arbeit einer diakonischen Kirche überhaupt eine Rolle? Zunächst einmal schon deswegen, weil ihr Handeln nicht mehr selbstverständlich im Kontext ihres eigenen Deutungssystems verstanden wird. Eine drittheitliche Kontextualisierung wurde oben schon als strategische Gegenbewegung zur Abkopplung aus einem ursprünglichen Deutungszusammenhang begründet. Menschen sollten erkennen und ahnen können, vor welchem Hintergrund diakonische Kirche sich engagiert – und dass darin Gottes- und Nächstenliebe zeichenhaft gelebt werden. Da letztlich Religiosität im Sozialraum handelnde und nicht deutende Religiosität ist, stellt sich die Frage, ob in dem, wie eine diakonische Kirche sich einbringt, zeichenhaft die drittheitlichen Bezüge erkennbar sind – und ob der/die Einzelne in der Selbstaussetzung der diakonischen Kirche eine glaubwürdige und echte Bezeugung des Evangeliums entdecken könnte. Wie gesagt: Diese Interpretantenbezüge werden durch

Zeichen- und Objektbezüge nicht kausal determiniert, aber eine argumentativ-drittheitliche Wirkung wird wahrscheinlicher, wenn drittheitliche Zeichen- und Objektbezüge das nahelegen. Insofern kann man auch strategisch Prozesse, Projekte, Erfahrungen, Herausforderungen gemeinsamen Lebens und Arbeitens symbolisch aufladen und diese drittheitliche Kontextualisierung wenigstens offenhalten.

2.2.2 Diskursive Entdeckungshermeneutik

Im Sozialraum wird eine diakonische Kirche konsequent von denen her denken, die sie erreichen will. Allein von einer vermeintlichen Zielgruppe her zu denken, greift zu kurz, auch wenn sie strategisch proaktiv einbezogen worden ist, weil so womöglich die Angebotslogik und damit die Verobjektivierung der Zielgruppe als Adressat fortschreibt. Aus genau dieser Logik steigt ja Sozialraumorientierung programmatisch aus.

Und aus genau dieser binären Hermeneutik führt konsequent eine dreistellige Modellierung der Entdeckungshermeneutik: Zwischen Objekt und Subjekt, zwischen Sender und Empfänger tritt das Zeichen. Und diese genuine Triade ist nicht auflösbar. Sie läuft auf die Interpretantenbildung zu, die den Blick vom Menschen her ernst nimmt, wenn man so will, dessen „Customer Journey" im Blick hat: Sind Zeichen säkularisiert (d. h. aus dem Kontext des Deutungssystems herausgelöst), bleibt ein indifferenter, vager (semiotisch: erstheitlicher) Eindruck. Solche erstheitlichen Bezüge auf Interpretantenebene zeigen sich im religiösen Kontext oft als Spiritualität (semiotisch: der sog. „unmittelbare Interpretant"), die im Grunde ohne Bezug zum Deutungssystem auskommt. Das entspricht der individualisierten (und als authentisch empfundenen) Form religiöser Orientierungssuche (ohne notwendigen Bindungsbezug zur Kirche). Solche erstheitliche Religiosität (unter implizitem Verzicht auf ein kirchliches Deutungssystem und Zeichen/Codes) erklärt nicht nur, warum der theologische Gehalt kirchlich gesetzter Zeichen nicht (mehr) erkannt wird, sondern ist – wenn man Säkularisierung und Indifferenz mal nicht als defizitär beschreibt – positiv formuliert der (strategische) Anknüpfungspunkt kirchlicher Kommunikation im öffentlichen Raum: Er lässt sich meist (ohne Bezug zur kirchlich-theologischen Codierung) identifizieren als „theologisches Existential": eine Ahnung, eine Sehnsucht, Intuition, „Tentatio", Affekt – ohne genau zu wissen, worauf sie bezogen sein könnte (das ist die semiotische Definition von Erstheitlichkeit).

Interpretantenbildung ist im Sinne der oben dargestellten relationalen Erkenntnistheorie eine aktive und kreative Zuschreibung von Be-Deutung. So wird durch den Interpretanten Zeichen-Bedeutung in die eigene Lebenswelt hinein übersetzt. Wird darin Bezug genommen auf das christliche Deutungssystem und erweist sich dieses für die eigene Kontingenzbewältigung und die Gestaltung des Sozialraumes als hilfreich und plausibel, dann ist das sozusagen der USP der diakonischen Kirche in ihrem sozialräumlichen Engagement. Neue und abduktiv zu erschließende und zu entdeckende Deutungskontexte zu eröffnen, die sich dann plausibilisieren und mit unmittelbarer Bedeutung (als theologisches Existential) hinterlegen lassen, dafür eröffnet eine diakonische Kirche die Möglichkeiten, auf die dann Bezug genommen werden kann. Wie und ob Letzteres geschieht, ist Sache des Interpretanten (in nobis; hier: Entdeckung der Möglichkeit), dass es möglich wird, dafür kann eine diakonische Kirche die Bedingungen von Möglichkeit sowie die Realisierung von Möglichkeit eröffnen. Und um das wahrscheinlicher werden zu lassen, kann sie strategisch solche Möglichkeiten fokussieren.

Die Bedeutung wird aber in dieser Entdeckungshermeneutik immer vom Subjekt her zugeschrieben. Besser lässt sich die sozialräumliche Programmatik, mit dem anzufangen, was da ist, gar nicht darstellen – und sie gilt für alle Zeichenbezüge gleich und damit auch für deren religiösen Bezüge: Hier ist nicht die Rede von objektiven Wahrheiten, denen man sich anzuschließen hat. Hier ist nicht die Rede von vorgegebenen Glaubensmustern oder Dogmen. Solche Begründungsmuster mögen für die Kirche und für Konfessionen konstitutiv sein. Von ihnen her verstehen und definieren sie sich.[28]

Solche Angebotslogik würde die Sozialraumorientierung verzwecken, wenn diakonische Kirche von diesem Begründungszusammenhang her agieren würde – einmal abgesehen davon, dass sie sich im öffentlichen Raum gar nicht mehr in der Position befindet, solche Deutungshoheit zu beanspruchen. Neben die strategisch notwendige Selbstaussetzung gehört also zweitens ein hermeneutischer Paradigmenwechsel, der Wahrheit nicht hinter sich, sondern diskursiv vor sich entdecken und sehen kann. Anders ließe sich die Rolle einer diakonischen Kirche im Sozialraum heute m. E. nicht angemessen beschreiben.

Kirche ist dem Sozialraum weder voraus noch gegenüber[29], sondern in den Entdeckungszusammenhängen religiöser Dimensionen des Lebens involviert, ja mehr noch: Kirche ereignet sich, indem gemeinsam religiöse Dimensionen entdeckt werden können[30]. Entdeckungshermeneutik meint dabei also, hinter den Zeichen Bedeutung zuzuschreiben, die sich den Interpretanten diskursiv im Prozess erschließt. Das hier Gemeinte wäre völlig verkürzt verstanden, wenn es auf die Entdeckung des vom Sender Gemeinten durch den Empfänger reduziert

---

[28] Und dennoch sind – um im Beispiel gerade der Glaubensbekenntnisse zu bleiben – auch diese, ein Ergebnis eines Entdeckungsprozesses und Ergebnis einer Verständigung auf bestimmte Deutungsnenner. Dass diese durch Geschichte und Tradition als Begründungszusammenhang von etwa Konfessionen konstitutiv sind, entledigt nicht, dass religiöse Deutung immer nach vorne in eigene Lebenszusammenhänge hinein übersetzt und entdeckt werden will.

[29] Darin wird sich m. E. zeigen, dass es auch die binäre Logik von drinnen und draußen gar nicht gibt. Genau genommen ist eine diakonische Kirche immer schon Teil im Sozialraum. Die vermeintliche Religiosität, auf die wir „da draußen" treffen, wir finden sie ja in unseren Kirchenvorständen, Einrichtungen, bei unseren Ehrenamtlichen und – letztlich – immer bei uns selbst (vgl. hierzu These 12).

[30] Vgl. CA 7.

würde. Entdeckungshermeneutik öffnet für Sender und Empfänger, für eine diakonische Kirche wie auch für die Zielgruppen neue Perspektiven und abduktive Entdeckungen. Im Sozialraum ist eine diakonische Kirche nicht unterwegs, indem sie die Wahrheit hinter sich wähnt und die Zielgruppe zum Objekt ihrer Sendung macht. Sie wird mit ihnen eine Wahrheit entdecken, die sie gemeinsam *vor sich* haben. Das bezieht sich ausdrücklich auf das *strategische Muster der drittheitlichen Kontextualisierung*: Es versucht in dem, was da ist, mit dem, was das Leben, die Projekte, die Ideen mit sich bringen, in, mit und unter diesen Prozessen eine religiöse Dimension offen zu halten. Ein christliches Deutungssystem wird nicht als Begründungsmuster ins Spiel gebracht, für das ins Gespräch zu bringen Gelegenheiten gesucht würden. Entdeckungshermeneutik meint hier: In, mit und unter persönlichen, sozialen und gesellschaftlichen Bezügen, in den Prozessen im Sozialraum und in dem, was da ist und geschieht zeichenhaft symbolische Objektbezüge offen zu halten und nahe zu legen – und da, wo es sein kann, sie auch diskursiv einzubringen.

4. Prozesslogiken einer explorativen Theologie

Die programmatischen Muster der Sozialraumorientierung generieren Innovationspotenzial, indem sie konsequent die Organisation einer Netzwerklogik und Resonanzkopplung aussetzen, die von dort her proaktiv bestimmt sind. Diese „Orientierung am Markt", diese Resonanzkopplung muss Kirche auf dem Weg hinaus ins Weite einüben. Aber das ist auch nur ein erster Schritt, denn auch Resonanzkopplung kann in der Logik von Angeboten bleiben. In diesem Sinne dient Marketing einer besseren Übersetzung und Anpassung des Angebotes an die Zielgruppe. Genau das aber ist in der Sozialraumorientierung nicht die Pointe: Die Angebotsstruktur wird aufgeweicht durch eine proaktive und frühzeitige Netzwerklogik, durch die die vermeintlichen Konsumenten eines Angebotes schon im Planungs- und Programmprozess so mit einbezogen sind, dass Ziele und Projekte gemeinsam entstehen.

Diese proaktiv vernetzende Prozesslogik vom Konsumenten zum Prosumenten ist bekannt aus agilen Organisationen und Tools wie z. B. dem Design-Thinking. Gemeinsam ist diesen Logiken quasi eine „anachronistische Produktentwicklung": Während z. B. früher Ingenieur:innen in Laboren daran gearbeitet haben, ein Produkt zur Markteinführung „perfekt" zu formatieren, um bei der Zielgruppe eine hohe Plausibilisierung zu erzielen, wird heute das Produkt gemeinsam mit den Kunden entwickelt. Im agilen Projekt- und Prozessmanagement sind in der IT-Branche Tools wie Scrum entstanden, die eine ständige Anpassung des Produktes im Prozess des Entstehens möglich machen sollen. Aus Kunden und Angebots-Objekten werden partizipative und inklusive Partner auf Augenhöhe, die in iterativen Schritten und wiederkehrenden Abstimmungsschleifen das Produkt entwickeln. Durch Zyklen mit experimenteller Annäherung rückt man nicht nur näher an Zielgruppen heran und richtet Prozesse zielgenauer aus, man macht Konsumenten zu aktiven Prosumenten, die in der Produktenwicklung proaktiv mit eingebunden werden. „Ausgeliefert" wird also hier nicht ein fertiges, vom Anbieter entworfenes Produkt, es entsteht explorativ und lösungsoffen im Prozess. „Helft uns, besser zu werden" ist ein entsprechender Werbeslogan, der das Produkt „always in beta" hält, also nicht fertig auf den Markt bringt, sondern so früh wie möglich vom Markt und vom Kunden her bestimmt sein lässt. Organisationen wirken damit menschlicher, authentischer, reflektierter – und ja: auch demütiger. Diese Logik ist auch der Sozialraumorientierung zu eigen. Proaktiv, partizipativ, inklusiv – so früh wie möglich, die Zielgruppe vom Objekt zum Subjekt machen, einbinden in die Programm- und Projektentwicklung. Der strategische Impuls in diesen vernetzten Prozessen ist letztlich eine Value Creation Structure, die die Interessen, Bedarfe und Ziele der Zielgruppe fokussiert und quasi als „Wertschöpfung" einspielt, indem sie das Handeln einer diakonischen Kirche von außen nach innen orientiert.

Warum ist das ein strategischer Impuls für eine diakonische Kirche? Überblickt man die Transformationsprozesse der letzten Jahre, so stellt man fest, dass die Beteiligungs- und Kommunikationsformate sich natürlich erheblich verändert haben. Eine digitale Kommunikation, die Einflüsse von außen nach innen wahrscheinlicher macht, ist allerdings ein potenzieller Musterbrecher der Institutionslogik: je früher und proaktiver diese externe Partizipation ermöglicht wird, desto radikaler werden die Veränderungsprozesse angesteuert werden können. Je weiter außen und unten also die zugelassene Vernetzung ansetzt, desto weitreichender könnten die Veränderungsprozesse sein. Das muss nicht die diakonische Kirche in ihrem Wesen verändern, aber in der Art und Weise, wie sie in die Kommunikationsprozesse heute einsteigt, sehr wohl – und tiefgreifend. Hinzu kommt eine letztlich für eine diakonische Kirche selbst aktivierende Logik: Je mehr Menschen beteiligt werden, je flacher die hierarchischen Strukturen sind, mit kleinen und großen Aufgaben, desto vielfältiger und reichhaltiger wird das Ergebnis und desto mehr Identifikation mit den Prozessen ist möglich.

Dazu ist allerdings in beiden Fällen eines nötig: Der Verzicht auf Kontrolle und Absicherung zugunsten eines sich den sozialräumlichen Prozessen aussetzenden Eröffnens neuer und kreativer Spielräume. Sich darauf zu verlassen, dass proaktive Vernetzung tragen kann, das heißt ja eben gerade nicht, dass diese Prozesse nicht gesteuert werden könnten, das heißt vielmehr, dass man auf die Situationen und Herausforderungen agil zu reagieren lernt, die sich im Verlauf erst einstellen. Eine diakonische Kirche bewegt sich hier in den Zwischenräumen einer sich verändernden und indifferenten Gesellschaft – sie ist hier im wahrsten Sinn hybride Kirche.

Es heißt aber vor allem: Identifikation, Partizipation und Dynamik. Bedingung der Möglichkeit ist, dem aktivierenden und aktivierten Moment mehr Ressourcen und Mitsprache einzuräumen. Programmatische Muster der Sozialraumorientierung zeigen (auch z. B. dem Ehrenamtsmanagement einer diakonischen Kirche): Es braucht Ideen, Pionier:innen, Impulsgeber:innen, regionale Start-Ups, die begeistern, mitziehen, Identifikation schaffen, Netzwerkdynamiken entfachen. Es ist ganz im Sinn von Douglas Mc Gregor, der in der Theorie X die Haltungsperspektive jener Generation darauf fokussiert hat, dass sie sich am besten extrinsisch motivieren ließe, durch Anweisungen, Anreizsysteme und Funktionen. Entwickelt wurde dieses Ideal sozusagen an der Maschine. Die Generation Y allerdings will partizipieren, sich identifizieren, Verantwortung übernehmen und investiert dafür Kraft, Kreativität und Loyalität. Ein sich veränderndes Leitungsverständnis muss dann auf Prozessbegleitung und -steuerung abzielen. D. h. nicht machen, sondern begleiten, in Position bringen, Ermöglicher:in und Befähiger:in werden. Wo das ernst genommen wird, wird genau das passieren, was gebraucht wird – und nur so lange passieren, wie es gebraucht wird. Denn es geht in der Netzwerktheorie nur so lange voran, wie das vernetzte Handeln getragen wird von Interessen und Bedürfnissen. An der Sozialraumorientierung kann eine diakonische Kirche lernen, dass Engagement und Partizipation sich nicht auf die Identifikation mit Kirche, sondern auf den Prozess beziehen lassen muss: Man möchte nicht mehr in der Kirche ehrenamtlich tätig sein, sondern sich in einem Projekt verwirklichen. Insofern ist Sozialraumorientierung ein strategischer Impuls für flachere Hierarchien, dynamische Prozesse auslösend und eine Steuerungslogik, die externe Perspektiven nicht nur zulässt, sondern von diesen her denkt. Es sind Prozesse in agilen und dynamischen Netzwerken statt statischer Organisationslogiken; Übergänge und Schnittstellen statt system- oder sektoralbedingter Abgrenzungen; soziales Herausfordernlassen zum Miteinander statt individueller Rückzug ins Private; Aufbrüche und Funken statt Rückschau und Asche hüten, von Verheißung gezogen statt von Angst getrieben.

Eine proaktive Vernetzung, so stimmig sie entlang der programmatischen Muster der Sozialraumorientierung auch sein mag: allein für sich betrachtet bedeutete sie nur, Ziele passgenauer und zielgruppenorientierter zu formulieren – auch von dem Resonanzraum her. Soll die Programmatik Sozialraumorientierung umgesetzt werden, braucht der strategische Paradigmenwechsel zwingend einen diesem korrespondierenden hermeneutischen Paradigmenwechsel von der Begründungs- zu einer Entdeckungshermeneutik. Dieser zeigt, dass die Absichtslosigkeit nicht folgenlos sein muss: Der Sozialraum ist nur dann nicht strategisches Objekt sozialer Notwendigkeit oder Adressat missionarischer Gelegenheit, wenn er Wahrheit nicht hinter sich als zu adressierende Botschaft versteht, sondern als (religiös kontextualisierte – und hier semiotisch rekonstruierte) Deutung vor sich denkt.

Dieser hermeneutische Paradigmenwechsel nimmt eine Religiosität ernst, die sich auch im Sozialraum zeigen kann, jenseits oder abseits des kirchlichen Deutungs- und Traditionssystems. Sie hält offen, in, mit und hinter den sozialräumlichen Prozessen, religiöse Deutungskontexte mit denen gemeinsam zu entdecken, die da sind – von dort aus, wo sie sind, wie sie sind – so inklusiv und divers, wie das heute sein kann.

Das relational-semiotische Modell zeigt zugleich, dass in dem, was ist, mehr gesehen und entdeckt werden kann als das, was zeichenhaft erkannt wird. Diese drittheitliche Kontextualisierung ist das Offenhalten religiöser Dimensionen in den sozialräumlichen Prozessen. Es ist konsequent an den Subjekten orientiert, wenn im semiotischen Modell die Interpretantenbildung, d. h. die Übersetzung in eigene(!) Bilder, Emotionen, Schlussfolgerungen, als kreativer und dynamischer Akt verstanden wird. Wenn und indem es möglich sein kann, gemeinsam eine Meile zu gehen, vielleicht auch zwei, vielleicht entdecken Menschen darin mehr, Tieferes, existential Bedeutendes.[31]

Entdeckungshermeneutik hält lediglich für den Deutungsprozess als abduktive Erschließung von Zeichenbedeutung einen drittheitlichen Kontext offen. Und womöglich stellt dann die Zuschreibung einer Zeichenbedeutung (wie z. B. eben auch die sozialen Prozesse) diese in den Kontext christlicher Tradition. Aber auch das wird am Ende nicht entscheidend sein um der diakonischen Kirche willen, sondern um der Menschen willen. Sollte sich diese Tradition dann als hilfreich und plausibel erweisen, dann wäre der strategische Impuls der Sozialraumorientierung für eine diakonische Kirche m. E. ans Ziel gekommen.

Damit das am Ende nicht zu pathetisch klingt, ist zu ergänzen: Es ist nur der Ausgangspunkt der sich darauf aufbauenden Prozess-Schleife, die längst im Werden ist: Im Sozialraum müssen sich die Leitimpulse für kirchliche und diakonische, individuelle und kollektive Akteure so verdichten, dass sie zu Katalysatoren neuer Sozialgestalten mit nachhaltigen (sich selbst stabilisierenden) kirchlich-diakonischen Funktionen werden können. Vor diesem Hintergrund ist der Sozialraum eine exemplarische Herausforderung und als Chance kirchlich-diakonischen Zusammenwirkens verstanden.

---

[31] Diese Form der Kontingenzbewältigung wird in einem Religionsbegriff, wie ihn z. B. Detlef Pollack verwendet, nicht eingefangen, wonach die Frage der Kontingenzbewältigung selbst eben noch keine religiöse Frage sein kann, sondern nur deren Bezug auf ein christliches Deutungssystem. Aber damit verschließt sich eine diakonische Kirche auch dem Anknüpfungspunkt und zugleich der Möglichkeit, das christliche Deutungssystem als Bezug der Kontingenzbewältigung zu plausibilisieren. In der Tat teile ich damit ausdrücklich die Sympathie von Gerhard Wegner, dass solche „Formen der Selbsttranszendenz sich durchaus auch mit den Thesen Joas wahrnehmen lassen" (Wegner, a. a. O.: https://cursor.pub pub.org/pub/0c2vx43w#n2lngf5juln). Zugleich möchte ich aber ausdrücklich nicht einer (Re-)Sakralisierung des Sozialraumes das Wort reden, denn nach meinem Verständnis ist Sakralisierung ja Deutungszuschreibung – und zwar (aus taktischen Gründen) von kirchlich-theologischer Seite und gerade nicht von jenen, die mit dem Begriff des Sakralen ja kaum mehr was anfangen können.

Literatur

Fürst, Roland / Hinte, Wolfgang (Hg.): Sozialraumorientierung 4.0. Das Fachkonzept: Prinzipien, Prozesse & Perspektiven, Wien 2020.

Härle, Wilfried: Menschsein in Beziehung. Studien zur Rechtfertigungslehre und Anthropologie, Tübingen 2005.

Hinte, Wolfgang: Fälle, Felder und Budgets. Zur Rezeption sozialraumorientierter Ansätze in der Jugendhilfe, in: Merten, Roland (Hg.), Sozialraumorientierung. Zwischen fachlicher Innovation und rechtlicher Machbarkeit, Weinheim/München 2002, 91–126.

Hinte, Wolfgang: „Zehn Gebote" für sozialräumliche Arbeit, in: Lämmlin, Georg / Wegner, Gerhard, Kirche im Quartier. Ein Handbuch, Leipzig 2020, 41–51.

Horster, Detlef: Niklas Luhmann, München 1997.

Joest, Wilfried: Ontologie der Person bei Luther, Göttingen 1967.

Lämmlin, Georg / Wegner, Gerhard (Hg.): Kirche im Quartier: Die Praxis. Ein Handbuch, Leipzig 2020.

Merle, Steffen: Mitglieder gewinnen. Eine semiotische Rekonstruktion von religiösen Orientierungs- und Bindungsprozessen im Kontext der Evangelischen Kirche, Berlin 2014.

Merle, Steffen: V.KMU – Ein Interpretationsimpuls aus semiotischer Perspektive, in: Nethöfel, Wolfgang u. a., Vielfältige Vernetzung. Hinauswachsen aus der Großkirche, Berlin 2016, 171–234.

Merle, Steffen: Konfessionalität, Identität und Diversität heute, in: ders., Zusammen in Vielfalt glauben. Festschrift „200 Jahre Hanauer Union", Berlin 2018, 18–42.

Nethöfel, Wolfgang: Innovation (Zwischen Kreativität und Schöpfung I), Berlin 2011.

Birgit Klostermeier

„Wir sind anders als all die anderen"

Ambivalenzen der kirchlichen Bezogenheit auf Sozialräume

> „Gute Räume schaffen ist eine Haltung, nicht eine Methode oder ein Thema" (Gion A. Caminada).[1]

> „Ihr immer mit euren Sozialräumen. Wir stehen doch inzwischen am Rand und spielen schon lange nicht mehr mit" (Ein Dekan).

Das Verhältnis von Kirchengemeinden zu ihrem Sozialraum ist vielschichtig und keineswegs immer spannungsfrei. Warum das so ist, möchte ich mit diesem Beitrag etwas genauer erkunden.

Der Schweizer Gion A. Caminada ist Architekt und sein Raumverständnis mag sich eher an einem vorfindlichen geografischen Raum orientieren. Darin, dass die Gestaltung der Qualität von Räumen etwas mit Haltung zu tun hat, stimme ich ihm gern zu. Deshalb wird es in diesem Beitrag auch über das Verhältnis von Raum und Haltung gehen. Zugleich frage ich nach den Selbst-Vorstellungen kirchlicher Akteure im Blick auf den Sozialraum und versuche, Chancen, Ressourcen und Blockaden zu benennen. Dabei werde ich die Raummetapher nicht eindeutig zuordnen, sondern beiden Vorstellungen nachgehen: Ein Raum ist ein Raum, weil er dinglich da ist. Und: Ein Raum ist erst dann ein Raum, wenn Menschen ihn dazu machen.

Mein erster Zugang lässt mich fragen: Auf welche kirchliche Frage ist das Konzept der Sozialraumorientierung die Antwort?

Die Zukunft der Kirche hänge davon ab, ob es ihr gelinge, im Sozialraum sichtbar zu sein. Solche oder ähnliche Überzeugungen sind nicht selten in aktuellen landeskirchlichen Reform- oder auch Transformationsdiskursen zu hören. Meine Annahme ist, dass in der kirchlichen Rezeption der Sozialraumprogrammatik ein Gegenbild zu einer bestimmten erfahrbaren kirchlichen Wirklichkeit erzeugt wird, vielleicht auch ein Verlockungs- oder Verheißungsbild, das bei kirchlichen Akteuren, insbesondere bei Verantwortlichen der parochial verfassten Gemeinde, Stress auslöst oder zumindest Gegenwehr bewirkt.

---

[1] Henderson, Sandra / Caminda, Gion A.: Der Ortmacher, in: Swisswool-Magazin, www.sandralhenderson.files.wordpress.com/2020/12/swisswool-magazin_caminada-1.pdf, 98–104, 104 (abgerufen am 19.4.2022).

Dies hat, so vermute ich, damit zu tun, dass der Diskurs um die Sozialraumprogrammatik zum einen eine nächste Stufe gesellschaftlicher Entwicklung antizipiert (weshalb sie auch etwas anders ist als die so ähnlich anmutende Gemeinwesenorientierung der 80er und 90er Jahre) und zum anderen ein anderes Subjekt adressiert als es die Kirchengemeinde ihrem eigenen Verständnis nach ist. Ich frage deshalb:

Was sind die Zumutungen? Auf welches Selbst-Verständnis trifft die Ermutigung oder auch Verlockung, sich als Akteur im Sozialraum zu verstehen?

Wie gehe ich vor?
Zunächst skizziere ich, mit welchen narrativen Mustern soziale Akteure, nämlich Kirchengemeinden, sich selbst beschreiben. Mit diesen „Handlungsnarrativen" hoffe ich, einen kleinen Impuls auf dem Weg zur „narrativ selbstbewussten" Kirchengemeinde beizusteuern.

1. Narrative und Haltung

„Eine narrativ selbstbewusste Organisation kennt die Geschichten, die in ihr und über sie erzählt werden und weiß daher um die Bedeutung, die narrative Strukturen für die Identität, das Sinnerleben, die Werte und das Wissen und die Kommunikation der Organisation haben. Narrativ selbstbewusste Organisationen sind durch die Kenntnis dieser Zusammenhänge und der sie konstituierenden Narrationen mit sich selbst und ihrer Umwelt in Resonanz. Dies ist die Grundvoraussetzung für ein agiles und transformatives – kurz, für ein zukunftsfähiges Unternehmen."[2]

Ich bin zurückhaltend zu behaupten, die Kirchengemeinde sei eine in diesem Sinn „narrativ selbstbewusste Organisation". Es kann, dies vorweg, nicht darum gehen – und auch Müller und Erlach problematisieren das – auf ein allein gültiges Organisationsnarrativ hinzuarbeiten. Organisationen beschreiben sich selbst, bewusst oder unbewusst, in unterschiedlichen Narrativen. Es gibt dominante und strategisch eingesetzte Narrative, es gibt diejenigen aus dem Untergrund oder aus dem Schatten der Organisation oder die „offiziellen", aus der „Fassade der Organisation"[3] heraus. Aus Leitungssicht oder aus Sicht der Verantwortlichen ist zu hoffen, dass das dominante Organisationsnarrativ auch das strategisch gewollte ist.

Kirchengemeinden – hier wäre die differenzierende, aber in diesem Zusammenhang nicht weiter zu verfolgende Frage nach der Gemeinde als Organisation, Gemeinschaft oder Netzwerk (oder Unternehmen?) zu stellen – erzählen wie andere soziale Akteure sich selbst. Sie tun dies als Kollektiv in einer Strukturähn-

---

[2] Erlach, Christine / Müller, Michael: Narrative Organisationen, Stuttgart 2020, 69.
[3] Kühl, Stefan: Die Fassade der Organisation, 2010, https://www.uni-bielefeld.de/soz/personen/kuehl/pdf/Schauseite-Working-Paper-1_19052010.pdf (abgerufen am 14.03.2022).

lichkeit zum Individuellen. Auch Kirchengemeinden haben eine „Seele" oder ein Gedächtnis, sie speichern Geschichten und Erfahrungen, Symbole und Glaubenssätze, sie orientieren sich an Werten, sie gestalten ihre Häuser und Orte, ihr Außen und ihr Innen in unterschiedlicher Weise, aber immer doch mit dem Ausdruck eines bewussten oder unbewussten Selbstverständnisses. Sie spiegeln ihren Kontext – das Dorf, den Stadtteil, die Milieus ihrer Umgebung oder ihrer Mitglieder – oder setzen bewusst Gegenakzente. Um im Sinne der Strukturanalogie den individuellen Charakter von Organisationen hervorzuheben, verwende ich nicht den naheliegenden Begriff der Organisationskultur, sondern den, zugegebenermaßen auch ein „terminologischer Staubsauger"[4], der „Haltung". Haltung ist ein wissenschaftlich schillernder Begriff mit unterschiedlichen theoretischen und methodischen soziologischen, psychologischen oder pädagogischen Herkünften. Ich orientiere mich an einer Definition von Martin Permantier, die ich in diesem Zusammenhang für hilfreich halte:

„Haltung ist die durch Werte und Moral begrenzte Gesinnung bzw. Denkweise eines Menschen, die den Handlungen, Zielsetzungen, Aussagen und Urteilen des Menschen zugrunde liegt. Sie bestimmt, wie wir mit eigenen Impulsen umgehen und welche Maßstäbe wir für unser Handeln verinnerlicht haben. Sie bezeichnet die aus der Erfahrung kommende Bereitschaft eines Individuums, in bestimmter Weise auf eine Person, eine soziale Gruppe, ein Objekt, eine Situation oder eine Vorstellung wertend zu reagieren, und prägt so unsere Art und Weise, mit anderen umzugehen. Unsere Haltung drückt sich in unseren Annahmen und Überzeugungen, in unseren Gefühlen und Emotionen und unserem Verhalten aus. Sie ist ein Realitätsfilter, der bestimmt, worauf wir unsere Aufmerksamkeit richten und was wir wahrnehmen können."[5]

Von dieser Idee eines Haltungsnarrativs ausgehend beschreibe ich im Folgenden vier solcher Narrative, die Einblick geben in die Selbstkonstruktion der Akteure, und zwar in ihrem Verhältnis zu anderen Akteuren und in ihrem Verhältnis zum Raum. Der Raumbegriff bleibt an dieser Stelle noch unspezifisch: Es kann sowohl der geografisch, territorial gedachte Ort sein (die Stadt, die Region, das Wohnviertel, die Parochie, das Kirchengebäude, das Gemeindehaus), als auch der durch soziale Interaktion erst entstehende Raum.
1. Wir sind anders als all die anderen.
2. Wir sind für andere da.
3. Wir sind frei und unabhängig.
4. Wir sind gemeinsam mit anderen.

Diese idealtypisch von mir nachgezeichneten Selbstnarrative sind keineswegs die einzig möglichen. Ihre Auswahl orientiert sich an ihrer Wirkmächtigkeit. Ich halte sie für dominante Muster, die sich in alltäglichen diskursiven und interde-

---

[4] Kühl, Stefan: Organisationskulturen beeinflussen, Wiesbaden 2018, 8.
[5] Permantier, Martin: Haltung entscheidet. Führungs- und Unternehmenskultur zukunftsfähig gestalten, München 2019, 13.

pendenten Aushandlungsprozessen so durchsetzen, dass sie bestimmte „Typen von Gemeinde" hervorbringen.

Diese vier sind so allgemein, dass sie ähnlich auch für andere soziale Akteure gelten können. Jedes der Haltungsnarrative ist auf unterschiedliche Weise in Praktiken oder diskursiven Mustern plausibilisiert, autoritativ aufgeladen, institutionell oder organisational etabliert: durch rechtliche Absicherung (z. B. Körperschaft öffentlichen Rechts), durch Gewohnheit (z. B. Alter einer Organisation), durch Tradition und ideelle Wissensbestände, durch Routinen oder Rituale, durch Privilegien abgesichert usw. Die idealtypische Anlage lässt manches übertrieben und überzeichnet erscheinen; dies dient lediglich der Verdeutlichung.

Ich konzentriere mich auf die parochial strukturierte Gemeinde, weil diese in ihrem territorialen Zuschnitt eine besondere Beziehung zu ihrem Sozialraum erwarten lässt, und zeichne zunächst diese Selbstnarrative nach, um dann in einem zweiten Schritt zu fragen, was passiert, wenn das Konzept des „neuen Sozialraums" auf diese Selbstnarrative trifft.

2. Vier Handlungsnarrative der parochialen Gemeinde

2.1 *Wir sind anders als all die anderen.*

Dieses Haltungsnarrativ zeichnet sich dadurch aus, dass sich die Kirchengemeinde zwar in einem Kontext wahrnimmt, jedoch diesem gegenüber in expliziter Abgrenzung steht. Die Aufrechterhaltung dieser Distinktion liegt im Fokus der Aufmerksamkeit. Sie ist sichtbar und spürbar.

Dieses Narrativ kennt Getaufte und die anderen (Nichtgetauften), Kirchenmitglieder und die anderen (Nicht-Kirchenmitglieder), die eigenen Gemeindeglieder und die der anderen. Es kennt aktive Gemeindeglieder und die anderen (die „passiven" und die „sich nicht blicken lassen"). Es gibt „unsere Gottesdienstbesucher" und die anderen (die sporadisch oder gar nicht kommen, auch wenn sie sich vielleicht ehrenamtlich engagieren). Solche narrativen Distinktionen werden wirksam, wenn geklärt werden muss, wer das Gemeindehaus nutzen darf oder wer über die Belange der Gemeinde entscheiden darf oder tatsächlich entscheidet, wer am Abendmahl teilnimmt (oder teilnehmen darf: „Die Bürgermeisterin ist doch gar nicht Kirchenmitglied!") und ob es am Heiligabend reservierte Plätze für die „eigentlichen Gemeindeglieder" geben sollte.

Solche Distinktionsnarrative enthalten nicht selten plausibilisierende Entsprechungen aus der biblischen, theologischen oder kirchengeschichtlichen Tradition: Hier die Kirche, die Gemeinde, das Volk Gottes – da die Welt. Praktiken, Rituale, Gebäude (Kirchenglocken, Kirchentürme) stabilisieren diese Narrative oder repräsentieren sie.

Wir sind anders als all die anderen, kann dann heißen: wir sind religiös (und ihr nicht) oder auf besondere Weise religiöser (als ihr). Zu dieser Identitätskonstruktion gehört auch die Vorstellung, als Gottes Gemeinde eine Gemeinschaft der Berufenen oder Bekehrten zu sein, der, so das Narrativ, eine Konversion oder eine bewusste Entscheidung (und wenn es nur die ist, nicht auszutreten) vorausgegangen ist und der man nicht voraussetzungslos angehören kann. Wir sind die von Gott in die Welt Geschickten. Infolgedessen, auch dies ein mögliches Muster, sind sie Gott ein wenig näher als andere, was vor allem für das Narrativ des Personals gilt, in der Selbst- und (erwarteten) Fremdzuschreibung: „Als Pastorin habe ich einen direkten Draht nach oben."

Narrative funktionieren, wie das Beispiel zeigt, in wechselseitiger Abhängigkeit, als Projektion und Gegenprojektion. So wird entsprechend über die Gemeinde erzählt: „Das sind die Frommen." Selbstaussagen, wie „Ich bin nicht fromm" oder "Ich glaube nicht so richtig an Gott", können davon abhalten, auch als Kirchenmitglied näheren Kontakt zur Ortsgemeinde zu suchen.

Wenn dieses Haltungsnarrativ sich mit der der biblischen und kirchlichen Tradition entnommenen Missionsaufforderung verbindet („An uns liegt es, das Evangelium in die Welt zu bringen"), führt dies zu Praktiken, die nicht selten auf Inkludierung zielen, auch dann, wenn diese Effekte gezielt vermieden werden wollen:

Eine evangelische Gemeinde in Amsterdam[6] habe ich vor Augen, die sich in einem Geschäftsladen niedergelassen hatte. Der städtische Bebauungsplan des neuen und architektonisch anspruchsvollen Areals einer Wasserstadt hatte absichtlich darauf verzichtet, religiöse Räume vorzuhalten; Kirchräume, Synagogen oder Moscheen waren politisch nicht gewollt. „Hier muss es auch Kirche geben", war die leitende kirchenpolitisch getragene Überzeugung, und gemeint war damit die sichtbare, an Symbolen erkennbare Kirche als Ort (Gemeinschafts- und Gottesdienstraum) und als Gruppe (als Gemeinschaft von Christ*innen).

An dem ersten Weihnachten im neuen Quartier zog die kleine Gemeindegruppe mit Esel und Krippe, ein Kamel war wohl auch dabei, mit Musik und viel Vergnügen auf die freie Wiese inmitten der frisch erbauten Mehrfamilien-Stadthäuser, in kultureller und ethnischer Vielfalt von Hipstern, Yuppies, wie auch immer sie zu klassifizieren wären, jedenfalls Stadtbewohner*innen jungen und mittleren Alters, diese alle mit einem ausgeprägten Interesse an Distinktion und Singularität.

Angesichts der ungewöhnlichen (und nicht ganz legalen) Aktion war die Aufmerksamkeit groß und das dezidierte Ziel, mangels anderer sichtbarer Symbole auf sich aufmerksam zu machen, wurde erreicht. Der von der Gemeinde erhoffte Effekt, dass sich in den nächsten Monaten mehr Menschen in ihren einladenden und dem Stil der umliegenden Wohnungen angepassten Geschäftsräumen einfinden würde, zum Kaffee, zum Gespräch oder zum niedrigschwelligen

---

[6] http://www.debinnenwaai.nl/ (abgerufen am 06.11.2021).

Gottesdienst, trat nicht ein. Die einen oder anderen grüßten, auch mit Sympathie, immerhin, aus der Ferne, aber mehr passierte nicht. Das Narrativ, so reflektierte die Gemeinde ihre ersten Anfänge, war nicht nur gewesen: Seht her, uns gibt es! (Auch wenn wir hier nicht gewollt sind, wir feiern auch hier Weihnachten!), sondern – im Wechselspiel der Fremd- und Selbstnarrative: Wir sind anders (als ihr)! Kommt zu uns und werdet Teil von uns! Das Ziel war zwar erreicht, die Gemeinde wurde wahrgenommen, allerdings mit dem Effekt, dass die anderen nun dezidiert nichts mit ihr zu tun haben wollten.

Wir sind anders als all die anderen, das kann auch heißen: wir sind anders als die Katholiken, anders als die buddhistische Gemeinschaft, anders als die evangelische, landeskirchliche Nachbargemeinde, anders als die Diakonie und anders als die anderen Religionen sowieso.

Dieses dominante, sich aus der theologischen und kirchlichen Tradition nährende Haltungsnarrativ des Andersseins findet sich erstaunlich ausgeprägt bei der parochialen Gemeinde. Erstaunlich deshalb, weil aufgrund ihrer territorialen Bezogenheit eine intensivere Betonung in den Sozialraum hinein zu erwarten wäre. Möglicherweise liegt aber genau darin ein Motiv, sich von anderen sozialen Akteuren abzusetzen. „Ich engagiere mich ja nicht ohne Grund bei der Kirche und nicht beim Roten Kreuz". Ich vermute, dass diese Aufmerksamkeit für das Anderssein seit den 90er Jahren durch den ökonomischen Diskurs und die Einführung von Marketingstrategien zusätzliche Gestaltungskraft gewonnen hat. Selbstvorstellungen auf Websites („Alleinstellungsmerkmale") oder Leitbilder im Zuge von Reformvorhaben könnten mit dazu beigetragen haben, dass dieses auf Distinktion setzende Narrativ, wenn nicht erst konstruiert, so doch zumindest etabliert oder elaboriert wurde und u. a. auch das Gegenüber von (Kern-)Gemeinde und (fernen) Kirchenmitgliedern diskursiv zusätzlich gefestigt hat.[7] Praktiken einer „singularisierten Gesellschaft" oder eines „kulturellen Kapitalismus" (Andreas Reckwitz)[8] könnten so die Entwicklung des kirchlichen „Andersseins" hin zu einem „singularisierten Wir" stimuliert haben.

2.2   Wir sind frei

Eine Kirchenleitung, die in langen Synodaldebatten und Entscheidungen versucht, den an Mitgliederzahlen kleinen Gemeinden ihren Körperschaftsstatus zu nehmen, weiß, was sich hinter diesen drei Worten verbirgt. „Wir sind frei" – ist ein starkes Narrativ, das sich nicht selten in hartnäckige und widerständige und, wenn juristisch ausgetragen, teure Praktiken verwandelt.

Im Zentrum dieses Haltungsnarrativs steht ein „Wir" in Abgrenzung zum Kontext, jedoch nicht in der Akzentuierung des Andersseins, sondern der Unabhängigkeit von anderen. Dies zeigt sich in antihierarchischen oder auch anar-

---

[7]   Klostermeier, Birgit: Das unternehmerische Selbst der Kirche, Berlin/Boston 2011.
[8]   Reckwitz, Andreas: Die Gesellschaft der Singularitäten, Berlin 2017.

chischen Gesten im Gegenüber von Kirchenleitung und Dekanaten, im Gegenüber von Funktionsdiensten (auch der Diakonie), im Gegenüber von Kommunalverwaltungen, Stadträten oder Landkreisen. Es ist eine Haltung des Hoheitlichen oder Souveränen, die durchaus auch, in ein Extrem gehend, Züge des Chaotischen annehmen kann.

Formale organisationale Abhängigkeiten werden nicht geleugnet, es wird ihnen notorisch aber keine Bedeutung beigemessen. Erzählungen beinhalten gern Hinweise darauf, wie einmischende oder bevormundende Versuche anderer „abperlen" oder sich schnell erledigen werden. Hierarchische und strukturelle Abhängigkeiten (die formale Organisation) stehen hier in einem sehr lockeren Verhältnis zu der durch das Narrativ erzeugten „Fassade der Organisation".[9]

Alle Bestrebungen der Regulierung eines Sozialraumes und die vermutete Vereinnahmung von Akteuren werden mit Skepsis oder Ignoranz beantwortet. Noch mehr Bürokratie, noch mehr Sitzungen, noch mehr Abstimmung mit anderen – nein, vielen Dank! „Das lassen wir mal!" oder auch „Da können die lange warten."

Die andere Seite dieses Haltungsnarrativs zeigt sich in der Freiheit zur Kreativität. Die eine Gemeinde so, die andere so. Alles ist erlaubt. Und wenn andere Personen das Ruder übernehmen, eine neue Pfarrerin, ein neuer Gemeindekirchenrat, ist alles möglich. Antihierarchische, antibürokratische Tendenzen mischen sich mit Unkonventionalität. Diese Gemeinden leben gut und gern in und mit ihrem Kiez, ihrem Stadtteil oder ihrem Dorf – solange es keine irgendwie erfahrbare Begrenzung oder Reglementierung gibt, dann entsteht Widerstand oder Kreativität: „Das schaffen wir!" Eigensinnig können dann eigene Finanzmodelle entwickelt, ungefragt und rechtlich fragwürdig umgesetzt werden. Oder es lassen sich – das andere Extrem – knappe Ressourcen oder die faktische Abhängigkeit über Ausgleichsgelder auch über Jahre hinweg erfolgreich verdrängen.

Beispiel: Unter dem Stichwort der Integration und im Interesse einer Befriedung zwischen religiösen Gruppierungen lud der Senat der Stadt Berlin 2010 Religionsgemeinschaften, religionsübergreifende Zusammenschlüsse und spirituelle Gruppen zu einem auf längere Sicht angelegten Dialog der Religionen ein. Diese Einladung evozierte bei den kirchlichen Akteuren, insbesondere den evangelischen, eine Selbsterklärung über zwei Narrative. Das erste war das des „Andersseins" – wir sind anders als all die anderen, nämlich Kirche und keine Religionsgemeinschaft. Das zweite, weitaus dominantere und innerkirchlich vehement vorgetragene: Vom Senat lassen wir uns gar nichts sagen. Wir engagieren uns seit Jahren für Integration, in Diakonie, Ökumene und interreligiösem Dialog und lassen uns nicht vor den Karren einer Senatspolitik spannen. Und: Religion ist unsere Sache und nicht die der Politik. Mittlerweile gehört das aus dem Dialog

---

[9] Kühl, Stefan, Organisationskulturen.

entstandene „Forum der Religionen" vielleicht immer noch zu einer spannungsreichen, jedoch auch von Kirchengemeinden und Kirchenkreisen geschätzten Plattform.

2.3   Wir sind für die Schwachen da

Auch dieses dominante Narrativ gehört zu einem autonomen und auch singularisierten Wir, das die Aufmerksamkeit und Handlungsbereitschaft jedoch, anders als die beiden ersten Narrative, auf die Beziehung und Bindung zu seinem Kontext legt.

Fürsorge, Seelsorge, Diakonie, Beratung, Förderung sind die Themen dieses Narrativs. „Wir achten auf die Schwachen und Bedürftigen, auf die Menschen am Rande der Gesellschaft." Die Wirkmächtigkeit dieses Narrativs zeigt sich z. B., wenn diakonische oder soziale Aktivitäten aus der Gemeinde heraus auf die Kirchenkreis- oder Dekanatsebene, oft in Zusammenarbeit mit dem diakonischen Werk, verlegt wurden. Dieser Prozess wurde in der Regel lange und in debattenreichen Entscheidungsprozessen vorbereitet. Obwohl die Arbeit weitergeht, auch ehrenamtlich, nun professionell begleitet, mit mehr finanziellen Ressourcen ausgestattet und mit einem größeren Wirkradius, bildet sich in der Gemeinde schnell wieder eine neue Initiative oder eine neue Aktion – als das Eigene. Eine Kleiderstube, eine Tafel, ein Gesprächsangebot für Einsame – „Dafür ist doch die Kirche da, zu helfen! Und deshalb mache ich mit." Viele der in diesen Gemeinden Engagierten ziehen ihre Motivation daraus, für andere nützlich und hilfreich zu sein. „Es geht nicht ohne praktische Nächstenliebe." Diese Dimension ist Kern des Narrativs.

Soll das Kirchgeld in die Orgel oder in die Tafel gesteckt werden? Die Entscheidung ist in diesen Gemeinden meist schnell getroffen. Entschieden ist meist auch, wo die Hilfe stattfindet, nämlich in den eigenen Räumen, auf dem eigenen Terrain, gern auch in Kooperation mit anderen aus dem Umfeld, jedoch „bei uns". Schularbeitenhilfe, ein Sprachkurs für Geflüchtete, die Elternkindgruppe und noch mehr findet Platz unter einem Dach und wenn nicht, wird das leerstehende Pfarrhaus weit unter dem Mietenspiegel für Hilfsbedürftige vermietet.

Nicht auszuschließen ist bei diesem Narrativ jedoch auch eine Vorliebe für den Wettbewerb auf dem Markt der Hilfsbereiten. Es kann dann schon auch darum gehen, schnell und zuerst dort zu sein, wo die Hilfe am nötigsten ist, selbst wenn die fast zeitgleich entstehenden Secondhandläden oder Tafeln einander die Ehrenamtlichen abwerben.

2.4   Wir sind gemeinsam mit anderen für die Welt da

Auch hier spricht ein autonomes, oft auch singularisiertes, also bewusst gestaltetes Wir. Es überwiegt, wie beim vorherigen Narrativ, der Bindungsaspekt, jedoch liegt der Aufmerksamkeitsfokus nicht auf einer qualifizierten Teilgruppe, sondern auf dem Ganzen: die Gesellschaft, das Dorf, die Stadt.

Dieses Narrativ weiß, dass sich die eigenen Ehrenamtlichen vielseitig engagieren, auch im Schützenverein, in der Partei, beim interreligiösen Meditationskreis oder bei der Initiative gegen das neue Gewerbegebiet. Auch die Kirchengemeinde versteht sich im Dorf wie ein Verein neben anderen, wie ein gesellschaftlicher Akteur neben anderen im Stadtteil. Der Raum ist geografisch gedacht. Gemeindegrenzen, Konfessionalität oder religiöse Zugehörigkeit spielen hier eine untergeordnete Rolle. Gemeinwesenorientierung als integrierte Dimension von gemeindlicher Arbeit oder City-Kirchen-Arbeit finden sich hier wieder. „Suchet der Stadt Bestes" könnte ein programmatischer Spruch in diesem Narrativ sein. Aktivierung und Empowerment von zivilgesellschaftlichen Gruppen gehören in dieses Narrativ. „Auch wir tragen Verantwortung für das Gemeinwesen" oder „Wir können als Christen gar nicht anders, als uns einzumischen". Die Kirchengemeinde ist Brückenbauerin, Initiatorin, Mediatorin, sie stellt den Raum für Runde Tische zur Verfügung, sie ist – hier geht der Blick in wiederum andere biblische und kirchengeschichtliche Traditionsbestände – Wächterin, auch Kritikerin und Ideengeberin für die Gestaltung von sozialen Räumen. Das Kirchengebäude darf in Einzelfällen säkularer Gesprächs-, Kultur- und Kunstraum sein. Aber auch hier liegt der Fokus in dem abschließenden: „Bei uns." „Wir haben die Deutungshoheit und machen längst nicht alles mit." „Eine Predigt des Bürgermeisters in Wahlkampfzeiten geht nicht, wohl aber eine Talkrunde in der Kirche von uns moderiert."

3. Zusammenfassung

Die vier Narrative wirken in jeweils unterschiedlicher Dominanz sowohl aufeinander ein als auch in Wechselwirkung mit ihrem Kontext. In dem Bestreben, das Richtige oder Gültige auszuhandeln, kann es zu Reibungen, Kompromissen oder auch zum Konflikt kommen. Alle vier haben aufgrund ihrer unterschiedlichen Bindungsbereitschaft an ein „Außen" mehr oder weniger stark ausgeprägte Ressourcen, sich auf den Sozialraum hin auszurichten.

Gemeinsam ist ihnen jedoch zum einen die Fokussierung auf sich als jeweils autonomes und singularisiertes Subjekt und zum anderen die große Bedeutung der territorial und geografisch verfassten zu ihnen gehörenden Orte, d. h. das Gemeindehaus, der Kirchraum, die eigene Kindertagesstätte, der eigene Friedhof, das Pfarrhaus oder der Gemeindegarten. Alle Haltungsnarrative beziehen die vorfindlichen, materiellen Orte als konstitutiv für das Konstrukt einer Selbsterzählung ein und versehen sie so mit bestimmten Bedeutungen und Repräsentationen.

Aus diesem Grund will ich im Folgenden anhand zweier Beispiele andeuten, welche Konfliktfelder sich aus der Repräsentation der *Orte* für das Selbstverständnis im Sozialraum ergeben:

4. Beispiele für Konfliktfelder im Blick auf den territorial oder geografisch gefassten Ort

4.1 Schulnahe Jugendarbeit – „gut gemeint, aber schiefgegangen"

Zwei ländliche Kirchengemeinden Adorf und Bstadt kooperieren mit jeweils einer Schule, der Wunsch ist beidseitig: Die Ganztagsschulen erhoffen sich qualitativ anspruchsvolle Bildung durch kirchliche pädagogische Fachkräfte. Die Kirchengemeinden sehen eine Chance, auch zu kirchenfernen Jugendlichen Kontakt aufzubauen und für ihre Angebote indirekt über die Person zu werben. Die beiden gemeindepädagogischen Stellen werden von der Kirchengemeinde und dem Kirchenkreis finanziert und teilen sich die Aufgabenbereiche auf, jeweils zur Hälfte in der schulnahen Jugendarbeit und der Arbeit mit Konfirmand*innen. Die Kirchengemeinde in Adorf ist einverstanden, dass die Schulstunden in den Räumen der Schule stattfinden. Gemeinde Bstadt stimmt der Kooperation nur zu, wenn die Schüler und Schülerinnen in das Gemeindehaus kommen. Die Unterrichtskräfte beider Schulen ziehen anfangs mit, die Kooperationen laufen im ersten Jahr gut. Nach zwei Schuljahren werden die auf längere Sicht angelegten Projekte wieder beendet. Die Gemeindepädagogin von Adorf kann sich nicht auf das schulische Reglement einlassen: fester Stundentakt, keine Grundmotivation der Jugendlichen, es gelingt ihr nicht, das „Absitzen" ohne Noten, in andere Formen der Interaktion zu verwandeln. Das zweite Projekt wird von der Schule beendet. In den ihr „fremden Räumen" des Gemeindehauses Bstadts sei von ihr nicht klar zu überprüfen, ob die Jugendlichen nicht kirchlich vereinnahmt würden.

Wer über Sozialraum nachdenkt, muss über Verhaltensweisen und Haltungen reden, die sich mit unterschiedlichen, in diesem Fall institutionell geprägten Organisationen und ihren Orten verbinden und nur mühsam verändert werden können.

4.2 „Ich komme gern, aber die Kirche betrete ich nicht"

Dies ist die Antwort auf die Einladung einer City-Kirchengemeinde. Sie hat einen bekannten Schriftsteller, der regelmäßig im überregionalen Radiosender humorvoll und eigensinnig „Gespräche mit Gott" vorstellt, eingeladen, im Rahmen einer in der Kirche stattfindenden Veranstaltungsreihe aufzutreten. Die mit dieser Reihe verbundene Idee war, den Kirchenraum neu zu beleben und interaktiv neu zu bespielen. Es gelingt zu einem Teil, ihn für andere und für „ungewohntes

Publikum" zu öffnen. Das „Gespräch mit Gott" findet allerdings tatsächlich nicht in der Kirche, sondern vor großem Kiez-Publikum draußen, vor der (geöffneten) Kirchentür statt.

Wer über Sozialraum nachdenkt, muss über die Nicht-Räume, Nicht-Orte, die Tabus oder die diskursiv okkupierten Orte reden, und davon, was „drinnen" und „draußen" bei diskursiv erzeugten Räumen meint und wer jeweils die Deutungshoheit beansprucht. Räume sind keine deutungs- oder machtfreien Räume.

5. Raumdeutungen weitererzählen

Für eine analytische Weiterentwicklung dieser unterschiedlichen Raumdimensionen im geografischen und territorialen Ort, wie dies z. B. ein Kirchengebäude oder ein Gemeindehaus sein können, schlägt Michael May die auf Henri Lefebvre (1991) zurückgehende Unterscheidung zwischen einer „Repräsentation des Raumes" und „Räumen der Repräsentation" vor. „Als *Repräsentation des Raumes* bezeichnet Lefebvre [...] jene Dimensionen eines *Ortes*, wie er architektonisch-planerisch in der Gleichsetzung von Erlebtem und Wahrgenommenem mit dem Entworfenen konzeptionalisiert wurde. [...] Mit dem Begriff von *Räumen der Repräsentation* hingegen fasst Lefebvre [...], wie die physische Beschaffenheit eines *Ortes* von Nutzenden symbolisch in Gebrauch genommen wird und die mit dem *Ort* verbunden Symbole und Images durch diese erlebt werden. Diese Aneignung von *Orten* im Rahmen mehr oder weniger kohärenter Systeme nonverbaler Symbole kann [...] durchaus unterschiedlich sein."[10]

Diese Differenzierung ließe sich auch für konzeptionelle Überlegungen zur Bedeutung von Kirchen- oder Gemeinderäumen im Sozialraum vielversprechend verwenden. Im Blick auf eine „narrativ selbstbewusste Organisation" könnte es einige Entdeckungen geben, wenn Kirchengemeinden sich die Geschichten ihrer Häuser und Orte unter dem Aspekt der Repräsentationen im Sozialraum vergegenwärtigten: Was wird in, mit und über sie erzählt?

Was passiert nun, wenn die Verlockung zur „neuen Sozialraumorientierung" auf die in den Handlungsnarrativen skizzierten Subjekte trifft?

6. Eine Annahme zur neuen Sozialraumorientierung

Meine These ist, dass Sozialraumorientierung inzwischen selbst zu einer Haltung sozialer Akteure geworden ist. Die Rezeptur dieser Entwicklung will ich kurz und in aller Vorläufigkeit umreißen:

---

[10] May, Michael: Partizipative Sozialraumforschung im Kontext sozialpädagogischen Ortshandelns: Zur Weiterentwicklung der Methode der Autofotografie im Anschluss an Paulo Freires Prinzip von Kodierung/Dekodierung, in: sozialraum.de, Ausgabe 1/2018, https://www.sozialraum.de/partizipative-sozialraumforschung-im-kontext-sozialpaedagogischen-ortshandelns.php, letzter Zugriff: 14.03.2022.

6.1 Das Subjekt und sein Raum

Ingrid Breckner bilanziert, dass die theoretischen Wurzeln der Sozialraumorientierung „Raum selbst als sozial produziert, damit sowohl gesellschaftlich strukturierend als auch durch Gesellschaft strukturiert und im gesellschaftlichen Prozess sich verändernd" begreifen. Die Sozialraumperspektive beziehe sich daher nicht nur auf die „verdinglichten Orte", sondern auch auf den von handelnden Akteuren konstituierten Raum.[11]

Anders als bei den Gemeinwesenkonzeptionen der Sozialarbeit, die zunächst vom vorfindlichen Raum, dem Stadtteil und Quartier ausgehen[12], gerät somit stärker das Subjekt mit seinem Bezug zum Ort in den Fokus. Das Fachkonzept der Sozialraumorientierung nennt laut seinem Begründer Wolfgang Hinte als erstes von fünf Prinzipien den Willen des leistungsberechtigten Menschen.[13] „Im sozialräumlichen Konzept gibt – scheinbar im Widerspruch zu seiner Bezeichnung – das Individuum mit seinen Interessen und Ressourcen ‚den Ton an'. Wir haben es hier also einerseits mit einem hochgradig personenbezogenen Ansatz und andererseits mit einem sozialökologischen und auf die Veränderung von Verhältnissen zielenden Ansatz zu tun."[14]

6.2 Neuordnung des Räumlichen

Fabian Kessl sieht in den aktuellen Raum- und Räumlichkeitsdebatten die leitende Unterstellung, dass der „soziale Raum, also die Gesellschaft insgesamt" neu zu gestalten sei und die in den Debatten sich vollziehende Neuordnung des Räumlichen eine Auseinandersetzung über die Neuformierung sozialer Zusammenhänge im 21. Jahrhundert sei.[15]

---

[11] Breckner, Ingrid: Theorie- und Sozialgeschichte der Sozialraumorientierung. Religion im Sozialraum – wissenschaftliches Symposium am 2. September 2021 in der Katholischen Akademie Hamburg, Mündlicher Beitrag, https://www.youtube.com/watch?v=qCGhkn3Ol18, letzter Zugriff: 15.03.2022.

[12] Kessl, Fabian u. a.: Sozialraum. Eine Einführung, Wiesbaden 2007, 14.

[13] Hinte, Wolfgang: Eigensinn und Lebensraum – zum Stand der Diskussion um das Fachkonzept „Sozialraumorientierung", in: VHN, 78. Jg., München 2009, 20–33, 23: „1. Ausgangspunkt jeglicher Arbeit sind der Wille / die Interessen der leistungsberechtigten Menschen (in Abgrenzung zu Wünschen oder naiv definierten Bedarfen). 2. Aktivierende Arbeit hat grundsätzlich Vorrang vor betreuender Tätigkeit. 3. Bei der Gestaltung einer Hilfe spielen personale und sozialräumliche Ressourcen eine wesentliche Rolle. 4. Aktivitäten sind immer zielgruppen- und bereichsübergreifend angelegt. 5. Vernetzung und Integration der verschiedenen sozialen Dienste sind Grundlage für funktionierende Einzelhilfen."

[14] Hinte, Eigensinn, 24.

[15] Kessl, Sozialraum, 14.

6.3 Steuerung

Unter dem Begriff der „Governance" lassen sich seit den 00er Jahren neue Formen der politischen Steuerung beobachten, die, so Herbert Schubert, über staatliche Institutionen hinaus auch privatwirtschaftliche und zivilgesellschaftliche Akteure einbeziehen. Tendenzen „einer gesellschaftlichen, ökonomischen und politischen Selbststeuerung über Verhandlungssysteme und Politiknetzwerke" werden diagnostiziert sowie eine neue soziale Ordnung lokaler Akteure „in komplexen Abhängigkeiten der föderalen Mehrebenenstruktur" ausgemacht.[16]

6.4 Bewegungen und Gemeinschaft

Die Bedeutung neuer sozialer Bewegungen, wie „Fridays for Future", für die Subjektivierung des Sozialraums, ist meines Wissens noch nicht erforscht, doch lassen sich über die Nachhaltigkeitsdiskurse Hinweise finden, dass die neuen sozialen Akteure „Gemeinschaften" sind, und zwar als „zentrale Wegbereiter einer zukunftsfähigen Gesellschaft"[17].

7. Aushandlung neuer Räume im inkludierenden Wir: „Transformation durch Gemeinschaft"

Diese Ingredienzen zusammengedacht, komme ich zu der These, dass die Sozialraumorientierung inzwischen mehr ist als nur ein Fachkonzept, wie zu Beginn ihrer Entstehung vor etwa 20 Jahren. Sie ist innerhalb der Diskurse über die Neuordnung des Raumes und über die Zukunft der Gesellschaft zu einer neuen *Haltung* sozialer Akteure „amalgamiert", in deren Fokus ein kollektives, inkludierendes Wir steht.

Die Konzepte der Sozialraumorientierung sind als Prinzipien, Überzeugungen, Werte und Einstellungen sozialer Akteure in Bewegung. Auf dem diskursi-

---

[16] Schubert, Herbert: Die GWA im sozialräumlichen ‚Governancekonzert', in: sozialraum.de, 1/2011, https://www.sozialraum.de/die-gwa-im-sozialraeumlichen-governancekonzert.php (abgerufen am 14.03.2022).

[17] Ich beziehe mich auf eine Online-Tagung 18.–20.11.2021 an der Carl von Ossietzky Universität Oldenburg „Reiz der Nische – Zeit. Räume der Nachhaltigkeit" des Verbundprojekts „Transformation durch Gemeinschaft. Prozesse kollektiver Subjektivierung im Kontext nachhaltiger Entwicklung. „Das Verbundprojekt „Transformation durch Gemeinschaft" (TransGem) verfolgt genau dieses Ziel: Es möchte am Beispiel aktueller Nachhaltigkeitsinitiativen zum einen rekonstruieren, worin die Attraktivität von Gemeinschaften für Politik, Wissenschaft und Praxis besteht. Zum anderen lotet es ihr transformatives Potenzial und ihre gesellschaftspolitischen Konsequenzen aus (...)", https://uol.de/thomas-etzemueller/forschung/nachhaltigkeitsforschung (abgerufen am 15.03.2022).

ven Weg der Neuordnung des Sozialen ist darüber auch der bis vor kurzem noch territorial oder geografisch gedachte Sozialraum zu einem virtuell entgrenzten geworden, der sich nun über gesellschaftliche Themen und soziale Bewegungen auf eine zukünftige gesellschaftliche Gestalt hin neu entwirft.

Diese Neuordnung evoziert auch eine Neuordnung der Subjektkonstruktionen und zielt auf andere Selbst-Verständnisse. Vielleicht wäre von einer Art „Selbsttranszendierung" zu sprechen, einer Überschreitung des singularisierten Wir hin zu einem neuen, sich gerade entwickelnden, sich erprobenden inkludierenden kollektiven Wir.

Themen wie Ökologie, Nachhaltigkeit, eine neue oder wiederentdeckte Demokratie, intergenerationale Beziehungen, soziale Gerechtigkeit, Fürsorge (Care), Inklusion und (aktuell) Frieden verbinden sich mit Praktiken der Selbststeuerung dieses „kollektiven Wir". Dieses neue Wir im neuen Sozialraum sieht so aus – eine probeweise Beschreibung:

1. Wir sind Viele und vielfältig. –
Dieses Subjekt verfügt über Kompetenzen, mit Ambiguität umzugehen. Es muss Unberechenbarkeit und Unsicherheit aushalten, frei sein auch von der Vorstellung, Konflikte und Diskrepanzen ließen sich ein für alle Mal lösen.

2. Wir sind als Viele gemeinsam füreinander da. –
Achtsamkeit und Augenhöhe verbinden sich hier mit Respekt vor Diversität und Ablehnung einer hierarchiegebundenen Regulierung sozialer Prozesse.

3. Wir sind als Viele voneinander abhängig. –
Darin liegt eine Dringlichkeit und eine neue Freiheit zu handeln, auch ein Wissen um Demut und Anerkennung komplexer globaler Zusammenhänge.

4. Wir handeln als Viele gemeinsam. –
Dies geschieht situativ, fluid, in territorialen oder auch digitalen Räumen, global oder lokal, in immer neuen Zusammensetzungen.

8. Was passiert, wenn die neue Sozialraumorientierung auf Narrative des Kirchlichen trifft?

Es geht erst mal gut: Alle gesellschaftlich relevanten Zukunftsthemen können sich an innerkirchliche Diskurse und ihre Haltungsnarrative anschließen, insbesondere die beiden auf Beziehung und Bindung setzenden Narrative haben viele Anschlüsse und nutzen sie. Auch die im zweiten Haltungsnarrativ liegende Kreativität kann sich spielerisch auf Erprobungen und Experimente einlassen, so, wie auch das „Anderssein" über eine Motivation des Innovativen verfügt und auf Veränderung ansprechbar ist.

Und trotzdem wird vermutlich auch und nicht selten und immer öfter das passieren, was der Dekan so zusammenfasst: „Ihr immer mit euren Sozialräumen. Wir stehen doch inzwischen am Rand und spielen schon lange nicht mehr mit."

Dies hat, so vermute ich, damit zu tun, dass in der kirchlichen Adaption der Sozialraumorientierung der notwendige Abschied von einem „singularisierten Wir" nur schwer gelingt. Einige Wahrnehmungen dazu:

- Der letzte auf dem Kongress formulierte Leitimpuls lautet: „Wir = & – wir sind auch die anderen. Das & ist Augenöffner. ‚Zielgruppe' sind nicht die da draußen. Kirche und Diakonie sind Bestandteil des Sozialraumes. Und zugleich Gegenüber: handelnd & deutend, um in allem Tun auch religiöse Deutungskontexte erlebbar zu machen."[18]

  Bestandteil und zugleich Gegenüber sein – bei allem Bemühen, Sozialraumorientierung ernst zu nehmen, kommen die Leitsätze nicht umhin, das singularisierte Wir, nämlich als Additum, anzusprechen („Teil von") und zugleich von einer eher statischen Raumvorstellung auszugehen, weshalb das „Herausgehen aus" meist eine tragende Metapher in den kirchlichen Diskursen bleibt. Daran ändert sich auch nichts, wenn Diakonie und Kirche als sich gegenseitig verstärkende Zwei gedacht sind. Die „diakonische Kirche" verspricht sich von ihren Ressourcen zu Recht eine produktive Öffnung in den Sozialraum „hinein", sie bleibt gegenüber denen „da draußen" ein singularisiertes Wir.

  Hinzu kommt, dass die eindeutige Funktionszuschreibung – „religiöse Deutungskontexte erlebbar machen" – die Vorstellung eines Subjekts verstärkt, das weiß, was es will. Genau das, sich selbst sicher zu sein, könnte aber für manche Gemeinde nicht mehr oder noch nicht zutreffen.

- Sozialraumorientierung ist die kirchliche Antwort auf das Kleiner-Werden der Kirche und ihren gesellschaftlichen Relevanz- oder auch Sinnverlust.

  Die damit zusammenhängende Verunsicherung von Kirchengemeinden drückt sich auch in ihren Schatten-Narrativen aus: Wir sind anders? Ja, aber am Rande. Wir sind frei? Ja, aber wie lange reichen unsere Kräfte, unsere finanziellen und menschlichen Ressourcen? Wir sind für andere da? Ja, aber wir schaffen es nicht mehr mitzuhalten und fühlen uns ausgepowert. Wir haben das große Ganze im Blick? Ja, aber wir merken, dass nicht mehr alle mit uns zusammenarbeiten wollen und manche Veranstaltung eher woanders als bei uns stattfindet.

---

[18] 12 Leitimpulse für eine diakonische Kirche mit Zukunft, WIR&HIER-Kongress „Gemeinsam Lebensräume gestalten", Hamburg 03./04.09.2021, https://www.wirundhier-kongress.de (abgerufen am 11.04.22).

Ich will keiner Larmoyanz das Wort reden. Jedoch finde ich es einen Blick wert, wie sich in den gemeindlichen Narrativen auch eine erschöpfte, verletzte und verunsicherte Seele meldet, die auf die Frage, wer sie ist oder sein will, nicht recht antworten kann. Ich halte es nicht für ausgeschlossen, dass der Sprung aus der Erfahrung des Kleiner- und Entwertet-Werdens in ein ganz anders konturiertes „Wir" als doppelte Heraus- und auch als Überforderung erlebt wird: „Das sollen wir auch noch machen." „So habe ich mir Kirche nicht vorgestellt." „Die wollen doch eh nichts mit uns zu tun haben." „Als Kirche haben wir das nicht nötig." Möglich, dass in der Vorstellung von Kooperation eher der Verlust als der Gewinn einer Identität gesehen wird. Darüber hinaus spielt jede Verlockung auch mit der Entwertung oder dem Defizitären dessen, was gerade ist. Manche Gemeinde fragt sich: Warum müssen wir anders sein und können so nicht weiter machen? Was ist so falsch an uns?

Neue Sozialraumorientierung findet neben den territorialen in fluiden Räumen statt und adressiert ein ebenso fluides Wir. Darauf zu reagieren, bedeutet, das eigene – singularisierte, also besondere und andere – Wir auch in den Fluss zu bringen und möglicherweise in einem neuen Wir aufzugehen, sich in und mit ihm essenziell neu oder anders wieder zu finden. Diese Veränderung bedarf einer Entwicklung und damit Zeit und Geduld.

9. Entwicklung

Entwicklung heißt, das Narrativ über sich selbst zu verändern (Erlach/Müller). Wenn das stimmt, müssten manche kirchliche Haltungsnarrative sich verändern.

Ich denke, dass die von vielen Gemeinden gefühlte und auch reflektiert anerkannte Notwendigkeit zur Veränderung deshalb Stress oder Abwehr hervorbringt, weil mit ihr assoziiert wird, Traditionsbestände, Glaubenssätze, Prinzipien oder Grundüberzeugungen neu zu interpretieren oder zu reformulieren.

Kirchengemeinden als soziale Akteure müssten beginnen, sich neu zu erzählen und dabei alte Erzählungen hinter sich lassen. Die Bereitschaft zum „Aufgehen in einem kollektiven Wir" dispensiert nicht von der Auskunftsfähigkeit über sich selbst. Im Gegenteil, der Respekt vor Diversität und Pluralität erwartet geradezu eine Positionierung oder Interessenbekundung – aber eine in der gleichzeitigen Bereitschaft zur Öffnung und Veränderung. Die Agilität eines inkludierenden, kollektiven Wir im Sozialraum verlangt von allen Akteuren, im Konfliktfall oder im Entscheidungsfall die jeweils eigene Wirklichkeitskonstruktion im Interesse aller zu befragen. Der Anspruch auf Deutungshoheit ist dann vielleicht schmerzhaft berührt, zugleich öffnet sich die Möglichkeit, sich im Kontakt mit anderen neu zu finden.

10. Förderliches

Zum Schluss einige Ideen darüber, wie ein „neues Sich-Erzählen" in Kirchengemeinden anfangen könnte:

- Theologie und Spiritualität
  Was passiert, es probeweise für möglich zu halten: „Gott ist im Sozialraum"? Das inkludierende Wir im Sozialraum denkt über Spiritualität nach und entwickelt längst unterschiedliche Praktiken, kulturell und religiös vielgestaltig, mit und ohne Gott. Kirchengemeinden sind Spezialisten für Soziales, Kultur und Religion, sind sie auch auskunftsfähig und -freudig? Können und wollen sie über ihre Spiritualität mit anderen in Kontakt treten? Ist es Sache ausschließlich der Professionellen, Gott anders zu denken?
  Erzähl-Impuls: „Was und wie, wenn ohne Gott?"[19]

- Aktive Bereitschaft, sich (von anderen) verändern zu lassen
  Die Amsterdamer Gemeinde veranschaulicht, wie sich im wechselseitigen Kontakt zum Außen die Grenzen verflüssigen: Das Selbstnarrativ des „Wir sind anders" änderte sich in den nächsten Jahren hin zu einem „Wir sind als andere Teil von Euch". Die Gemeindeleitung wird inzwischen unterstützt von einer unabhängig von Mitgliedschaft zusammengesetzten Gruppe, der Laden hat sich zum Zentrum für Kinderbetreuung entwickelt, umliegende, angemietete Wohnungen stehen Geschiedenen für Übergangszeiten zur Verfügung, der von der Gemeinde initiierte Streichelzoo ist beliebter Ort für informelle Kontakte. Inzwischen ist die Gemeinde auch auf der kommunalen Website selbstverständliche Partnerin im Quartier.[20] Ihr „Anders-Sein" ist zu einem Ausdruck von kooperativer Vielfalt unter einem gemeinsamen Ziel, dem Zusammenleben im Quartier, geworden.
  Erzähl-Impuls: Wie anders wollen wir sein?

- Raumanalytik
  Der Raum, der zum Sozialraum werden soll, ist schon gefüllt mit den Bedeutungen und Repräsentationen der territorial verfassten Räume. Räume müssten im Sinne von Schubert[21] (s.o.) selbst als Akteure oder Aktanten

---

[19] „Was und wie, wenn ohne Gott? Zum Geistlichen Leben im Verschwinden der Gottessicherheit." – So der Titel eines Online-Kongresses der Katholischen Akademie des Bistums Meißen, 26.–27.02.2021, https://www.katholische-akademie-dresden.de/verschwunden (abgerufen am 15.03.2022).

[20] Siehe auch die kommunale Website: https://halloijburg.nl/organization/1092/de-binnen waai---kerk-op-ijburg (abgerufen am 14.03.22).

[21] Schubert, GWA: Der „Spatial Turn" kennzeichnet eine Gegenbewegung: In der „Reterritorialisierung der Diskurse" wurden die Grenzen der Enträumlichung aufgezeigt. Der Soziologe Manuel Castells hat mit der Denkfigur des „Space of Flows" Mitte der 90er Jahre

(Latour) im Sozialraum gelesen werden, die mitsprechen und mitgestalten.
Erzähl-Impuls: Was sagen andere über unsere Räume?

- In ökologischen Konzepten erfahren „Ökotone" als Räume zwischen zwei Biotopen gegenwärtig größere Aufmerksamkeit. Auf soziale Biotope bezogen sind solche Transformationskorridore indifferent im Blick auf ihre Bedeutungen und Repräsentationen. „Das Gespräch mit Gott" geschieht „vor der Kirchentür". Ein Streichelzoo ermöglicht ein anderes Gespräch. Ein dritter Ort neben Schule und Gemeindehaus birgt neue Möglichkeiten.
Erzähl-Impuls umgesetzt in Praxis: Ausprobieren und Erfahrungen machen.

- Der Ort der anderen kann inspirierend und gastfreundlich sein und spirituelle Überraschungen bereithalten.
Erzählimpuls umgesetzt in Praxis: Sich einladen und einladen lassen.

- Die Nische als Ort für Transformation entdecken
Nicht für jede Gemeinde ist Sozialraumorientierung eine Lösung; vielleicht geht es erst mal darum, sich zu konzentrieren und zu begrenzen: Gottesdienste, Gebet, Meditation und Bibelentdeckung.

- Anfangen
Vielleicht kann auch ein lebendiges Interesse an dem anderen im Wir der Beginn einer „wunderbaren Freundschaft" sein:
Wie du suchte ich etwas Liebe
Wie du war auch ich lang allein
Doch dann sah ich in deine Augen
Nie wieder sollst du einsam sein
Du bist anders als all die andern
Du veränderst mein ganzes Leben
Was ich habe will ich dir geben
...
Du bist anders als all die andern
Darum laß ich dich nie mehr geh'n
Ich will dich lieben und versteh'n.
Peter Maffay 1970

,Räume im Fluss' als Merkmal der Netzwerkgesellschaft beschrieben, aber auch darauf hingewiesen, dass die Territorialität als eines der organisierenden Prinzipien sozialer Beziehungen elementar bleibe (2001). Der Raum wird dabei nicht mehr als Ursache oder Grund betrachtet, von der oder dem die Ereignisse oder deren Erzählung ihren Ausgang nehmen; er wird selbst vielmehr als eine Art Text betrachtet, dessen Zeichen oder Spuren zu entziffern sind [...]. Im Laufe der vergangenen Jahrzehnte hat sich deshalb die Erkenntnis verbreitet, dass der gebaute Raum Skripte und Choreographien des Handelns bereitstellt [...]."

Literatur

Breckner, Ingrid: Theorie- und Sozialgeschichte der Sozialraumorientierung. Religion im Sozialraum – wissenschaftliches Symposium am 2. September 2021 in der Katholischen Akademie Hamburg, Mündlicher Beitrag, https://www.youtube.com/watch?v=qCGhkn3Ol18 (abgerufen am 15.03.2022).

Erlach, Christine / Müller, Michael: Narrative Organisationen, Stuttgart 2020.

Henderson, Sandra / Caminda, Gion A.: Der Ortmacher, in: Swisswool-Magazin, www.sandralhenderson.files.wordpress.com/2020/12/swisswool-magazin_caminada-1.pdf, 98–104, 104 (abgerufen am 19.4.2022).

Hinte, Wolfgang: Eigensinn und Lebensraum – zum Stand der Diskussion um das Fachkonzept „Sozialraumorientierung", in: VHN, 78. Jg., München 2009, 20–33.

Klostermeier, Birgit: Das unternehmerische Selbst der Kirche, Berlin/Boston 2011.

Kühl, Stefan: Die Fassade der Organisation, 2010, https://www.uni-bielefeld.de/soz/personen/kuehl/pdf/Schauseite-Working-Paper-1_19052010.pdf (abgerufen am 14.03.2022).

Kühl, Stefan: Organisationskulturen beeinflussen, Wiesbaden 2018.

May, Michael: Partizipative Sozialraumforschung im Kontext sozialpädagogischen Ortshandelns: Zur Weiterentwicklung der Methode der Autofotografie im Anschluss an Paulo Freires Prinzip von Kodierung/Dekodierung, in: sozialraum.de, Ausgabe 1/2018, https://www.sozialraum.de/partizipative-sozialraumforschung-im-kontext-sozialpaedagogischen-ortshandelns.php (abgerufen am 14.03.2022).

Permantier, Martin: Haltung entscheidet. Führungs- und Unternehmenskultur zukunftsfähig gestalten, München 2019.

Reckwitz, Andreas: Die Gesellschaft der Singularitäten, Berlin 2017.

Schubert, Herbert: Die GWA im sozialräumlichen ‚Governancekonzert', in: sozialraum.de, Ausgabe 1/2011, https://www.sozialraum.de/die-gwa-im-sozialraeumlichen-governancekonzert.php (abgerufen am 14.03.2022).

Sonja Keller

Zur Imaginations- und Steuerungsfunktion des kirchlichen und diakonischen Programmbegriffs Sozialraum

Eine praktisch-theologische Einordnung

In verschiedenen Beiträgen dieses Bandes wird sachgemäß und perspektivreich dargelegt, dass der „Sozialraum" einen Containerbegriff repräsentiert,[1] der inhaltlich unterschiedliche kontextuelle Profilierungen erfährt,[2] wobei der Perspektivwechsel, der dieses Schlagwort mit sich führt, in der Praxis zuweilen nur bedingt Fuß fasst.[3] In der Forschungsliteratur wird der Sozialraum keineswegs nur mit einer territorialen und geografisch fassbaren Größe identifiziert, sondern er dient auch zur Bezeichnung einer Lebenswelt[4] und kann selbstverständlich auch hinsichtlich der soziale Interaktionen steuernden und unterstützenden Digitalität – etwa im Rahmen einer digital versammelten Selbsthilfegruppe – entfaltet werden.[5] Bereits dieser Hinweis auf unterschiedliche Bezugshorizonte der boomenden Rede vom Sozialraum lässt erkennen, dass dem Begriff selbst eine Polyvalenz zu eigen ist, die seine vielfältige Verwendbarkeit sowie die Unschärfe in der Anwendung erklärt. In diesem Beitrag soll angesichts der skizzierten Mehrdeutigkeit der Rede vom Sozialraum danach gefragt werden, woraus sich die Attraktivität dieser theoretisch schwach profilierten Konzeption speist bzw. welche Themen und Herausforderungen in der kirchlichen Auseinandersetzung mit dem Sozialraum bearbeitet werden. Der Fokus dieses Beitrages liegt auf einer praktisch-theologischen Rekonstruktion der Leistungen des Sozialraumparadigmas, insbesondere im Hinblick auf Diskurse zur zukunftsfähigen Gestaltung kirchlicher Strukturen.

---

[1] Vgl. Hörsch in diesem Band 122ff.
[2] Zur Adaption des Begriffes im Kontext der Diakonischen Unternehmen vgl. Dieckbreder in diesem Band 144ff.
[3] Vgl. Hübner in diesem Band 48ff.
[4] Vgl. Schöning, Werner: Sozialraumorientierung. Grundlagen und Handlungsansätze, Frankfurt a. M. ³2020, 11.
[5] Vgl. Ulshöfer, Gotlind: Diakonie in der Digitalität. Diakoniewissenschaftliche Analysen zu aktuellen Herausforderungen, noch unveröffentlichtes Manuskript, 2022.

Im ersten Teil werden konzeptionelle Grundlagen und Anknüpfungspunkte des Sozialraumparadigmas erörtert und eine Verhältnisbestimmung im Rahmen aktueller kirchentheoretischer Leitbegriffe hergestellt. Nach dieser Einordnung wird im zweiten Teil die Verwendung des Sozialraumkonzeptes im Rahmen konzeptioneller Überlegungen und operativer Kirchenleitung erörtert. Der Beitrag schließt mit einer Reflexion über die kirchenleitende Steuerungsfunktion des Sozialraumbezugs.

1. Anknüpfungspunkte und Grundlagen des Sozialraumparadigmas

Der Terminus „Sozialraum" oder das spezifische Fachkonzept „Sozialraumorientierung" nach Wolfgang Hinte spielte im Rahmen der Praktischen Theologie und insbesondere der Kirchentheorie lange keine Rolle. Eine praktisch-theologische Einordnung des Begriffes und seiner Attraktivität wird in diesem ersten Teil vorgenommen.

Die Bezugnahme auf den Sozialraum im Kontext der Diakonie erfolgt oftmals im Hinblick auf das Fachkonzept der „Sozialraumorientierung"[6] von Hinte, das sich auf das Feld der Sozialen Arbeit bezieht und wesentliche Aspekte der in den 1960er und 1970er Jahren in der Sozialen Arbeit etablierten und institutionalisierten Gemeinwesenarbeit aufnimmt und erneuert.[7] Eine andere Deutung des Sozialraums formuliert Werner Schöning, der unterschiedliche inhaltliche Bedeutungen erläutert und diese hinsichtlich ihrer Funktion beschreibt: der Sozialraum als Territorium und Verwaltungsgröße, der Sozialraum als Lebenswelt in der Perspektive der Bewohner:innen, der Sozialraum als Steuerungsgröße, der Sozialraum als Ressource, der Sozialraum als Einzugsbereich einer Einrichtung und der Sozialraum als öffentlicher Ort der Sozialen Arbeit.[8] Schöning plädiert dafür, den Sozialraum im Kontext der Sozialen Arbeit sowohl als Verwaltungs- als auch als Lebensraum zu verstehen und die darauf bezogene Sozialraumperspektive entsprechend als Bewohnerperspektive zu deuten.

---

[6] Zu den zentralen Eigenschaften der Sozialraumorientierung nach Hinte zählen der Ausgangspunkt beim Willen der Klienten, die Aktivierung derselben, die Arbeit mit den personalen und sozialräumlichen Ressourcen, die zielgruppen- und bereichsübergreifende Gestaltung der Aktivitäten sowie die Vernetzung verschiedener Dienste. Vgl. Hinte, Wolfgang: Sozialraumorientierung – Konzepte, Debatten. Forschungen, in: Fürst, Roland / Ders. (Hg.), Sozialraumorientierung. Ein Studienbuch zu fachlichen, institutionellen und finanziellen Aspekten, Tübingen 2019, 13–32, 19.

[7] Vgl. Hinte, Sozialraumorientierung, 16–18.

[8] Vgl. Schöning, Sozialraumorientierung, 11.

In den einschlägigen kirchentheoretischen Lehrbüchern der letzten Jahre ist vom Sozialraum nicht die Rede.⁹ Im Kontext kirchlicher Regionalisierungsprozesse ist mittlerweile allerdings eine intensive Beschäftigung mit dem „Sozialraum" bzw. die „Sozialraumorientierung" zu beobachten, wobei sich damit inhaltlich Prozesse der Neuvermessung von Gemeinde bzw. Parochie in der Region verbinden und dabei die Funktion von Kirche und Religion im lokalen Nahraum verhandelt wird. Die Faszination für den Sozialraum lässt sich zumindest teilweise damit erklären, dass gegenwärtig insbesondere aufgrund gemeindlicher Fusions- und Kooperationsprozesse die näräumliche kirchliche Infrastruktur neu ausgehandelt wird. Allerdings ist die emphatische Betonung der Bedeutung des Sozialraums als Referenzgröße für Entwicklungsprozesse nicht mit der Implementierung des Fachkonzepts der Sozialraumorientierung im engeren Sinne gleichzusetzen.¹⁰ Das Interesse an Sozialräumen ist untrennbar mit der Neubestimmung kirchlicher Strukturen verbunden. Der Bedeutungsgewinn der Sozialraumorientierung kann als Ausdruck der Krise dieser Strukturen bzw. der Prägekraft der Kirche und ihrer Angebote vor Ort angesichts der tiefgreifenden Pluralisierung der Lebenswelt gelesen werden.¹¹ Die kirchliche Arbeit, die profiliert, konzentriert und erhalten werden soll, wird gegenwärtig vielerorts daran gemessen, ob sie einen hohen lokalen Bezug aufweist und in übergemeindliche Netzwerke oder Kooperationen eingebunden ist.¹²

1.1 Gemeinwesendiakonie – Vorläufer und Wegbereiter der Sozialraumorientierung

Im Kontext von Diakonie und Kirchenentwicklung wird der Sozialraumbegriff variantenreich verwendet. In den praxisnahen Beiträgen im Handbuch „Kirche im Quartier" lässt sich die Tendenz, den Sozialraum als Kooperationsraum zu

---

⁹ Vgl. Hauschildt, Eberhard / Pohl-Patalong, Uta: Kirche. Lehrbuch Praktische Theologie, Bd. 4, Gütersloh 2013; Hermelink, Jan: Kirchliche Organisation und das Jenseits des Glaubens. Eine praktisch-theologische Theorie der evangelischen Kirche, Gütersloh 2011.

¹⁰ Hinte, Sozialraumorientierung, 19.

¹¹ Vgl. Lämmlin, Georg / Wegner, Gerhard: Sozialraumorientierung von Kirche und Diakonie, in: Dies. (Hg.), Kirche im Quartier. Die Praxis. Ein Handbuch, Leipzig 2020, 25–39, 35. Allein von einer Krise der Ortsgemeinde zu sprechen, wäre allerdings ungenau. Die vom SI erarbeitete Studie „Überraschend offen. Kirchengemeinden in der Zivilgesellschaft" zeigt auf, in welch vielfältiger Weise Kirchengemeinden auf die lokale Zivilgesellschaft und ihre spezifischen Sozialräume bezogen sind. Vgl. Ohlendorf, David / Rebenstorf, Hilke: Überraschend offen. Kirchengemeinden in der Zivilgesellschaft, Leipzig 2019.

¹² Gleichzeitig zur Betonung des Sozialraumbezugs näräumlich orientierter kirchlicher Arbeit lässt sich die Gründung verschiedener Kasualagenturen beobachten, die einen dezidiert übergemeindlichen Ansatz verfolgen. Vgl. Handke, Emilia: Von einer Amtskirche zu einer Dienstleistungskirche. Auf dem Weg zu einer Kasualpraxis der Zukunft, in: Wagner-Rau, Ulrike / Dies. (Hg.), Provozierte Kasualpraxis. Rituale in Bewegung, Stuttgart 2019, 179–192.

verstehen, in dem Gemeinde und Diakonie miteinander und aufeinander bezogen zusammenarbeiten, erkennen. Lämmlein und Wegner halten dazu fest:

> „Aber seit einiger Zeit erfinden sich immer mehr Projekte, in denen Kirche und Diakonie in Kooperation mit anderen Akteuren bewusst für mehr Lebensqualität für alle, gemeinsam für ‚inklusive Sozialräume' eintritt. Vielfach wird die Idee einer grundlegenden Sozialraumorientierung, wie sie in der professionellen Sozialarbeit entwickelt worden ist, positiv aufgegriffen. Das alles bereichert das Leben in den Stadtteilen und verändert die Kirche."[13]

Die gegenwärtige kirchliche Sozialraumorientierung betont die soziale und diakonische Integrationsleistung sowie die Präsenz und das Vernetzungspotenzial der Ortsgemeinden, wobei diese Überlegungen vielfach an die Konzentration kirchlicher Strukturen gekoppelt sind. Für die Gemeindediakonie in Vergangenheit und Gegenwart ist die nahräumliche Orientierung – bei all ihren unterschiedlichen Erscheinungs- und Organisationsformen – selbstverständlich, wobei Sozialraumanalysen erst allmählich zum Einsatz kommen.[14]

Der zentrale konzeptionelle Vorläufer der diakonischen und kirchlichen Sozialraumorientierung ist die Gemeinwesendiakonie. Die 2007 im Positionspapier „Handlungsoption Gemeinwesendiakonie"[15] formulierte Programmatik skizziert aus diakonischer Perspektive die Kooperation zwischen diakonischen Gemeinden und der gemeinwesenorientierten Diakonie, insbesondere zur Verbesserung der Lebensbedingungen in sozial benachteiligten Stadtteilen.[16] Für die Gemeinwesendiakonie sind die Zusammenarbeit von kirchlichen und diakonischen Einrichtungen, die Orientierung am Gemeinwesen und das strategische Handeln der Akteure kennzeichnend. Der Entstehungskontext der Gemeinwesendiakonie war nicht durch kirchliche Strukturprozesse, sondern durch gesamtgesellschaftliche Herausforderungen sowie diakonische und ökumenische Gesichtspunkte gekennzeichnet.[17] Der gegenwärtige diakonische und kirchliche Sozial-

---

[13] Lämmlin, Georg / Wegner, Gerhard: Vorwort, in: Dies. (Hg.), Kirche im Quartier. Die Praxis. Ein Handbuch, Leipzig 2020, 5–6, 5.

[14] Vgl. Behrendt-Raith, Nina: GemeindeDiakonie. Eine qualitative Studie zu Einflussfaktoren und Handlungsperspektiven der Gemeindediakonie am Bespiel des Ruhrgebiets, Berlin 2018, 223.

[15] Vgl. Diakonisches Werk der Evangelischen Kirche in Deutschland e. V., Handlungsoption Gemeinwesendiakonie. Die Gemeinschaftsinitiative Soziale Stadt als Herausforderung und Chance für Kirche und Diakonie, Stuttgart 2007.

[16] Pointiert formulierte bereits 1998 Theodor Strohm mit „Wichern drei" eine am Gemeinwesen und an den Individuen orientierte Diakonie. Vgl. Strohm, Theodor: Diakonie an der Schwelle zum neuen Jahrtausend. Diakoniewissenschaftliche Perspektiven, in: Herrmann, Volker u. a. (Hg.), Diakoniewissenschaft zwischen Tradition und Innovation, Heidelberg 1998, 22–32, 22.

[17] Vgl. Park, Heike: Kirchengemeinde als Akteur im Gemeinwesen. Ein Beispiel aus Hamm / Westfalen, in: Horstmann, Martin / Dies., Gott im Gemeinwesen. Sozialkapitalbildung durch Kirchengemeinden. Sozialwissenschaftliches Institut der EKD, Berlin 2014, 65–110, 66.69.

raumbezug knüpft vor allem an die Perspektiven und die Praktiken der Gemeindediakonie und Gemeinwesendiakonie – und weniger an das Konzept der Sozialraumorientierung aus der Sozialen Arbeit – an.

Der theologische oder diakonische Sozialraumbezug ist grundlegend praxisorientiert. Es liegen nur vereinzelte theologische Reflexionen über die kirchliche Bedeutung des Sozialraums und der Sozialraumorientierung vor.[18] Den Perspektivwechsel, der mit der Sozialraumorientierung verbunden ist, fasst Claudia Schulz treffend zusammen, wenn sie die Veränderung als „Denkbewegung" und Überbegriff für verschiedene Konzepte der Sozialen Arbeit (Gemeinwesenarbeit und Community Organizing) bezeichnet.[19] Eine Neuerung liegt demnach in der ausgeprägten Ressourcenorientierung und der Betonung der Bedeutung der Vernetzungspraxis vor, so dass die Bewohner:innen und ihre Relevanzbezüge verstärkt in den Mittelpunkt der Betrachtung kirchlicher Arbeit geraten, wodurch zugleich die Orientierung an Zielgruppen und bestehenden Strukturen zumindest teilweise unterminiert wird.[20] Wenn die kirchliche Angebotslogik ihre Bedeutung verliert, dann hat dies potenziell zur Folge, dass aus Objekten oder Adressaten gemeinnützigen, diakonischen oder kirchlichen Tuns Mitstreiter:innen werden, wobei wiederum ihre Erfahrungen, Perspektiven und Ressourcen – so der Grundsatz – für die Entwicklung von sozialräumlichen Projekten zentral sind.[21]

1.2 Der Sozialraumbezug im Verhältnis zu aktuellen kirchentheoretischen Leitbegriffen

Ganz unterschiedliche Arbeitsfelder, Forschungsperspektiven und Initiativen im Rahmen der Kirchen- und Gemeindeentwicklung werden aktuell mit verschiedenen kirchentheoretischen Leitbegriffen verbunden. Die Rede vom Sozialraum oder der Sozialraumorientierung gehörte bislang nicht dazu. Der Begriff ist stattdessen aus dem Kontext der Sozialen Arbeit über die Diakonie insbesondere in kirchenleitende Dokumente und Programme eingeflossen. Die Kir-

---

[18] Vgl. Hörsch, Daniel: Kirche und Diakonie im Sozialraum. Erkundungen und Perspektiven, in: Brennpunkt Nr. 6, 2019, 1–15, 4.

[19] Vgl. Schulz, Claudia: Gott im Raum – Sozialraumorientierung der Kirche als ekklesiologische Denkbewegung, in: Kirchenamt der EKD, Geht hin – Sozialraum- und Gemeinwesenorientierung der Kirche auf dem Land. Dokumentation der 4. Land-Kirchen-Konferenz der EKD vom 20. bis 22. September 2018, Evangelisches Bildungs- und Tagungszentrum Bad Alexandersbad, epd-Dokumentation Nr. 14, 2019, 8–13, 8–9.

[20] Vgl. Schulz, Gott, 10–11.

[21] Eine knappe Skizze des Profils gemeinwesen- und sozialraumorientierter Arbeit von städtischen Kirchengemeinden formuliert Frank Düchting. Vgl. Düchting, Frank: Auftrag und Bewährung. Kirchengemeinde im Gemeinwesen, in: Borck, Sebastian u. a. (Hg.), Wechselwirkungen im Gemeinwesen. Kirchlich-diakonische Diskurse in Norddeutschland, Berlin 2016, 125–135.

chen- und Gemeindeentwicklung der Gegenwart ist auf vielfältige kirchliche Transformationsprozesse bezogen. Der Fokus liegt dabei auf der tiefgreifenden gesellschaftlichen Entkirchlichung und der weltanschaulich und religiös pluralen Gesellschaft und der Frage, wie lokale Vergemeinschaftung im Kontext religiöser Praxis und Kommunikation innerhalb und außerhalb parochialer Strukturen gelebt und gefördert werden kann. Das Interesse gilt dabei insbesondere auch Netzwerken und Kooperationen in der Region und im lokalen Nahraum, an denen Ortsgemeinden oder andere gemeindeförmige Organisationsformen von Kirche beteiligt sind.[22] Die in der KMU V angewandte empirische Netzwerkperspektive eröffnet Einblicke in Gemeinden, ihre innere Vielfalt, die Wechselbeziehung zwischen Netzwerk und Organisation und die Gelegenheitsstrukturen, die Netzwerke und Gemeinden ausbilden.[23] Die Auseinandersetzung mit Netzwerken und Sozialräumen – etwa im Rahmen netzwerkorientierter Gemeindeentwicklung – repräsentiert dabei keine konkurrierende Perspektive, sondern sie kann als Ergänzung gelesen werden.[24] Die kybernetischen Schlüsselbegriffe „Gemeinde auf Zeit"[25], „Kirche bei Gelegenheit"[26] und „Fresh Expressions of Church"[27] bezeichnen unterschiedliche, nicht-parochiale Formen von Kirche und Gemeinde, wobei diesen Konzeptbegriffen verschiedene theologi-

---

[22] In der KMU V wurde festgestellt, dass der Ortsgemeinde als Gemeinde vor Ort noch immer eine besondere Bedeutung zukommt: „Auch unter den Bedingungen moderngesellschaftlicher Differenzierung, religiöser Vielfalt und biografischer Mobilität scheint die Kirche vor Ort aus der Sicht der Mitglieder von hoher, ja gelegentlich identitätsstiftender Bedeutung zu sein. Dies gelingt der Kirche vor allem deshalb, weil ihre Mitglieder in der Ortsgemeinde eine ganze Reihe höchst vielfältiger Themen, Personen und Vollzüge wahrnehmen, an denen sie selbst – je nach der eigenen religiösen und biografischen Konstellation – auf ebenso vielfältige Weise Anteil nehmen können." Hermelink, Jan / Kretzschmar, Gerald: Die Ortsgemeinde in der Wahrnehmung der Kirchenmitglieder – Dimensionen und Determinanten, in: Bedford-Strohm, Heinrich / Jung, Volker (Hg.), Vernetzte Vielfalt. Die fünfte EKD-Erhebung über Kirchenmitgliedschaft, Gütersloh 2015, 59–67, 67. Die Heterogenität der Ortsgemeinden wurde im Kirchengemeindebarometer deutlich herausgearbeitet. Vgl. Rebenstorf, Hilke u. a.: Potenziale vor Ort. Erstes Kirchengemeindebarometer, Leipzig 2015.
[23] Weyel, Birgit / Roleder, Felix: Vernetzte Kirchengemeinde. Analysen zur Netzwerkerhebung der V. Kirchenmitgliedschaftsuntersuchung der EKD, Leipzig 2019, 68.
[24] Vgl. Hörsch, Daniel: Der Ansatz einer netzwerkorientierten Gemeindeentwicklung, in: Dies. / Pompe, Hans-Hermann (Hg.), Kirche aus der Netzwerkperspektive. Metapher – Methode – Vergemeinschaftungsform, Leipzig 2018, 105–112, 110.
[25] Vgl. Bubmann, Peter u. a.: Gemeinde auf Zeit. Empirische Wahrnehmung punktuell-situativer Formen evangelischer Kirche und ihre sozialitätstheoretische Reflexion, in: Bubmann, Peter / Weyel, Birgit (Hg.), Kirchentheorie. Praktisch-theologische Perspektiven auf die Kirche, Leipzig 2014, 132–144.
[26] Vgl. Pohl-Patalong, Uta: Kirche bei neuen Gelegenheiten, in: Kunz, Ralph / Schlag, Thomas (Hg.), Handbuch für Kirchen- und Gemeindeentwicklung, Neukirchen-Vluyn 2014, 198–207.
[27] Vgl. Müller, Sabrina: Fresh Expression of Church, in: Kunz, Ralph / Schlag, Thomas (Hg.), Handbuch für Kirchen- und Gemeindeentwicklung, Neukirchen-Vluyn 2014, 450–458.

sche Programmatiken zugrunde liegen. Die inhaltliche Beschäftigung mit religiöser Kommunikation und Vergemeinschaftung jenseits von ortsgemeindlichen Strukturen sowie missionarische Aufbrüche steht dabei im Mittelpunkt. Das praktisch-theologische und kirchentheoretische Interesse an Kirche und Gemeinde jenseits ortsgemeindlicher Strukturen ist untrennbar mit der Entkirchlichung der Gesellschaft und der Pluralisierung der Gemeindeformen[28] bzw. der Frage, wie religiöse Kommunikation und Praxis in kirchlichen Kontexten und außerhalb der parochial organisierten Gemeinde gestaltet, erlebt und neu organisiert wird, verbunden. Der Sozialraum spielt dabei insbesondere auch in missionstheologisch orientierten Konzepten zur Gemeindeentwicklung eine zentrale Rolle, wobei der Sozialraum als Entwicklungsfaktor nicht so leicht zu bestimmen ist.[29] Die hohe Sozialraumorientierung vieler Gemeindeaufbauprojekte, etwa in Gestalt von Erprobungsräumen, ist evident, wobei im Kontext solcher missionarischer Initiativen die Sozialraumorientierung eine ganz eigene Deutung aufweist.[30]

2. Der Sozialraum als diakonische und kirchenleitende Referenzgröße[31]

Dass der Sozialraum eine diffuse und zugleich zentrale kirchenleitende Bezugsgröße geworden ist, wird in diesem Abschnitt anhand verschiedener exemplarischer Konzeptpapiere erörtert, die sich mit der Zukunft von Kirche und Gemeinde sowie dem Zusammenspiel von Kirche und Diakonie auf der Ebene der EKD und der Landeskirchen befassen. Damit wird nachgezeichnet, in welcher

---

[28] Zur Transformation des Gemeindebegriffs in neueren Kirchenverfassungen vgl. Hermelink, Jan: Die rechtliche Liquidierung der ‚Gemeinde'. Praktisch-theologische Beobachtungen an neueren Kirchenverfassungen, in: Bubmann, Peter u. a. (Hg.), Gemeinde auf Zeit. Gelebte Kirchlichkeit wahrnehmen, Stuttgart 2019, 127–141.

[29] Vgl. Berneburg, Erhard / Hörsch, Daniel: Atlas neue Gemeindeformen. Vielfalt von Kirche wird sichtbar, Berlin ²2019, 44.

[30] Mit dem Prinzip, dass der Ausgangspunkt der Initiativen beim Individuum und seinem Willen zur Veränderung liegt, wird dabei allerdings in ganz eigener Weise verfahren. Den von der EKM geförderten Erprobungsräumen liegt eine klar erkennbare missionarische Programmatik zugrunde. Dazu heißt es hinsichtlich der sieben Kennzeichen der Erprobungsräume: „Erprobungsräume erproben neue Formen von Kirche im säkularen Kontext. Diese Gemeindeideen ergänzen die Landeskirche mit besonderen Orten, Menschen oder Räumen. Erprobungsräume leben Kirche mit anderen. Sie lassen sich noch stärker auf ihr Umfeld ein, als es herkömmlichen Gemeinden manchmal möglich ist. Deswegen sehen sie oft ganz anders aus. Und bringen so ganz anderen Menschen die Botschaft von Gottes Liebe", www.erprobungsraeume-ekm.de/allgemein/7-kennzeichen-von-erprobungsraeumen/ (Zugriff: 01.08.2022).

[31] Vgl. dazu auch Keller, Sonja / Rabe, Henrike: Funktion und Praxis des Sozialraumbezugs bei der Neuvermessung kirchlicher Gebäudebestände und Strukturen, in: Deeg, Alexander / Menzel, Kerstin (Hg.), Diakonische Kirchen(um)nutzung, Münster 2023.

Weise eine explizit sozialräumliche Reflexion über Kirche von zentraler Bedeutung für die programmatischen Beschreibungen ihrer zukünftigen Gestalt geworden ist. Darüber hinaus wird anhand dieser Ausschnitte gefragt, welche Themen und Zusammenhänge durch den Rekurs auf Sozialräume aufgegriffen und vertieft werden.

2.1 Gemeinde und Diakonie verbunden im Sozialraum

Intensive Reflexion über die (operativen) Schnittmengen zwischen Kirche und Diakonie wird derzeit auf verschiedenen Ebenen betrieben. Die Rede vom Sozialraum spielt dabei eine zentrale Rolle. Der Kongress von EKD und Diakonie im September 2021 unter dem Titel „Wir und Hier", der die Sozialraumorientierung programmatisch aufgenommen hat oder die Publikation „Kirche im Quartier" stehen für das von kirchlichen und diakonischen Akteuren geteilte Interesse an Sozialräumen.[32] Zu dieser Entwicklung gehört auch das Bekenntnis von Diakonie und Kirche als zentrale und wechselseitig aufeinander bezogene intermediäre Organisationen im Gemeinwesen angesichts der hohen weltanschaulichen und religiösen Heterogenität zu agieren.

Im Grundlagentext der Kammer für Öffentliche Verantwortung der EKD „Freiheit und Gemeinsinn. Im Beitrag der evangelischen Kirche zu Freiheit und gesellschaftlichem Zusammenhalt" aus dem Jahr 2021 heißt es dazu:

> „Zugleich ist gerade das Zusammenleben von Menschen mit verschiedensten Lebensentwürfen und Herkunftsgeschichten darauf angewiesen, dass intermediäre Organisationen wie Kirche und Diakonie zwischen den Einzelnen und dem Staat vermitteln, Aushandlungsprozesse moderieren helfen und öffentliche Räume bieten, in denen Individualität und Vielfalt auch gegenseitiges Verständnis und Gemeinsinn generieren. Eine intermediäre, diakonische Kirche öffnet, wenn sie ihrem Anspruch gerecht wird, die Türen – auch für soziale Fragen, die sich vor Ort stellen. Sie kann helfen, konkrete Formen und Ausprägungen von Exklusion – etwa die Exklusion sozial, materiell und mental Benachteiligter – zu entdecken und zu beseitigen. Sie kann Ausgangs- und Knotenpunkt in der Vernetzung unterschiedlicher gesellschaftlicher Partner, ihrer Bedürfnisse genauso wie ihrer Ressourcen und Fähigkeiten sein. [...] Dieses Beispiel zeigt, dass solche Netzwerke gesellschaftliche Lernorte sein können, eine Weiterentwicklung gesellschaftlicher Diakonie, im Sinne einer gemeinsamen Verantwortung von Kirche und Diakonie für das friedliche und tolerante Zusammenleben der Verschiedenen."[33]

---

[32] Der Kongress von EKD und Diakonie im September 2021 unter dem Titel „Wir und Hier. Gemeinsam Lebensräume gestalten", der die Sozialraumorientierung programmatisch aufgenommen hat sowie die Publikation Lämmlin, Georg / Wegner Gerhard (Hg.): Kirche im Quartier. Die Praxis. Ein Handbuch, Leipzig 2020, 25–39, haben die Virulenz dieser Konzeption weiter befördert.

[33] Evangelische Kirche in Deutschland, Freiheit und Gemeinsinn. Der Beitrag der evangelischen Kirche zu Freiheit und gesellschaftlichem Zusammenhalt, Leipzig 2021, 74f.

Im Rahmen dieser ekklesiologischen Selbstverständigung auf der Ebene der EKD wird der Zusammenhang zwischen Diakonie und Kirche auf einer nahräumlichen gemeinwesenorientierten Ebene dargestellt, wobei sich demnach die Verbindung zwischen Diakonie und Kirche in den Aktivitäten als intermediäre Organisationen im Gemeinwesen zeigen soll, die durch eine bestimmte Wertehaltung miteinander verbunden sind.[34]

2.2 Imaginationsraum und Steuerungsgröße Sozialraum

Eine prominente Erwähnung findet der Sozialraum auch in den Zwölf Leitsätzen zur Zukunft einer aufgeschlossenen Kirche der EKD aus dem Jahr 2020. In dieser Programmschrift ist von Sozialräumen als Bezugspunkte der kirchlichen Tätigkeit die Rede. Der Sozialraum wird dabei als Kooperationsraum, in dem Kirche mit anderen Akteuren agiert, beschrieben:

> „Wir öffnen bestehende kirchliche Strukturen für Kooperationen. Kirchengemeinden, Regionen und diakonische Einrichtungen richten ihre Aktivitäten zunehmend gemeinwesen- und sozialraumorientiert aus. Wo eine nachhaltige Abstimmung gelingt, werden wir eigene Angebote profilieren, konzentrieren und gegebenenfalls reduzieren."[35]

Die Formulierung lässt erkennen, dass die Sozialraumorientierung mit einer Konzentration und Veränderung der kirchlichen Strukturen verbunden ist, wobei diese vor allem auch für Kooperationen geöffnet werden sollen. Die Öffnung kann so gelesen werden, dass binnenkirchliche bzw. institutionelle Logiken beim Umbau der Strukturen an Bedeutung verlieren und in Abstimmung mit anderen Akteuren vor Ort gestaltet werden sollen.

Im Rahmen der operativen Kirchenleitung fungiert der Sozialraumbezug vielfach als Steuerungsgröße zur Neuvermessung von Gemeinde-, Bezirks- und Dekanatsgrenzen. Die lokale kirchliche Präsenz und Infrastruktur soll dabei angepasst und anhand lokaler Netzwerke teilweise in neue Trägerschaften überführt werden. Bei der Aneignung dieser Perspektive vermessen Gemeinden und Dekanate personelle und räumliche Infrastrukturen neu und reflektieren ihre Verbundenheit mit dem Sozialraum. Auf der Ebene der Landeskirche lassen sich

---

[34] Seitens der Diakonie Deutschland finden sich ebenfalls Einlassungen, die die gemeinsame sozialraumorientierte Soziale Arbeit von Kirche und Diakonie herausstellen: „Die Diakonie Deutschland setzt sich dafür ein, dass sich die Soziale Arbeit von Diakonie und Kirchen konsequent am Sozialraum orientiert. Die Bedarfe des einzelnen Menschen, seine Fähigkeiten und Selbstwirksamkeit stehen dabei im Mittelpunkt. Das Wirken über den Tellerrand der eigenen Einrichtung bzw. Organisation hinaus wird zukünftig zu einer Gelingensbedingung wirksamer diakonischer Arbeit." Diakonie Deutschland, #zugehört. Die Zukunft des Sozialen. Strategische Ziele der Diakonie Deutschland 2021–2025, Berlin 2021, 8.
[35] Evangelische Kirche in Deutschland, Hinaus ins Weite – Kirche auf gutem Grund. Zwölf Leitsätze zur Zukunft einer aufgeschlossenen Kirche, Leipzig 2020, 19.

verschiedene Strukturprozesse beobachten, bei denen der Sozialraum als relevante Steuerungsgröße fungiert, trotzdem diese Größe diffus bleibt. Ein erhellendes Beispiel eines solchen sozialraumorientierten Reformprozesses stellt „EKHN 2030" dar. Das Programm soll neue Strukturen für den prognostizierten Rückgang des Kirchensteueraufkommens und der Kirchenmitglieder hervorbringen:

> „Konkret wird vorgeschlagen und diskutiert, dass sich die Gemeinden eines Dekanats zukünftig zu Nachbarschaftsräumen zusammenschließen. Dabei soll auch die Gemeinwesenarbeit besonders in den Blick genommen werden. Kirche soll so verstärkt als Teil der Zivilgesellschaft wahrgenommen werden und als Kooperationspartner mit Akteuren vor Ort aktiv sein. Die Nachbarschaftsräume würden in der Regel von einem Verkündigungsteam mit mehreren Hauptamtlichen (Pfarrer*innen, Gemeindepädagog*innen und/oder Kirchenmusiker*innen) betreut. Sie müssten außerdem ein regionales Entwicklungskonzept für die gemeinsame Nutzung von Gebäuden erarbeiten, um den großen Überhang an Versammlungsflächen reduzieren zu können, die langfristig nicht mehr unterhalten werden können. Die konkrete Umsetzung würde beim Dekanat und den Nachbarschaften vor Ort liegen, da die Voraussetzungen und Vorstellungen in der EKHN regional sehr unterschiedlich sind."[36]

Statt vom Sozialraum ist vom „Nachbarschaftsraum" als zentraler Steuerungsgröße die Rede, zu dem sich die Gemeinden in einem Dekanat zusammenschließen sollen, wobei der Gemeinwesenarbeit und der Profilierung der Kirche als zivilgesellschaftlicher Akteurin eine besondere Bedeutung beigemessen wird. Augenfällig ist die Vielzahl der eingeführten Begriffe wie „Nachbarschaftsräume", „Verkündigungsteam" und „Versammlungsflächen", die innere Bilder entstehen lassen und die zugleich den Verzicht auf die gebräuchliche kirchliche und kirchenrechtliche Nomenklatur markieren. Für diesen landeskirchlichen Entwicklungsprozess repräsentiert der Sozialraum die zentrale Bezugsgröße. Das Ziel dieses Beratungs- und Strukturprozesses ist die profilierte und konzentrierte kirchliche Arbeit vor Ort, wobei die eingeführten unscharfen Begriffe den Bruch mit dem Ideal der gemeindlichen Vollversorgung auch semantisch dokumentieren. Angesichts der außerordentlichen Bedeutung, die dem Sozial- oder Nachbarschaftsraum als kirchenleitender Bezugsgröße zukommt, gewinnt die Frage, was Nachbarschaftsräume sind und wie diese vermessen werden können, an Bedeutung. Zum Zweck der Festlegung von Sozialräumen wurde etwa in der ELKB ein Analysekoffer entwickelt.[37] Sozialraumanalysen funktionieren im

---

[36] Vgl. EKHN 2030, Erläuterungen von Kirchenpräsident Dr. Volker Jung, Stellvertretende Kirchenpräsidentin Ulrike Scherf und Oberkirchenrat Wolfgang Heine, 74, https://unsere.ekhn.de/fileadmin/content/ekhn.de/download/intern/ekhn2030/ekhn2030_aus_KVKompakt.pdf (Zugriff: 09.08.2022).

[37] Selbstverständlich vermag der beste Analysekoffer keine vertieften Einsichten in soziale Zusammenhänge zu gewähren, wenn die angestrebte Sozialraumanalyse z. B. eine grundlegend binnenkirchliche Orientierung aufweist. Eine exemplarische Operationalisierung des Sozialraumbezugs entwickelte das Amt für Gemeindedienst der ELKB. Vgl. Amt für Ge-

kirchlichen Kontext allerdings keineswegs als objektive Analysemethoden, sondern verschiedene Kirchenbilder – etwa Teil einer Caring Community zu sein – und Annahmen über das Gemeinwesen sind in sie eingeschrieben. Neben den Diskontinuitäten, die mit der Rede von „Verkündigungsteams" und „Verkündigungsflächen" markiert werden, verstärkt der kirchenleitende Sozialraumbezug auch das bestehende Bild der Ortsgemeinde als gemeinwesenorientierter Größe mit diakonischer Ausstrahlung; eine Eigenschaft, die gegenwärtig in der Praxis und im Selbstverständnis ganz unterschiedlich ausgeprägt ist.[38]

3. Hauptsache sozialräumlich? Zur Steuerungs- und Entwicklungsfunktion des Sozialraumbezugs

Anhand dieser exemplarischen Einblicke in verschiedene Kirchenentwicklungs- und ekklesiologische Selbstverständigungsprozesse lässt sich konstatieren, dass der Sozialraumbezug eine starke Steuerungsfunktion aufweist. Trotz oder gerade wegen der Diffusität des Konzeptes eignet es sich offenbar dazu, kirchliche Strukturen neu zu denken, sie zu überarbeiten und Gemeinsamkeiten zwischen Diakonie und Kirche herauszuarbeiten. In welcher Weise der proklamierte Sozialraumbezug in seiner Anwendung die nahräumliche Verankerung von Kirche fundamental stärken oder erneuern wird, muss sich noch zeigen. Es ist davon auszugehen, dass das Konzept in der kirchlichen Anwendung derzeit vor allem als Imaginationsraum einer zukünftigen Form von Kirche dient, die mit weniger personellen und infrastrukturellen Ressourcen weiterhin öffentlich und im Gemeinwesen relevant sein soll. Der Sozialraumbegriff vermittelt in den beschriebenen Anwendungsformen ein bestimmtes kirchliches Selbstverständnis und bietet einen außerkirchlichen Ankerpunkt für die Bebilderung der ungewissen Zukunft kirchlicher Strukturen.

Der Sozialraumbezug transportiert starke Kirchenbilder, die in der Betonung der Netzwerkfunktion und der Bedeutung des diakonischen Handelns zum Ausdruck kommen. Auf diesen vertrauten Werten beruht auch die Steuerungsfunktion des Sozialraumbezugs, der die Grundlage für eine agilere kirchliche Präsenzkultur und zugleich die Konzentration der kirchlichen Infrastruktur ermöglichen soll, wie es im Prozess EKHN 2030 deutlich zum Ausdruck kommt. Nahräumliche diakonische und kirchliche Kooperationen, die in vielerlei Hinsicht an die Gemeinwesenarbeit anschließen, werden als Ausdruck der Sozialraumorientierung gelesen. Im Kontext ekklesiologischer Reflexionen und kirchlicher Strukturprozesse flankiert der Sozialraumbezug die Auseinandersetzung

---

meindedienst in der Evang.-Luth. Kirche in Bayern, geht hin und fragt, Nürnberg 2019, https://afg-elkb.de/fileadmin/user_upload/RZ_AFGN101-005_Broschuere_A4_Register_Web.pdf (Zugriff: 09.08.2022).

[38] Vgl. Ohlendorf / Rebenstorf 2019, 254–256. Dazu in diesem Band auch Hübner 47–65.

mit kirchlichen Strukturen bzw. der Frage, welche Strukturen geeignet sind, um den kirchlichen Auftrag wahrzunehmen und die Verbindung des christlichen Glaubens mit einem „prosozialen Handeln"[39] in einem Sozialraum erfahrbar zu machen. Die Betonung der sozialräumlichen Dimension von Kirche kann als in hohem Maße konsensfähig betrachtet werden, was es verständlich macht, dass just das Programmpapier zur Reform der Strukturen der EKHN in Anlehnung daran mit dem diffusen Bild des Nachbarschaftsraums operiert und nicht von „Fusionen", „aufgegebenen Kirchengebäuden" und „Stellenplänen" gesprochen wird.

Das Interesse an Sozialräumen im Rahmen des Gemeindeaufbaus war auch bereits bei der Gemeinwesendiakonie, der Citykirchenarbeit oder dem missionarischen Gemeindeaufbau gegeben. Noch stärker als diese älteren Modelle steht die gegenwärtige Neuentdeckung des Sozialraums allerdings im Zeichen der Reduktion personeller und finanzieller Kosten, weshalb diese Entwicklung erkennbar den Aufgaben des Gemeindeumbaus und nur bedingt der Sozialraumorientierung im Sinne einer Bewohnerorientierung verpflichtet ist.[40]

Die Rekonstruktion der Steuerungsfunktion der kirchlichen Sozialraumorientierung verweist auf eine ganze Reihe kirchenleitender Perspektiven und Positionierungen, die damit einhergehen und deutet darauf hin, dass Reformprozesse der zentrale Taktgeber der theologischen und spezifisch kirchen- und gemeindeentwicklungsbezogenen Reflexionen über die Gestalt der Religion im Sozialraum sind. Dazu gehören *erstens* die Abkehr von der vollversorgenden Ortsgemeinde und die Betonung der Bedeutung von nahräumlichen Kooperationen. Hinzu kommt *zweitens* die Auseinandersetzung mit dem Adressatenkreis kirchlicher Arbeit und der Infrastruktur und das vertiefte Verständnis für das notwendige Ringen um die Öffentlichkeit der Kirche, was sich *drittens* gerade in Kontexten des Gemeindeaufbaus in der Betonung der allgemeinen öffentlichen Zugänglichkeit der Kirche und dem Interesse an den sog. „Non- und Dechurched" spiegelt. *Viertens* steht der erörterte kirchenleitende Sozialraumbezug auch für den Erhalt einer weit gefassten kirchlichen Präsenzkultur sowie *fünftens* für die Betonung der Funktion von Kirche im Rahmen einer Caring Community.

Gegenwärtig ist das Bild unübersichtlich, da die schwach bestimmte Rede vom Sozialraum zuweilen auch als Platzhalter oder Sehnsuchtsvokabel fungiert, die die Relevanz, Öffentlichkeit und Vernetztheit kirchlicher Arbeit betont. Für die Praktische Theologie verbindet sich damit die Aufgabe, die Stoßkraft des Sozialraumbezugs zu ermitteln und zu fragen, welche lokalen Kooperationen und Neuformatierungen bestehender Strukturen auf die aktuelle Betonung des Sozialraumbezugs der Kirche zurückgehen und welche Rolle die Bewohnerper-

---

[39] Vgl. Wegner, Gerhard: Zur Inszenierung des Christlichen im Sozialraum, in: Schlegel, Thomas / Reppenhagen, Martin (Hg.), Kirche in der Diaspora. Bilder für die Zukunft der Kirche. Festschrift zu Ehren von Michael Herbst, Leipzig 2019, 191–210, 193.
[40] Vgl. Schöning, Sozialraumorientierung, 21.

spektive in der kirchlichen Adaption dieses Konzeptes noch spielt. Die emphatische Neuverortung von Religion bzw. Kirche im Sozialraum im Rahmen kirchlicher Reformprozesse stellt kirchliche Strukturen, Stellenpläne, das Ideal der gemeindlichen Vollversorgung, kirchliche Angebotslogiken und pastorale Selbstverständnisse – etwa vom Verkündiger und der Seelsorgerin zum Community Manager – infrage. In welcher Weise aus dem Sozialraumbezug eine tatsächliche Sozialraumorientierung im engeren Sinne wird und welche ekklesiologischen Selbstverständnisse, christliche Anthropologien, Pfarramts- und Ehrenamtskonzepte oder theologische Gemeinschaftsentwürfe darin zum Tragen kommen, werden diverse Projekte und Initiativen in den nächsten Jahren deutlicher zeigen. Die Voraussetzungen sind in verschiedener Hinsicht gegeben, denn im kirchlichen Kontext besteht viel Erfahrung in der Feststellung von Ressourcen oder bei der lokalen Vernetzung von ganz unterschiedlichen Akteuren.

Literatur

Amt für Gemeindedienst in der Evang.-Luth. Kirche in Bayern: geht hin und fragt, Nürnberg 2019, https://afg-elkb.de/fileadmin/user_upload/RZ_AFGN101-005_Broschuere_A4_Register_Web.pdf (Zugriff: 09.08.2022).

Behrendt-Raith, Nina: GemeindeDiakonie. Eine qualitative Studie zu Einflussfaktoren und Handlungsperspektiven der Gemeindediakonie am Bespiel des Ruhrgebiets, Berlin 2018.

Berneburg, Erhard / Hörsch, Daniel: Atlas neue Gemeindeformen. Vielfalt von Kirche wird sichtbar, Berlin ²2019.

Bubmann, Peter u. a.: Gemeinde auf Zeit. Empirische Wahrnehmung punktuell-situativer Formen evangelischer Kirche und ihre sozialitätstheoretische Reflexion, in: Bubmann, Peter / Weyel, Birgit (Hg.), Kirchentheorie. Praktisch-theologische Perspektiven auf die Kirche, Leipzig 2014, 132–144.

Diakonie Deutschland: #zugehört. Die Zukunft des Sozialen. Strategische Ziele der Diakonie Deutschland 2021–2025, Berlin 2021.

Diakonisches Werk der Evangelischen Kirche in Deutschland: Handlungsoption Gemeinwesendiakonie. Die Gemeinschaftsinitiative Soziale Stadt als Herausforderung und Chance für Kirche und Diakonie, Diakonie Texte 12.2007.

Dieckbreder, Frank: Sozialraum als diakonische Bezugsgröße, in: Hübner, Ingolf u. a. (Hg.), Religion im Sozialraum. Sozialwissenschaftliche und theologische Perspektiven, Stuttgart 2022, 137–150.

Düchting, Frank: Auftrag und Bewährung. Kirchengemeinde im Gemeinwesen, in: Borck, Sebastian u. a. (Hg.), Wechselwirkungen im Gemeinwesen. Kirchlich-diakonische Diskurse in Norddeutschland, Berlin 2016, 125–135.

Evangelische Kirche in Deutschland: Freiheit und Gemeinsinn. Der Beitrag der evangelischen Kirche zu Freiheit und gesellschaftlichem Zusammenhalt, Leipzig 2021.

Evangelische Kirche in Deutschland: Hinaus ins Weite – Kirche auf gutem Grund. Zwölf Leitsätze zur Zukunft einer aufgeschlossenen Kirche, Leipzig 2020.

Evangelische Kirche in Mitteldeutschland: 7 Kennzeichen von Erprobungsräumen, 2019, https://www.erprobungsraeume-ekm.de/allgemein/7-kennzeichen-von-erprobungsraeumen/ (Zugriff: 01.08.2022).

Handke, Emilia: Von einer Amtskirche zu einer Dienstleistungskirche. Auf dem Weg zu einer Kasualpraxis der Zukunft, in: Wagner-Rau, Ulrike / Dies. (Hg.), Provozierte Kasualpraxis. Rituale in Bewegung, Stuttgart 2019, 179–192.

Hauschildt, Eberhard / Pohl-Patalong, Uta: Kirche. Lehrbuch Praktische Theologie, Bd. 4, Gütersloh 2013.

Hermelink, Jan / Kretzschmar, Gerald: Die Ortsgemeinde in der Wahrnehmung der Kirchenmitglieder – Dimensionen und Determinanten, in: Bedford-Strohm, Heinrich / Jung, Volker (Hg.), Vernetzte Vielfalt. Die fünfte EKD-Erhebung über Kirchenmitgliedschaft, Gütersloh 2015, 59–67.

Hermelink, Jan: Die rechtliche Liquidierung der ‚Gemeinde'. Praktisch-theologische Beobachtungen an neueren Kirchenverfassungen, in: Bubmann, Peter u. a. (Hg.), Gemeinde auf Zeit. Gelebte Kirchlichkeit wahrnehmen, Stuttgart 2019, 127–141.

Hermelink, Jan: Kirchliche Organisation und das Jenseits des Glaubens. Eine praktisch-theologische Theorie der evangelischen Kirche, Gütersloh 2011.

Hinte, Wolfgang: Sozialraumorientierung – Konzepte, Debatten. Forschungen, in: Fürst, Roland / Ders. (Hg.), Sozialraumorientierung. Ein Studienbuch zu fachlichen, institutionellen und finanziellen Aspekten, Tübingen 2019, 13–32.

Hörsch, Daniel: „Sozialraum" als konzeptioneller Container-Begriff und der Mehrwert für die kirchliche und diakonische Praxis – Erkundungen und Perspektiven, in: Hübner, Ingolf u. a. (Hg.), Religion im Sozialraum. Sozialwissenschaftliche und theologische Perspektiven, Stuttgart 2022, 121–136.

Hörsch, Daniel: Der Ansatz einer netzwerkorientierten Gemeindeentwicklung, in: Dies. / Pompe, Hans-Hermann (Hg.), Kirche aus der Netzwerkperspektive. Metapher – Methode – Vergemeinschaftungsform, Leipzig 2018, 105–112.

Hörsch, Daniel: Kirche und Diakonie im Sozialraum. Erkundungen und Perspektiven, in: Brennpunkt Nr. 6, 2019, 1–15.

Jung, Volker / Scherf, Ulrike / Heine, Wolfgang: EKHN 2030, https://unsere.ekhn.de/filead min/content/ekhn.de/download/intern/ekhn2030/ekhn2030_aus_KVKompakt.pdf (Zugriff: 09.08.2022).

Keller, Sonja / Rabe, Henrike: Funktion und Praxis des Sozialraumbezugs bei der Neuvermessung kirchlicher Gebäudebestände und Strukturen, in: Deeg, Alexander / Menzel, Kerstin (Hg.), Diakonische Kirchen(um)nutzung, Münster 2023.

Lämmlin, Georg / Wegner Gerhard (Hg.): Kirche im Quartier. Die Praxis. Ein Handbuch, Leipzig 2020.

Lämmlin, Georg / Wegner, Gerhard: Sozialraumorientierung von Kirche und Diakonie, in: Dies. (Hg.), Kirche im Quartier. Die Praxis. Ein Handbuch, Leipzig 2020, 25–39.

Lämmlin, Georg / Wegner, Gerhard: Vorwort, in: Dies. (Hg.), Kirche im Quartier. Die Praxis. Ein Handbuch, Leipzig 2020, 5–6.

Müller, Sabrina: Fresh Expression of Church, in: Kunz, Ralph / Schlag, Thomas (Hg.), Handbuch für Kirchen- und Gemeindeentwicklung, Neukirchen-Vluyn 2014, 450–458.

Ohlendorf, David / Rebenstorf, Hilke: Überraschend offen. Kirchengemeinden in der Zivilgesellschaft, Leipzig 2019.

Park, Heike: Kirchengemeinde als Akteur im Gemeinwesen. Ein Beispiel aus Hamm / Westfalen, in: Horstmann, Martin / Dies., Gott im Gemeinwesen. Sozialkapitalbildung durch Kirchengemeinden. Sozialwissenschaftliches Institut der EKD, Berlin 2014, 65–110.

Pohl-Patalong, Uta: Kirche bei neuen Gelegenheiten, in: Kunz, Ralph / Schlag, Thomas (Hg.), Handbuch für Kirchen- und Gemeindeentwicklung, Neukirchen-Vluyn 2014, 198–207.

Rebenstorf, Hilke u. a.: Potenziale vor Ort. Erstes Kirchengemeindebarometer, Leipzig 2015.

Schöning, Werner: Sozialraumorientierung. Grundlagen und Handlungsansätze, Frankfurt a. M. ³2020, 11.

Schulz, Claudia: Gott im Raum – Sozialraumorientierung der Kirche als ekklesiologische Denkbewegung, in: Kirchenamt der EKD, Geht hin – Sozialraum- und Gemeinwesenorientierung der Kirche auf dem Land. Dokumentation der 4. Land-Kirchen-Konferenz der EKD vom 20. bis 22. September 2018, Evangelisches Bildungs- und Tagungszentrum Bad Alexandersbad, epd-Dokumentation Nr. 14, 2019, 8–13.

Strohm, Theodor: Diakonie an der Schwelle zum neuen Jahrtausend. Diakoniewissenschaftliche Perspektiven, in: Herrmann, Volker u. a. (Hg.), Diakoniewissenschaft zwischen Tradition und Innovation, Heidelberg 1998, 22–32.

Ulshöfer, Gotlind: Diakonie in der Digitalität. Diakoniewissenschaftliche Analysen zu aktuellen Herausforderungen, noch unveröffentlichtes Manuskript, 2022.

Wegner, Gerhard: Zur Inszenierung des Christlichen im Sozialraum, in: Schlegel, Thomas / Reppenhagen, Martin (Hg.), Kirche in der Diaspora. Bilder für die Zukunft der Kirche. Festschrift zu Ehren von Michael Herbst, Leipzig 2019, 191–210.

Weyel, Birgit / Roleder, Felix, Vernetzte Kirchengemeinde. Analysen zur Netzwerkerhebung der V. Kirchenmitgliedschaftsuntersuchung der EKD, Leipzig 2019, 68.

Heinz-Joachim Lohmann

Black Box Kirche

Protestantische Organisation in Brandenburg zwischen Kraft und Hilflosigkeit

1. Ländlicher Raum und städtischer Raum

Der ländliche Raum gilt als Hort der Provinzialität, Monokultur und Verbohrtheit. Diversität ist anderswo. Andererseits wird er als Idyll beschrieben, heile Welt besungen und Rückzugsraum besiedelt. Gegensätzlicher geht es kaum. Angriff, Liebe und Verteidigung stehen häufig in Zusammenhang mit Herkunft und Lebensort des/der Interpret:in, verarbeiten gefühlte und tatsächliche eigene Erfahrungen oder beschreiben Hoffnungen und Träume.

Den ländlichen Raum klar zu definieren, wird immer schwieriger, weil die Rahmenbedingungen, die seine Attraktivität und Zukunftsfähigkeit bestimmen, sich zunehmend komplexer gestalten. Selbst in einem überschaubaren Bundesland wie Brandenburg sind sie extrem heterogen und von vielen Faktoren wie u. a. Arbeitsplatzangebot, Verkehrsinfrastruktur, landschaftliche Attraktivität, Nähe zu Verflechtungsräumen bestimmt. Der einfache Antagonismus Stadt-Land ist schon lange Geschichte. Ländlichen Raum gibt es heute eher im Plural. Für die evangelische Kirche im ländlichen Raum ist die Frage nach verbindenden Elementen über der Vielfalt entscheidend.

Dazu gehört, dass wenige Menschen auf vielen Quadratmetern leben. Er gilt als prägend für die Bevölkerung, die ihn bewohnt. Dem Prignitzer werden andere Eigenschaften zugeeignet als dem Ruppiner, der Uckermärkerin andere als der Lausitzerin. Die ihn gestaltenden Persönlichkeiten kennen sich und sind oft über weite Strecken miteinander in Kontakt. Die Ressourcen gelten als begrenzt und knapp. Aufgaben sind überschaubar und lassen sich beschreiben. Die dünne Besiedlung verteuert Infrastruktur und verlangt Fahrtaufwand für gemeinschaftliche Aktivitäten. Individuelle Motorisierung gehört zu den Daseinsvoraussetzungen.

Traditionell steht im Zentrum des Blicks auf den ländlichen Raum die Landwirtschaft. Noch in der DDR war jede Landwirtschaftliche Produktionsgenossenschaft ein Industriebetrieb auf dem Dorf mit nahezu tausend Beschäftigten. Heute arbeiten vier Prozent der brandenburgischen Bevölkerung in der Landwirtschaft. Wichtiger als Arbeitsplätze in diesem Bereich ist die Auseinandersetzung um die Nutzung landwirtschaftlicher Flächen zur Energiegewinnung, als Kulturraum und Spekulationsobjekt.

Die Industrie- und Infrastrukturpolitik der DDR prägte ein Konzept dezentraler Ansiedlung von Produktionsstätten und Arbeitsplätzen, deren Ziel auch war, das ganze Land bewohnt zu halten. Das meiste davon existiert heute nicht mehr. Ihre Beendigung bildete die Grundlage der Massenarbeitslosigkeit nach der friedlichen Revolution. Die ländlichen Räume und ihre Kleinstädte verloren signifikant Arbeitsplätze und Bevölkerung. Auch deshalb prägen den Blick auf sie vor allem Bedeutungsverlustperspektiven: Wegzug, verfallende Infrastruktur, reduzierte Investitionen, Vergreisung, Traditionsverfall.

Das Symbolgebäude der Dörfer und Kleinstädte bleibt auch in Zeiten der Entchristlichung die Kirche. Ebenso bleiben die christlichen Konfessionen die religiös dominierende Kultur. Konfessionslosigkeit speist sich aus mehreren Quellen. Andere Religionsgemeinschaften existieren in einer deutlichen Minderheit und sind kaum vorhanden.

Der bleibende Vorteil des ländlichen Raumes besteht in seiner Übersichtlichkeit und der Möglichkeit, die in ihm handelnden Akteur:innen zu identifizieren und miteinander in Austausch und Aktion zu bringen.

Die Stadt wird abwechselnd als Moloch und Hort der Freiheit beschrieben. Sie gilt als weltoffen und interkulturell. Die Kommunikation der entscheidenden Schwerpunkte der politischen und kulturellen Agenda findet in ihrem Raum statt, Zeitgeist und Mode brechen sich hier Bahn. Gleichzeitig drohen die Einzelnen in der Masse unterzugehen, sind Einsamkeit und Ghettoisierung drängende Themen.

Im Urbanen teilen sich viele Menschen wenig Fläche. Zur kulturellen Uridentität treten viele andere nationale und internationale Herkunftsidentitäten. Klassisch wird die Stadt als Schmelztiegel beschrieben. Religion existiert im Plural ohne deutlich identifizierbare Mehrheit.

Symbolgebäude gibt es nur in der Vielfalt. Kirchengebäude reihen sich da ein oder kommen gar nicht mehr vor. Der britische Historiker Eric Hobsbawm benennt als Kennzeichen der Großstadt im 19. Jahrhundert die Universität und das Opernhaus[1] und bezeichnet damit, dass das sich damals entwickelnde Verständnis von Fortschritt eine Loslösung von der Deutung der Welt in religiösen Kategorien bedeutete.[2]

In unseren Tagen ist eine klare Grenzziehung schwierig(er) geworden. Menschen leben auf dem Land und arbeiten im Ballungsraum, die virtuelle Welt ermöglicht auch in der Einöde Zugänge, die früher dem Urbanen vorbehalten waren. Universität und Opernhaus gibt es auch in der Provinz.

---

[1] Hobsbawm, Eric J.: Das imperiale Zeitalter 1875–1914, Frankfurt a. M. u. a. 1989, 40f.
[2] Ebd., 46f.

Dennoch gibt es Orte, an denen sich Prozesse steuern lassen und andere, an denen nicht. Orte, an denen kirchliche Organisationen und Gruppen zentrale Akteurinnen der Zivilgesellschaft und Bestandteil der politischen Agenda sind und Orte, an denen sie eine Stimme im Konzert darstellen. Orte schließlich, in deren Heterogenität sich kaum Verbindendes finden lässt und Orte, in deren Pluralität sich gemeinsame Linien ziehen lassen. Kirche in der Stadt steht vor der Aufgabe, ihren Platz im pluralen Orchester zu finden, Kirche auf dem Land braucht ein Gespür für ihre besondere Rolle.

Der amerikanische Journalist Michael Massing beschreibt in seinem Buch Fatal Discord („Verhängnisvolles Zerwürfnis"[3]) die unterschiedlichen Standpunkte von Erasmus von Rotterdam und Martin Luther auch als eine Dynamik zwischen Provinz und Metropolen.

Hobsbawm entwirft sein Bild von der Stadt auf dem Hintergrund des Jahrhunderts der Nationalstaatsgründungen mit deutlich zu identifizierenden Hauptstädten, während im 16. Jahrhundert Europa aus einer Reihe von Königreichen und (vor allem in Deutschland) Fürstentümern bestand und stärkere und schwächere Zentralgewalten kannte. Metropolen waren häufig an Flüssen gelegene Handelszentren. Sie beherbergten Universitäten mit langen Traditionen. Kleinere Fürstentümer wollten ebenfalls ihre intellektuelle Bedeutung demonstrieren und ihren Nachwuchs ausbilden. Deshalb gründete Kurfürst Friedrich der Weise 1502 die Universität Wittenberg. In ihr versammelten sich junge Wissenschaftler, die mehr oder weniger am Anfang ihrer Karriere standen. Sie konnten miteinander einen neuen Betrieb gestalten und mussten sich nicht in einen Laufenden mit großer Tradition eingliedern.

Die Bedeutung der Bibel und ihres Urtextes, die Rolle der Päpste und des Ablasses, die Spannung zwischen der kirchlichen Zentralgewalt in Rom und den deutschen Interessen – um nur wenige Punkte zu benennen – waren schon lange Teil einer weiträumigen kritischen intellektuellen Diskussion. Erasmus von Rotterdam führte sie mit Briefen, wissenschaftlichen Veröffentlichungen und Ironie in der Hoffnung auf Änderung durch Einsicht und mit Rücksicht auf die universitären, politischen und geistlichen Machtkonstellationen seiner Zeit. Seiner Meinung nach untergruben der Missbrauch geistlicher Macht und wissenschaftliche Unredlichkeit die Autorität der Institution auf deren Werte sich die europäische Zivilisation gründet[4], wobei Erasmus Bildungsideal elitär war und sich an einer kulturellen Aristokratie orientierte, die in Griechisch und Latein die humanistische Aufklärung verbreiten sollte.[5] Er legte stets großen Wert auf die Anschlussfähigkeit und Allgemeingültigkeit seiner Argumentation und tat alles, um Schaden an seiner Reputation zu vermeiden. Verknüpfung mit den

---

[3] Fatal (englisch), auch: schlimm, schwerwiegend, fatal; Discord, auch: Zwietracht, Uneinigkeit.
[4] Massing, Michael: Fatal Discord, New York 2018, 418f.
[5] Ebd., 203f.

Zentren seiner Zeit blieb ihm ein immerwährendes Anliegen. Partei zu werden war ihm zuwider.⁶

Martin Luther ging es um die Durchsetzung des Wahrheitsanspruchs. Das Team um ihn folgte ihm in seiner Erkenntnis. Der Institution maßen sie zunehmend weniger Wert bei. Der begrenzte Raum Wittenbergs gab die Möglichkeit enger Zusammenarbeit durch jederzeit mögliche Treffen an gemeinsamen Plätzen. Stellen an der Universität konnten mit benötigten Kompetenzen besetzt werden, was gerade bei dem Projekt Bibelübertragung ins Deutsche unerlässlich war. Der Aufbruch wurde geschützt von einem Fürsten, der über eine wichtige Stellung im Reich verfügte und dem das das steigende Renommee seiner Universität gefiel. Die Stärkung der nationalen Interessen kam ihm entgegen. Einige Kritikpunkte seiner Professoren teilte er, blieb aber im Ganzen der althergebrachten Institution verbunden.

Die Verbreitung der in der Provinz entwickelten Gedanken erfolgte über die Städte. Sie hatten die Bildungspotentiale und Menschenmengen, die für die Multiplikation neuer Ideen benötigt werden. Die Reformation war auch ein Aufstand der Massen gegen die aristokratischen und gebildeten Eliten.

In dieser Auseinandersetzung scheinen zwei Grundlinien menschlichen Zusammenlebens auf: Auf der einen Seite die Umarmung des Bandes der Humanität mit der Wertschätzung verschiedener Kulturen und Standpunkte und der Hoffnung auf Entwicklung im Prozess durch Lernen und Kompromisse. Auf der anderen die Beharrung auf das Recht der eigenen Meinung, dem individuellen Standpunkt und Pochen auf eine Wahrheit, die über allem Kompromiss, Konsens und Tradition steht und das Eigene in den Mittelpunkt stellt.⁷

Massing beschreibt einen Konflikt zwischen universeller Argumentation und fundamentalem Protest, universellem Frieden und partikularem Kampf, Diskurs und Bekenntnis, Einbindung und Wertschätzung eines weitmaschigen Netzwerkes und Aufbruch zu neuen Ufern. In der Frage der Anschlussfähigkeit der Botschaft, ihrer Kommunikation, wer sie entwickelt und wem sie nützt, sieht er ein bis heute fortwirkendes Grundproblem: Ein verhängnisvolles Zerwürfnis zwischen Partikularismus und Universalismus, das bis in die Konflikte der Gegenwart hinein durchscheint.

2. Die Black Box und das Selbstverständnis Evangelischer Kirche

Die Evangelische Kirche sehnt sich danach, Glaubensgemeinschaft zu sein. Als Nachfolgekonstruktion von Staatskirche und Volkskirche ist sie das immer nur in Grenzen. Darin liegen Chancen und Tragik in der gegenwärtigen Zeit.

---

⁶ Ebd., 586f.
⁷ Ebd., Introduction, XIII.

Sie sehnt sich danach Glaubensgemeinschaft zu sein, weil das Leben scheinbar einfacher ist, wenn nur noch Überzeugte miteinander Kirche gestalten.

Die Mitgliedschaftsentscheidung erfolgt nicht aufgrund einer freien Wahl von Erwachsenen aufgrund eines klaren Rahmens, sondern die Traditionsweitergabe geschieht von der Elterngeneration an die Kinder durch die Taufe und nicht nur die Grundlage der Taufentscheidung ist vielfältig, sondern auch die Glaubensentwicklung oder -ablehnung auf dem Weg zur Volljährigkeit. Es entsteht und bleibt eine Verbundenheit aus Tradition, die manchmal mit Glauben begründet wird, manchmal mit kultureller Einbettung in das gesellschaftliche Umfeld.

Die besondere Rolle der Evangelischen Kirche in Deutschland ergibt sich durch eine bleibende Verzahnung mit der Gesellschaft. Sie ist in allen Schichten vertreten und füllt immer noch Funktionen im öffentlichen Leben aus. Im städtischen Bereich im Plural mit anderen Religionen und sinnstiftenden Organisationen, im ländlichen Raum zumeist noch als Monopolistin.

Durch Staatsleistungen, Kirchensteuer, Friedhöfe und andere hoheitliche Aufgaben ergeben sich weitere Schnittstellen zur Gesellschaft, die nur sekundär mit Religion zu tun haben.

Die Beweggründe ihrer Mitglieder zur bleibenden Mitgliedschaft reichen von der Beheimatung in Ritus und Musik und Gemeinschaft über das Vertrauen auf eine Kraft, die größer ist als ich selbst bis hin zu der Überzeugung, dass Gott ein festes Regelwerk vorgibt und in Details des Lebens der Einzelnen eingreift. Das Glaubensbekenntnis ist weniger dogmatische Festlegung als gesprochener Referenzrahmen, der in seinen Aussagen stark hinterfragt wird.

In den Jahren meines Berufslebens als Pfarrer seit 1990 ist mir klar geworden, dass es zu kurz greift, nur die Mitglieder als Gesamtheit in den Blick zu nehmen. Es gibt eine deutliche Differenz zwischen Passiven und Aktiven oder Nominellen und Engagierten, wobei die Grenze nicht leicht zu ziehen ist. Selbst wenn der Gottesdienstbesuch an Heiligabend als Engagement gewertet wird, gibt es einen hohen Anteil an Mitgliedern, die nur Taufe, Konfirmation, Hochzeit und Bestattung in Anspruch nehmen und vielleicht noch nicht einmal diese Amtshandlungen. Offensichtlich bleiben auch Menschen Mitglied, die keinerlei Angebot suchen.

Bei den Aktiven und den Passiven gibt es Menschen, für die eine Übersetzung der biblischen Botschaft in die Gegenwart eine entscheidende Sache ist. Es gilt als protestantisches Prinzip, den Text in die aktuelle Situation hinein zu lesen. Wirkliche Fortschritte gibt es in der Frage des gemeinsamen Weges mit den jüdischen Geschwistern. Die Definition als Konkurrenzreligionen wird aufgegeben, die gemeinsamen Wurzeln und der gemeinsame Weg am Anfang stärker herausgearbeitet. Die Akzeptanz wächst, dass die christliche Bewegung in der ganzen im Neuen Testament beschriebenen Zeit Bestandteil der jüdischen Gemeinschaft war. Das hat erhebliche Auswirkungen auf die Interpretation der Heiligen Schrift.

Über Jugendarbeit, Evangelische Schulen, Diakonie, Gruppen, die sich für Frieden, Gerechtigkeit und die Bewahrung der Schöpfung einsetzen, Chöre und Kirchbauvereine finden Menschen Engagement und Nähe, die keine Mitgliedschaftsentscheidung zu treffen bereit sind.

Die Evangelische Kirche hält Gemeinschaft, Tradition, die Relevanz der Botschaft, Glauben und die Beziehung zur Gesellschaft zusammen. Attraktive Angebote und die Identifikation mit den Kirchengebäuden im Lebensraum schaffen Nähe zu Menschen, die ihr nicht oder nicht mehr angehören.

Mitgliedschaftsschwund und sinkende Finanzen dominieren derzeit viele Diskussionen. Beides wird als Kränkung und Bedeutungsverlust erlebt und weckt die Sehnsucht nach der guten alten Zeit.

Die Kirche blieb als Institution bis zum Ende des langen 19. Jahrhunderts (1789–1914) nahezu unangetastet. Kirchenmitgliedschaft und Bürgerrecht hingen bis 1853 in Preußen zusammen. Der Protestantismus war die Leitideologie des Kaiserreiches. Im kurzen 20. Jahrhundert (1914–1989) musste sie ihre Rolle als Körperschaft des öffentlichen Rechts in der Weimarer Republik und in Westdeutschland neu finden und sich in zwei kirchenfeindlichen Systemen behaupten. Im 21. Jahrhundert (seit 1989) sinken Mitgliedschaft, Akzeptanz und gefühlt auch die öffentliche Relevanz kontinuierlich.

Nach der Abkoppelung von Bürgerrecht und Kirchenmitgliedschaft wurde bereits 1873 die Möglichkeit des Austritts geschaffen und der Weg der Konfessionslosigkeit eröffnet. Das hatte lange Zeit nur marginale Bedeutung. Die 50er Jahre des 20. Jahrhunderts in der BRD und in der DDR waren noch das letzte Jahrzehnt hoher Verbundenheit. Danach begann es zu bröckeln. In der alten und wiedervereinigten Bundesrepublik bleibt Mitgliedschaft eine wichtige Größe für Bedeutung, weil an ihr die Kirchensteuer als bedeutendes Finanzinstrument hängt und gesellschaftliche Relevanz in Beziehung zum prozentualen Anteil in der Bevölkerung gesetzt wird. Der Bund der Evangelischen Kirchen in der DDR hatte zunehmend andere Baustellen. Unabhängig von prozentualer Verankerung waren die Kirchen die einzigen vom Staat unabhängigen Institutionen, die gesellschaftliche Freiräume eröffnen konnten und stolz darauf waren, sich mit einem eigenen Profil an der Debatte um die Zukunftsfragen zu beteiligen, aber auch immer wieder um ihre Existenz ringen mussten.

Viele, bei denen das Gefühl der Zugehörigkeit zur Kirche an ein Ende gekommen ist, sind der Überzeugung, dass Glaube ohne Kirche geht. Auch die Evangelische Kirche könnte sich überlegen, ob die Entkoppelung von Mitgliedschaft als prozentualer Bezugsgröße zur Gesellschaft und Bewertung von Relevanz auf die Dauer sinnvoll ist.

Im Luhmann'schen Koordinatensystem bezeichnet eine Black Box ein hochkomplexes sinnbenutzendes System, das für andere nicht durchsichtig und nicht kalkulierbar ist.[8]

---

[8] Luhmann, Niklas: Soziale Systeme, Frankfurt/Main 1984, 156f.

Die Kirche ist ein hochkomplexes, sinnbenutzendes System. Hochkomplex, weil sie von der Kirchengemeinde über den Kirchenkreis zur Landeskirche reicht und noch darüber hinaus zur Evangelischen Kirche in Deutschland. Jede Ebene ist in der Lage, Beschlüsse zu fassen und in einigen Fällen stehen die Beschlüsse im Konflikt miteinander. Den verschiedenen Ebenen sind Pfarrpersonen zugeordnet, die theologische Kompetenz eintragen sollen, aber auch an der Gestaltung des Gerüstes der Organisation beteiligt sind. Schließlich sind in den Gremien der unterschiedlichen Konstruktionen nicht angestellte Ehrenamtliche in der Mehrheit. Theologische Kompetenz ist ihrer Natur nach vieldeutig und komplex, weil sie auf individueller Auslegung beruht.

Im sinnbenutzenden Teil gelten zwei Festlegungen: Die Rechtfertigung durch Glauben gekoppelt an die Grundlage der Heiligen Schrift im inhaltlichen Bereich und die Entscheidungskraft der Gemeinde in allen grundlegenden Fragen in den organisatorischen Belangen und Festlegungen.

Im Neuen Testament ist die Gemeinde die Gruppe, die sich versammelt. Später wird sie zum Bereich, den eine Pfarrperson versorgt. Kirchengemeinde als Zustandsbereich eines Pfarrers (Parochie) entwickelte sich in der christlichen Kirche seit dem 3. Jahrhundert und hat sich seit dem 8. Jahrhundert flächendeckend durchgesetzt. Seit dieser Zeit gibt es den „Pfarrzwang", der alle Gemeindeglieder eines bestimmten Territoriums automatisch und ausschließlich einem bestimmten Geistlichen zuordnet. Die Kirchen der Reformation übernahmen im 16. Jahrhundert weitgehend dieses System in Deutschland.[9]

Alle inhaltlichen und organisatorischen Ausdifferenzierungen innerhalb der protestantischen Kirchen entwickelten sich aus den Auseinandersetzungen der Reformationszeit und späteren Einigungsversuchen. Ein Blick in die Bekenntnisschriften unierter Kirchen zeigt, dass da vieles versammelt ist, was nicht zueinander passt oder sich gar widerspricht. Letztendlich bleibt der individuelle Glaube zurückgebunden an seine Interpretation der Schrift und findet zu gemeinsamen Festlegungen im Dialog der Gemeinde, die dann auch ihre Geistlichen wählt. Das geht bis zur Konstruktion des bischöflichen Amtes, das auf Wahl beruht und zeitlich begrenzt ist. Schließlich wird die Gruppe zur Gemeinde, die zusammen ihre Bischofsperson bestimmt. In Deutschland geschieht das innerhalb der Landeskirchen. Die Ratsvorsitzende ist nicht die leitende Bischöfin der EKD, alle Beschlüsse von kirchlichen Zusammenschlüssen wie der Union Evangelischer Kirchen (UEK) oder der Vereinigung lutherischer Kirchen (VELKD) müssen in den Landeskirchen ratifiziert werden.

Vor 1918 galt die Konstruktion, dass der Landesfürst die Konfession seiner Untertanen bestimmt. Ein Ergebnis des Augsburger Religionsfriedens, das im Frieden von Münster und Osnabrück bestätigt wurde. In der Konstruktion des

---

[9] Daiber, Karl-Fritz: Christliche Religion und ihre organisatorischen Ausprägungen, in: Hermelink, Jan / Wegner, Gerhard (Hg.), Paradoxien kirchlicher Organisation, Würzburg 2008, 40–44.

Gottesgnadentums wurde der Landesfürst weder durch die autorisierte Kirche eingesetzt noch nach heutigem Verständnis gewählt. Der Territorialfürst erhielt automatisch die Funktion des amtierenden Bischofs. In dieser Geschichte liegt das komplizierte Verhältnis von Gesellschaft und Kirche in Deutschland begründet. Sie fußt auf der Verschränkung von Bürgerrecht und Kirchenmitgliedschaft und enthält die Verzahnung von Zivilreligion und weltanschaulicher Grundlage in der säkularen Gesellschaft unserer Tage. Die Weimarer Reichsverfassung schrieb keinen Laizismus für das Staatsgebiet fest, sondern eine positive Religionsfreiheit mit einer besonderen öffentlichen Rolle der Kirchen als Körperschaft öffentlichen Rechts.

Diese Gedanken stehen in Konkurrenz zum allgemeinen Verständnis von Gemeinde, das vor allem die Ortsgemeinde im Wohngebiet meint, die von einer Pfarrperson versorgt wird und ihre Belange durch den Gemeindekirchenrat mit ehrenamtlichem Vorsitz selbst regelt. Sie ist eingebunden in das durch die Grundordnung definierte Regelwerk der Landeskirche und muss ihr Eigentum nach deren Regeln verwalten. Ihr stehen Anteile an der Kirchensteuer für Personal-, Bau- und Sachkosten zu. Damit aber aus Personalkostenzuweisungen tatsächlich Personalkosten werden können, braucht es eine Anzahl an Gemeindegliedern, die tatsächlich die Zuweisungen zu den benötigten Mitteln einer Stelle addiert. Das ist einer der Gründe, warum in vielen Landeskirchen die Diskussion um die Mindestgröße von Kirchengemeinden geführt wird.

Kirchengemeinden, die kein Personal finanzieren können, brauchen dennoch eine Pfarrperson für den stellvertretenden Vorsitz des Gemeindekirchenrates. Immer kleinere Gemeinden haben Schwierigkeiten, ihre Gremien nach demokratischen Regeln zu besetzen. Kleine Gemeinden mit viel Besitz entziehen der Kirchengemeinschaft dringend benötigte Ressourcen. Gleichzeitig sinkt bei ihrer Auflösung teilweise die Bereitschaft der Engagierten zum weiteren Einsatz ihrer Kräfte.

Letztendlich ist hier die grundlegende Frage gestellt, was das Gewicht in der Kirche und von Kirche ausmacht. Derzeit geschieht die Beurteilung vor allem an Zahlen: Anteil in der Bevölkerung, Mitglieder einer Kirchengemeinde, Besiedlungsstruktur, Geldmengen verschiedenster Art. Quantifizierbare Größen haben den Vorteil, dass sie messbar und vergleichbar sind. Die Gleichung, dass bessere Zahlen mehr Wirkung bedeuten, stimmt allerdings nicht immer. Es gibt Formen von Bedeutung, die nicht messbar sind und deren Gewicht erst auffällt, wenn es nicht mehr vorhanden ist. Kräfte, die gesellschaftlichen Zusammenhalt fördern oder stabilisieren, können mit quantitativen Methoden kaum ermittelt werden, weil ihre Wirkung oft der Öffentlichkeit nicht wirklich zugänglich ist und sich Zugriffen durch Umfragen oder Abstimmungen entzieht.

Die Tragik liegt ein wenig darin, dass es kaum brauchbare Methoden gibt, solche nicht quantitätsorientierten Urteile festzuhalten und zur Grundlage von Entscheidungen zu machen.

Das Nachdenken über die „Black Box Kirche" soll dazu beitragen, über das

Gewicht von Kirche in der Gesellschaft in anderen Kategorien nachzudenken. Es kommt aus der Einsicht, dass das hochkomplexe, sinnstiftende System Kirche in seiner unauflösbaren Kopplung von gesellschaftlicher Relevanz und Glaubensgemeinschaft für sich selbst immer schwerer durchschaubar ist. Die Gesamtkonstruktion individualisiert sich und es wird immer schwieriger, das Gesamtgebilde zu beschreiben und Regeln für es zu definieren.

Auf der inhaltlichen Seite kommt die Sinnstiftung aus der Rechtfertigung durch den Glauben, verbunden mit dem Schriftprinzip. In Martin Luthers Projekt brach die Rechtfertigung aus Glauben ein Konzept, das auf der Befolgung von Regeln beruhte. Es stellte die Beziehung des Einzelnen zu Gott über den Anspruch der Institution, das Verhältnis ihrer Mitglieder zur Transzendenz zu regeln.

In Luthers Ansatz versammelten sich viele Ideen seiner Vorläufer Wiclyff, Valdus und Hus mit seinen eigenen und wurden zum ersten Mal als konkurrierendes Modell zum Römischen in ganzen Landstrichen innerhalb der westlichen Christenheit mehrheitsfähig. An die Stelle der Autorität des Papstes trat die der Territorialherrscher. Daraus ergab sich, dass sich an die Stelle von Einheit entweder mühsam gezimmerte Kompromisse oder offener Konflikt und Spaltung setzten. Keine Einigung gab es zwischen den verschiedenen protestantischen Fraktionen beim Bilderverbot, der Abendmahlslehre, der Bedeutung der zehn Gebote, der Kindertaufe, dem freien Willen und vielem mehr.

Das gegen Rom entwickelte antilegalistische Modell hatte von Anfang an einen zutiefst antijudaistischen Kern, der im Laufe der Jahrhunderte verhängnisvolle Züge offenbarte. Aus der Attacke auf das Gesetz Roms wurde alsbald die Ablehnung des Gesetzes der Juden und die Überhöhung des eigenen, angeblich universalistischen, Evangeliums gegenüber dem als partikularistisch, gnadenlos und kleingeistig verleumdeten Gesetz Israels.

Die Einheitlichkeit der Territorien endete mit dem Wiener Kongress. Schon vorher kennzeichnete Preußen ein reformiertes Herrscherhaus, das immer wieder in Konflikt mit einem lutherischen Volk geriet.

Durch die Auflösung des Zusammenhangs von Staatsbürgerrecht und Kirchenmitgliedschaft entstanden unabhängige Bewegungen, die sich vom nicht genügend frommen, moralisch zu laschen und traditionsvergessenen protestantischen Mainstream institutionell absetzten. Die Diakonie entstand als von der Kirche weitgehend unabhängiger Arm, um dem Versagen vor der sozialen Frage entgegenzutreten. Als dann schließlich die landeskirchliche Selbstorganisation die Autorität des Landesfürsten ablöste, sicherte nur noch das Pfarrpersonal die Autorität über den lokalen Glauben. Auch das kam an ein Ende, als in den siebziger Jahren des 20. Jahrhunderts Nichtordinierte (Laien) den Vorsitz im Gemeindekirchenrat übernehmen konnten.

Insgesamt war es ein langer Weg zur Individualisierung von Glaubenskonzepten und der Loslösung des einzelnen Glaubenden aus der Überwachung weltlicher und kirchlicher Autoritäten.

Das lässt sich als Verfallsgeschichte lesen oder als Umsetzung von Marx Diktum der zweimaligen Ereignung von Geschichte als Ernst und als Farce.

Oder als Chance, dass sehr unterschiedliche, miteinander in der Kirche verbundene Menschen gemeinsam die Zukunft gestalten. Menschen, die ein sehr weites Verständnis von Glauben haben sind Bestandteil einer Organisation, die kein klares Bild von ihrer Funktion hat, aber immer noch tief in der Gesellschaft verwurzelt ist, mit der sie sich entwickelte.

Dazu gehört auch, dass die Evangelische Kirche für andere und sich selbst immer schwerer durchsichtig und kalkulierbar ist, weil eine zentrale Steuerung weitgehend abgebaut ist, die Lage vor Ort sich vielgestaltig darstellt und die ordinierten Kräfte über eine sinkende richtungsgebende Funktion verfügen bzw. auch innerhalb des ordinierten Flügels die gemeinsame Richtung unklarer wird.

Es bleibt offen, in welche Richtung sich die Evangelische Kirche in Zukunft entwickeln wird. Eine Möglichkeit sind lokale Ortsgemeinden, die sich vor allem um das Leben im Wohnbereich kümmern, eine zweite Möglichkeit, spirituelle Aufbruchsbewegungen, eine dritte, dass das Verhältnis zwischen Kirche und Gesellschaft einigermaßen so bleibt wie es ist, eine vierte: sektenförmige Randgruppen entstehen.

3. Selbstverständnis Evangelischer Kirche im ländlichen Raum

Wittenberg konnte zum Zentrum der Reformation werden, weil sich dort nicht die Koryphäen der damaligen Theologie gegenseitig auf den Füßen standen. Vielmehr waren aufgrund der durch einen Einzelnen vermittelten Aufbruchsstimmung alle an Erneuerung Interessierten dort installierbar bzw. aufgrund der Überschaubarkeit ihrer Anzahl auf Verständigung angewiesen. Die Übersichtlichkeit und Begrenztheit der Ressourcen in der Provinz ermöglichen schnelles Handeln.

Der Schlüssel für den Blick auf den ländlichen Raum heute ist Digitalisierung, Verbesserung der Verkehrsinfrastruktur, Verknappung und Verteuerung des Wohnungsangebots im Urbanen. Dazu kommt, dass der ländliche Raum unendliche Weiten mit viel Platzangebot für Individuen und Familien bereitstellt. Die notwendige Verkehrswende wird die Anbindung an die Ballungsräume verbessern und Möglichkeiten schaffen, auch in derzeit noch abgelegenen Gegenden an die Zentren angebunden zu sein bzw. Gestaltungs-, Kommunikations-, Konsum- und Unterhaltungsmöglichkeiten ohne Ortsveränderung zu nutzen.

Alles zusammen führt dazu, dass die Attraktivität des ländlichen Raumes steigt. Die Dörfer werden vielleicht nicht wachsen, aber stabil bewohnt bleiben. Die Kleinstädte halten ortsnah die notwendige Infrastruktur bereit. Überall mittendrin stehen Kirchengebäude und existieren Kirchengemeinden, in denen sich Menschen organisieren und versammeln. Menschen, die gleichzeitig im säkularen Gemeinwesen verankert sind.

Die Evangelische Kirche in Brandenburg bleibt die Trägerin der Zivilreligion und damit weitgehend zuständig für Transzendenz in der Gesellschaft.

Im urbanen Raum Berlins hat sie diese Funktion längst abgeben müssen. In der Pluralität der Öffentlichkeit existiert dort immer weniger die Möglichkeit und Bereitschaft, einem Ritus eine führende Rolle zuzubilligen, weil eine Vielzahl an Religionen und Weltanschauungen am Start ist. Der Evangelischen Kirche fällt es bisher sehr schwer, lediglich eine Stimme in einem pluralen Konzert wahrzunehmen und sich mit anderen zu koordinieren. Aber im städtischen Raum hängt ihre Zukunftsfähigkeit an ihrer Bereitschaft, sich zu integrieren, ihre Kenntnisse für andere mit einzusetzen und als akzeptierte Stimme in der Vielfalt hörbar zu bleiben.

Angesichts der sich vergrößernden Kluft zwischen Gesellschaft und Christentum und dem generellen Rückgang von der Bindung organisierter Religion lässt sich natürlich fragen, ob die tragende Rolle in der Zivilreligion noch gebraucht wird und ob die Kirche bereit ist, für sie Sorge zu tragen.

Gegner und Befürworter der Reformpapiere der Zehnerjahre waren sich darin einig, dass es gilt, das evangelische Profil zu schärfen und stärker auf die innere Konstruktion und die Qualität der Arbeit Evangelischer Kirche zu schauen. Diesen Trend beobachte ich auch bei Kirchengemeinden. Der Schrumpfungsprozess führt zu einem intensivierten Blick auf die Notwendigkeiten der eigenen Organisation und der Bedürfnisse des internen geistlichen Lebens.

Zivilreligion meint eher das Gegenteil: Eine gewisse Unschärfe im Profil, um für eine größere Gruppe wichtige Sachverhalte ansprechen zu können. Die derzeitige zivilreligiöse Stärke der Evangelischen Kirche im ländlichen Raum Brandenburgs, der mehr oder weniger jenseits des Berliner S-Bahnbereiches beginnt, liegt auch in der mangelnden Konkurrenz begründet. Auch wenn die Mehrheit der Bevölkerung von Brandenburg konfessionslos ist, konstituiert Konfessionslosigkeit keine Gruppe. Die Beweggründe sind zu heterogen und bilden kein gemeinsames Bekenntnis. Unter der modernen Säkularität liegt das christliche Palimpsest, das in mehr als der Wochen- und Jahresstruktur seinen Ausdruck findet.

Der gesamte moderne westliche Wertekanon bildete sich unter Aufnahme und Ablehnung christlicher Grundgedanken. Erasmus von Rotterdam, den die moderne antireligiöse humanistische Bewegung als wesentlichen Ahnherrn begreift, war Theologe, kein Agnostiker und schon gar kein Atheist. Durch Geflüchtete gründen sich zwar muslimische Gemeinden, die sind aber noch im Anfang und Aufbau und kein Massenphänomen. Jüdisches Leben gibt es in den Städten mit über 50 000 Einwohnenden. Daneben existiert hier und da ein spirituelles Pflänzchen, aber insgesamt gibt es wenig Auseinandersetzung um weltanschauliche Deutungshoheit. Das muss nicht so bleiben. Wenn sich die weltanschauliche Vielfalt diversifiziert, dann kommt es darauf an, mit den Hinzukommenden im Gespräch zu bleiben.

Zugespitzt lässt sich sagen, dass die christlichen Kirchen in den ländlichen Räumen Brandenburgs häufig auch die einzig vorhandenen zivilreligiösen Institutionen sind, die über ein alle gesellschaftlichen Bereiche umfassendes, ausdifferenziertes und akzeptiertes Ritensystem verfügen. Eine individuelle Beerdigung mag noch ohne den Ausblick zur Transzendenz auskommen. Eine gesellschaftliche Praxis braucht hingegen einen Raum, in dem das Offene und das Scheiternde seinen Platz findet und der „Umgang mit Mächten des Heils und des Unheils", wie Habermas die Bedeutung von Religion beschreibt.[10] Eine 2012 erschienene Allensbach-Umfrage bestätigt, dass die Mehrheit der deutschen Gesellschaft, unabhängig von ihrer Kirchenmitgliedschaft und den persönlichen Überzeugungen, das Christentum ohne Berücksichtigung seiner konfessionellen Einteilung als geistige Grundlage der deutschen Lebenswelt akzeptiert.[11]

In all dem nehmen die Kirchen weiterhin Aufgaben für die gesamte Gesellschaft wahr. Die Tätigkeit im Bereich der Zivilreligion bedeutet Präsenz im öffentlichen Raum in Erfüllung einer gesamtgesellschaftlichen Funktion, nicht als Projekt der Mitgliedergewinnung und inneren Stabilisierung. Die übertragene Aufgabe wird dann ausgefüllt, wenn eine integrierende Sprache gefunden wird, die Menschen einschließt, die keine Gläubigen sind. Die Verbindung von zivilreligiöser Aktion mit missionarischem Anspruch könnte kontraproduktiv sein, weil sie in der Gefahr steht, nicht mehr als Dienst für die Gesellschaft, sondern als Propagandainstrument verstanden zu werden. Die Verbindung von Evangelischer Kirche mit staatlicher und gesellschaftlicher Aktion weist darauf hin, dass das Christentum in Brandenburg noch „als Matrix der Subjektbildung fungiert, als eingebettetes System von Wertungen sowie als eine Form der Zugehörigkeit und der verkörperten sozialen Praxis".[12]

Evangelische Kirche hat in der Weite des Landes die Bedeutung, die die Agierenden ihr zu geben vermögen, durch Gestaltungswillen, Entscheidungskraft und die Fähigkeit, das christliche Narrativ bedeutungsrelevant für die Gegenwart zu lesen, zu interpretieren, umzusetzen und der kirchlichen Gemeinschaft am Ort Gewicht zu geben. Ein Gewicht das über die Grenzen der eigenen Gemeinde und über die Kirchenmauern hinausreicht.

---

[10] Habermas, Jürgen: Nachmetaphysisches Denken II, Berlin 2012, 77.
[11] Petersen, Thomas: Christliche Werte haben Bestand, FAZ 26.9.2012.
[12] Butler, Judith: Ist das Judentum zionistisch?, in: Mendieta, Eduardo / VanAntwerpen, Jonathan (Hg.), Religion und Öffentlichkeit, Berlin 2012.

4. Evangelische Kirche zwischen Glaubensgemeinschaft und gesellschaftlicher Akteurin in Brandenburg

Das Kirchenverständnis der Identifikation mit dem überschaubaren Sozialraum prägt bei vielen Menschen die Vorstellung der Organisation. Das Bild von der Kirche, die im Dorf bleiben soll und die Kirchengemeinde, die sich aus Mitbewohnern und Mitbewohnerinnen zusammensetzt, bietet einen vertrauten Rahmen, innerhalb dessen sich die kirchliche Sinnbildung verwirklicht. Es ist ungewiss, ob dieses Bild für die Zukunft bleibt.

Unabhängig davon, ob sich Dörfer zu Gemeinden zusammenschließen oder selbstständig bleiben, sind schon seit langer Zeit Pfarrpersonen für immer größere Räume zuständig. Das hängt nicht nur am Mitglieder- und Einwohnendenschwund, sondern daran, dass – völlig unabhängig vom prozentualen Anteil der Kirchenmitglieder – hundert Bewohnende keine Pfarrstelle finanzieren. Um die Gottesdienste an zentralen Feiertagen und im Laufe des Jahres abzudecken, predigen schon lange nicht mehr nur Ordinierte oder bestellte Lektoren und Prädikantinnen, sondern alle, die dafür für befähigt gehalten werden. In Chören singen Menschen aus Freude an der Musik, diakonische Vereine und Einrichtungen haben Mitarbeitende, weil sie Arbeitsplätze zur Verfügung stellen und die Arbeitenden zwar ungläubig sind, aber ansonsten Kirche ganz sympathisch finden. Kirchenöffnungen, Fair-Trade-Läden, Friedhofspflege besetzen ungetaufte Ehrenamtliche, die finden, dass die Kirche ins Dorf gehört, aber selbst keinen Mitgliedschaftsstatus begehren. Gemeindebüros besetzen unentgeltlich oder geringfügig beschäftigt Mitbürgerinnen, die eine Kirchengemeinde für einen sinnvollen Ort des Engagements halten, aber selbst mit Glauben nicht viel zu schaffen haben wollen.

Den Zusammenhang von Ortsgemeinde und Kirchengemeinde bildete über viele Jahrhunderte ein Zwangsverhältnis, das bürgerliche Rechte mit christlichem Bekenntnis verband. Das existiert seit langer Zeit nicht mehr. Es bleiben Verbindungen und Prägungen. Das Kirchengebäude repräsentiert die Geschichte des gesamten Dorfes. Der Friedhof kann konfessionell sein. Die Kirchengemeinde verfügt über Räume, die von der politischen Gemeinde genutzt werden können. Bei Gründungsjubiläen und kommunalen Erntefesten wird sie um die Gestaltung von Gottesdiensten gebeten. Bei nationalen und internationalen Katastrophen erfolgt ein Ruf nach Fürbittgebeten.

Vom Strukturwandel in der Lausitz über den Kampf gegen den Truppenübungsplatz in der Kyritz-Ruppiner Heide bis zur Arbeit gegen Rechtsextremismus und zur Willkommenskultur für Geflüchtete gibt es wahrscheinlich keinen größeren politischen Konflikt in Brandenburg, in den die Evangelische Kirche nicht eingebunden ist. Sie gestaltete die Integration von Spätaussiedelnden und buchstabiert mit vielen anderen heute die Bedeutung von Entwicklungszusammenarbeit und Nachhaltigkeit im ländlichen Raum.

Das Wechselspiel zwischen Politik, Zivilgesellschaft und Kirche könnte als Erfolgsgeschichte der Gestaltung von Demokratie und der Diskussion von Zukunftsfragen gelesen werden. Leider ist das innere und äußere Bild, das die Kirche produziert, eher von Hilflosigkeit geprägt. Das hängt mit dem dramatischen Rückgang der Mitgliedschaftszahlen zusammen, dem die Finanzen folgen. In vielen Auseinandersetzungen tragen Pfarrpersonen und andere Hauptamtliche die Aktion. Mit der fortschreitenden Reduktion von hauptamtlichen Ressourcen vermindern sich auch die Aufgaben, die wahrgenommen werden können.

An vielen Stellen springen Ehrenamtliche in die Bresche. Sie übernehmen nicht nur innerkirchliche Arbeit, sondern engagieren sich auch im politischen und zivilgesellschaftlichen Bereich. Innerhalb der Kirche gibt es Angebote zum Einsatz für Frieden, Gerechtigkeit und Bewahrung der Schöpfung, die für Mitglieder und Nichtmitglieder attraktiv sind. Die Verzahnung mit dem kommunalen Geschehen als Erbe der Zwangsmitgliedschaft bietet heute anschlussfähige Möglichkeiten freier Gestaltung, die genutzt werden.

Im Kirchenkreis Wittstock-Ruppin gibt es zwei Ansätze, dem öffentlichen Bedeutungsverlust entgegenzusteuern.

In den neunziger Jahren wurde aufgrund des Engagements einer Elterninitiative ein Evangelisches Gymnasium gegründet, um reformorientiert und experimentell Schule zu denken und weiterzuentwickeln. Eine Grundschule und eine Oberschule kamen im neuen Jahrtausend dazu. 2012 erhielt die Schule wegen der vorbildlichen Zusammenarbeit von Lernenden und Lehrenden, Eltern und Kirche, den Bundesschulpreis. Sie ist aktiv beteiligt an Fridays for Future und Neuruppin bleibt bunt. In ihren Räumen finden Vorbereitungen für zivilgesellschaftliche Trainings zum Verhalten bei Demonstrationen gegen Rechtsextreme statt. Seit einigen Jahren gibt es gemeinsame Programme mit der Evangelischen Akademie zu Berlin zur politischen Entscheidungsfindung Jugendlicher, zur Antisemitismusprävention und in der europäischen Zusammenarbeit der Evangelischen Akademien zur großen Transformation beim Klima. Hier wird im Innern ein partizipatorischer Ansatz zur Stärkung demokratischer Prozesse gelebt, nach außen findet eine Mitwirkung an politischer Aktion statt.

Ein weiteres Instrument ist der diakonische Verein estaruppin. Ursprünglich gegründet, um mit Beschäftigungsmaßnahmen zum Abfedern der Arbeitslosigkeit nach der friedlichen Revolution Menschen aufzufangen und wichtige gemeinwesenorientierte Projekte anzugehen, dann weiterentwickelt zum diakonischen Einsatz im sozialen Brennpunkt Neubaugebiet, um nun vielfältig an Orten und in Themen aktiv zu sein. Da gibt es ein Zirkusprojekt, das die Interaktion von Kindern und Jugendlichen fördert. Die Migrationsprojekte des Kirchenkreises sind hier angesiedelt, ebenso wie die Unterstützung der Aufbauarbeit der islamischen Gemeinschaft. Projekte der Schulsozialarbeit gehören dazu, ein Netzwerk für gesunde Kinder und Projekte für nachhaltige Entwicklung im ländlichen Raum.

In diesem Rahmen entstand 2021 ein Pilgerradweg am Ruppiner See, der 2022 eröffnete. Unter dem Oberthema: „Was ist mir heilig?" verbindet er fünf Kirchen mit den Themen Urlaub, Landwirtwirtschaft, Dorfkirche und Solaranlage, heilige Räume und ihre Bedeutung heute sowie Gleichheit und die brandenburgische Kolonialgeschichte. Pilgern hat sich in den letzten Jahren zu einer Kulturform entwickelt, in der sich Spiritualität und Säkularität, Meditation und Bewegung, inhaltliche Auseinandersetzung, Gespräch und Schweigen miteinander verbinden. Menschen werden eingeladen, Verbindungslinien zwischen den Themen zu ziehen. Eine App stellt Thesen und Themen zur Verfügung. Holzreliefs laden zum Nachdenken und Diskutieren ein. Die Frage nach dem Umgang mit der Vergangenheit in Gegenwart und Zukunft stellt sich. Kirchen zeigen, dass sie nicht nur historisch bedeutsame Bauwerke sind, sondern sich verbinden mit aktuellen Herausforderungen.

Der ländliche Raum ist nicht zwangsläufig ein abgehängter Raum. Er eignet sich als Experimentierfeld, weil Bedürfnisse und Möglichkeiten identifizierbar sind und die Akteure einander kennen und sich aufeinander abstimmen. In der Zeit der DDR war jede Kirchengemeinde am Ort eine kleine demokratische Zelle, die ihre Gremien frei wählte und über Räume für offenes Gespräch verfügte. Und auch heute gibt es eine starke Wechselwirkung zwischen den Themen, die Kirche und Kommune bewegen.

Die Auseinandersetzung um die Bedeutung von Boden ist in den Kirchengemeinden angekommen. Pachtland war früher eine Einnahmequelle. Heute ist es Teil mehrerer politischer Konflikte. Es ist zum Spekulationsobjekt geworden. Hier haben die Kirchengemeinden als große Landbesitzerinnen die Aufgabe, Land bezahlbar und schonend bewirtschaftet zu halten. Erkenntnisse ökologischer Bewirtschaftung fließen in Pachtverträge ein. Gemeindekirchenräte stehen vor der Aufgabe, Instrumentarien der Kontrolle zu entwickeln. Mit dem Ausbau von Wind- und Solarenergie sind sie auch in die Auseinandersetzungen um die Aufstellung von Windkraftanlagen und Solarpanels eingebunden, müssen sich der Frage stellen, ob auf dem Kirchendach Denkmalschutz vor Energiegewinnung geht oder ob es umgekehrt an der Zeit ist, die Anmutung der Kirchengebäude in die Gegenwart zu transformieren. Waren sie in anderen Fragen früher Partnerinnen, die an Meinungsstreit und -bildung teilgenommen haben, sind sie an dieser Stelle Akteurinnen mit eigenen finanziellen Interessen. Anlagen wie der Pilgerradweg Ruppin sind auch Gelegenheiten, dringend notwendig gewordene Diskussionen zu führen, gemeinsam mit den pachtenden Betrieben und im kommunalen Zusammenhang. Dabei ist es von großem Vorteil, dass alle Beteiligten sich kennen und in anderen Fragen ebenfalls zusammenarbeiten. Das macht manche Auseinandersetzung schärfer, zwingt aber auch zu Kompromissen. Es ist unmöglich, sich aus dem Weg zu gehen.

An der Betrachtung der Reformationszeit sehen wir die für die deutsche

Situation typische Verbindung von theologischen Fragestellungen mit politischen Konstellationen. Ohne Rückendeckung der weltlichen Macht hätte es keine kirchliche Veränderung gegeben. Die besonderen Voraussetzungen der Provinz stellten das intellektuelle Material für den Aufbruch zur Verfügung. In vielerlei Hinsicht sind uns die menschheitsverbindenden Ziele des Erasmus näher als das Pochen Luthers auf das Recht der erkannten Wahrheit des Einzelnen gegen die Autorität der Mehrheit. Die Probleme der Gegenwart lassen sich nicht mit einer christlichen Bastion gegen alle Veränderungen lösen, sondern nur in der Verständigung der Beteiligten. Dabei kommt der Kirche eine besondere Rolle der Vermittlung zwischen dem eigenen Standpunkt und dem Verständnis der Positionen der anderen zu.

Bleibend ergeben sich aus den Besonderheiten des ländlichen Raumes besondere Möglichkeiten. Zum Kreiskirchentag laden selbstverständlich Landkreis und Kleinstadt mit ein, die Stadt Wittstock sieht ihn als kommunales Ereignis und der konfessionell nicht gebundene Bürgermeister gehört zum Kreis der Eröffnenden. Das landesweite Erntefest in einem Neuruppiner Ortsteil wird, obwohl es nicht Erntedankfest heißt, von Kirche und Kommune gemeinsam vorbereitet und gestaltet. Der Kampf gegen die extreme Rechte in Brandenburg ist ein politisches und kirchliches Projekt. Ein Superintendent leitet das landesweite Aktionsbündnis gegen Gewalt, Rechtsextremismus und Fremdenfeindlichkeit. Ein Pfarrer moderiert den Dialog zwischen Zivilgesellschaft, Wissenschaft und Polizei zur Abstimmung der gemeinsamen Handlungsperspektiven.

Die Vielzahl an Aufgaben droht die Kirchengemeinde zu überfordern. Sinkender Personalbestand und schwindende Finanzen stellen sie vor große Probleme. Die Einbindung in gesellschaftliche Vorgänge und der Umgang mit dem Eigentum auf der einen und die Forderung nach mehr protestantischem Profil und Spiritualität auf der anderen Seite führen zu komplizierten Konstellationen. Ihre Einbindung in die gesellschaftlichen Strukturen zwingt sie in einen gewissen Pragmatismus, auch wenn sie von der großen Unabhängigkeit träumt.

Es besteht immer die Gefahr, dass sich Kirche in ihren inneren Raum zurückzieht und sich nur noch mit ihrer eigenen Frömmigkeit beschäftigt. In diesem Moment mutiert sie zur Sekte, weil sie sich aus dem Spannungsfeld mit der Gesellschaft herauszulösen versucht, das für ihre Geschichte prägend war und sich aus der Weiterentwicklung der Interpretation des Evangeliums in Deutschland ergeben hat.

Ihre Ausrichtung orientiert sich an der Situation. In ihr existiert die Freiheit, neue Wege zu wählen. Ihre nächste Herausforderung besteht darin, ihre Bedeutung unabhängig vom prozentualen Mitgliedschaftsanteil in der Wohnbevölkerung zu definieren. Die Black Box Kirche darf sich nicht von einer zur Depression führenden Hilflosigkeit überwältigen lassen, sondern muss sich das Gefühl von Kraft und Wirksamkeit bewahren.

Literatur

Butler, Judith: Ist das Judentum zionistisch?, in: Mendieta, Eduardo / VanAntwerpen, Jonathan (Hg.), Religion und Öffentlichkeit, Berlin 2012.
Daiber, Karl-Fritz: Christliche Religion und ihre organisatorischen Ausprägungen, in: Hermelink, Jan / Wegner, Gerhard (Hg.), Paradoxien kirchlicher Organisation, Würzburg 2008.
Habermas, Jürgen: Nachmetaphysisches Denken II, Berlin 2012.
Hobsbawm, Eric J.: Das imperiale Zeitalter 1875–1914, Frankfurt a. M. u. a. 1989.
Luhmann, Niklas: Soziale Systeme, Frankfurt a. M. 1984.
Massing, Michael: Fatal Discord, New York 2018.
Petersen, Thomas: Christliche Werte haben Bestand, FAZ 26.9.2012.

Hilke Rebenstorf

Kirchengemeinden im Sozialraum

Sozialraumorientierung ist seit einigen Jahren ein zentrales Thema in kirchlichen Strategiedebatten. Das von EKD und Diakonie gemeinsam gestaltete Wissenschaftliche Symposium und der Kongress Wir & Hier im September 2021 sowie in den Landeskirchen neu eingerichtete Fachstellen zur kirchlichen Sozialraumorientierung legen hiervon Zeugnis ab. Dabei geht es einerseits natürlich um existentielle Fragen der Art: Wie können wir wieder sichtbar werden, als relevant wahrgenommen, Menschen anziehen, den Mitgliederschwund stoppen oder vielleicht sogar umkehren? Wie kann unser Dasein wieder an Plausibilität gewinnen? Darüber hinaus steht die Beschäftigung mit dem Thema Sozialraum auch für eine klar erkennbare Öffnung der Kirchen und ihrer Gemeinden über den vertrauten Horizont hinaus, der zwar auch das Parochialgebiet im Blick hatte, der jedoch noch mit einer anderen „Brille" versehen war. Nunmehr greift auch hier eine neue Überlegung, die mit dem „spatial turn" verbunden ist. Mit ihm hat sich in einer Vielzahl wissenschaftlicher Disziplinen[1] und vor allem mit veränderten Konzepten der Sozialen Arbeit der Blick auf den Sozialraum[2] verändert: er wird nicht länger hingenommen als gegebene und damit determinierende Struktur, sondern begriffen als Raum der Ko-Konstruktion von Lebensräumen.[3] Eine Botschaft, die auch im Untertitel des o. g. Kongresses hervorgehoben wurde: „Gemeinsam Lebensräume gestalten".

Kirchengemeinden sind in in der Form verstandene Sozialräume in mehrfacher Hinsicht eingebunden. Zum einen sind sie als Einrichtungen präsent, in denen ortsansässige Menschen zusammenkommen und in verschiedenen Aktivitäten Gemeinschaft erfahren und gestalten. Zum anderen sind sie präsent in den Menschen, die die Gemeinde bilden. Diese beteiligen sich in sehr unterschiedlichem Maße am Gemeindeleben. Neben den Inaktiven, die höchstens mal an hohen Feiertagen oder aus Anlass von Taufen, Hochzeiten und Beerdigungen

---

[1] Vgl. Döring, Jörg / Thielmann, Tristan (Hg.): Spatial Turn. Das Raumparadigma in den Kultur- und Sozialwissenschaften, Bielefeld 2008.

[2] Vgl. May, Michael / Alisch, Monika (Hg.): Formen sozialräumlicher Segregation, Opladen u. a. 2012.

[3] Vgl. Kessl, Fabian / Reutlinger, Christian: Zur Archäologie der Sozialraumforschung – eine Einleitung, in: dies. (Hg.), Schlüsselwerke der Sozialraumforschung. Traditionslinien in Text und Kontexten, Wiesbaden 2008, 9–21; Kessl, Fabian / Reutlinger, Christian: Sozialraum. Eine Einführung, Wiesbaden ²2010.

die Kirche und Gemeinderäume besuchen, gibt es die Nutzer:innen, die an verschiedenen Aktivitäten und Angeboten der Gemeinden teilnehmen, und Aktive, die sich in unterschiedlich hohem Maße und einer Vielzahl von Formen in die Gemeinde einbringen. Entsprechend der Beteiligung dürfte auch die Identifikation mit der Kirche sein. Vielleicht gar nicht unbedingt in Form der Bindung, die die Gemeindeglieder mit ihrer Kirche empfinden – diese kann auch ohne aktive Teilnahme am Gemeindeleben hoch sein, sondern in der Hinsicht, dass mit den Personen auch die Gemeinde gesehen wird, sie also eines der „Gesichter der Kirche" darstellen. Die Mitglieder der Kirchengemeinden sind oftmals auch noch Mitglieder in anderen Organisationen wie Vereinen, Clubs, Initiativen u. ä. und besonders ehrenamtlich Engagierte zeigen häufig nicht nur Mehrfachmitgliedschaft, sondern auch Mehrfach-Engagement[4], d. h. sie sind über ihre Gemeinden hinaus in den Sozialräumen vernetzt – in „weltlichen" Organisationen, mit Menschen unterschiedlichen Glaubens und verschiedener Weltanschauungen. Sie tragen damit ganz wesentlich zur Sozialraumgestaltung und zum christlichen Eintrag in diesen bei. Inwiefern damit auch die Gemeinden selbst einen Beitrag leisten, steht mit verschiedenen Faktoren im Zusammenhang, die im Folgenden ausgeführt werden.

Hierzu wird in einem ersten Schritt gefragt, in welchem Verhältnis der Sozialraum zur Parochie steht (1). Daran anschließend werden Ergebnisse einer empirischen Studie zu Gemeinden im Sozialraum vorgestellt, unter den Perspektiven Vernetzung und Funktionen, und dabei die Rollen von Haupt- und Ehrenamtlichen beleuchtet (2). In einem abschließenden ergebnisorientierten Ausblick werden Implikationen für die Sozialraumorientierung von Kirchengemeinden formuliert (3).

1. Kirchengemeinde und Sozialraum – statt Parochie?

Wie eingangs benannt, hat sich mit dem spatial turn in den Sozialwissenschaften, wie auch in weiteren Disziplinen, die Erkenntnis durchgesetzt, dass Sozialräume keine determinierenden „Container" sind, sondern relationale (Handlungs-)Räume, deren empirisch vorfindbare Raumordnungen zu einer bestimmten Zeit das Ergebnis vorangegangener Auseinandersetzungen sind, oder, wie Kessl und Reutlinger schreiben, „Materialisierungen politischer Kämpfe".[5] Es geht somit immer um den gesamten Lebensraum der dortigen Bevölkerung.

---

[4] Vgl. hierzu Seidelmann, Stephan: Evangelische engagiert – Tendenz steigend. Sonderauswertung des dritten Freiwilligensurveys für die evangelische Kirche, Hannover 2012; Sinnemann, Maria: Engagement mit Potenzial. Sonderauswertung des vierten Freiwilligensurveys für die evangelische Kirche, Hannover 2017; Sinnemann, Maria: Mit vereinten Kräften. Sonderauswertung des fünften Freiwilligensurveys, Baden-Baden 2022.

[5] Kessl / Reutlinger, Archäologie, 17.

Betrachtet man hingegen die Publikationen zu dem Thema Kirche im Sozialraum oder auch im Quartier und vor allem die kirchlichen Verlautbarungen hierzu,[6] scheint diese Betrachtungsweise im kirchlichen Raum noch nicht ganz angekommen zu sein. Im Zentrum steht nach wie vor das diakonische Engagement[7] von Kirche und Gemeinde, ganz nach dem Motto, sich um die „Mühselig und Beladenen" zu kümmern, im Sinne einer allgemeinen Barmherzigkeit. Die Relevanz dieser Arbeiten soll hier in keiner Weise infrage gestellt werden, nur kann sich darin die Präsenz einer Kirche und auch einer Kirchengemeinde im Sozialraum nicht erschöpfen – allzu leicht wird sie in der Selbst- wie Fremdwahrnehmung reduziert auf diesen einen Aspekt. Und auch wenn man vom Grundgedanken der Parochie ausgeht, ist dieser Ansatz der Tätigkeit verkürzt, wie man mit Wolfgang Grünberg argumentieren könnte. Er betont, dass die Parochie *alle* Lebensbereiche der Menschen in einem bestimmten Gebiet religiös durchdringen sollte. Mit der – auch räumlichen – Trennung von Arbeits-, Wohn- und Freizeitwelt funktioniere das seiner Ansicht nach nicht mehr. Ortsgemeinden „können aufgrund der Ausdifferenzierung der Lebenssituationen heute den mit der ‚Parochie' ursprünglich gemeinten integrativen Zusammenhang aller Lebenswelten nicht, bzw. nur begrenzt erfüllen."[8]

Sicherlich ist diese Aussage für die im Zuge von Fusionen immer größer werdenden Parochial- und auch Seelsorgegebiete zutreffend, die angesichts zunehmender gesellschaftlicher Pluralisierung diversifizierte Milieustrukturen und damit auch Wertorientierungen und Lebensweisen umfassen.[9] Andererseits verweisen Erkenntnisse über zunehmende sozialräumliche Segregation[10] auf mehr

---

[6] Z. B. Bork, Sebastian u. a. (Hg.): Wechselwirkungen im Gemeinwesen, Berlin 2016; Evangelische Akademie der Nordkirche (Hg.): Den Stadtteil mitgestalten, Hamburg 2014; Lämmlin, Georg / Wegner, Gerhard (Hg.): Kirche im Quartier, Leipzig 2020; Vorhoff, Karin / Beneke, Doris (Hg.): Zusammenleben im Quartier – Entwicklungspartnerschaften für lebenswerte Quartiere, Berlin 2018.

[7] Was alles unter diakonische Arbeit fällt, wird durchaus unterschiedlich gesehen – mal ist es „jegliche Betätigung christlicher Liebe" (Schütz, Wolfgang: Diakonie, in: Evangelisches Kirchenlexikon, Göttingen ²1961, 916–921, hier 916; ähnlich auch Sigrist, Christoph: Spuren zur diakonischen Nutzung des Kirchenraums, in: Pastoraltheologie 106/2017, 380–392, hier 384), mal wird sie reduziert auf den Wohlfahrtsaspekt und gleichgesetzt mit Armenfürsorge (vgl. z. B. Kaiser, Jochen Christoph, Diakonie, in: RGG⁴, Tübingen 1999, 792f.). Die in diesem Beitrag genannten Veröffentlichungen wenden den engen Begriff der Diakonie an.

[8] Grünberg, Wolfgang: Citykirchenarbeit, in: ders., Die Sprache der Stadt, Leipzig 2004, 201–213, hier 206.

[9] Vgl. z. B. Ahrens, Petra-Angela / Wegner, Gerhard: Soziokulturelle Milieus und Kirche, Stuttgart 2013; Sellmann, Matthias: Zuhören Austauschen Vorschlagen, Würzburg 2012; Hempelmann, Heinzpeter u. a. (Hg.): Auf dem Weg zu einer milieusensiblen Kirche, Neukirchen-Vluyn 2015; Schulz, Claudia u. a.: Milieus praktisch, Göttingen 2008.

[10] Vgl. z. B. Berger, Peter Anton u. a. (Hg.): Urbane Ungleichheiten, Wiesbaden 2014; May / Alisch: Formen; Dangschat, Jens: Zwischen Armut und Kommerz. Urbane Herausforderungen an die Stadtkirchen – ein stadtsoziologischer Blick, in: City-Kirchen. Bilanz und Perspektiven (Kirche in der Stadt 5), Hamburg 1995, 151–161.

oder minder „homogene Inseln" innerhalb dieser größer werdenden Parochialgebiete. Diese sind nicht unbedingt nur sozialstrukturell im engeren Sinne gekennzeichnet, sondern verweisen auf Gemeinschaftsformen, die der Sozialraum typischen Ko-Konstruktion des Lebensraumes und der damit einhergehenden zumindest rudimentären Identifikation der Menschen mit diesen Räumen entsprechen. Damit sind dann auch weitere Themen jenseits gemeinwesendiakonischer Ansätze relevant.

Für eine qualitative Studie unter dem Titel „Kirche und Zivilgesellschaft – der Beitrag von Kirche vor Ort zur Sozialraumentwicklung"[11] wurde deshalb vor einigen Jahren bewusst eine Untersuchungsanlage gewählt, die offen danach fragte, ob überhaupt Beziehungen der Kirchengemeinden in den Sozialraum bestehen und welche es sind, von wem etwaige Beziehungen initiiert und aufrechterhalten werden, welchen thematischen Fokus sie haben u. ä. Das Erkenntnisinteresse bestand darin, die gesamte Breite der Beziehungen und Kooperation sowie deren Rahmenbedingungen auszuloten.

2. Kirchengemeinden im Sozialraum – Vernetzung und Funktion

In den 2010er Jahren erschienen einige praxisorientierte Studien zur Gemeinwesendiakonie im Rahmen von „Kirche findet Stadt"[12] und zur Attraktivität von Kirchengemeinden[13] sowie einige neuere, eher theoretisch-konzeptionell orientierte Studien zum Verhältnis von Religion und Zivilgesellschaft.[14] Auch in diesen Publikationen wurde immer wieder thematisiert, wie organisierte Religion in Form der Kirchengemeinden in lokale Zivilgesellschaften eingebunden ist und welchen Beitrag Gemeinden zur Entwicklung von Sozialräumen leisten. Die Antworten bezogen sich aber jeweils nur auf den Teilbereich, der in den jeweiligen Titeln angesprochen ist, es wurde also weniger explorativ das gesamte Möglichkeitsfeld ausgelotet, wie es mit der im Folgenden dargestellten empirischen Studie angezielt wird.

---

[11] Theoretische Grundlage, methodisches Vorgehen und Ergebnisse sind ausführlich beschrieben in: Ohlendorf, David / Rebenstorf, Hilke: Überraschend offen. Kirchengemeinden in der Zivilgesellschaft, Leipzig 2019.

[12] Für einen Einblick vgl. Potz, Petra: Kirche findet Stadt – Potenziale und Perspektiven für eine strategische Plattform der integrierten Stadtentwicklung. eNewsletter Wegweiser Bürgergesellschaft 19/2012.

[13] Z. B. Elhaus, Philipp / Wöhrmann, Matthias: Wie Kirchengemeinden Ausstrahlung gewinnen, Göttingen 2012.

[14] Liedhegener, Antonius / Werkner, Ines-Jacqueline (Hg.): Religion zwischen Zivilgesellschaft und politischem System, Wiesbaden 2011; Liedhegener, Antonius: Religion, Bürgergesellschaft und Pluralismus, in: Arens, Edmund u. a. (Hg.), Integration durch Religion?, Baden-Baden 2014, 63–84.

Grundsätzlich haben Kirchengemeinden mannigfaltige Möglichkeiten, sich einzubringen. Zum einen natürlich über karitative und diakonische Angebote, die sie allein oder in Kooperation mit anderen durchführen. Kirchengemeinden sind auch Orte der Begegnung und haben daher Anteil an der Entwicklung von zivilgesellschaftlich relevantem Sozialkapital. Darüber hinaus können Kirchengemeinden ihre eigenen Positionen in lokale Diskurse einbringen oder andere in diesem Bemühen unterstützen. Dies kann in den Kirchenräumen erfolgen oder außerhalb, durch Haupt- oder Ehrenamtliche, offensiv oder eher zurückhaltend. Grundsätzlich lässt sich die zivilgesellschaftliche Relevanz an mehreren Dimensionen messen:[15]

Angebote und Aktivitäten können sich allein an die Gemeindeglieder oder sogar nur an die Kerngemeinde richten und damit partikular sein oder offen für alle und damit universell, orientiert an den Bedürfnissen des Sozialraums. Ähnlich kann das Beziehungsnetzwerk einer Gemeinde und deren Mitglieder eher auf den gemeindlichen bzw. innerkirchlichen Bereich bezogen sein und damit geschlossen oder darüber hinaus in den Sozialraum weisen und somit offen. Ein weiterer Hinweis auf die zivilgesellschaftliche Relevanz gibt die Wahrnehmung einer Gemeinde, also ob und wie die Gemeinden von anderen lokalen Akteur:innen gesehen werden: ob sie begrenzt erscheinen, als Ort allein für Kirchenmitglieder und religiöse Funktionen im engeren Sinne, oder als Einrichtung, die sich als Ort und Akteurin für alle sieht. Selbstverständlich gibt es zwischen diesen Polen jeweils gleitende Abstufungen.

Gemeindestudien[16] sowie Forschungsergebnisse und Beobachtungen zu lokalen Zivilgesellschaften legen nahe, dass verschiedene Einflussfaktoren auf die zivilgesellschaftliche Relevanz zu berücksichtigen sind. Intern, also auf die Gemeinden bezogen, sind dies Fragen der Selbstwahrnehmung (als offen oder geschlossen), des gemeindlichen Profils (eher religiös im engeren Sinne, kulturell, sozial), der Organisationslogik (bottom-up oder top-down) sowie natürlich der Ressourcen personeller Art in Haupt- wie Ehrenamt, finanzieller und räumlicher Art. Externe Einflussgrößen sind die Siedlungsstruktur[17], das soziodemographische Profil, das Bundesgebiet und die zivilgesellschaftlichen Rahmenbedingungen, also Anzahl und Struktur von Vereinen, Infrastruktur, Sozialkapital etc., die die Möglichkeiten für Kooperation und Vernetzung eröffnen oder auch begrenzen. Entsprechend wurden für die qualitativ angelegte Studie ausgewählt: Gemeinden in ländlichen und städtischen Räumen, in Ost- und Westdeutschland, in prosperierenden und eher ökonomisch problematischeren Regionen. Um Antworten auf die Forschungsfragen zu finden, wurden anhand amtlicher und

---

[15] In Anlehnung an Nagel, Alexander-Kenneth (Hg.): Religiöse Netzwerke, Bielefeld 2015.
[16] Z. B. Rebenstorf, Hilke u. a.: Potenziale vor Ort, Leipzig 2015.
[17] Vgl. Becker, Elke: Zivilgesellschaft in der Stadt- und Raumentwicklung. Opusculum 40, Berlin 2009; Becker, Elke u. a. (Hg.): Stadtentwicklung, Zivilgesellschaft und bürgerschaftliches Engagement, Stuttgart 2010.

kirchlicher Statistiken Sozialraumbeschreibungen erstellt und leitfadengestützte Interviews mit haupt- und ehrenamtlichen Vertreter:innen der Kirchengemeinden und anderer Einrichtungen und Organisationen wie auch Kommunalpolitiker:innen geführt.

2.1 Vernetzungen

Die ausgewählten Kirchengemeinden haben sehr unterschiedliche Netzwerke im Sozialraum aufgebaut. Die Beziehungen sind teils sehr fest und lange gewachsen, andere hingegen sind eher locker; die Verbindlichkeitsgrade variieren. Die Beziehungen wurden von verschiedenen Seiten initiiert, mal von den Gemeinden ausgehend, mal von anderen Organisationen oder Vereinen, teils von Hauptamtlichen, teils von Ehrenamtlichen, je nach gemeindlichen und kommunalen Eigenarten und Thematiken. Die Netzwerke sind an anderer Stelle ausführlich beschrieben[18] worden, hier sollen deshalb lediglich einige zentrale Charakteristika benannt werden, in denen die Spezifik der Gemeinden und Sozialräume deutlich wird. Netzwerkstrukturen und sozialräumliches Engagement konnten in Kurzbezeichnungen relativ prägnant zusammengefasst werden.

Die Markusgemeinde liegt in westdeutscher Stadtrandlage, das Gemeindegebiet ist geprägt durch ein gutbürgerliches Milieu, rund ein Drittel der Bewohner:innen ist Mitglied der evangelischen Kirche. Die Gemeinde ist hier vielfältig vernetzt mit Vereinen, Initiativen, kommunalen Einrichtungen. Als Mitglied des Vereinsnetzwerks im Stadtteil ist sie über alle Aktivitäten informiert und auch selbst mit ihren Angeboten und Aktivitäten bekannt. In dieser Kirchengemeinde ist das *zivilgesellschaftliche Engagement* zum *Teil der Identität* geworden. Das öffentliche Gesicht der Vernetzungsarbeit ist eine Pfarrperson, die sich auch zu Themen der Kommunalpolitik äußert und die Position „der Gemeinde"[19] einbringt. Ehrenamtliche tragen hingegen eine Vernetzungsarbeit auf individueller Ebene über einen Eine-Welt-Laden mit Café, in dem sich auch Personen ehrenamtlich engagieren, die der Kirche nicht angehören, in verschiedenen Projekten der Alten- und Jugendarbeit, die z. T. durch hauptamtliche diakonische Mitarbeiter:innen verantwortet werden, z. T. auf alleinige ehrenamtliche Initiative zurückgehen, wie z. B. Trauergruppen oder Joblotsen sowie über Engagement in anderen Organisationen und Initiativen des Stadtteils, wie z. B. dem Roten Kreuz, der Freiwilligen Feuerwehr, einem Heimatkulturverein. Die engen Beziehungen zwischen den Akteur:innen im Gemeindegebiet werden unterstützt durch die relativ hohe Identifikation der Bewohner:innen mit dem Stadtteil.

---

[18] Ohlendorf / Rebenstorf, Überraschend offen.
[19] Über manche dieser Äußerungen wird gemeindeintern unter den Aktiven durchaus kontrovers diskutiert; nicht alle teilen die Ansichten, die öffentlich vertretenen Positionen.

Diese sehen manche allerdings im Zuge ausgedehnter Bautätigkeit und verstärkten Zuzugs und damit sich ändernder Sozialstruktur gefährdet.

Die Lydiagemeinde liegt in einer ländlichen Region in Ostdeutschland, wo nur rund 10 % der Bevölkerung der evangelischen Kirche angehören. Die älteren Gemeindeglieder sind auch 30 Jahre nach der Wende noch geprägt von dem, was sie zu DDR-Zeiten als feindliche Umwelt erlebten. Die Beziehungen in den Sozialraum sind entsprechend eher schwach ausgeprägt, was aber nicht nur an der Zurückhaltung der Gemeindeglieder liegt, sondern auch daran, dass die Kirchengemeinde – wahrscheinlich auch aufgrund des historischen Erbes – einfach von Vertreter:innen anderer Organisationen und der Kommunalpolitik nicht mitgedacht wird, wenn es z. B. um die Einrichtung eines Ehrenamtsportals geht. Mit einer neuen Pfarrperson und neuen Gemeindegliedern und Ehrenamtlichen, die andere Prägungen erfahren haben, ändert sich die Situation langsam, so dass man von einer *zivilgesellschaftlichen Rollensuche in der Diaspora* sprechen kann. Die zivilgesellschaftliche Struktur des Gemeindegebietes ist jedoch insgesamt dadurch belastet, dass ein Großteil der Bewohner:innen zugezogen ist und andernorts arbeitet, so dass die Identifikation mit dem Gebiet relativ gering ist, man also kaum von einem Lebensraum im Sinne des Sozialraumparadigmas sprechen kann.

Die Matthäusgemeinde liegt in einer ländlichen Region in Westdeutschland, wo über die Hälfte der Bevölkerung Mitglied der evangelischen Kirche ist. Hier gibt es trotz eines hohen Anteils an Berufspendler:innen auch noch gewachsene Strukturen, die man durchaus mit der Formulierung von Kessl und Reutlinger bezeichnen kann als „Handlungsraum [...], das heißt [...] von den handelnden Akteuren (Subjekten) konstituierte[r] Raum und nicht nur [...] verdinglichte[r] Ort (Objekte)."[20] Dies wird auch daran erkennbar, dass ein großer Teil der Vernetzungsarbeit über Ehrenamtliche läuft, die seit Jahrzehnten dort leben, einfach bekannt und sichtbar und damit ansprechbar sind. Sie kennen die Protagonist:innen der anderen Vereine, Organisationen, Initiativen, die Gewerbetreibenden und Kommunalpolitiker:innen – besser als es die Pfarrperson kann, die noch nicht so lange in der Gemeinde ist. Wie die Markusgemeinde ist auch die Matthäusgemeinde Teil des lokalen Vereinsnetzwerkes und handelt hierin nach Regeln der Reziprozität. Bei den jährlichen Dorffesten fassen die Ehrenamtlichen aller Vereine zusammen an, sie altern aber auch alle zusammen und sehen, dass wenige Jüngere nachkommen. Uns erschien diese Situation als relativ typisch für *Kirche und Zivilgesellschaft auf dem Land*.

Die Lukasgemeinde liegt zentrumsnah in einer westdeutschen Großstadt, in einem Gebiet mit gut 18 % evangelischen Kirchenmitgliedern. Das Gemeindegebiet ist traditionell stark partizipationsorientiert, man erkennt hier tatsächlich, dass „die bestehenden Raumordnungen Ausprägungen von sozialen Prozessen, diskursiven Formierungen und historischen Markierungen darstellen. Raum-

---

[20] Kessl / Reutlinger, Sozialraum, 25.

ordnungen somit wirkmächtige Materialisierungen politischer Kämpfe sind."[21] Zivilgesellschaftliches Zentrum ist ein Stadtteilbüro, für dessen Aufbau die Unterstützung durch die Kirchengemeinde sehr wichtig war, das aber vollständig gemeindeunabhängig ist. Man arbeitet bei bestimmten Projekten zusammen. Dies zeichnet die Position der Gemeinde insgesamt aus: Das Netzwerk ist breit und stabil, das Engagement aber eher temporär, projektbezogen – und dann sind sowohl Haupt- wie Ehrenamtliche beteiligt, je nachdem, wer was am besten kann und wie es sich eingespielt hat. Die Lukasgemeinde wird als verlässliche Partnerin wahrgenommen, ihr *Engagement als Ausdruck religiöser Authentizität*.

Die Priscagemeinde liegt zentrumsnah in einer ostdeutschen Großstadt, der Anteil Evangelischer in der Bevölkerung liegt bei gut 14 %. Auch hier sind Haupt- wie Ehrenamtliche sehr aktiv je nach Interessen und Begabungen. So ist der interreligiöse Dialog eher durch die Pfarrpersonen besetzt, die Flüchtlingsarbeit eher durch Ehrenamtliche, die „politischen" Bekenntnisse gegen Hass und Gewalt von allen gemeinsam. Stärker noch als in den anderen Gemeinden erfolgt hier die Vernetzung über Mehrfach-Engagement der Ehrenamtlichen, wobei sie allerdings oftmals nicht als Gemeindeglieder erkannt werden – man also fast von einer „passiven" Vernetzung sprechen könnte. Das Engagement der Priscagemeinde, gerade bei den politisch aufgeladenen Themen wie Umgang mit anderen Religionen, mit Rechtspopulismus und Geflüchteten, wird von den Vertreter:innen anderer Organisationen und Initiativen geschätzt, aber kaum mit einer religiösen Grundierung in Beziehung gesetzt, wie es bei Lukas der Fall ist. Bei der Priscagemeinde ist zu erkennen, dass das *zivilgesellschaftliche Engagement aus einer allgemeinen gesellschaftlichen Verantwortung* heraus erfolgt.

Die Juniagemeinde schließlich liegt zwischen Zentrum und Stadtrand in einer westdeutschen Großstadt mit einem Anteil Evangelischer in der Bevölkerung von rund 30 %. Das Gemeindegebiet ist geprägt durch ein hohes Maß an Armutszuwanderung, allerdings nicht gleichmäßig verteilt. Das Gemeindegebiet weist zwei sozialstrukturell verschiedene „Zonen" auf, es verstehen sich aber anscheinend alle als dem einen Gebiet zugehörig, die Identifikation ist recht hoch. Die Gemeinde engagiert sich stark kulturell – das Gemeindehaus ist fast schon ein Kulturzentrum für den Sozialraum – und in der Jugendarbeit. Ein großer Teil hiervon wird durch hauptamtliches Personal verantwortet, da speziell in der Kinder- und Jugendarbeit manche rechtliche Vorgabe dies erfordert. Insofern ist eine Arbeitsteilung ähnlich wie in der Markusgemeinde zu erkennen: Die offiziellen Kontakte zu anderen Einrichtungen gehen über die hauptamtlichen Pfarrpersonen und Diakon:innen, Ehrenamtliche wirken auf der „Mikroebene". Die Gemeinde kooperiert bei ihren Kulturaktionen und Angeboten für Kinder und Jugendliche stark mit anderen Initiativen und auch mit kommunalen Einrichtungen. Man kann ihr Handeln als *zivilgesellschaftliches Engagement unter prekären Bedingungen* bezeichnen.

---

[21] Kessl / Reutlinger, Archäologie, 18.

Für alle besuchten Gemeinden, deren vorgefundene Netzwerke und das hiermit verbundene Engagement kann man festhalten, dass alle Gemeinden vielfältige Kontakte in das Gemeindegebiet bzw. in den Sozialraum unterhalten. Dabei stellen die Kirchengemeinden eher nicht das Zentrum lokaler zivilgesellschaftlicher Netzwerke dar, dieses findet sich viel eher in Stadtteilbüros, Vereinsnetzwerken, Heimatvereinen u. ä. Die Vernetzung erfolgt i. d. R. über mehrere Personen, über Haupt- und Ehrenamtliche – innerhalb wie außerhalb der Kirchengemeinde. Besonders für Kirchengemeinden gilt dabei, dass allein schon die Verwaltung und die Organisation des gemeindlichen Lebens über die ehrenamtlichen Gemeindeleitungen Voraussetzung für ein weiteres Engagement auch der Hauptamtlichen darstellt. Dieses weist durchaus unterschiedliche Profile auf, die dann wiederum in Zusammenhang stehen mit dem Profil des Gemeindegebietes wie auch dem Selbstverständnis der Gemeinden.

2.2 Funktionen

Die Verbindungen der Kirchengemeinden über deren Mitglieder, den Haupt- und Ehrenamtlichen in den und mit dem Sozialraum, sind Grundlage der Teilhalbe an und Mitgestaltung des Lebensraumes Sozialraum, der als ko-konstruierter Raum beständigen Einflüssen und Veränderungen unterliegt, die durch die Aktivitäten von mehr oder minder formalen Organisationen und Individuen vorangetrieben und geprägt werden. Die Gemeinden haben in all ihrer Vielgestaltigkeit hieran teil. Und dies nicht nur im Rahmen der Ausübung ihrer „klassischen" Aufgaben, Angebote und Aktivitäten, sondern auch indem sie hierüber hinausgehende Funktionen im Sozialraum ausüben. Die sechs hier näher betrachteten evangelischen Kirchengemeinden nahmen insgesamt fünf Funktionen wahr, jeweils nicht alle, aber doch mehr als nur eine – und überwiegend in Kooperation mit anderen Akteur:innen in den jeweiligen Sozialräumen.

Kirchengemeinden nehmen *Kompensation* von Aufgaben wahr, die nicht (mehr) erbracht werden durch z. B. kommunale Träger, kommerzielle Anbieter oder durch andere zivilgesellschaftliche Akteure. In der Gemeindestudie fand sich dieses Phänomen primär in ländlichen Räumen oder unter prekären Bedingungen. So gibt es z. B. im Gebiet der Matthäusgemeinde keine Dorfkneipe mehr, keinen Saal und auch kein kommunales Gemeindezentrum. In der Situation hat die Kirchengemeinde entschieden, das Gemeindehaus gegen eine geringe Gebühr Vereinen für ihre Versammlungen und Chören für ihre Proben zur Verfügung zu stellen. Dort kann auch nach Beerdigungen Kaffee getrunken oder nach Hochzeiten angestoßen werden. Perspektivisch ist daran gedacht, ein Sonntagscafé, z. B. für Spaziergänger:innen, anzubieten, die die landschaftlich reizvolle Gegend gern am Wochenende besuchen. Diese Initiative geht überwiegend auf die Ehrenamtlichen in der Gemeinde zurück, die über ihre starke persönliche Vernetzung im Sozialraum den Bedarf erkannt und pragmatisch gedacht haben.

Ähnlich wie bei der Matthäusgemeinde geht es auch im Gebiet der Juniagemeinde um Räume – aber nicht nur. Die Juniagemeinde unterhält gemeinsam mit der Stadt in ihren Räumen ein Jugendzentrum, mit der nahegelegenen Grundschule organisiert sie eine Nachmittagsbetreuung und Hausaufgabenhilfe. Organisiert wird die Arbeit von Seiten der Gemeinde durch hauptamtliche Diakon:innen, Ehrenamtliche arbeiten in der Betreuung mit.

Eine etwas weniger direkte Art der Kompensation offensichtlicher „struktureller Löcher" ist die Absicht der „Beheimatung", d. h. die Kompensation des Verlustes sozialer Bindung. In der Matthäusgemeinde arbeitet man an einem Projekt zum „Leben im Alter", in der Lukasgemeinde werden Überlegungen angestellt, wie Gemeinde auf Zeit realisiert werden kann, die besonders die modernen Berufsnomad:innen ansprechen soll. In diesen beiden Fällen liegen die konzeptionellen Überlegungen (noch) bei den Pfarrpersonen, handelt es sich doch auch bei Letzterem um ein explizit theologisches Konzept.

Sehr stark auf Ehrenamtliche baut die Wahrnehmung der zweiten identifizierten Funktion, die *Integration*. Hierbei werden Menschen zusammengebracht, die Stärkung des sozialen Zusammenhalts steht im Fokus. Dies geschieht etwa in Cafés und Weltläden (Markus, Lukas, Junia), in der interreligiösen Arbeit (Junia, Prisca), durch Feste für Alteingesessene und Neubürger:innen (Matthäus, Lukas, Prisca), in Mehrgenerationenprojekten (Markus, Matthäus), bei der Arbeit mit Wohnungslosen (Lukas, Prisca) usw. Sie geschieht aber auch generell durch eine aktive Netzwerkarbeit im Sozialraum bzw. im Gemeindegebiet. Ein schönes Beispiel dafür, wie groß die Vielfalt der dabei Zusammenkommenden ist, geht aus der Schilderung einer Ehrenamtlichen im Gebiet der Lukasgemeinde hervor, die ein Ereignis aus der Arbeit mit Geflüchteten schildert. Dort wurde „,... ein Riesenfest gemacht im Studierendenhaus auf dem Campus. Und dann – ach, Mensch! Zum Netzwerk gehört das offene Haus [...], ja? Die kamen dann auch dazu und das ist supergut, weil die eben im Prinzip dieses alte Studierendenhaus und das Café [...] verwalten und auch *eine ganz andere Gruppierung sind als wir im Stadtteilbüro oder gar als wir als Gemeinde. Sind ganz viele Chaoten und Spontis darin*, aber irgendwie passt es dann doch auch zusammen, ne. Also es ist eine sehr bunte Besetzung." An diesem Fall wird deutlich, dass integrative Arbeit auch in der Flüchtlingsarbeit nicht nur darin besteht, Neuzugezogene mit Alteingesessenen zusammenzubringen, sondern dass auch verschiedene Gruppen Alteingesessener vielleicht zum ersten Mal in Berührung miteinander kommen und feststellen, dass trotz aller Differenzen in Lebensstil, Äußerlichkeiten und vielleicht auch manchen Wertvorstellungen, viel Gemeinsames vorhanden ist – auf der Ebene der Ehrenamtlichen. Die Integrationsarbeit, das Zusammenbringen von Menschen in verschiedenen Arten von Veranstaltungen und Gruppen entspricht dem universalistischen Charakter der Kirche und dem parochialen Prinzip. Natürlich stellt sich auch im oben geschilderten Beispiel aus der Lukasgemeinde die Frage, wie weit dies gelingt und Kontakte über die Eigengruppe hinaus (dauerhaft) aufgebaut werden.

Mitunter nahmen Gemeinden auch mit klaren Stellungnahmen aktiv an lokalen gesellschaftlichen Diskursen teil – es handelt sich hierbei um eine Form der *Intervention*. Berührt werden dabei verschiedene Themenbereiche: konkrete kommunale Vorhaben bei der Stadtentwicklung, Energie- und Umweltthemen, Wohnprojekte für spezifische Gruppen (z. B. Jugendliche, Geflüchtete). Intervention kann sehr offen und mit deutlicher Präsenz in Öffentlichkeit und Medien erfolgen, wie im Fall der Markuskirche, wo eine Pfarrperson als deutliches Gesicht in politischen Stellungnahmen zur bezirklichen Verkehrsplanung erkennbar wurde. Intervention kann aber auch eher indirekt und „unsichtbar" vonstattengehen. Dies ist etwa der Fall beim Community Organizing, das von Ehrenamtlichen der Priscagemeinde und einer benachbarten Kirchengemeinde verantwortet wird. Hierbei steht die Kirche in keiner Weise in der Öffentlichkeit und es geht auch nicht um die Positionen der Gemeinden, sondern die Bewohner:innen selbst werden dabei unterstützt, ihre Anliegen in den (kommunal-)politischen Prozess einzuspeisen. Es geht um Formation und Artikulation von Interessen, die den Lebensraum der Menschen betreffen.

Auf einer etwas niedrigeren oder vielleicht auch nur qualitativ anderen Stufe der „Einmischung" liegt die *Moderation*. Dabei geht es den Gemeinden und den mit ihnen Kooperierenden weniger darum, die eigene Position in einer Streitfrage durchzusetzen als vielmehr darum, eine Plattform zu bieten, auf der verschiedene Initiativen und Strömungen eine Stimme haben. Diese Funktion war besonders ausgeprägt in den städtischen Gemeindegebieten von Lukas und Prisca bei Themen wie Quartiersentwicklung, Stadtplanung, Unterbringung Geflüchteter und Planungen für einen Moscheebau. In der Lukasgemeinde formulierte es ein:e Interviewpartner:in auf die Frage, was dem Quartier fehlen würde, wenn es die Gemeinde nicht gäbe, in der Art: *„Also ich glaube, [...] es würde dem Stadtteil quasi so eine Art Klammer fehlen. Ich glaube, die Gemeinde ist oft so ein Angebot, wo sich die verschiedenen Gruppierungen treffen können. Es ist gar nicht unbedingt so, dass wir versuchen – also das ist jetzt meine Einschätzung, wie ich das wahrnehme – durchzusetzen, was wir gut finden, sondern dass wir versuchen, eine Plattform zu bieten und zu sagen: Hier wäre eine Möglichkeit, zusammenzukommen und gemeinsam zu überlegen, Kräfte bündeln."* Für die Priscagemeinde wurde Ähnliches formuliert, von Vertreter:innen anderer zivilgesellschaftlicher Organisationen im Gemeindegebiet, die – aufgrund des hohen Grades an Säkularisierung und Entkirchlichung auf dem Gebiet der ehemaligen DDR – diese Aktionen der Gemeinde sehr viel stärker wahrnehmen als alle weiteren Aktivitäten des klassischen gemeindlichen Spektrums. Die Interviewpartner:innen nannten Offenheit und Gastfreundschaft der Gemeinden als wichtigste Bedingung, diese Moderationsfunktion wahrnehmen zu können. Hierfür sind Kirchengemeinden aufgrund ihrer doppelten Präsenz, als Organisation und als Gemeindeglieder, geradezu prädestiniert. Selbst wenn die Mitglieder der Gemeinde nur einen kleinen Teil der Wohnbevölkerung stellen und sozialstatistisch nicht unbedingt repräsentativ für diese sind, so sind sie doch als Teilhabende und Teilnehmende am Lebens-

und Sozialraum mit dessen Stimmungen, Geschichten usw. vertraut. Dies gilt ganz besonders für Ehrenamtliche, die in der Regel noch anderweitig aktiv und in Kontakt mit Menschen und Einrichtungen sind. Im Umkehrschluss bedeutet das, dass in Räumen, die diese gewachsenen Strukturen (noch) nicht oder nicht mehr haben, diese Funktion nur eingeschränkt wahrgenommen werden kann. Dies trifft etwa auf die Lydiagemeinde zu, deren Parochialgebiet durch starkes Bevölkerungswachstum und Berufspendler:innen geprägt ist, oder das Gebiet der Matthäusgemeinde, in dem die alten Dorfstrukturen schwinden und damit das Sozialkapital bröckelt.

Die *Sozialisationsfunktion* schließlich ist eine Querschnittsfunktion, die in nahezu allen Aktivitäten zum Tragen kommt. Sie ist Folge der in Kirchengemeinden auf Ehrenamtlichkeit basierenden formalen Leitungsstrukturen, die besondere Gelegenheitsstrukturen zum Erwerb von „Civic Skills" bieten, also von Fähigkeiten für angemessene Partizipation am und somit auch Gestaltung des Gemeinwesen(s). Hierzu gehören etwa die Fähigkeit, sich in die Position anderer hineinzuversetzen, Selbstorganisation, Vernetzung und die eigenen Interessen zu artikulieren und mit anderen abzustimmen. Diese werden erworben durch die Zusammenarbeit in Kreisen und Projekten, bei der Planung und Durchführung von Veranstaltungen u. ä. und sie werden erfahren in Begegnungen mit Dritten, besonders wenn „soziale" Grenzen überschritten werden, wie es beispielsweise in der Arbeit mit Wohnungslosen oder mit Geflüchteten oftmals geschieht. Hierbei kommt es zu einer Vermittlung zwischen Eigeninteresse und Gemeinwohl und die Sensibilisierung für verschiedene Lebenswelten wird gestärkt. Die besondere Qualität kommt sehr gut zum Ausdruck in der Äußerung eines Ehrenamtlichen, der in seiner DDR-Sozialisation keine Berührung mit der Kirche erfuhr, später dann aber zu einer Neubewertung gelangte. *„Ich bin ja so aufgewachsen, Kirche ist Quatsch. Dann später bin ich dazu gekommen, Kirche ist für Alte, dass die jemanden zum Erzählen haben. So. Und heute bin ich aber der Meinung, Kirche ist da, um die sozialen Strukturen in einem Stadtgebiet zu prägen und zu festigen, sage ich mal, dass wieder Gemeinschaftssinn entsteht, der ja generell von außen nicht gefördert wird. Und wenn man nicht aufpasst, verloren geht. Das ist für mich eigentlich das Hauptanliegen."*

3. Fazit und Implikationen für Kirche und Gemeinden

Wie eigentlich nicht anders zu erwarten, nehmen Kirchengemeinden zivilgesellschaftliche Funktionen wahr, die der Struktur des Gemeindegebietes angepasst sind: Wo etwas Wichtiges fehlt, wird kompensiert, wo ein hohes Partizipationspotenzial vorhanden ist, wird moderiert oder interveniert. Zentral ist dabei immer der Gemeinschaftsaspekt, der über die eigene Gemeinde hinausgehend in der Integrationsfunktion deutlich wird. Damit ist klar, dass Kirche in der Zivilgesellschaft bzw. im Sozialraum weit mehr ist als Diakonie im engeren Sinne von Wohlfahrt – es geht um die Gesamtheit der sozialräumlichen Lebenswelt. Der Sozialraum ist eben kein bloßes „Objekt der Fürsorge", vielmehr geht es um die Errichtung und Aufrechterhaltung resonanter Beziehungen. Dass dies nicht die alleinige Aufgabe der Organisation Kirche und ihrer Hauptamtlichen sein kann bzw. dass diese überhaupt nicht dazu in der Lage sind, diese Aufgabe anzunehmen und angemessen zu bewältigen, bedarf keiner expliziten Begründung. Ohne Ehrenamtliche, die ein fein gewebtes Beziehungsnetz *mit* dem Sozialraum unterhalten, ist dies zum Scheitern verurteilt. Deshalb ist das Engagement, zumindest entsprechend der hier vorgestellten Studie, zwar einerseits abhängig von räumlichen und personellen Ressourcen in Haupt- und Ehrenamt, jedoch nicht vom kirchlichen Organisationsgrad in der Bevölkerung. Beziehungen und Kooperation bestehen zu einem großen Teil unabhängig hiervon. Entsprechend sind Kirchen(-gemeinden) in zivilgesellschaftlichen Netzwerken ein:e Partner:in unter vielen, weshalb es wichtig ist, dass sich die Kirche als Teil der Gesellschaft und die Gemeinde als Teil des Sozialraumes versteht, und nicht als deren Gegenüber oder gar als „nicht von dieser Welt". Die Wahrnehmung des kirchlichen Auftrages kann nur im Verbund mit anderen Akteur:innen gelingen, da, entsprechend dem neueren Raumparadigma, der Sozialraum und die Gestaltung der Lebenswelt ein ko-konstruktives Projekt darstellt. Deshalb ist es für die Kirche und deren Gemeinden überlebenswichtig, Verstehen zu ermöglichen und „geheimbündlerisches"[22] Handeln zu vermeiden.[23] Auch an dieser Stelle sind es die Ehrenamtlichen, die aufgrund ihrer Verankerung in Lebenswelten, die neben der Kirche noch andere Realitäten kennen, über die erforderliche Sensibilität für Verständnisprobleme verfügen und systemübergreifende Kommunikation ermöglichen.

Eine große Herausforderung für zivilgesellschaftliche Kooperation von Kirchengemeinden mit anderen Akteur:innen im Sozialraum ist die kirchliche bürokratische Organisation. Sozialraumorientierung verlangt nach Flexibilität und ggf. nach Spontanität genauso wie nach Verlässlichkeit. Hiermit tun sich die Kirchenämter noch sehr schwer, wenn auch auf der Ebene kirchlicher Verlautbarungen Freiräume genau hierfür gegeben sein sollen. Bis aus diesen Verlautbarungen wirkliche Veränderungen folgen, sind es erneut die Ehrenamtlichen,

---

[22] Jede:r prüfe einmal für sich selbst, wie die Vertrautheit mit den jeweilgen Gottesdienstliturgien in der eigenen Kirche ist und wie sich jemand fühlen würde, der ohne eine liturgische Einweisung an einem Gottesdienst teilnähme. Die meisten wären spätestens beim liturgischen Gesang „raus", sofern ihnen nicht dezidiert mitgeteilt würde, an welchen Stellen welche Texte mit welchen Melodien durch wen zu intonieren sind.

[23] Vgl. hierzu auch, wenn auch auf einer höheren gesellschaftsphilosophischen Ebene, Habermas, Jürgen: Vorpolitische Grundlagen des demokratischen Rechtsstaates?, in: Habermas, Jürgen / Ratzinger, Joseph, Dialektik der Aufklärung, Bonn 2006, 15–37, hier 36.

die sich leichter tun mit Flexibilität und Spontanität, da sie nur bei der Übernahme bestimmter Ehrenämter enger bürokratischer Kontrolle unterliegen, als „private Freiwillige" hingegen frei agieren können.

Literatur

Ahrens, Petra-Angela / Wegner, Gerhard: Soziokulturelle Milieus und Kirche. Lebensstile – Sozialstrukturen – kirchliche Angebote, Stuttgart 2013.

Becker, Elke: Zivilgesellschaft in der Stadt- und Raumentwicklung. Opusculum 40, Berlin: Maecenata Institut für Philanthropie und Zivilgesellschaft 2009.

Becker, Elke u. a. (Hg.): Stadtentwicklung, Zivilgesellschaft und bürgerschaftliches Engagement. Stuttgart 2010.

Berger, Peter A. (Hg.): Urbane Ungleichheiten. Neue Entwicklungen zwischen Zentrum und Peripherie. Wiesbaden 2014.

Bork, Sebastian u. a. (Hg.): Wechselwirkungen im Gemeinwesen. Kirchlich-diakonische Diskurse in Norddeutschland, Berlin 2016.

Dangschat, Jens: Zwischen Armut und Kommerz. Urbane Herausforderungen an die Stadtkirchen – ein stadtsoziologischer Blick, in: City-Kirchen. Bilanz und Perspektiven (Kirche in der Stadt 5), Hamburg 1995, 151–161.

Döring, Jörg / Thielmann, Tristan (Hg.): Spatial Turn. Das Raumparadigma in den Kultur- und Sozialwissenschaften, Bielefeld 2008.

Elhaus, Philipp / Wöhrmann, Matthias (Hg.): Wie Kirchengemeinden Ausstrahlung gewinnen. Zwölf Erfolgsmodelle, Göttingen 2012.

Evangelische Akademie der Nordkirche (Hg.): Den Stadtteil mitgestalten. Hamburger Kirchengemeinden engagieren sich, Hamburg 2014.

Grünberg, Wolfgang: Citykirchenarbeit, in: ders., Die Sprache der Stadt. Skizzen zur Großstadtkirche, Leipzig 2004, 201–213.

Habermas, Jürgen: Vorpolitische Grundlagen des demokratischen Rechtsstaates?, in: ders. / Ratzinger, Joseph, Dialektik der Säkularisierung, Bonn 2006, 15–37.

Hempelmann, Heinzpeter u. a. (Hg.): Auf dem Weg zu einer milieusensiblen Kirche. Die Sinus-Studie „Evangelisch in Baden und Württemberg" und ihre Konsequenzen für kirchliche Handlungsfelder, Neukirchen-Vluyn 2015.

Kaiser, Jochen Christoph: Diakonie, in: RGG[4], Tübingen 1999, 792f.

Kessl, Fabian / Reutlinger, Christian: Zur Archäologie der Sozialraumforschung – eine Einleitung, in: dies. (Hg.), Schlüsselwerke der Sozialraumforschung. Traditionslinien in Text und Kontexten, Wiesbaden 2008, 9–21.

Kessl, Fabian / Reutlinger, Christian: Sozialraum. Eine Einführung, Wiesbaden ²2010.

Lämmlin, Georg / Wegner, Gerhard (Hg.): Kirche im Quartier: Die Praxis, Leipzig 2020.

Liedhegener, Antonius: Religion, Bürgergesellschaft und Pluralismus. Gesellschaftliche und politische Integration aus der Perspektive demokratischer politischer Systeme, in: Arens, Edmund u. a. (Hg.), Integration durch Religion? Geschichtliche Befunde, gesellschaftliche Analysen, rechtliche Perspektiven, Baden-Baden 2014, 63–84.

Liedhegener, Antonius / Werkner, Ines-Jacqueline (Hg.): Religion zwischen Zivilgesellschaft und politischem System. Befunde – Positionen – Perspektiven, Wiesbaden 2011.

May, Michael / Alisch, Monika (Hg.): Formen sozialräumlicher Segregation, Opladen u. a. 2012.

Nagel, Alexander-Kenneth (Hg.): Religiöse Netzwerke. Die zivilgesellschaftlichen Potenziale religiöser Migrantengemeinden. Bielefeld 2015.

Ohlendorf, David / Rebenstorf, Hilke: Überraschend offen. Kirchengemeinden in der Zivilgesellschaft, Leipzig 2019.

Potz, Petra: Kirche findet Stadt – Potenziale und Perspektiven für eine strategische Plattform der integrierten Stadtentwicklung. eNewsletter Wegweiser Bürgergesellschaft 19/2012.

Rebenstorf, Hilke u. a.: Potenziale vor Ort. Erstes Kirchengemeindebarometer, Leipzig 2015.

Schäfer, Gerhard K. u. a. (Hg.): Nah Dran. Werkstattbuch für Gemeindediakonie, Neukirchen-Vluyn 2015.

Schütz, Wolfgang: Diakonie, in: Evangelisches Kirchenlexikon. Kirchlich-theologisches Handwörterbuch, Göttingen ²1961, 916–921.

Schulz, Claudia: Milieus praktisch. Analyse- und Planungshilfen für Kirche und Gemeinde, Göttingen 2008.

Sellmann, Matthias: Zuhören Austauschen Vorschlagen. Entdeckungen pastoraltheologischer Milieuforschung, Würzburg 2012.

Seidelmann, Stephan: Evangelisch engagiert – Tendenz steigend. Sonderauswertung des dritten Freiwilligensurveys für die evangelische Kirche, Hannover 2012.

Sigrist, Christoph: Spuren zur diakonischen Nutzung des Kirchenraums, in: Pastoraltheologie 106/2017, 380–392.

Sinnemann, Maria: Engagement mit Potenzial. Sonderauswertung des vierten Freiwilligensurveys für die evangelische Kirche, Hannover 2017.

Sinnemann, Maria: Mit vereinten Kräften. Sonderauswertung des fünften Freiwilligensurveys, Baden-Baden 2022.

Vorhoff, Karin / Beneke, Doris (Hg.): Zusammenleben im Quartier – Entwicklungspartnerschaften für lebenswerte Quartiere. Leitfaden, Berlin 2018.

Juliane Kanitz / Thorsten Moos / Christopher Zarnow

Religion in neuen Stadtquartieren

Wie und als was formieren sich religiöse Akteur:innen?

Was passiert, wenn in einer größeren Stadt – etwa in Hamburg oder Berlin – ein neues Stadtquartier geplant wird? Von behördlicher Seite aus werden zunächst unterschiedliche Bedarfe ermittelt: Wieviel Parkfläche wird benötigt werden? Mit was für einer Bevölkerungsstruktur ist zu rechnen? Soll das Quartier ein Seniorenstift oder eine eigene KiTa bekommen – oder sogar eine Kirche?

Das Forschungsprojekt, das im Folgenden vorgestellt wird, untersucht auf empirischer Basis, welche Rolle religiöse Akteur:innen, Themen, Orte und Praktiken bei der Planung, Entstehung und Belebung neuer Stadtquartiere spielen. Abstrakter oder kürzer gefragt: Wie verräumlicht sich Religion in neuen Stadtquartieren?

Gegenstand der Forschung, die über den Zeitraum von fünf Jahren von einem interdisziplinären Team aus Theologen und Ethnologinnen durchgeführt wurde, waren 13 Quartiere in unterschiedlichen deutschen Städten. Einige Quartiere waren zur Zeit der Forschung noch ganz neu bzw. noch in Planung befindlich, andere gerade fertig gestellt, wieder andere schon etwas in die Jahre gekommen. Mit einer Mixtur aus ethnologischen und sozialwissenschaftlichen Methoden haben wir die Gebiete in den Blick genommen und gleichsam auf Religion hin „abgeklopft". Ziel war die dichte Beschreibung der jeweiligen religiösen Lage vor Ort bzw. abstrakter: die Analyse der jeweiligen religiösen Topographie.

Die folgenden Ausführungen haben drei Teile. Zunächst soll – in gebotener Kürze – die theoretische Anlage des Projekts präsentiert werden (1). Im zweiten Teil werden einige handverlesene, zum Thema des Symposiums hoffentlich passende Beobachtungen und Zitate aus dem empirischen Material ausgewählt. Sie betreffen die Frage, wie und als was sich religiöse Akteur:innen in den von uns untersuchten Neubaugebieten formieren (2). Am Ende steht eine kurze Schlussbemerkung (3).

1. Zur theoretischen Anlage des Forschungsprojekts

Dass sich das Städtische und das Religiöse auf mannigfache Weise wechselseitig beeinflussen, ist bereits öfters festgestellt worden.[1] Religion und urbaner Raum sind vielfältig miteinander verflochten: Sie definieren, produzieren und beeinflussen sich gegenseitig.[2] Empirische Untersuchungen, die versuchen, diese wechselseitige Beeinflussung näher, d. h. kleinräumig und auf „dichte" Weise zu beschreiben, gibt es allerdings insbesondere im deutschsprachigen Raum nur wenige.[3] Die Ausnahmen arbeiten zudem oft mit einem eindimensionalen Verständnis von Religion, insofern diese als fixes Attribut einer sozialen Gruppe und nicht als mehrdimensionale Variable konzeptualisiert wird. An diesem Forschungsdesiderat setzt die vorliegende Untersuchung an. Sie fragt danach, wie Religion und urbaner Raum miteinander verflochten sind und sich gegenseitig definieren, produzieren und beeinflussen – kurz gesagt: *wie Religion Raum greift*. Nicht nur der Begriff des (städtischen) Raums, sondern auch der Religionsbegriff werden dabei als mehrdimensionale Größen gefasst, so dass sich unterschiedliche Beschreibungsebenen jener Konstellation ergeben (s. unten die Entfaltung der Forschungsheuristik).

Eine besondere Pointe der Studie besteht darin, Prozesse und Strukturen der Verräumlichung von Religion exemplarisch anhand von *neuen* Stadtquartieren zu untersuchen. Dieser Fokus ist aus einem doppelten Grund gewählt. Zum einen – so war zumindest die produktive Vorannahme – lässt sich hier beobachten, wie sich räumliche Strukturen von Religion überhaupt erst entwickeln und allmählich herausbilden. Durch den Zuzug neuer Stadtteilbewohner:innen kann neues religiöses Leben entstehen. Bewohner:innen bringen unterschiedliche religiöse Prägungen mit und verorten sich in einem nicht selten multi-religiösen Umfeld. Zum anderen werden neue Stadtquartiere von den etablierten Religionsgemeinschaften ausdrücklich als Erprobungsräume ausgezeichnet, in denen mit neuen (kirchlichen) Präsenzformen experimentiert wird. Gebäude werden geplant und bezogen, im Stadtraum werden Feste gefeiert und Rituale begangen, soziale Dienstleistungen und kulturelle Angebote für die eigene Gruppe, für den Stadt-

---

[1] Vgl. Burfeind, Carsten u. a. (Hg.): Religion und Urbanität. Herausforderungen für Kirche und Gesellschaft, Münster 2009; Steck, Wolfgang: Praktische Theologie. Horizonte der Religion – Konturen des neuzeitlichen Christentums – Strukturen der religiösen Lebenswelt, Bd. 2, Stuttgart 2011, 142–192; Zarnow, Christopher u. a. (Hg.): Religion in der Stadt. Räumliche Konfigurationen und ihre theologischen Deutungen, Berlin 2018; Bär, Martina: Urbane Logik und Theo-Logik. Gottesrede in (post-)modernen Stadtgesellschaften, Freiburg i. Br. 2020.

[2] Vgl. Lanz, Stephan: Urbane Religion – religiöse Urbanität. Zum Boom neuer religiöser Gemeinschaften und Bewegungen in den Städten, in: Zarnow u. a. (Hg.), Religion, 119–143.

[3] Vgl. Becker, Jochen u. a. (Hg.): Global Prayers. Contemporary Manifestations of the Religious in the City, Zürich 2014; Becci, Irene u. a. (Hg.): Topographies of Faith. Religion in Urban Spaces, Leiden/Bosten 2013.

teil, für die Stadt ins Werk gesetzt. Häufig sind Religionsgemeinschaften Partner der Städte und Kommunen, wenn es um Fragen des gedeihlichen Zusammenlebens geht. Gerade im kirchlichen Bereich sind die Modelle und Vorhaben vielfältig und reichen von der Erweiterung und Intensivierung bestehender Strukturen über die Etablierung ökumenischer Zentren und Foren bis hin zur Neugründung von Gemeinden.

Bei der Entwicklung der Heuristik, die als Orientierungsrahmen und Suchbild der empirischen Feldforschung fungierte, knüpften wir an den Sachverhalt an, dass sich der urbane Raum selbst auf vielfältige Weise beschreiben bzw. deuten lässt: Der Raum der Stadt ist beschreibbar als materieller (insbesondere: verbauter) Raum, als sozialer Interaktionsraum, als Raum diskursiver Zuschreibungspraktiken, als politische Verwaltungseinheit, als lebensweltliche Bühne, als öffentlicher und privater Raum usw. Diese möglichen Beschreibungsperspektiven auf den städtischen Raum korrespondieren mit bestimmten Perspektiven auf das Thema der Religion.[4]

Auf Basis dieser grundlegenden Überlegungen haben wir eine Heuristik entwickelt, die *sechs Ebenen* differenziert, auf denen das Verhältnis von Religion und urbanem Raum beschrieben werden kann. Diese Ebenen sind rückgebunden an unterschiedliche stadtwissenschaftliche Forschungskonzepte. Im Anschluss an Henri Lefebvre verweist der Begriff des urbanen Raums auf die Ebenen der lebensweltlichen Erfahrung, der ideologischen Ordnung sowie der symbolischen Imagination.[5] Dieter Läpple unterscheidet hinsichtlich des Raumes zwischen dem gesellschaftlich produzierten materiell-physischen Substrat (Artefakte, materielle Nutzungsstrukturen), der gesellschaftlichen Praxis, dem institutionalisierten und normativen Regulationssystem (Eigentumsformen, rechtliche Regelungen, Planungsrichtlinien) und einem Zeichen-, Symbol- und Repräsentationssystem.[6] Im lockeren Anschluss an diese konzeptionellen Überlegungen, haben wir sechs Ebenen unterschieden, auf denen nicht nur der Stadtraum als solcher, sondern insbesondere auch das Verhältnis von Raum und Religion beschrieben werden kann:

---

[4] Die religionstheoretischen Grundlagen unserer Überlegungen können hier nicht im Detail erläutert werden. Wir orientieren uns im Abschlussbericht unserer Studie (vgl. Kanitz, Juliane u. a.: Religion in neuen Stadtquartieren – eine empirische Studie, i. E.) locker an dem besonders für eine vergleichende Religionsforschung ergiebigen Konzept von Riesebrodt, Martin: Cultus und Heilsversprechen. Eine Theorie der Religionen, München 2007.

[5] Vgl. Guelf, Ferdinand Mathias: Die urbane Revolution. Henri Lefebvres Philosophie der globalen Verstädterung, Bielefeld 2010; Löw, Martina u. a.: Einführung in die Stadt- und Raumsoziologie, Opladen / Farmington Hills ²2008, 52–56.

[6] Vgl. Läpple, Dieter: Essay über den Raum. Für ein gesellschaftswissenschaftliches Raumkonzept, in: Häußermann, Hartmut u. a. (Hg.), Stadt und Raum, Pfaffenweiler 1991, 157–207; Frey, Oliver: Städtische Milieus, in: Franck Eckardt (Hg.), Handbuch Stadtsoziologie, Wiesbaden 2012, 503–525, hier 511.

Die physisch-materielle Ebene verweist auf den Stadtraum in seiner physischen Materialität in Gestalt seiner Gebäude, Straßen und Plätze. In religionsanalytischer Hinsicht stellt sich die Frage: Gibt es identifizierbare religiöse Gebäude im Quartier – in Gestalt von Kirchengebäuden, Moscheen, evangelischen Kitas? Wie betten sie sich in den Stadtraum ein? Wie entstehen neue religiöse Orte und wer ist an ihrer Planung beteiligt?

Die sozio-strukturelle Ebene verweist auf den Stadtraum als Sozialraum in engeren Sinn, also auf die Zusammensetzung der Bewohnerschaft, ihre Bedarfe und Milieuzugehörigkeiten. In religionsanalytischer Hinsicht stellt sich die Frage: Wie spiegeln sich soziale Bedarfe in religiösen Angeboten wider? Wie bilden sich städtische Milieus und Milieugrenzen in religiösen Gruppierungen ab?

Die politisch-administrative Ebene verweist auf den Stadtraum als Verwaltungseinheit. In religionsanalytischer Hinsicht stellt sich die Frage: Wie interagieren die städtische und kirchliche Amtshierarchie? Wie sind Religionsgemeinschaften etwa in die Planung neuer Stadtteile eingebunden? Welche Religions-Offiziellen sind seitens der politischen Eliten im Blick – und umgekehrt?

Die diskursive Ebene verweist auf den Stadtraum als Diskursraum. Die Stadt, in der gelebt wird, ist zugleich ein Gegenstand, über den geredet und geschrieben wird. In religionsanalytischer Hinsicht stellt sich die Frage: Auf welche religiösen Themen wird im öffentlichen Diskurs Bezug genommen? Wie sind städtische und religiöse Narrative miteinander verknüpft? Wie legitimiert sich Religion im öffentlichen Raum?

Die symbolische Ebene verweist auf das „Städtisch Imaginäre": auf Bilder und identitätsstiftende Erzählungen, die mit der Stadt als ganzer oder einzelner ihrer Viertel verbunden sind. In religionsanalytischer Hinsicht stellt sich die Frage: Wie nehmen Religionsgemeinschaften auf dieses symbolische Kapital Bezug – etwa in ihrem Namen? Was für ein Unterschied macht es, ob sich eine Kirchengemeinde den Namen „Zum guten Hirten" oder „Mariendorf Ost" gibt?

Die Ebene der Praktiken schließlich verweist – im Sinne der neueren Raumsoziologie – auf Praktiken der Herstellung und Aushandlung des öffentlichen Raums. Zu diesem Thema hat in neuerer Zeit besonders die Religionsethnologin Irene Becci geforscht.[7] Sie unterscheidet in ihrer Forschung religiöse Akteur:innen danach, ob sie Strategien des *place keeping*, *place making* oder des *place seeking* verfolgen. Religiöse *place keeper* verfügen über einen Eigenraum, den sie gestalten, bespielen, für andere öffnen oder auch gegenüber anderen verteidigen. Andere religiöse Gemeinschaften (etwa freikirchliche Gruppierungen oder Migrant:innengemeinden) mieten sich Räume für ihre Gottesdienste und Gemeindeaktivitäten an, die sie sich für ihre Zwecke anverwandeln. Sie fungieren darin als *place maker*, die sich sonst anders genutzten Raum (Kinosäle, Gemein-

---

[7] Vgl. Becci, Irene: New religious diversity in Potsdam: keeping, making, and seeking place, in: Zarnow u. a. (Hg.), Religion, 101–118.

dehäuser und Räume von Gastgeberkirchen) temporär aneignen. Aber auch die als *place keeper* etablierten Gemeinden (zumeist evangelisch-landeskirchliche, katholische und viele muslimische Gemeinden) agieren immer wieder raumschaffend als *place maker*: Aktionen wie der St.-Martins-Umzug, die Karfreitags-Prozession oder der Open-Air-Gottesdienst auf dem Stadtteilfest lassen Religion vorübergehend als öffentliche Größe in Erscheinung treten. Zur Gruppe der *place seeker* rechnet Becci schließlich religiöse Kleinstanbieter etwa aus der esoterischen Szene, die stets auf der Suche nach Räumen sind, in denen sie etwa ihre Séancen oder Chakren-Massagen anbieten können.

Bei der so knapp skizzierten Forschungsheuristik handelt es sich um eine Heuristik im strengen Sinn, nicht um eine kategorial trennscharfe Systematik. Die Pointe liegt darin, Fragehorizonte und mögliche Beschreibungsperspektiven für das Verhältnis von Religion und Stadtraum zu eröffnen. Ob sich auf der jeweiligen Ebene im konkreten Untersuchungsfeld tatsächlich etwas zeigt, und wenn ja, wie es sich zeigt, das ist von vornherein offen.

Mit dieser Heuristik wurden in einem Untersuchungszeitraum von fünf Jahren (2014–19) 13 Neubauquartiere in sechs verschiedenen deutschen Städten (Heidelberg, Karlsruhe, Freiburg, Hamburg, Berlin und München) untersucht. Vielleicht das wichtigste Ergebnis dieser Untersuchung war die Feststellung, wie hochgradig individuell jedes der untersuchten Gebiete ist – was seine städtebauliche Anlage, seine Planungsgeschichte, aber auch, was seine religiöse Topographie angeht.

Das bedeutet allerdings nicht, dass es nicht auch beobachtbare Gemeinsamkeiten zwischen den Quartieren gäbe. Im Gegenteil: Bestimmte Themen begegneten uns immer wieder, so dass wir sie unter einer gemeinsamen Überschrift für uns bündeln konnten. Einer dieser quartiersübergreifenden Themenkomplexe kreist um die Frage, wie sich religiöse Akteur:innen in neuen Stadtquartieren etablieren, wie sie sich dabei selbst verstehen und welche praktische Agenda sie verfolgen. Dazu sollen im folgenden Teil des Beitrags einige systematisch gebündelte Beobachtungen aus dem Forschungsmaterial präsentiert werden – in der Hoffnung, dass sie sich an Fragen anschließen lassen, die uns im Rahmen unseres heutigen Symposiums beschäftigen.

Zweierlei sei der Vorstellung des empirischen Materials noch vorangestellt: Zum einen sind die eingerückten Zitate, mit denen wir unsere Beobachtungen stützen bzw. belegen, unterschiedlichen Quartieren bzw. städtischen Kontexten entnommen, in die wir im vorliegenden Zusammenhang nicht näher einführen werden. In vorliegender, entkontextualisierter Form dienen sie nur als Indizien für exemplarische Arten und Weisen, wie sich religiöse und städtische Akteur:innen selbst beschreiben und verstehen können. Zum anderen danken wir herzlich Julia Thiesbonenkamp-Maag, die neben Juliane Kanitz als Ethnologin die Feldforschung in den untersuchten Quartieren durchgeführt hat und an der Entwicklung der Analyseinstrumente beteiligt war.

2. Wie und als was formieren sich religiöse Akteur:innen im Stadtraum?

Zu den Kernthemen der Sozialraumforschung gehört die Frage nach den *Akteur:innen*, die den Sozialraum gestalten, sowie nach Netzwerken und Kooperationsbeziehungen, in denen sie das tun. Dabei werden kirchliche und andere religiöse Personen gern als Akteur:innen der Zivilgesellschaft verstanden. Sie sind Teil von Netzwerken, die auf Vertrauen basieren und sind getragen von freiwilligem Engagement, Spenden und Mitgliedsbeiträgen. Doch zumindest die Perspektive der großen christlichen Kirchen in Deutschland ist damit nicht vollständig ausgeschöpft. Aus historischen Gründen weisen sie eine spezifische Staatsnähe und innere staatsanaloge Organisation auf (Kirchenrecht, Status als Körperschaft des öffentlichen Rechts, demokratieanaloge Mitbestimmung, behördliche Struktur der Verwaltung etc.). Zudem sind sie in Form ihrer sozialen Dienstleister in Diakonie und Caritas auch Teil des sozialen Marktes bzw. Quasi-Marktes und haben sich hier in den letzten Jahrzehnten stark ökonomisch professionalisiert. Als Organisationen weisen sie also einen hybriden Status zwischen Markt, Staat und Zivilgesellschaft auf.[8]

Im Folgenden wird gezeigt, dass sich entsprechend auch die Rollenprofile kirchlich-religiöser Akteur:innen in neuen Stadtquartieren danach differenzieren lassen, ob sie eher einer marktförmigen, einer staatsanalog-institutionellen oder einer zivilgesellschaftlichen Logik folgen. Wenn sich diese Logiken im echten Leben auch vielfach überschneiden, lassen sie sich dennoch um des sachlichen Distinktionsgewinnes willen idealtypisch unterscheiden. So entsteht, ohne Anspruch auf Vollständigkeit, eine kleine Phänomenologie raumbezogener religiös-urbaner Akteur:innenrollen.[9]

2.1 Stadtunternehmer:in

Neue Stadtquartiere versetzen religiöse Institutionen in die Rolle von Start-Up-Unternehmen. Der neue, in vielerlei Hinsicht als offen und gestaltbar scheinende Raum weckt unternehmerischen Geist. Eingespielte Pfade werden verlassen, neue Wege gesucht und eingeschlagen, mit neuen Präsenz- und Praxisformen experimentiert. Das entsprechende Handeln religiöser Akteur:innen

---

[8] Vgl. Evers, Adalbert / Ewert, Benjamin: Hybride Organisationen im Bereich sozialer Dienste. Ein Konzept, sein Hintergrund und seine Implikationen, in: Klatetzki, Thomas (Hg.), Soziale personenbezogene Dienstleistungsorganisationen, Wiesbaden 2010, 103–128.

[9] Dabei ist noch einmal zu betonen, dass es eine Vielzahl von Rollenzuschreibungen an religiöse Akteur:innen gibt, die sich nicht explizit auf den städtischen Raum beziehen und daher außerhalb des Fokus dieser Studie liegen. Religion in der Stadt geht auch am Ort ihrer Akteur:innen nicht in ihren räumlichen Bezügen auf.

ähnelt in manchem der Figur des Entrepreneurs, die seit den 1990er Jahren in den Wirtschaftswissenschaften Karriere gemacht hat. Anders als der Typus des klassischen Managers, der in einer administrativen Funktion als Unternehmensverwalter gesehen wird, gilt der Entrepreneur idealtypisch als Innovator, der Gelegenheitsstrukturen erkennt und analytisch gewonnene Erkenntnisse in neue, risikoreiche Unternehmungen umsetzt.[10] Das „Mindset" der Entrepreneurin besteht wesentlich im Erfassen und Verfolgen von *opportunities*, ohne dabei von vornherein auf umfangreiche verfügbare Ressourcen zurückgreifen zu können. Diese zu erschließen, gehört vielmehr selbst zur genuinen Aufgabe: „Entrepreneurship is the pursuit of opportunity beyond the resources you currently control."[11] Der Entrepreneur entwirft sich als „unternehmerisches Selbst"[12], in dem er in Gelegenheiten Möglichkeitsräume erkennt, Ressourcen erschließt, Hemmungen überwindet und im Vollzug dieses Prozesses etwas Neues schafft. Innovative Produktentwicklung, schneller und kontinuierlicher Kundenkontakt sowie der Aufbau von Netzwerken gehören dabei zu wesentlichen Handlungsparametern.[13]

Von den Wirtschaftswissenschaften ausgehend hat das Paradigma des Entrepreneurship längst Eingang in die Selbstbeschreibung von sozialen, kulturellen und religiösen Organisationen gefunden. Start-Ups im Bereich der Sozialwirtschaft entwickeln kreative Geschäftsideen, die erwerbswirtschaftliche Ausrichtung mit sozialen, kulturellen und ökologischen Zielen vereinbaren wollen.[14] Auch innerhalb der evangelischen Kirche lässt man sich – nicht zuletzt vermittelt durch die in dieser Hinsicht sehr viel innovationsfreudigeren Freikirchen – durch den Unternehmensgeist von Start-Ups anregen, etwa auf dem Kirchentag 2019, bei dem ein Barcamp dem Thema „Kirche und Entrepreneurship" gewidmet war.[15] Diese Anregung ist im evangelischen Bereich vorgespurt durch die Debatte um Diakonie als christliches Unternehmen[16] bzw. um das „Unternehmen Kirche" seit den 1980er Jahren, die noch einmal in der Auseinandersetzung um das EKD-Papier „Kirche der Freiheit" (2006) aufbrach. Dabei spiegeln sich in

---

[10] Vgl. Schumpeter, Joseph A.: Entrepreneurship as Innovation, in: Swedberg, Richard (Ed.), Entrepreneurship. The Social Science View, Oxford 2000, 51–75.
[11] Stevenson, Howard H. / Jarillo, J. Carlos: A Paradigm of Entrepreneurship: Entrepreneurial Management, Strategic Management Journal 11/1990, 17–27.
[12] Bröckling, Ulrich: Das unternehmerische Selbst. Soziologie einer Subjektivierungsform, Frankfurt a. M. 2007.
[13] Vgl. Ripsas, Sven: Entrepreneurship als ökonomischer Prozeß. Perspektiven zur Förderung unternehmerischen Handelns, Wiesbaden 1997.
[14] Vgl. Franssen, Boris / Scholten, Peter (Hg.): Handbuch für Sozialunternehmertum, Assen 2008.
[15] Programm des deutschen evangelischen Kirchentags 2019, https://static.kirchentag.de/production/htdocs/fileadmin/dateien/zzz_NEUER_BAUM/Programm/DEKT37_Programmheft.pdf (abgerufen am 21.5.2022).
[16] Vgl. Jäger, Alfred: Diakonie als christliches Unternehmen, Gütersloh 1986.

der Hinwendung zum Paradigma des Unternehmertums weitreichende Strukturveränderungen der institutionell verfassten Landeskirchen: „Stellenreduktion, Regionalisierung, Zusammenlegung von Gemeinden und Kirchenkreisen sind evidente Zeichen dieser Veränderung. Begleitet wird dieser institutionelle ‚Umbau' von einer breiten Debatte um die ‚Krise' bzw. die ‚Zukunft' der Kirche."[17] So gesehen reagiert die Umstellung auf die Unternehmenslogik bereits auf einen Krisendiskurs der institutionalisierten Religion. Dabei mitverhandelt werden Fragen der theologischen Legitimität einer Selbstbeschreibung von Kirche als „unternehmerisches Selbst".

Zur Haltung urbanen Unternehmer:innentums gehört es, professionelle und organisatorische Grenzen zu überschreiten, neue Wege und Bündnispartner:innen zu suchen und Netzwerke zu knüpfen. Pfarrerinnen betätigen sich als Quartiersentwicklerinnen, Stadtentwickler als Theologen, die „nach der Stadt Bestem" (Jeremia 29,7) in Kooperation mit unterschiedlichen religiösen Gemeinschaften suchen. So entstehen quer zu Professionen und Organisationen liegende lokale Netzwerke, die diesseits behördlicher Strukturen Ideen, Projekte und Bauunternehmungen voranbringen. Innerhalb dieses Paradigmas wird die Religion selbst als eine Unternehmung konzeptualisiert, die durch eine spezifische Zielsetzung in der und für die Stadt definiert ist.[18]

Das Paradigma des unternehmerischen Denkens zeigt sich auch in der Professionalität, mit der Fragen der Markenbildung und des Corporate Designs von den religiösen Akteur:innen bedacht werden. Das Thema Markenbildung spielt angesichts eines medial inszenierten Konkurrenzkampfes zwischen den Städten zunehmend eine Rolle. Werbeagenturen kreieren Images von Städten, In großangelegten Kampagnen werden Slogans entworfen („beBerlin", „München liebt dich"), welche die jeweilige Stadt in ihrer Besonderheit herausstellen und touristisch attraktiv machen sollen.[19] Auch Kirchengemeinden und Kirchenkreise lassen sich wie andere Unternehmen von Werbeagenturen beraten und erstellen ein Corporate Design, das sie sichtbar und wiedererkennbar machen soll. Am Beispiel der Hamburger Hauptkirche St. Katharinen lässt sich exemplarisch beobachten, wie der Ausdruck „Katharinen" über die Bedeutung als Name eines Gebäudes und der dort beheimateten Gemeinde hinaus zu einem Label weiterentwickelt wurde:

> „Das ist ein riesen Potenzial, was wir auch versuchen [... zu benutzen, etwa dass man] den Namen von Katharinen, vielleicht auch Teile der CI übernimmt. Genau wie Katharinen-Kita und die Katharinenschule, die haben die gleiche Farbe, wie die Katha-

---

[17] Klostermeier, Birgit: Das unternehmerische Selbst der Kirche: eine Diskursanalyse, Berlin/Boston 2011.
[18] Zum Begriff des Projekts vgl. Boltanski, Luc / Chiapello, Eve : Le nouvel esprit du capitalisme, Paris 1999.
[19] Vgl. Löw, Martina: Soziologie der Städte, Frankfurt a. M. 2010.

rinen, aber sie sind nicht Katharinen, also in keiner Weise. Und das ist so ein Trick, mit dem man dann arbeiten kann."

Das Corporate Design bzw. die Corporate Identity schafft also nicht nur eine Wiedererkennbarkeit nach außen hin, sondern es schließt auch ganz unterschiedliche Einrichtungen wie eine Schule und eine Kita mit dem Kirchengebäude zu einer sichtbaren Einheit zusammen.

Das Corporate Design der Katharinengemeinde ist auch graphisch konsequent umgesetzt, alle Flyer sind damit gestaltet. Diese sind leicht wiederzuerkennen und basieren auf der Farbkombination Pink und Orange. Die Kombination gilt als frisch und sticht unter den Stilen der Gemeinden, die in der vorliegenden Studie untersucht wurden, hervor. Das einzige grafische Element besteht in einem langgezogenen „t" in St. Katharinen, das an einen Kirchturm erinnert. Auch das Motto „klug – mutig – schön" ist augenfällig und immer über dem Namen der Kirche zu finden. St. Katharinen als Label ist also aufgrund sorgfältiger Überlegungen eingerichtet und etabliert worden.

> „Meine Kollegin [...], als sie als Hauptpastorin hier angefangen hat, [...] da hat ihr ein Werbemanager zum Dienststart eine CI geschenkt. Also die Entwicklung einer CI, also einer Corporate Identity, eines Logos und was dazu gehört. Und diesen Spruch: Klug, mutig, schön, den gab es vorher schon. Den hat der Kirchenvorstand sich ausgedacht, und dann haben die diese Farben und das mit dem Turm, der da immer an der Seite ist, uns geschenkt. Seitdem haben wir das. Dadurch hat es so eine gewisse, aber ganz frische Klarheit. Aber das ist schon so auch so eine allgemeine Werbefeier, was wir alles so machen."

Auf der einen Seite betont der hier interviewte Pfarrer die „frische Klarheit" des öffentlichen Auftritts. Auf der anderen Seite werden Teile der eigenen Praxis unter die Überschrift einer „allgemeine[n] Werbefeier" gerückt. Darin drückt sich eine – durchaus als ambivalent markierte – unternehmerische Haltung gegenüber der Institution Kirche aus, wie auch das folgende Zitat belegt:

> „Das ist einfach auch die Frage der Zeit. Kopierte schwarz-weiß Flyer: Die Zeit ist vorbei, wenn es nicht total *trashig* sein soll. Es kommt immer darauf an, es ist wichtig, Markenbildung, Labelbildung irgendwie. Du kannst ja damit auch was transportieren, wenn Kirche was transportieren will."

Unabhängig von allen näheren inhaltlichen Fragen wird „Markenbildung, Labelbildung" hier als Gebot der Stunde gesehen, das es zu befolgen gilt, „wenn Kirche was transportieren will". Interessant ist, dass jegliche Rückbindung der Marke als „Transportmittel" an das, was es inhaltlich zu transportieren gilt, an dieser Stelle ungenannt bleibt. In ihrer Markenbildung wird Kirche als kollektive religiöse Akteurin im Stadtraum sichtbar, ohne die eigene Funktion für diesen Stadtraum genau spezifizieren zu müssen. Insofern steht das Thema der Markenbildung am Übergang von individuellen religiösen Akteur:innen (die als

Stadtunternehmer:innen die Markenbildung vorantreiben) und kollektiven religiösen Akteur:innen (die durch die Markenbildung sichtbar werden).

2.2 Beauftragte:r

Von der Stadtunternehmerin, die sich selbst mandatiert und um Ressourcen bemüht, ist der Beauftragte idealtypisch zu unterscheiden, der Mandat und Ressourcen von der Organisation erhält. Das Ziel der Sonderbeauftragung ist, jenseits der organisationalen Differenzierungen in gemeindliche und übergemeindliche Arbeitsfelder und Zielgruppenbeziehungen eine offene Aufmerksamkeit für das zu installieren, was an kirchlicher Arbeit im neuen Viertel „dran" sein könnte. Solche Spezialpfarr- oder -diakon:innenstellen (bzw. die Auszeichnung entsprechender Stellenanteile innerhalb bestehender Stellen) werden vielfach und in verschiedenen Städten eingerichtet. Nicht immer ist mit einer Beauftragung jedoch eine konkrete Untersetzung durch Stellenanteile verbunden. Dann kommt die Verantwortung für ein Neubaugebiet gleichsam „on top" noch zu den bereits vorhandenen Aufgaben hinzu. Für das neue Quartier Freiham im Münchener Westen ist der katholische Pastoralreferent im angrenzenden Neuaubing zuständig:

> „Was ich jetzt hier noch im Team eben als Aufgabe habe, jetzt Freiham, der neue Stadtteil, der gebaut wird, um sich da noch ein bisschen Gedanken zu machen, zu überlegen, dort kommen ja fast 25 000 Leute hin, also eine Kleinstadt, und es wird aber keine extra Kirche gebaut, keine eigene Gemeinde aufgebaut, sondern das gehört alles zu uns mit dazu. Und da ist dann die Frage natürlich: Wie macht man dort Seelsorge? Wie ist man für die Menschen da, macht was?"

Diese diffuse Beauftragung, die in dem Zitat anklingt, wird noch einmal erschwert durch den Umstand, dass im neuen Quartier kein Kirchengebäude gebaut werden soll. Für den Pastoralreferenten stellt sich die Frage, wie unter diesen Umständen überhaupt eine kirchliche Präsenz im neuen Quartier zu gestalten wäre:

> „Was ja so nicht möglich ist, wie jetzt hier z. B., wenn eine Kirche da ist und man sagt, kommt einfach in die Kirche. Dann feiern wir Gottesdienste, wir haben hier unsere Angebote, das läuft jetzt da ein bisschen anders."

Diffus ist die Beauftragung auch insofern, als sie, wie bereits angedeutet, zu den bisherigen Aufgaben hinzukommt, ohne dass ein extra Stellenanteil dafür reserviert wäre:

> „[Kanitz:] Haben sie da viel Zeit, Ressourcen zugeteilt bekommen? Von ihren Aufgaben, oder? [Pastoralreferent:] Also Stundensatz gibt es jetzt keinen, den ich jetzt dafür verwende, das läuft einfach bei meiner Arbeitszeit mit. Und im Moment ist es eh

noch nicht so viel, weil einfach noch keine Leute dort wohnen. [Kanitz:] Aber sind sie ausgelastet im Prinzip? [Pastoralreferent:] Ja. [Kanitz:] Schon mit der Arbeit die sie jetzt haben? [Pastoralreferent:] Eigentlich schon, ja."

Allerdings wird mindestens die Hoffnung auf ökumenische Synergien, wie auch auf eine organisatorische Verstetigung innerhalb der eigenen Organisation, artikuliert:

> „Was ich auf jeden Fall schon mach', ist auch schon mal einfach Netzwerkarbeit, auch mal mit der evangelischen Kirche hier mal sich zu treffen, mal zu überlegen: Was macht ihr, was machen wir? Welche Möglichkeiten haben wir? Letztendlich auch zu schauen, welche Unterstützung bekommen wir von unserem Ordinariat, also übergeordneter Stelle? Was unterstützen die, was wird dort gemacht?"

Die Beauftragung erscheint hier als ein Sondierungsauftrag, der sich ebenso auf das entstehende neue Quartier wie auf die eigene Organisation richtet. Angezielt ist ein spezifischeres Bild des Bedarfes wie ebenso der organisatorischen Möglichkeiten, dem zu begegnen.

Ähnliche Sonderbeauftragungen – teils als volle Stellen, teils in Form von Stellenanteilen – wurden auch in anderen der untersuchten Quartiere geschaffen, etwa in München Giesing oder in Hamburg Hammerbrook. Doch auch jenseits der in der Studie untersuchten Quartiere wurden in jüngster Zeit Spezialpfarrämter für neue Quartiere bei den Kirchen in einer Vielzahl von Stadtvierteln eingerichtet.[20]

Dabei zeigen sich wiederkehrend zahlreiche Herausforderungen, die sich mit der Sonderbeauftragung verbinden. Wie verhält sich die offene Rolle zur Struktur und den Prozessen der Organisation? Zentral erscheint hier die Ein- bzw. Rückbindung der Beauftragten in die sonstige ausdifferenzierte Organisation und ihre Strukturen. Welcher Rückhalt, welche Kontaktflächen, welche Gremienzugehörigkeiten bestehen? Diese Einbindung ist insbesondere dann prekär, wenn die übrigen Organisationsstrukturen aufgrund von Finanzierungsproblemen ausgedünnt werden. Schnell kann die mit einem Sonderauftrag versehene Pfarrerin für gemeindliche Vertretungsdienste oder andere Aufgaben auf kreiskirchlicher Ebene eingesetzt werden.

Damit verbunden ist die Frage des Mandates. Gerade weil eine Sonderbeauftragung funktional nicht eindeutig mandatiert ist, bedarf es offenbar neben der kommunikativen Einbindung und einer starken Rückendeckung durch die nächsthöhere Leitungsebene auch hie und da der entschlossenen Selbstmandatierung, jedenfalls der starken Eigeninitiative der Beauftragten, um im diffusen Spektrum der Erwartungen zu konkreten und spezifischen Rollendefinitionen und entsprechenden Aktivitäten zu kommen. Im Falle eines Giesinger Diakons

---

[20] So wurde jüngst – im Mai 2022 – ein Pfarrer in eine kirchenkreisübergreifende Pfarrstelle der EKBO für Kirchen in Berliner Neubauquartieren ordiniert.

ist es die Orientierung am Sozialraum, aus der er für sich diese Selbstmandatierung ableitet. Zugleich ist er sich der begrenzten Legitimationswirkung dieser Mandatierung bewusst:

> „Genau, ich nehm mir die Zeit. Ich geh nach außen, und das ist genau dieses: Ich bin nicht *church in the church*. [...] Paulaner [ein ehemaliges Industriegelände] wird neu bebaut, das ist jetzt gerade im Abriss. Und katholische Kirchengemeinde aus der Au und evangelische Kirchengemeinde Johannes am Breisingplatz, deren Gemeindegebiet das ist, die sehen das als Gemeindeaufbau, als ganz klassischen Gemeindeaufbau. Wo ich sage, schaut euch mal an, wo seid ihr, wo entsteht dieses Neubaugebiet, wer ist näher dran, wo werden sich Menschen hin orientieren, einkaufsmäßig, ja so ganz klassische Sozialraumanalyse, es ist aber schwierig, solang du im Hintergrund auch von der bayrischen Landeskirche eine Finanzierungslogik hast, die pro Kopf geht. D. h. du bekommst pro Kopf Gemeindeglied eine Summe X pro Jahr von der Landeskirche."

Zu den Herausforderungen der Einbindung und der Mandatierung kommt, dass materielle Formen kirchlicher Präsenz wie ein Kirchengebäude, ein Gemeindezentrum oder ein erkennbares Pfarrhaus im neuen Quartier nicht vorhanden bzw. geplant sind und insofern auch keine symbolische oder ressourcenbezogene Unterstützung der Beauftragung leisten. Der Giesinger Diakon arbeitet entsprechend intensiv an anderen, öffentlichen Orten oder mit Hilfe von temporärer Architektur und wird so zu einem Personalsymbol für Religion im Quartier. An dieser Stelle wird die mögliche Überlastung personaler Beauftragungen augenfällig. Was kann eine Einzelperson hier ausrichten?

Insgesamt sind die Herausforderungen einer Sonderbeauftragung Implikationen des Freiheitsraums, den die Organisation mit ihrer Einrichtung selbst geschaffen hat. Die diffusen Erwartungen an Funktion und konkrete Inhalte sind mögliches Hemmnis wie spezifische Chance einer solchen Beauftragung. Darin sind sie dem klassischen parochialen Pfarramt verbunden, dessen Rolle und Tätigkeitsspektrum selbst bereits von der Anlage her entdifferenziert ist bzw. es mit der Abnahme typisch-volkskirchlicher Erwartungen an Gottesdienst und Zielgruppenarbeit zunehmend wieder wird. Darüber hinaus ist jedoch nicht zu übersehen, dass einige der Herausforderungen vor allem daraus resultieren, dass Sonderbeauftragungen mindestens im christlich-kirchlichen Bereich in aller Regel vor dem Hintergrund konkreter Sparnotwendigkeiten und -beschlüsse eingerichtet werden.

2.3 *Zivilgesellschaftliche:r Intermediär:in*

Während das Rollenparadigma des Stadtunternehmers auf selbstmandatierte Aktivität in den stadträumlichen Gelegenheitsstrukturen ausgerichtet ist und das der Beauftragten sich an den Zielen und der Governance der Organisation orientiert, geht das zivilgesellschaftliche Rollenparadigma von der Vorstellung einer spezifischen Rolle von Religion in der Stadtgesellschaft aus. Die damit einhergehenden kollektiven und individuellen Akteur:innenformationen werden im Folgenden exemplarisch anhand des Berliner Quartiers Blankenburg beschrieben. Zu diesem Zweck werden das theologische Selbstverständnis des evangelischen Pfarrers (a) und des Imams der örtlich ansässigen Moschee (b) dargestellt und kontrastiert. Im Fokus steht dabei, wie sie ihre Rolle als religiöse Akteure im Horizont der Zivilgesellschaft begreifen und sich dabei theologisch selbst verstehen.

a) Der evangelische Pfarrer: Zivilgesellschaftliches Engagement als religiöser Akteur

Ein Ergebnis unserer Studie ist die Beobachtung, wie vielfältig die Funktionen sind, die Religion in Bezug auf bürgerschaftliches Engagement haben kann: Partizipieren, Moderieren, Integrieren, Regulieren und Symbolisieren.[21] In seiner Selbstreflexion als religiöser Akteur werden diese Funktionen vom evangelischen Pfarrer nicht nur ausdrücklich benannt und reflektiert. Er versieht sie vielmehr auch mit unterschiedlichen theologischen Begründungsmustern:

> „Na, ich sage mal, Gott will, dass allen Menschen geholfen wird und sie zur Erkenntnis der Wahrheit kommen, so heißt es im Timotheus-Brief. Das heißt, es gibt schon auch eine Verantwortung der Kirche für die öffentlichen Angelegenheiten. Kirche ist ein wichtiger zivilgesellschaftlicher Akteur, und die Stärkung der Zivilgesellschaft ist eine wichtige kirchlich-gemeindliche Aufgabe."

Die Verantwortung der Kirche für öffentliche Angelegenheiten wird in dieser Passage im Rückgriff auf eine Textstelle des Neuen Testaments begründet. Die Perikope trägt in der Lutherbibel die Überschrift: „Das Gemeindegebet". Dort heißt es wörtlich:

> „So ermahne ich nun, dass man vor allen Dingen tue Bitte, Gebet, Fürbitte und Danksagung für alle Menschen, für die Könige und für alle Obrigkeit, damit wir ein ruhiges und stilles Leben führen können in Ehrbarkeit. Dies ist gut und wohlgefällig vor Gott, unserm Heiland, welcher sagt, dass allen Menschen geholfen werde und sie zur Erkenntnis der Wahrheit kommen" (1. Timotheus 2,1–4).

Die Pointe, die der Pfarrer aus dieser Passage zieht, lautet, dass der Aufgabenbzw. Verantwortungsbereich der christlichen Gemeinde zu überschreiten ist, hin auf eine gesellschaftlich-allgemeine Ebene. Neben diese biblisch-theologische Begründungslinie des zivilgesellschaftlichen Auftrags der Kirche tritt an anderer Stelle eine kulturtheologische:

---

[21] Diese Funktionen können hier nicht näher ausgeführt werden. Ihnen ist ein eigenes Kapitel in der in Erscheinung befindlichen Publikation gewidmet.

> „Meine Motivation ist eigentlich genau dieser Gedanke, dass die Kirche eigentlich eine wichtige gesamtgesellschaftliche Aufgabe hat. Sie ist einer der großen zivilgesellschaftlichen Akteure. Das heißt: Alle Angelegenheiten, die die Zivilgesellschaft betreffen, sind auch kirchliche Angelegenheiten, denn die Kirche transportiert die geistigen und kulturellen Grundlagen unserer Kultur. Die Kirche ist damit auch ein ganz wichtiger Kulturträger, eine der großen Sozialisationsinstanzen. Das ist ihre Aufgabe. Die Kirche ist die Kinderstube der bürgerlichen Gesellschaft."

Der Auftrag, ja die Verantwortung der Kirche für die Gestaltung der Zivilgesellschaft wird hier mit ihrer Funktion als „Kulturträger" und „Sozialisationsinstanz" begründet. Zivilgesellschaft und (kirchliche) Religion werden in ein nur denkbar enges Verhältnis gebracht, fast miteinander identifiziert.[22] Jedenfalls kommt der Kirche vor diesem Hintergrund nicht nur eine Neben-, sondern eine Hauptrolle beim Aufbau und der Pflege der Zivilgesellschaft zu. Das könnte nun allerdings hegemonial und übergriffig klingen, daher präzisiert der evangelische Pfarrer sofort:

> „Und gerade in so einem dörflichen Umfeld kann man zeigen, dass es keine paternalistische, sondern eine durchaus liberale und fortschrittliche Art und Weise gibt, wie die Kirche ihre Gesamtaufgabe wahrnehmen kann. Sie muss nicht die Gesellschaft führen und sie muss nicht die Gesellschaft bevormunden. Sie muss die Zivilgesellschaft nicht führen und leiten, sondern sie ist ein ganz wichtiger Dialogpartner, der der Zivilgesellschaft Impulse gibt. Und sie ist auch jemand, der Impulse gibt, der mit entwickelt. Es ist ein moderner Akteur."

Unter den Bedingungen einer modernen, ausdifferenzierten, säkularen Gesellschaft vermag die Kirche ihre „Gesamtaufgabe" gleichsam nur noch in vermittelter Weise wahrzunehmen – nicht als alleiniger Platzhirsch, sondern als Impulsgeber und Dialogpartner. Hier schließt sich der Kreis zum bereits oben zitierten Selbstbildes des Pfarrers, das nun auf seine biblisch- und kulturtheologischen Dimensionen hin transparent wird:

> „Ich verstehe mich da so ein bisschen als Impulsgeber und als Organisator und Netzwerker und Zustandebringer."

Das gestaltende Element des „Zustandebringers" kommt dabei insbesondere auch in weitreichenden Plänen und strategischen Überlegungen zum Ausdruck:

> „Ich habe zwei Pläne. Zunächst möchte ich den Vertrag mit der Senatsverwaltung auf den Weg bringen. [...] Ich möchte die Diakonie gewinnen, richtig. Oder diakonische Träger gewinnen, die da mitmachen. Das ist der langfristige Plan. Kurzfristig möchte in eine KiTa bauen und ein Stadtteilzentrum. Hier in Blankenburg. So dicht wie möglich am Ortskern."

---

[22] Als theologische Referenz im Hintergrund steht, wie der Pfarrer später erwähnt, für ihn die theologische Gesellschaftstheorie des Tübinger Systematischen Theologen Eilert Herms.

Hier wird deutlich, dass hinter den unterschiedlichen Aktivitäten des Pfarrers eine Agenda steht, die kurz- und längerfristige Ziele für seine Amtszeit in Blankenburg beinhaltet. Das dicke Brett bzw. langfristige Ziel besteht darin, eine Entwicklungspartnerschaft zwischen Kirchengemeinde und Berliner Senat zu bewirken:

> „Der Bestandteil einer solchen Entwicklungspartnerschaft wäre die Festlegung von Entwicklungszielen. Es gibt natürlich auch einen Entwicklungsfonds. [...] Ein Sozialraumbudget sozusagen."

Vor dem Hintergrund dieser Zielsetzung wird auch noch einmal besser verständlich, wieso der Pfarrer so stark an einer Kooperation mit der Senatsverwaltung interessiert ist. In diesem Zusammenhang geht es nun auch nicht mehr um das „weiche" Verhältnis von

> „Theologie und Stadtkultur. Das ist aber etwas anderes. Hier geht es um Bauleitplanung. Und da geht es ja um harte Fakten. Das heißt, dass geklärt werden muss, was denn nun eigentlich gilt bei Standort und Stadtentwicklung."

Die Idee, auf eine Entwicklungspartnerschaft von Kirche und Senat hinzuwirken, sei ihm gekommen, als er sich in die „Vorbereitenden Untersuchungen" für den Blankenburger Süden einarbeitete:

> „Da ist mir klargeworden, dass alles untersucht wird: die Bodenbeschaffenheit, Parkplätze, Naturräume, Heuschrecken, Fledermäuse. Alles wird beprobt. Kitas, Schulen, an alles wird gedacht. An Religion aber nicht. Das ist doch ein Ding! Das kann nicht sein."

Auf dem Weg zu diesem langfristigen Ziel definiert er als Zwischenziele den Bau einer Kita sowie eines Stadtteilzentrums. Diese Zielsetzungen liegen nun wieder eher auf der oben dargestellten kultur- bzw. gesellschaftstheologischen Begründungslinie:

> „Weil beides im Grund wichtig ist. Weil solche Orte wichtig sind. Eine Gemeinde braucht eine Kita. [...] Außerdem braucht ein Ort so etwas wie ein Stadtteilzentrum, wo man Aktivitäten aller Art betreiben kann und wo die Kirche ein selbstverständlicher Teil des Angebotes ist."

Einmal mehr wird deutlich, wie stark sich im strategischen Denken des Pfarrers Fragen der Quartiersentwicklung mit dem Wunsch einer Revitalisierung kirchlicher Religion verbinden. Angesichts des starken Einsatzes für seine Kirche und der Betonung ihrer zivilgesellschaftlichen Bedeutung ist umso bemerkenswerter, dass und wie er sich vehement gegen eine pauschale Gleichsetzung von Religion und Kirche wehrt, wie aus den folgenden drei Zitaten deutlich wird.

> „Es gibt ja eine Form von Religion, die nicht so bezeichnet wird. Das sind diejenigen, die ganz bewusst keine kirchliche Orientierung wollen. Die sagen aber durchaus, dass

> Glauben eine wichtige Sache ist. Sie sagen aber auch, dass der Theismus in die Irre führt. Mich interessiert, was die Leute hier alles noch so glauben in der Region."
> „Es gibt nämlich einen Haufen Religionen, der nicht als Religion erscheint. Und das ist aber mindestens genauso interessant."
> „75 % der Bevölkerung haben eine Religion, die wir nicht kennen! [...] Das ist ein neuer Synkretismus, der besser erforscht werden muss."

Zum Rollenspektrum und theologischen Selbstverständnis des Pfarrers gehört damit nicht nur der urbanophile Kirchenmann, Quartiersentwickler und politische Stratege, sondern auch der an religionsempirischer Forschung interessierte Praktiker. Sein theologischer Horizont überschreitet die Kirchenmauern gleichsam nicht nur in Richtung Zivilgesellschaft, sondern auch in Richtung neuer Formen synkretistischer, unsichtbarer, in jedem Fall: nicht-kirchlicher Religiosität. Aber auch diese Neugier ist gewissermaßen sozialräumlich geerdet: Geht es ihm doch um ein besseres Verständnis der religionskulturellen Prägekräfte, die einen Großteil der Bevölkerung in seiner Region beeinflussen.

b) Der Imam: Religiöses Engagement im Horizont der Zivilgesellschaft

Das Selbstverständnis des evangelischen Pfarrers, als Kirchenmann zugleich Verantwortung für die Entwicklung der Zivilgesellschaft zu tragen, erhält noch mehr Profil, wenn man es mit dem Selbstverständnis des Imams der ortsansässigen Moschee kontrastiert. Auch für diesen ist der Dienst an der Gesellschaft ein integratives Element seines theologischen Selbstverständnisses:

> „Wir wollen der Gesellschaft einfach so viel geben, dass sie endlich erkennt: ‚Hey, das sind Menschen, die zum Geben gekommen sind.' Weil das schafft Vertrauen. [...] Man beteiligt sich an etwas. Und wenn man sich an etwas beteiligt, wenn man etwas leistet ... Dann hat man Vertrauen, Sympathie."

Dabei reflektiert sich deutlich die gegenüber dem evangelischen Pfarrer andere Position, aus der der Imam heraus spricht: Der Wunsch, etwas zu leisten, der Gesellschaft zu dienen, ist in besonderer Weise verknüpft mit dem Bedürfnis nach Anerkennung und gesellschaftlicher Akzeptanz vonseiten der „Mehrheitsgesellschaft". Dieses zivilgesellschaftliche Engagement wird von der ortsansässigen Bevölkerung auch als solches erkannt und gewürdigt, wie das folgende Zitat eines Vorstandsmitgliedes der Zukunftswerkstatt Heinersdorf deutlich macht:

> „Gerade die Ahmadiyya-Moschee ist durchaus auch sozial engagiert in Heinersdorf. [...] indem sie z. B. hier auch einmal im Jahr zum Neujahrstage hier saubermachen, Straßen fegen. Die betreiben da auch einen Spielplatz, die beteiligen sich bisweilen auch bei uns im Dorffest. [...] Die verstehen sich schon als auch sozialer Punkt vor Ort."

Dieses Engagement der Moscheegemeinschaft, das über das Neujahrsfegen und den Spielplatz hinaus sich auch darin äußert, dass ihre Mitglieder einen Tag der offenen Tür veranstalten oder die evangelische Nachbargemeinde zum Frauenfrühstück einladen, steht in enger Verbindung mit dem Wunsch, zu einem positiven Bild vom Islam in der Öffentlichkeit beizutragen:

> „Irgendwann haben die Menschen zumindest verstanden, dass von dieser Moschee keine Gefahr ausgeht. Das ist, wie jedes Individuum – ja nachdem, wie es handelt – entweder Vertrauen oder Misstrauen herstellen kann. Und wir motivieren die Gemeindemitglieder, dass sie sich vorbildlich verhalten. Dass sie einfach Wesen sind, von denen alle profitieren [...]. Dass man einfach zum Wohl der Menschheit da ist."

Das Ringen um Akzeptanz hat sowohl eine prinzipiell-globale als auch eine konkret-lokale Seite. In prinzipieller Hinsicht geht es dem Imam zunächst ganz allgemein um den Abbau von Vorurteilen und den Aufbau von Vertrauen gegenüber dem Islam in Deutschland:

> „Die Kinder sind da sehr vorbehaltlos – die sind da sehr [...]. Die haben nicht solche Gedanken, aber die meisten anderen, auch die Kinder, die etwas älter sind. Terror, Unterdrückung, all das fließt herein. Das ist, was man mit dem Islam assoziiert. Und das hat das Vertrauen der Gesellschaft zerstört. Uns geht es darum, dieses Vertrauen herzustellen."

Der Blick des Imams ist in dieser Hinsicht kein Berlin-spezifischer. Aufgrund seines Zuständigkeitsgebiets für weitere Moscheen der Ahmadiyya-Gemeinschaft in Brandenburg und Sachsen geht es hier um Akzeptanzprobleme genereller Art. Diese werden noch einmal dadurch erschwert, dass sie sich nach Verständnis des Imams nicht auf irgendwelche Nebensächlichkeiten beziehen, sondern an Fragen der religiösen Identität festmachen:

> „Man hat eine Erwartungshaltung von Muslimen, die man sich wünscht in der Gesellschaft ... ich spreche von Erwartungshaltungen in der Gesellschaft, dass [sich] Muslime in einer bestimmten Art und Weise anpassen sollen. Von oben herab: So soll ein Moslem sein [...]. Ja, er soll ein Moslem sein ohne Islam. Ein Moslem ohne Islam, am liebsten das."

Damit steht die Möglichkeit einer religiösen Codierung des eigenen gemeinnützigen Handelns im Sozialraum auf dem Spiel. Die Handlungsmotive dürfen nur bis zu einem Grad als religiöse sichtbar werden, soll das mühsam aufgebaute Vertrauen nicht gleich wieder untergraben werden. Das zeigt sich nun insbesondere auch in lokaler Hinsicht, beim Aufbau und der Pflege guter Nachbarschaftsbeziehungen:

> „Es geht darum, die Nachbarschaft in unserem Viertel zu erreichen. Das ist die Herausforderung."
> „Der Bau [der Moschee] ist an sich kein Problem. Aber das im Bezirk, in der Verwaltung ... Okay, das kann man mit einer Expertise, die man sich aufgebaut hat, auch hinkriegen. Aber dann die Gesellschaft mitzuziehen – das ist etwas, was viel Arbeit kostet."

Ein starkes Symbol für dieses Ringen um Akzeptanz in der Nachbarschaft ist die im Interview diskutierte Idee, einer Haltestelle der geplanten Trambahnlinie, die möglicherweise an der Moschee vorbeiführt, den Namen derselben zu geben:

> „Klar würde ich mich freuen, wenn das klappen sollte. Es würde vieles vereinfachen für Besucher, die zur Moschee kommen. Ich würde es auch gerne versuchen. Aber ich weiß, dass es nicht einfach wird. Dass Leute dann zum einen sagen: ‚Okay, jetzt haben die eine Moschee hier gebaut, und jetzt wollen sie immer und immer mehr haben.' Und das ist auch nicht das Problem. Das Problem, dass die Leute haben werden, ist, dass in ihrem Stadtteil und in ihrer Heimat eine Haltestelle ist mit einem Namen, den sie als einen Fremdkörper sehen."

Hier zeigt sich die im Interview immer wiederkehrende Grundspannung, einerseits um gesellschaftliche Akzeptanz zu kämpfen und andererseits selbstbewusst und nicht als Bittsteller auftreten zu wollen. Sie bestimmt das strategische Denken des Imams auch in längerfristigen Zeiträumen:

> „Sehen Sie, ich sehe das so. Wenn wir eine sehr, sehr gute Arbeit in den letzten 10 Jahren geleistet haben, dann ist das sehr gut realisierbar. Weil das dann von den Leuten selbst kommen würde. Die Frage ist, ob wir wirklich schon so weit sind. Ob der Boden so fruchtbar ist, dass die Leute das akzeptieren würden. [...] Mir würde es mehr gefallen, wenn es von außen kommen würde, als von mir selbst. Klar kann ich es fordern, aber ..."

Das theologisch motivierte Selbstverständnis, zum „Wohl der Menschheit" da zu sein, die Intention, öffentlicher Kritik und Vorurteilen entgegenzuwirken sowie das Streben nach gesellschaftlicher Akzeptanz verstärken sich in dieser Argumentation wechselseitig. Zugleich grenzt sich der Imam scharf von der Vorstellung ab, ein solches nach außen hin werbendes, in seinen Worten: „vorbildliches" Handeln mit dem Etikett der Mission zu versehen:

> „Missionieren ist ein Begriff, der sehr negativ konnotiert ist. Für uns ist das eigentlich verboten. Weil, missionieren bedeutet ja ... Wegen dieser negativen Konnotation bedeutet das, jemanden heimtückisch für sich zu gewinnen. Eine Notsituation oder Ignoranz auszunutzen oder einfach für sich zu gewinnen. Das wollen wir nicht."

Diesem negativen Missionsbegriff stellt er als positives theologisches Leitbild gegenüber:

> „Man möchte gern das teilen, was wertvoll ist. Für uns ist Gott wertvoll, für uns ist der Islam wertvoll. Und klar haben wir den Gedanken, das zu teilen."

Ein zentrales Bild, das bei der Praxis eines solchen „Teilens" mehrmals genannt wird, ist das Bild der zwei Hände:

> „Ich möchte, weil der Prophet das auch gelehrt hat, immer geben. Und die Gemeinde möchte immer gerne geben. Weil der Prophet gesagt hat, die obere Hand ist besser

als die untere Hand. Er hat zwar immer motiviert zu spenden. Aber er hat immer gesagt, dass die obere Hand besser ist als die untere Hand. Für diejenigen, die sich daran gewöhnen zu nehmen. Klar geht es uns darum, so viel wie möglich zu geben."

Die Pointe dieses Bildes ist eine doppelte: In positiver Hinsicht geht es um das Ideal der Freigebigkeit. Zugleich enthält es eine Warnung: Gegenüber Dritten soll man nicht als hilfsbedürftig oder gar als fordernd auftreten. Hier offenbart sich einmal mehr die tief im theologischen Selbstverständnis verwurzelte Spannung, durch welche das Außenwirken der Religionsgemeinschaft der Ahmadiyya geprägt ist: Auf der einen Seite wirbt man um gesellschaftliche Akzeptanz, will dies aber gerade nicht in der Position eines Bittstellers, sondern aus der souveränen Rolle desjenigen tun, der den anderen etwas aus der eigenen Fülle heraus zu geben hat:

> „Der Moslem, der immer nur will – und will aber nicht geben. Genau das wollen wir ändern."

Neben dem Begriff des Teilens und dem Symbol der gebenden Hand kann der Imam auch den Begriff des „Dienens" verwenden, um den Auftrag der Gemeinde für die Gesellschaft und zugleich die theologische Grundlage des ehrenamtlichen Engagements zu beschreiben:

> „Weil wir es als ein Segen empfinden, die Möglichkeit zu haben, der Gemeinde und der Gesellschaft zu dienen. Der Geist ist vorhanden."

Dieser Geist des Dienens materialisiert sich insbesondere im Geist des Ehrenamtes, in dessen Pflege der Imam eine seiner zentralen theologischen Aufgaben erkennt:

> „Ja, aber wir machen unglaublich viel ehrenamtlich. Das ist einfach eher kosteneffizient und wir wollen diesen Geist des Ehrenamts auch beibehalten. Wir wollen den nicht verlieren. Also wir glauben, dass es etwas Ehrenvolles ist. Dass man es gerne tun und machen soll. Und diesen Geist beizubehalten ist natürlich Aufgabe der Theologen."

Mit der „Aufgabe der Theologen" meint der Imam Aufbau und Pflege des Ehrenamtes nicht nur in seiner Gemeinde, sondern in allen Ahmadiyya-Gemeinden weltweit. Diese sind in differenzierten Abteilungen und Gruppierungen organisiert und schließen eine Vielzahl von Ehrenämtern in sich ein – weit über die Ämter der jeweiligen Vorsitzenden und Kassenwarte hinaus. Besonders betont der Imam das Moment der Ehre im Ehrenamt und verknüpft damit eine demütige, bescheidene, sich selbst zurücknehmende Haltung. Diese Verknüpfung zeigt sich bereits beim Wahlvorgang für ein bestimmtes Ehrenamt, zu dem man sich nicht selbst aufstellt oder gar durch die positive Herausstellung der eigenen Qualitäten aktiv bewirbt:

> „Weil niemand... Das würde keiner machen! Weil es für uns... Ja, wie soll ich das erklären? Da würde bei uns niemand überhaupt auf die Idee kommen! Weil es als überhaupt nicht ehrenvoll, total unwürdig betrachtet wird. Es wird als arrogant empfunden und nicht als demütig. [...] Weil man sagt, wenn man den Wunsch für das Amt hat, dann stimmt was nicht. Der Wunsch soll nicht da sein."

Im Vergleich zum evangelischen Pfarrer fallen Gemeinsamkeiten und Unterschiede im Selbstverständnis des Imams gegenüber der Zivilgesellschaft auf. Gemeinsam ist beiden, dass sie aus einem pointiert theologischen Blickwinkel heraus die sozialräumliche Situation betrachten und gestalten. Während der evangelische Pfarrer aber stark mit unterschiedlichen Gruppierungen und Institutionen vernetzt ist und sich in diesem Netzwerk in der Rolle eines Moderators und wirkmächtigen Strategen wahrnimmt, verfügt der Imam nicht über dieselben institutionellen und symbolischen Ressourcen, die ihm ein solches Handeln ermöglichen würden. Während der evangelische Pfarrer als zivilgesellschaftlicher Akteur handelt, ist der Imam erst auf dem Weg, sich als ein solcher zu etablieren – erschwert dadurch, dass er als Vertreter einer von starken Vorurteilen belasteten religiösen Minderheit wahrgenommen wird.

3. Schlussbemerkung

Religion ist in vielfacher Weise präsent im Raum der Stadt. Die Beispiele, die präsentiert wurden, kreisen um die Frage, wie sich religiöse Akteur:innen in einem bestimmten Umfeld etablieren, wie sie ihr eigenes Handeln verstehen, welche Agenda sie verfolgen. Idealtypisch wurden unterschiedliche Beschreibungslogiken von Religion im urbanen Raum mit unterschiedlichen Akteur:innenformationen korreliert: Stadtunternehmer:in (Unternehmenslogik), Sonderbeauftragte:r (Institutionslogik) und Intermediär:in (Logik der Zivilgesellschaft). Mit diesen unterschiedlichen Akteur:innenrollen sind spezifische Chancen und Herausforderungen verbunden. Sie betreffen Fragen der Mandatierung und Motivation, der Ressourcen und Reibungsverluste, der Sekundärprofessionalisierung und strategischen Selbstpositionierung in einem mehrdimensionalen Möglichkeitsraum.

Die Nachzeichnung der Akteur:innenformationen ist allerdings nur eine Spur, der man folgen kann, wenn man nach der Verräumlichung von Religion im urbanen Raum fragt. Auch vor dem Hintergrund dieser Tagung ist zu betonen: Der Stadtraum ist mehr als nur der Sozialraum, in dem unterschiedliche Akteur:innen, Bedarfe und Interessen aufeinandertreffen. Er ist zugleich politische Bühne, physisch-materielle Infrastruktur, Raum der Zeichen, Bilder und Praktiken. Erst im Übereinanderlegen dieser unterschiedlichen Beschreibungsebenen entsteht ein mehrdimensionales Bild bzw. eine dichte Beschreibung religiöser Topographien im Quartier.

Literaturverzeichnis

Bär, Martina: Urbane Logik und Theo-Logik. Gottesrede in (post-)modernen Stadtgesellschaften, Freiburg im Breisgau 2020.

Becci, Irene: New religious diversity in Potsdam: keeping, making, and seeking place, in: Zarnow, Christopher u. a. (Hg.), Religion in der Stadt. Räumliche Konfigurationen und ihre theologischen Deutungen, Berlin 2018, 101–118.

Becci, Irene u. a. (Hg.): Topographies of Faith. Religion in Urban Spaces. Leiden/Bosten 2013.

Becker, Jochen u. a. (Hg.): Global Prayers. Contemporary Manifestations of the Religious in the City, Zürich 2014.

Boltanski, Luc / Chiapello, Eve: Le nouvel esprit du capitalisme, Paris 1999.

Bröckling, Ulrich: Das unternehmerische Selbst. Soziologie einer Subjektivierungsform, Frankfurt a. M. 2007.

Burfeind, Carsten u. a. (Hg.): Religion und Urbanität. Herausforderungen für Kirche und Gesellschaft, Münster 2009.

Evers, Adalbert / Ewert, Benjamin: Hybride Organisationen im Bereich sozialer Dienste. Ein Konzept, sein Hintergrund und seine Implikationen, in: Klatetzki, Thomas (Hg.), Soziale personenbezogene Dienstleistungsorganisationen, Wiesbaden 2010, 103–128.

Franssen, Boris / Scholten, Peter (Hg.): Handbuch für Sozialunternehmertum, Assen 2008.

Frey, Oliver: Städtische Milieus, in: Eckardt, Franck (Hg.), Handbuch Stadtsoziologie, Wiesbaden 2012, 503–525.

Jäger, Alfred: Diakonie als christliches Unternehmen, Gütersloh 1986.

Kanitz, Juliane u. a.: Religion in neuen Stadtquartieren – eine empirische Studie, i. E.

Klostermeier, Birgit: Das unternehmerische Selbst der Kirche: eine Diskursanalyse, Berlin/Boston 2011.

Läpple, Dieter: Essay über den Raum. Für ein gesellschaftswissenschaftliches Raumkonzept, in: Häußermann, Hartmut u. a. (Hg.), Stadt und Raum, Pfaffenweiler 1991, 157–207.

Lanz, Stephan: Urbane Religion – religiöse Urbanität. Zum Boom neuer religiöser Gemeinschaften und Bewegungen in den Städten, in: Zarnow, Christopher u. a. (Hg.), Religion in der Stadt. Räumliche Konfigurationen und ihre theologischen Deutungen, Berlin 2018, 119–143.

Löw, Martina u. a.: Einführung in die Stadt- und Raumsoziologie, Opladen / Farmington Hills ²2008.

Löw, Martina: Soziologie der Städte, Frankfurt a. M. 2010.

Guelf, Ferdinand Mathias: Die urbane Revolution. Henri Lefebvres Philosophie der globalen Verstädterung, Bielefeld 2010.

Riesebrodt, Martin: Cultus und Heilsversprechen. Eine Theorie der Religionen, München 2007.

Ripsas, Sven: Entrepreneurship als ökonomischer Prozeß. Perspektiven zur Förderung unternehmerischen Handelns, Wiesbaden 1997.

Schumpeter, Joseph A.: Entrepreneurship as Innovation, in: Swedberg, Richard (Ed.), Entrepreneurship. The Social Science View, Oxford 2000, 51–75.

Steck, Wolfgang: Praktische Theologie. Horizonte der Religion – Konturen des neuzeitlichen Christentums – Strukturen der religiösen Lebenswelt, Bd. 2, Stuttgart 2011.

Stevenson, Howard H. / Jarillo, J. Carlos: A Paradigm of Entrepreneurship. Entrepreneurial Management, Strategic Management Journal 11/1990, 17–27.

Zarnow, Christopher u. a. (Hg.): Religion in der Stadt. Räumliche Konfigurationen und ihre theologischen Deutungen, Berlin 2018.

Alexander Dietz / Daniel Wegner

Ein Ausdruck lebendiger und öffentlicher Kirche

Evaluation des gemeinwesendiakonischen DRIN-Projekts der Diakonie Hessen und der EKHN

1. Einleitung

Armut und Ausgrenzung bekämpfen und dabei offene und öffentliche Kirche im Gemeinwesen sein – wie kann das gelingen? In Zusammenarbeit haben die Diakonie Hessen und die Evangelische Kirche in Hessen und Nassau zwischen 2016 und 2019 das Projekt DRIN – „Dabei sein, Räume entdecken, Initiativ werden, Nachbarschaft gestalten" – durchgeführt, um die Entwicklung gemeinwesendiakonischer Projekte in der Zusammenarbeit von Kirche, Diakonie und weiteren Kooperationspartnern zu fördern und in der Wahrnehmung des kirchlich-diakonischen Grundauftrags gesellschaftliche Verantwortung zu übernehmen und die Bekämpfung von Armut zu fördern.

Damit schließt das DRIN-Projekt an die jüngere Geschichte der Gemeinwesendiakonie an, die in den siebziger Jahren als kirchliche Gemeinwesenarbeit eine Blütezeit erlebte. Gemeinwesenorientierte, gesellschaftsdiakonische und sozialanwaltschaftliche Ansätze fanden damals Eingang in die Handlungskonzepte vieler Kirchengemeinden. Sozialarbeiterinnen und Sozialarbeiter wurden von Kirchengemeinden speziell für Gemeinwesenarbeit neu angestellt. Das kirchliche Bildungszentrum Burckhardthaus in Gelnhausen spezialisierte sich auf die Weiterbildung von Sozialarbeitenden und Pfarrpersonen in Gemeinwesenarbeit und gemeinwesenorientiertem Gemeindeaufbau (dem es nicht um die Steigerung des Gottesdienstbesuchs, sondern um sozialräumliche Öffnung und Mitgestaltung geht). Auch die kirchlichen Fachhochschulen nahmen das Thema verstärkt in ihre Lehrpläne auf. In den achtziger und neunziger Jahren verlor der gemeinwesenorientierte Ansatz – dem veränderten Zeitgeist geschuldet – in der Kirche zunächst wieder an Relevanz. Aber im Jahr 2007 veröffentlichte der Diakonie-Bundesverband ein Positionspapier mit dem Titel „Handlungsoption Gemeinwesendiakonie". Und seitdem erlebt das Thema Gemeinwesenarbeit unter der Bezeichnung „Gemeinwesendiakonie" einen regelrechten Boom im kirchlichen Bereich. Seit 2011 läuft das ökumenische Kooperationsprojekt „Kirche findet Stadt", bei dem an über 1200 Projektstandorten gemeinwesendiakonisch experimentiert wird. Nach und nach bewilligen die einzelnen Landeskirchen (z. B. Bayern, Kurhessen-Waldeck, Hessen-Nassau, Hannover, Bremen) beträchtliche finanzielle Mittel für Projekte, die Kirchengemeinden und diakonischen Trägern Anreize dazu geben sollen, gemeinwesendiakonisch aktiv zu werden.[1]

2. Projekt DRIN und Evaluationsforschung

In dieser Tradition steht nun also auch das DRIN-Projekt. Die Initiatorinnen und Initiatoren waren sich einig in der Einschätzung, dass es sich bei der Gemeinwesendiakonie nicht nur um ein Modethema handelt, sondern dass in einem gemeinwesendiakonischen Paradigmenwechsel eine entscheidende strategische Weichenstellung für die Zukunftsfähigkeit von Kirche und Diakonie liegt. In diesem Sinne wurde eine dreifache Zielsetzung für die zu fördernden Projekte formuliert: Sie sollen die Zusammenarbeit zwischen Kirche und Diakonie verbessern, gemeinwesenorientierte Handlungsprinzipien (beispielsweise Bedarfsorientierung oder Aktivierung) im kirchlichen und diakonischen Handeln verankern und zur Armutsbekämpfung vor Ort beitragen. In diesem Sinne wurden 28 lokale Projekte drei Jahre lang mit insgesamt drei Millionen Euro gefördert. Inhaltlich sind diese Projekte äußerst vielfältig. So ermöglicht beispielsweise der „Einkaufsbus Waldkolonie" in Darmstadt älteren, in der Mobilität eingeschränkten Menschen durch einen Fahrdienst von freiwillig Engagierten wieder ein eigenständiges Einkaufen sowie Gelegenheiten zur Begegnung und zu gemeinsamen Aktivitäten. Oder in Dillenburg eröffnete eine Fahrrad- und Mitmach-Werkstatt, in der insbesondere Geflüchtete sowie sozial benachteiligte Familien Aktiv-Punkte sammeln und Werkzeuge ausleihen können, aber dadurch auch Zugang zu einem Eltern-Kind-Café und Angeboten des Evangelischen Familienzentrums erhalten.

Von Anfang an haben die Projektverantwortlichen eine professionelle, wissenschaftliche und interdisziplinäre Evaluation des Projekts mitgedacht. Durchgeführt wurde diese Begutachtung schließlich projektbegleitend von einem vierköpfigen Team von Wissenschaftlern unter der Leitung von Alexander Dietz, Professor für Diakoniewissenschaft an der Hochschule Hannover, und Andreas Schröer, Professor für Organisationspädagogik an der Universität Trier. Quantitative Daten wurden durch einen umfangreichen Online-Fragebogen sowie eine Analyse der Projektanträge und Projektberichte erhoben. Qualitative Daten

---

[1] Vgl. Dietz, Alexander: Theologische Begründungen der Gemeinwesendiakonie, in: Dietz, Alexander / Höver, Hendrik (Hg.), Gemeinwesendiakonie und Unternehmensdiakonie, Berlin 2019, 9–29, hier: 11–13.

wurden durch Projektbesuche, leitfadengestützte Interviews sowie Gruppendiskussionen gesammelt. Es handelt sich wohl um die bisher umfassendste Evaluation gemeinwesendiakonischer Projekte.

3. Interessante Ergebnisse der Evaluation

Entsprechend konnten vielfältige Ergebnisse zu gemeinwesendiakonischem Handeln und den Effekten für Kirche, Diakonie und Sozialraum identifiziert und reflektiert werden. Über allgemeine Erkenntnisse hinaus – etwa die Vielfalt der initiierten Einzelprojekte vor Ort, unterschiedliche erreichte Zielgruppen und die Verständnisse des gemeinsamen sozialräumlichen Handelns als kirchlich-diakonische Lernprozesse – konnten interessante Aspekte unter verschiedenen Gesichtspunkten interdisziplinärer Evaluationsforschung analysiert werden. Diese betreffen insbesondere (1) gemeinwesenorientierte Kooperationen – vor allem zwischen verfasster Kirche und organisierter Diakonie, (2) Armutsbekämpfung, (3) das Freiwilligenmanagement, (4) das theologische Selbstverständnis, (5) die organisationalen Rahmenbedingungen sowie (6) die Nachhaltigkeit gemeinwesendiakonischer Projektarbeit.

3.1 Vielfältige Kooperationen und die Ergänzung von Diakonie und Kirche

Die sozialräumliche Vernetzung einerseits und die Entstehung verbindlicher und zielorientierter Kooperationen andererseits bilden eine wichtige Grundlage gemeinwesendiakonischen Handelns. Entsprechend waren die lokalen Projekte gefordert, unterschiedliche Akteure vor Ort kennenzulernen und eine mögliche Zusammenarbeit zu eruieren. Dabei entstanden viele neue Kooperationen, bestehende wurden gestärkt. Es gab eine große Vielfalt an Kooperationspartnern im Sozialraum, wie Kommunen, Vereine, kirchliche Einrichtungen, Flüchtlingshilfen, lokale Initiativen, andere soziale Träger, Parteien und parteinahe Organisationen, Firmen, Bildungseinrichtungen und viele mehr (insgesamt mindestens 154 Partner in 28 Projekten). Die Zusammenarbeit in der Vielfalt der Partner wurde von den beteiligten Akteuren ganz überwiegend als sehr positiv bis positiv bewertet.[2] Als entscheidende Kooperation ist entsprechend wissenschaftlicher Literatur sowie der Projektausschreibung von DRIN die Partnerschaft zwischen verfasster Kirche und organisierter Diakonie zu begreifen. Die

---

[2] Vgl. Dietz, Alexander u. a.: Abschlussbericht zur Evaluation des Projekts DRIN. Hannover u. a. 2019, unter: https://drin-projekt.ekhn.de/fileadmin/content/drin/download/DRIN_Evaluationsbericht_final.pdf (Abruf am 05.06.2020), 28–33.

üblichen Probleme, die einer Zusammenarbeit zwischen Kirche und Diakonie im Weg stehen, sind bekannt: Vorurteile, schlechte Erfahrungen, unterschiedliche Organisationsformen und Handlungslogiken, Desinteresse. Was jedoch Hoffnung macht: Sobald sich Kirche und Diakonie gemeinsam auf den Weg machen, um in einem Stadtteil oder Dorf etwas für die Menschen zu tun, machen sie gute Erfahrungen miteinander. Natürlich gibt es auch Ausnahmen. Aber in aller Regel funktioniert es. So auch hier. Die Evaluation der DRIN-Projekte ergibt, dass die Kooperation produktiv war und sich überwiegend positiv auf das Verhältnis zwischen Kirche und Diakonie auswirkte. Beide Partner profitierten gleichermaßen von einer Zusammenarbeit. Sie verschafften sich gegenseitig Kontakt zu neuen Zielgruppen im Sozialraum. Vor allem ergänzten sie sich in unterschiedlichen Ressourcen und Kompetenzen. Die Kirche profitierte von der Fachkompetenz der Diakonie. Umgekehrt profitierte die Diakonie von der Nutzung von Räumlichkeiten und Strukturen freiwilligen Engagements der Kirchengemeinden. Während des Projekts konnte die gegenseitige Wahrnehmung verbessert und Trennendes überwunden werden. Durch gemeinsames Handeln rückte zusammen, was aus Sicht vieler Beteiligter sowieso zusammengehört. Der Leiter eines regionalen Diakonischen Werkes fasst es so zusammen: „Es entstand auch nochmal dieses Bewusstsein, etwas miteinander zu machen. Und die Erkenntnis: Wir müssen nicht alles. Wir haben Fachwissen und das Dekanat hat Strukturen und kann die Spiritualität nochmal anders transportieren."[3] Gleichzeitig wurden die Grenzen des Gelingens kirchlich-diakonischer Zusammenarbeit deutlich: dort wo sich beide Akteure organisational wie interaktional fremd bleiben, wird die Zusammenarbeit erschwert, schließlich ist die Veränderung gewachsener Strukturen zeit- und ressourcenintensiv und daher (zumindest in kurzfristigen Projektzeiträumen) schwer zu bearbeiten.

3.2 Bekämpfung sozialer Armut

Die genannten Vernetzungen und Kooperationen zielen in großen Teilen darauf, Armut und Ausgrenzung zu bekämpfen und so Verbesserungen der Lebensbedingungen der Menschen im Gemeinwesen und der Gesellschaft zu ermöglichen. Mit dem Anspruch der Armutsbekämpfung ist es so eine Sache. Meist sind diakonische Akteure enttäuscht, wenn man sie danach fragt. Alles kommt darauf an, zunächst einmal zwischen unterschiedlichen Verständnissen von „Armut" sowie zwischen unterschiedlichen Verständnissen von „Bekämpfung" zu unterscheiden. Armut als fehlende Teilhabe kann sich beispielsweise auf materielle, soziale, spirituelle, kulturelle oder gesundheitliche Aspekte beziehen. Armuts-

---

[3] Dietz, Alexander: Strategische Weichenstellung. Die DRIN-Projekte in der hessisch-nassauischen Kirche: Information, Begleitung, Vernetzung, in: zeitzeichen 4 (2020), 28–30, hier: 29f.

bekämpfung kann in Form von Linderung, Prävention oder Überwindung von Armut erfolgen. Ein gemeinwesendiakonisches Projekt kann nicht materielle Armut überwinden. Aber es kann soziale Armut überwinden. Oder es kann materielle Armut lindern. Oder es kann kultureller Armut vorbeugen. Die Evaluation der DRIN-Projekte zeigt, dass erhebliche Erfolge bei der Bekämpfung sozialer Armut wie beispielsweise Vereinsamung und spiritueller Armut (beispielsweise Mangel an Perspektiven, verletztes Selbstkonzept) möglich waren. Es gelang vielfach, Menschen zu aktivieren und ihre unterschiedlichen Ressourcen zu nutzen. Auf diese Weise wurden Betroffene zu Beteiligten gemacht und gesellschaftliche Teilhabe ermöglicht. Es wurde jedoch auch deutlich, dass der Weg zu einer Kirche für Arme und mit Armen einen umfangreichen Lernprozess der Armutssensibilisierung, des Umgangs mit Vorurteilen, Stigmatisierung und Scham voraussetzt.

Ein Beispiel für die zahlreichen äußerst positiven Rückmeldungen betroffener Menschen zur Verbesserung ihrer Lebenssituation: „Hier bekommt jeder Vertrauen und Wertschätzung. Und jeder wird ernst genommen, für mich ist das gelebter Glaube. Ich wurde für den Reparaturtreff ausgesucht, ich, das Arschloch, der Loser. Ich bin ruhiger geworden. Ich habe jemanden zum Reden. Hier ist die Familie, die ich nie hatte. So gut ging es mir noch nie in meinem Leben." Als wichtiger Aspekt zur Förderung des sozialen wie spirituellen Kapitals von Betroffenen konnte die Verbindung von niedrigschwelligen Angeboten von Kirchengemeinden und professioneller Arbeit diakonischer Träger identifiziert werden. Auf dem Weg zu einer Kirche mit Armen geben die Befragten darüber hinaus an, dass die DRIN-Projekte zu einer Armutssensibilisierung von Kirchengemeinden und freiwillig Engagierten geführt habe.[4]

3.3 Aktivierung (kirchenferner) Freiwilliger

Selbstredend wurden die Projekte durch eine große Anzahl an freiwillig Engagierten aus Kirchengemeinden und diakonischen Einrichtungen getragen. Gleichzeitig wurde deutlich, dass in den Projekten zahlreiche Menschen erreicht werden konnten, die ganz unterschiedlichen Zielgruppen zuzuordnen sind. Dabei gelingt es, viele von Armut betroffene Menschen zu aktivieren, ebenso wie eine große Anzahl kirchenferner Menschen. Ein Großteil der Projekte richtet sich an ältere Menschen (82%). Damit ist DRIN ein Ausdruck alternder Kirche, die eine Vorbildfunktion zur Bewältigung der Herausforderungen in einer alternden Gesellschaft einnimmt. Durch niedrigschwellige Ansätze und Förderung gelingt in vielen Projekten die Partizipation dieser Menschen, indem sie zunächst an Angeboten teilnehmen, im weiteren Verlauf selbst mitarbeiten und mit der Zeit zum Teil entsprechend dem Ansatz des Community Organizing

---

[4] Vgl. Dietz u. a., Abschlussbericht, 54–70.

selbst Verantwortung übernehmen. Gemeinwesendiakonische Projekte sind sehr attraktiv für freiwilliges Engagement, da viele Menschen besonders gerne im eigenen Sozialraum etwas Gutes tun wollen. Aber sie sind gleichzeitig fachlich so anspruchsvoll, dass es einer intensiven Unterstützung durch Hauptamtliche unter Berücksichtigung professioneller Standards des Freiwilligenmanagements bedarf – selbst wenn es auf den ersten Blick nicht so scheint.[5]

3.4 Theologisches Selbstverständnis

Die Fragen nach der theologischen Begründung diakonischen Handelns sowie nach theologischen Kriterien eines diakonischen Profils werden seit längerem von Experten kontrovers diskutiert. Die Evaluation der DRIN-Projekte macht deutlich, dass die Reflexion des theologischen Selbstverständnisses für erstaunlich viele Beteiligte eine Rolle spielte. Für Verantwortliche aus der Kirche vor allem während der Projektkonzeption, für Verantwortliche aus der Diakonie stärker während der Projektdurchführung. In der Verbindung von sozialarbeiterischer Haltung und Standards sowie theologischem Auftrag und Begründungen wurde das gemeinwesendiakonische Profil einer diakonischen Kirche für den Ort in den Projekten klar erkennbar. In diesem Sinne haben die Projekte das theologische Selbstverständnis von Diakonie und Kirche positiv verändert. Ein beteiligter Gemeindepfarrer formuliert es so: „Wir leben doch hier mit den Menschen und für die Menschen, die hier sind. Da müssen wir gucken, wie es denen geht, was die machen und dort auch mitarbeiten, und wenn sie keine Stimme haben, denen auch eine Stimme geben. Das würde ich urchristlich nennen." Bei der Charakterisierung des theologischen Selbstverständnisses wurden durchaus ähnliche inhaltliche Aspekte betont wie im aktuellen diakoniewissenschaftlichen Diskurs: Menschenwürde achten, für soziale Gerechtigkeit eintreten, sich um hohe Qualität bemühen, die Trennung von Diakonie und Kirche überwinden, Kirche für andere und mit anderen werden. Das Reflexionsniveau war keineswegs niedrig. Aber die Kommunikation des Evangeliums in Form gelebter Nächstenliebe muss nicht erst durch Worte legitimiert werden.[6]

3.5 Bedeutung der Ausstattung, Begleitung und von Einzelpersonen

Die Ergebnisse zu den vier bis dato ausgeführten Teilbereichen machen deutlich, dass es in den DRIN Projekten durchaus gut gelingt, die Handlungsprinzipien

---

[5] Vgl. Dietz u. a., Abschlussbericht, 88–97.
[6] Vgl. Dietz u. a., Abschlussbericht, 75–82.

und theologischen Grundlagen der Gemeinwesendiakonie zu berücksichtigen und in der Praxis mit einem Mehrwert für Kirche, Diakonie und Gemeinwesen zu realisieren. Auf diesem Hintergrund stellt sich die Frage nach sinnvollen Rahmenbedingungen für deren Gelingen. Dabei wird zunächst deutlich: Gemeinwesendiakonische Arbeit ist ein Lernprozess für Akteure in Kirche und Diakonie. Dazu bedarf es der Unterstützung durch hauptamtliche Expertinnen und Experten einerseits in den lokalen Projekten und andererseits auf übergeordneter Ebene. Die Evaluation der DRIN-Projekte zeigt, dass das mit drei Stellen gut ausgestattete Projektbüro bei der Diakonie Hessen einen wesentlichen Erfolgsfaktor darstellte. Die Einzelprojekte profitierten nachhaltig von den Angeboten im Blick auf Informationen, Begleitung, Vernetzung und Fortbildung. Ein Projektleiter resümiert: „Ich finde, das ist von dem Projektbüro einfach auch eine tolle Arbeit gewesen. Das hat zum Gelingen beigetragen, wir hätten das sonst so nicht machen können. Die haben uns wirklich sehr gut versorgt mit Fortbildungsangeboten und mit Koordination. Also das fand ich sehr oft einen Lichtschimmer am Horizont." Auch in der Arbeit vor Ort zeigte sich, dass es nicht ohne professionelles Know-how und verlässliche Zeitressourcen für Projektmanagement und Freiwilligenmanagement funktionieren kann. Obwohl die Projekte von freiwillig Engagierten getragen wurden, waren Hauptamtliche als soziale Entrepreneurinnen und Entrepreneure dringend erforderlich. Insofern hat sich gezeigt, dass gemeinwesendiakonische Projekte eine finanzielle Mindestausstattung benötigen, damit sie funktionieren können. Diese liegt für mittlere Projekte bei etwa 40 000 Euro und für größere Projekte bei etwa 100 000 Euro für drei Jahre.[7]

3.6 Nachhaltigkeit

Mehr als drei Vierteln der Projekte ist es gelungen, auch über die Förderlaufzeit hinaus ihren Fortbestand zu sichern. Diese Verstetigung wurde durch die Schaffung von Netzwerken und den Aufbau von Strukturen im Sozialraum sowie die Akquise weiterführender Finanzierung insbesondere durch Kommunen ermöglicht. Außerdem verbesserte sich durch die Vernetzung die Innovationsfähigkeit beider Organisationen, also die Entstehung neuer Ideen und Konzepte.

Eineinhalb Jahre nach Abschluss der ursprünglichen geförderten Projektlaufzeit sowie der ausführlichen Evaluation haben die Autoren dieses Beitrags mit den Projektverantwortlichen erneut Kontakt aufgenommen und leitfadenbasierte Interviews geführt (n=24, Ausschöpfungsquote: 86 Prozent). Das ursprüngliche Ziel bestand darin, herauszufinden, bei wie vielen der Projekte eine nachhaltige Verstetigung der Arbeit gelungen ist und welche Faktoren zum Erfolg bzw. Misslingen beigetragen haben. Von den ursprünglich geförderten 28 Projekten wurde eines vorzeitig abgebrochen, drei mit erreichtem Projektziel

---

[7] Vgl. Dietz, Weichenstellung, 28f.

abgeschlossen und lediglich eines aufgrund mangelnder Effektivität nach dem Abschluss der Förderlaufzeit nicht fortgeführt. 23 Projekte (82 Prozent der ursprünglich 28 Projekte) wurden zunächst weitergeführt und verloren damit ihren befristeten Projekt-Charakter. An 20 der Standorte findet auch eineinhalb Jahre nach Ende der Projektlaufzeit noch Gemeinwesenarbeit in direkter Kontinuität zu den ursprünglichen Projekten statt (71 Prozent der ursprünglich 28 Standorte, 83 Prozent der 24 Standorte, die über die Projektlaufzeit hinaus weitergeführt wurden), teilweise in reduziertem Umfang (11 Prozent), in erweitertem Umfang (28 Prozent) oder mit veränderter Schwerpunktsetzung (17 Prozent). An drei weiteren Standorten wurden von denselben Akteuren, die ihr Projekt beendet hatten, neue gemeinwesenorientierte Initiativen gestartet.

Welche Faktoren haben zum Gelingen bzw. zum Misslingen einer Verstetigung beigetragen? In den Interviews betonten die Verantwortlichen die prägende Bedeutung einzelner hauptamtlicher Mitarbeitender. Wo es zu einem Personalwechsel gekommen ist, traten Schwierigkeiten auf, weil bestehende, personale Beziehungen zu freiwillig Engagierten und Adressatinnen und Adressaten neu aufgebaut werden mussten. In mehreren Fällen musste die Arbeit an Standorten beendet werden, weil einzelne leitende Personen aufgrund einer hohen Arbeitsbelastung bzw. des Beginns ihres Ruhestandes nicht mehr tätig sein konnten. Angesichts der Bedeutung hauptamtlicher Mitarbeitender zur Sicherstellung professioneller Standards, für das Freiwilligenmanagement und zur Gewährleistung personeller Kontinuität im Blick auf die Bedeutung von Vertrauen, sozialen Beziehungen und Vernetzung in der Gemeinwesenarbeit[8] lag die entscheidende Herausforderung in der Akquise der notwendigen Mittel, um die im Rahmen der Projekte entstandenen hauptamtlichen Stellen zu erhalten und dauerhaft zu finanzieren. An den untersuchten Standorten erfüllten sich die Hoffnungen auf kommunale Finanzierungen (angesichts überschuldeter Kommunen) meist nicht. In der Mehrzahl wurde eine Verstetigung der Stellen über Multifinanzierungsmodelle bewerkstelligt (52 Prozent), einzelne finanzieren sich weiter über befristete Mittel aus neu-ausgeschriebenen Projektförderungen (19 Prozent), nur zwei Standorten gelang eine vollständige und langfristige Regelfinanzierung ihrer Personalkosten. Die Multifinanzierungs-Modelle setzten sich bei den untersuchten Projekten aus Privatspenden und Sponsoring (29 Prozent), Projektmitteln (29 Prozent), kirchlichen Mitteln (29 Prozent), Mitteln der Diakonie (24 Prozent), kommunalen Mitteln (14 Prozent), Fördervereinen (10 Prozent), Einnahmen (10 Prozent) Stiftungen (5 Prozent) und sonstigen Mitteln (10 Prozent) zusammen. Multifinanzierungsmodelle stellen jedoch gleichzeitig eine Gefährdung für die Nachhaltigkeit dar, erschweren eine langfristige strate-

---

[8] Vgl. Merten, Ueli / Amstutz, Jeremias: Zur Notwendigkeit der Kooperation in der Profession Sozialer Arbeit, in: Amstutz, Jeremias u. a. (Hg.), Kooperation kompakt. Kooperation als Strukturmerkmal und Handlungsprinzip der Sozialen Arbeit, Berlin ²2019, 35–60, hier: 53.

gische Planung und binden große Zeitressourcen der Sozialarbeitenden für Fundraising. Die ursprünglich von vielen Standorten verfolgte Absicht, Nachhaltigkeit durch den Verzicht auf Hauptamtliche zu erreichen, wurde von den meisten im Lauf der Zeit wieder aufgegeben. Unbestreitbar sind freiwillig Engagierte ein wesentlicher Teil von Gemeinwesenarbeit, allerdings ist diese offenbar nicht ohne Hauptamtliche durchführbar.[9]

4. Rekonstruktion der Refinanzierung der Projekte

In diesem Kapitel werden die eben angesprochenen Aspekte noch einmal vertieft. Gemeinwesendiakonie kostet Geld – an dieser Feststellung kommen weder Kirche noch Diakonie vorbei und folglich trifft dies auch auf die DRIN-Projekte zu. So stellen selbstredend nicht nur die inspirierenden Impulse und die konkreten Förderkriterien Anreize für Kirchengemeinden, Dekanate und regionale Diakonische Werke dar, ein gemeinwesendiakonisches Projekt zu initiieren, sondern auch die finanziellen Mittel, die ihnen für den dreijährigen Förderzeitraum durch die Landeskirche in Aussicht gestellt werden. Gleichzeitig ist zu fragen, inwieweit diese Projekte über den Förderzeitraum hinauswirken und wie deren Refinanzierung aussieht, um nachhaltig zu sein. Das DRIN-Förderprojekt der EKHN und der Diakonie Hessen bietet sich in diesem Zusammenhang besonders dafür an, um die Refinanzierung nachzuzeichnen, schließlich konnten hier 23 lokale Projekte über den Projektzeitraum hinaus weitergeführt werden. Es besticht also durch eine erstaunlich hohe Nachhaltigkeitsquote von über 80 Prozent. Hier wird zunächst die dreijährige Projektförderung skizziert und der Aspekt der Nachhaltigkeit nachvollzogen. Anschließend werden die Rahmenbedingungen der Nachhaltigkeitsförderung dargelegt und Ergebnisse einer Nachhaltigkeitsstudie zu den DRIN-Projekten vorgestellt, bevor zuletzt Erfolgskriterien und Risiken der Refinanzierung gemeinwesendiakonischer Projekte aufzeigt werden.

4.1 Finanzierung der DRIN-Projekte

Im Blick auf die Bedeutung der Finanzierung in früheren Förderprojekten zur Gemeinwesendiakonie in anderen Landeskirchen (z. B. *Aktion diakonische Gemeinde* der EKKW, *f.i.t.* der ELKB) stellte die EKHN für das DRIN-Projekt finanzielle Mittel in Höhe von drei Millionen Euro zur Verfügung. Mit ihnen sollten die lokalen Projekte für drei Jahre (2016–2018) gefördert und die sonstigen Kosten

---

[9] Vgl. Dietz, Alexander / Wegner, Daniel: Gemeinwesenarbeit und Corona. Zur Bedeutung und zu den Herausforderungen kirchlicher Gemeinwesenarbeit, in: Soziale Arbeit 69 (2020), 411–415, hier: 413.

des Förderprojektes (z. B. Projektbüro, Öffentlichkeitsarbeit) abgedeckt werden. Je nach Projektumfang wurden den lokalen Projekten Fördersummen zwischen 10 000 und 140 000 Euro gewährt. Neben zwei kleineren Projekten (Projektvolumen bis 15 000 Euro), wurden dabei zehn Projekte mit mittlerem (bis 90 000 Euro) und 16 Projekte mit großem Volumen (bis 140 000 Euro) gefördert. Die Mittel wurden vor allem für Personalkosten der Projektmitarbeitenden eingesetzt, während Sachmittel oder Erstattungen für freiwillig Engagierte nur geringe Aufwendungen darstellten.[10]

4.2 Nachhaltigkeit in den DRIN-Projekten

Angesichts dieser nicht geringen Fördersummen stellt sich die Frage nach der Nachhaltigkeit in den DRIN-Teilprojekten. Dabei fällt auf, dass Nachhaltigkeit im DRIN-Projekt von Beginn an mitgedacht wird. So fordern die Antrags-Richtlinien ebenso wie die jährlichen Zwischenberichte die Trägerorganisationen der lokalen Projekte dazu auf, Strategien zur Nachhaltigkeit zu entwickeln und die getroffenen Maßnahmen zu dokumentieren. Gleichzeitig erhalten sie multiple Unterstützung durch das Projektbüro in Form von professioneller Beratung durch einen Projektmanager ebenso wie durch obligatorische Seminare und Workshops zu Fundraising. Diesbezüglich ist zu beachten, dass diese wiederkehrend und bereits zu einem frühen Zeitpunkt (Ende des ersten Förderjahres) angeboten werden, so dass die lokalen Projekte frühzeitig zum Handeln aufgefordert und ausgerüstet sind. Dies bestätigen die Ergebnisse der wissenschaftlichen Projektevaluation: Ein halbes Jahr vor Ende des Förderzeitraums können bereits drei Viertel der Träger sicher zusagen, dass es eine Weiterführung ihres Projektes geben wird. Dazu werden verschiedene Strategien zur Nachhaltigkeit entwickelt, die sich zum großen Teil auf finanzielle Aspekte beziehen. Zwölf Projekte befinden sich zu diesem Zeitpunkt in Planungen zur Fremdfinanzierung (von Teilen) ihrer Arbeit durch Kommunen, Sponsoren und Spenden. In fünf weiteren Projekten liegen bereits feste Zusagen zur Fremdfinanzierung durch Landesmittel, die Kommune oder die Kreisverwaltung vor. Wenngleich sozialunternehmerische Aspekte in gemeinwesendiakonischen Projekten bisweilen eher die Ausnahme bilden, geben immerhin drei Projekte an, sich (in Teilen) über eigene Einnahmen finanzieren zu wollen. Deutlich wird dabei, dass Strategien zur Refinanzierung in der Regel als Multifinanzierungsmodelle umgesetzt werden. Das heißt, dass die lokalen Projekte an mehreren verschiedenen Stellen Drittmittel einwerben. Ergänzend zu diesen finanziellen Strategien zur Nachhaltigkeit geben die Verantwortlichen an, die Projekte in Kooperationen mit Partnern im Sozialraum (54,2 Prozent) und über den Sozialraum hinaus (34,7 Prozent) wei-

---

[10] Vgl. Dietz u. a., Abschlussbericht, 18–20.

terführen zu wollen. Außerdem wird die Strategie verfolgt, möglichst viele Angebote in die Hände von freiwillig Engagierten zu übertragen, um so Mittel für Personalkosten einsparen zu können (23,6 Prozent). Interessant ist diesbezüglich in einer prozessualen Perspektive, dass solche Ansätze in frühen Phasen der Projekte (Antrag und erster Zwischenbericht) sehr häufig angeführt werden, während sie im weiteren Verlauf an Bedeutung verlieren. Dies kann als Lerneffekt bzw. zunehmendes Bewusstsein für die Relevanz von Hauptamtlichen und demzufolge die finanziellen Dimensionen der Verstetigung gedeutet werden. Insgesamt zeigen die Ergebnisse auf, dass sich in einem Großteil der lokalen Projekte über den Förderzeitraum aus einer Projektlogik eine Nachhaltigkeitslogik entwickelt, wobei die strategische Entscheidung und Umsetzung der Verantwortlichen auf landeskirchlicher Ebene, Nachhaltigkeit von Beginn an zu thematisieren und zu fördern, als wichtiger Gelingensfaktor zu begreifen ist.

4.3 Nachhaltigkeitsförderung im DRIN-Förderprojekt

Die beschriebenen Bestrebungen und Strategien zu Verstetigung und Fundraising der lokalen Projekte sollten jedoch nicht darüber hinwegtäuschen, dass die Refinanzierung für die Projekte eine große Aufgabe darstellt, die sie neben der konkreten Umsetzung ihrer gemeinwesendiakonischen Angebote, der Ermöglichung von Partizipation und des Managements von Freiwilligen zu bewältigen haben. Folglich stellt die Refinanzierung eine Herausforderung im Projektmanagement dar. Entsprechend ist die Entscheidung der kirchlich-diakonischen Projektsteuerungsgruppe, den Projekten im Anschluss an den dreijährigen Projektzeitraum eine Nachhaltigkeitsförderung zur Verfügung zu stellen, als eine Strategie zu begreifen, den kritischen Übergang in die Nachhaltigkeit zu ermöglichen. Dazu können sich die lokalen Projekte für Restmittel aus dem Fördertopf bewerben und es werden insgesamt 409 700 Euro an 18 Projekte (67 Prozent) ausgeschüttet. Um einen solchen Kofinanzierungszuschuss zu erhalten, müssen die Projekte eine entsprechende Nachhaltigkeitsstrategie nachweisen, verschiedene Kriterien erfüllen (z. B. Weiterentwicklung der Arbeit, neue Kooperationspartner) und mindestens 50 Prozent Eigen- und Drittmittel einbringen. Letztlich erhalten die Projekte zwischen 344 Euro und 74 788 Euro (Median 17 838 Euro) für einen weiteren Zeitraum von 12 Monaten.[11]

---

[11] Vgl. Reinel, Margarete: Projektabschlussbericht DRIN 2014–2019, Darmstadt 2019, unter: https://kirchenrecht-ekhn.de/synodalds/44513.pdf (Abruf am 07.02.22), 13–15.

4.4 Nachhaltigkeitsstudie

Auf diesem Hintergrund stellt sich die Frage, ob die Kombination aus dreijähriger Projektförderung und anschließender Nachhaltigkeitsförderung tatsächlich zur Verstetigung gemeinwesendiakonischer Projekte beiträgt. Dazu wurde anderthalb Jahre nach Ende des Förderzeitraums eine Nachhaltigkeitsstudie durchgeführt, deren Ergebnisse darauf hinweisen, dass die genannten Maßnahmen zur Ermöglichung von Nachhaltigkeit zur Verstetigung beitragen. An 20 der Standorte findet auch eineinhalb Jahre nach Ende der Projektlaufzeit noch Gemeinwesenarbeit in direkter Kontinuität zu den ursprünglichen Projekten statt (71 Prozent der ursprünglich 28 Standorte, 83 Prozent der 24 Standorte, die über die Projektlaufzeit hinaus weitergeführt werden), teilweise in reduziertem Umfang (11 Prozent), in erweitertem Umfang (28 Prozent) oder mit veränderter Schwerpunktsetzung (17 Prozent). An drei weiteren Standorten werden von denselben Akteuren, die ihr Projekt beendet hatten, neue gemeinwesenorientierte Initiativen gestartet. Als entscheidende Herausforderung kann die Akquise der notwendigen Mittel identifiziert werden, die nötig sind, um die im Rahmen der Projekte entstandenen hauptamtlichen Stellen zu erhalten und dauerhaft zu finanzieren. An den untersuchten Standorten erfüllen sich – wie oben bereits dargestellt – die Hoffnungen auf kommunale Finanzierungen (angesichts überschuldeter Kommunen) meist nicht. Somit verschärft sich vielfach die Notwendigkeit von Multifinanzierungsmodellen (52 Prozent). Einzelne Projekte finanzieren sich weiter über befristete Mittel aus neu-ausgeschriebenen Projektförderungen (19 Prozent), nur zwei Standorten gelingt eine vollständige und langfristige Regelfinanzierung ihrer Personalkosten. Die Multifinanzierungs-Modelle setzen sich bei den untersuchten Projekten aus Privatspenden und Sponsoring (29 Prozent), Projektmitteln (29 Prozent), kirchlichen Mitteln (29 Prozent), Mitteln der Diakonie (24 Prozent), kommunalen Mitteln (14 Prozent), Fördervereinen (10 Prozent), Einnahmen (10 Prozent), Stiftungen (5 Prozent) und sonstigen Mitteln (10 Prozent) zusammen. Multifinanzierungsmodelle stellen jedoch gleichzeitig eine Gefährdung für die Nachhaltigkeit dar, erschweren eine langfristige strategische Planung und binden große Zeitressourcen der Sozialarbeitenden für Fundraising. Die ursprünglich von vielen Standorten verfolgte Absicht, Nachhaltigkeit durch den Verzicht auf Hauptamtliche zu erreichen, wird von den meisten im Lauf der Zeit wieder aufgegeben. Unbestreitbar sind freiwillig Engagierte ein wesentlicher Teil von Gemeinwesenarbeit, allerdings ist diese offenbar nicht ohne Hauptamtliche durchführbar.[12]

---

[12] Vgl. Dietz / Wegner, Gemeinwesenarbeit, 411–413.

4.5 Erfolgskriterien und Risiken der Refinanzierung gemeinwesendiakonischer Projekte

Diese Ergebnisse explizieren die Bedeutung der Refinanzierung in der Gemeinwesendiakonie. In diesem Zusammenhang stellt die Transformation von der Projektlogik zur Nachhaltigkeitslogik eine besondere Herausforderung dar. Während die Projektpartner zu Beginn des Förderzeitraums aufgefordert sind, ein sozialraumorientiertes Projekt zu initiieren, zu entwickeln und in die Praxis umzusetzen, besteht bereits nach kurzer Zeit die parallele Aufgabe, sich mit der strukturellen wie finanziellen Ermöglichung von Verstetigung auseinanderzusetzen. Dazu lassen sich aus dem DRIN-Förderprojekt zumindest fünf Erfolgskriterien ableiten: Zunächst wird die Bedeutung professionellen Projektemanagements deutlich, das die lokalen Projekte dazu auffordert, die Refinanzierung von Projektbeginn an mitzudenken. Zweitens spielt die Unterstützung durch ein Projektbüro auf übergeordneter Ebene eine wichtige Rolle, das individuelle Beratung und fachliche Workshops anbietet – und zwar bereits zu einem recht frühen Zeitpunkt „bevor der Zug abgefahren ist" – schließlich lässt sich Fundraising nicht kurzfristig einrichten. Drittens sind die Generierung eines sichtbaren Mehrwerts, der Aufbau gemeinwesenbezogener Netzwerke sowie die Entwicklung nachhaltiger Projektideen bedeutsam. Sie tragen organisational zu einer vorzeigbaren Schauseite bei und überzeugen potenzielle Sponsoren. Viertens stärkt die Kooperation von verfasster Kirche und organisierter Diakonie die Refinanzierung, da die lokalen Projekte in diesem Miteinander auf verschiedene Fördertöpfe zugreifen können.[13] Zuletzt erscheint die kriteriengebundene Nachhaltigkeitsförderung im Anschluss an den Projektzeitraum als ein wichtiger Baustein auf dem Weg in projektunabhängige Refinanzierung. Zugleich sind mindestens vier Gefahren zu identifizieren: Nahezu alle Studien zur Gemeinwesendiakonie zeigen die Bedeutung hauptamtlichen Personals auf, gleichzeitig stellen Personalkosten die größte Herausforderung der Refinanzierung dar.[14] Bisweilen gestaltet sich die Entwicklung sozialunternehmerischer Projekte schwierig, so dass die Generierung von Einnahmen nur wenig zur Refinanzierung beiträgt. Drittens stellt der Übergang von Projekt- zu Nachhaltigkeitslogik insofern eine Herausforderung dar, dass die intensive Auseinandersetzung mit dem Gemeinwesen, die Ermöglichung von Partizipation, die Etablierung geeigneter Angebote und nicht zuletzt bei unerfahrenen Projektpartnern, insbesondere Kirchengemeinden, die Entwicklung eines gemeinwesendiakonischen

---

[13] Vgl. Horstmann, Martin / Neuhausen, Elke: Mutig mittendrin. Gemeinwesendiakonie in Deutschland, Berlin 2010, 31.

[14] Vgl. Horstmann / Neuhausen, Mutig, 22; sowie Thies, Reinhard / Vorhoff, Karin: Kirche findet Stadt. Erkenntnisse, Thesen und Perspektiven, o. O. 2013, unter: https://docplayer.org/130945923-Kirche-findet-stadt-erkenntnisse-thesen-und-perspektiven.html (Abruf am 07.02.22), 10–12.

Selbstverständnisses nicht kurzfristig zu erreichen ist. Gleichzeitig ist Fundraising auf die Entwicklung von etwas „Vorzeigbarem" angewiesen, so dass nachhaltige Projektentwicklung und Refinanzierung einander mitunter entgegenstehen. Zuletzt sei auf die Gefahr hingewiesen, dass Projekte sich für eine Anschlussfinanzierung in anderen Förderprojekten bewerben und so langfristig in Projektlogiken verharren. Dies gefährdet Nachhaltigkeit und stellt eine Belastung insbesondere für Hauptamtliche mit stets befristeten Verträgen dar. Wenngleich sich in der Evaluation des DRIN-Projektes diverse Aspekte zur und die Ermöglichung von Refinanzierung identifizieren lassen, zeigen die vielfachen Multifinanzierungsmodelle ebenso wie die nur selten realisierte langfristige Refinanzierung durch kirchliche bzw. diakonische Träger tiefgreifende Herausforderungen auf.

5. Fazit

Das DRIN-Projekt ist mit seinen zahlreichen Einzelprojekten ein Ausdruck lebendiger und öffentlicher Kirche. Es gelingt die Aktivierung einer großen Zahl an Hauptamtlichen, freiwillig Engagierten und Nutzenden und die Initiierung und Durchführung vielfältiger Angebote von Mittagstischen über Urban Gardening bis zu digitaler Vernetzung im ländlichen Raum. Die unterschiedlichen in den Projekten fokussierten Zielgruppen werden erreicht. Dabei gelingt es, viele von Armut betroffene Menschen zu aktivieren, ebenso wie eine große Anzahl kirchenferner Menschen. Das DRIN-Projekt ist ein Lernprozess für Akteurinnen und Akteure in Kirche und Diakonie – vor allem vor Ort. Dazu bedarf es der Unterstützung durch das Projektbüro in Form von Informationen, Begleitung, Vernetzung der einzelnen Projekte, Fortbildung und Netzwerkentwicklung über landeskirchliche Grenzen hinaus. Diese Unterstützung ist für die Nachhaltigkeit des Ansatzes der Gemeinwesendiakonie auch über die Projektlaufzeit hinaus notwendig. Das Projektbüro ist ein entscheidender Erfolgsfaktor für das DRIN-Projekt. Die Investitionen in eine gute Ausstattung (Material, Büro und Personal), hohe Multiprofessionalität (Fachlichkeit) sowie eine weitreichende Vernetzung (Kirche, Diakonie und Öffentlichkeitsarbeit) haben sich bezahlt gemacht und die für den Erfolg notwendige kontinuierliche Unterstützung der Einzelprojekte ermöglicht.

Die einzelnen Projekte haben sich erfolgreich sozialräumlich orientiert. Dadurch sind sie sowohl für andere Akteure als auch Nutzende insgesamt sichtbarer und präsenter geworden. Die Kooperation mit anderen evangelischen Einrichtungen und weiteren Partnern im Sozialraum hat sich für Kirche und Diakonie im Rahmen des DRIN-Projekts insgesamt verstärkt. Es gab eine große Vielfalt an Kooperationspartnern im Sozialraum. Den DRIN-Projekten gelingt es, Menschen zu aktivieren und die unterschiedlichen Ressourcen der Bewohnerinnen und Bewohner zu nutzen. Auf diese Weise werden Betroffene zu Beteiligten gemacht und gesellschaftliche Teilhabe ermöglicht.

Die Zusammenarbeit zwischen Kirche und Diakonie ist produktiv und wirkt sich überwiegend positiv auf das Verhältnis zwischen Kirche und Diakonie, aber auch die Beziehungen innerhalb von Kirche und Diakonie aus. Kirche und Diakonie profitieren gleichermaßen von einer Kooperation. Sie verschaffen sich gegenseitig Kontakt zu neuen Nutzenden sowie neuen Kontakten im Sozialraum. Im Rahmen der Kooperation von Kirche und Diakonie während des DRIN-Projekts kann die gegenseitige Wahrnehmung verbessert und Trennendes überwunden werden.

Die DRIN-Projekte sind Ausdruck einer Kirche für und mit Armen. Dies wird aus den vielfältigen Angeboten, gelingender Armutsbekämpfung und den äußerst positiven Rückmeldungen Betroffener zur Verbesserung ihrer Lebenssituation deutlich. Diese Entwicklung ist ein umfangreicher Lernprozess der Armutssensibilisierung, des Umgangs mit Vorurteilen, Stigmatisierung, Scham und der Praxis der Armutsbekämpfung für alle beteiligten Akteurinnen und Akteure. Die DRIN-Projekte tragen zur Verbesserung der Lebensqualität der Nutzenden bei. In diesem Zusammenhang haben sie große Potentiale bei der Bekämpfung von sozialer und spiritueller Armut. Dabei wird Armutsbekämpfung in der Regel als Linderung und nur in Ansätzen als Überwindung von Armut praktiziert. Das DRIN-Projekt zeigt deutlich auf: Kirche nimmt eine wichtige Rolle in Bezug auf die Bekämpfung von Armut und Ausgrenzung sowie die Ermöglichung von Teilhabe in drei besonders relevanten Bereichen der Gesellschaft ein: Altersarmut, Armut im ländlichen Raum und Teilhabe geflüchteter Menschen.

In der Verbindung von sozialarbeiterischer Haltung und Standards und theologischem Auftrag und Begründungen wird das gemeinwesendiakonische Profil einer diakonischen Kirche für den Ort in den DRIN-Projekten klar erkennbar. In diesem Zusammenhang haben sich die DRIN-Projekte positiv auf das theologische Selbstverständnis von Diakonie und Kirche ausgewirkt.

Die Arbeit mit freiwillig Engagierten spielt für das Gelingen der Projekte eine äußerst bedeutsame Rolle. Dabei ist es sehr hilfreich, dass die DRIN-Projekte sich aus unterschiedlichen Gründen als sehr attraktiv für freiwilliges Engagement erweisen. Gleichzeitig wird deutlich: Obwohl die Projekte von freiwillig Engagierten getragen werden, sind Hauptamtliche dringend erforderlich.

Das DRIN-Projekt war aufgrund professioneller Planung, Umsetzung und Begleitung der Öffentlichkeitsarbeit über die gesamte Projektlaufzeit als Gesamtprojekt und in den lokalen Projekten öffentlichkeitswirksam. Dabei wurde in gleichen Teilen die binnenkirchliche und außerkirchliche Öffentlichkeit erreicht. Über alle Projekte wurde medial berichtet, über nahezu alle sogar mehrfach. Ein wichtiger Gelingensfaktor der Öffentlichkeitsarbeit ist die frühzeitige Planung, die angemessene Ausstattung und die notwendige Professionalität der Öffentlichkeitsarbeit für das Gesamtprojekt und die Einzelprojekte.

Den meisten Projekten ist es gelungen, auch über die Laufzeit hinaus ihren Fortbestand zu sichern. Diese Verstetigung wird durch die Schaffung von Netzwerken und den Aufbau von Strukturen im und über den Sozialraum hinaus sowie weiterführende Finanzierung ermöglicht.

Durch das DRIN-Projekt verbessert sich die Innovationsfähigkeit der durchführenden Organisationen, weil durch Vernetzung und personelle Freiräume die Entstehung von neuen Ideen und Konzepten gefördert wird.

Gemeinwesendiakonie sollte als übergreifende Perspektive bzw. Haltung sowie als grundlegendes Handlungsprinzip in Kirche und Diakonie verankert werden (Strukturen auf Gemeinde-, Dekanats- und landeskirchlicher Ebene), insbesondere sollten gemeinwesendiakonische Kompetenzen verbindlicher Inhalt in den Ausbildungen aller kirchlich-diakonischen Berufe werden.[15]

Literatur

Dietz, Alexander: Theologische Begründungen der Gemeinwesendiakonie, in: Dietz, Alexander / Höver, Hendrik (Hg.), Gemeinwesendiakonie und Unternehmensdiakonie, Berlin 2019, 9–29.

Dietz, Alexander: Strategische Weichenstellung. Die DRIN-Projekte in der hessisch-nassauischen Kirche: Information, Begleitung, Vernetzung, in: zeitzeichen 4 (2020), 28–30.

Dietz, Alexander u. a.: Abschlussbericht zur Evaluation des Projekts DRIN. Hannover u. a. 2019, unter: https://drin-projekt.ekhn.de/fileadmin/content/drin/download/DRIN_Evaluationsbericht_final.pdf (abgerufen am 05.06.2020).

Dietz, Alexander / Wegner, Daniel: Gemeinwesenarbeit und Corona. Zur Bedeutung und zu den Herausforderungen kirchlicher Gemeinwesenarbeit, in: Soziale Arbeit 69 (2020), 411–415.

Horstmann, Martin / Neuhausen, Elke: Mutig mittendrin. Gemeinwesendiakonie in Deutschland, Berlin 2010.

Merten, Ueli / Amstutz, Jeremias: Zur Notwendigkeit der Kooperation in der Profession Sozialer Arbeit, in: Amstutz, Jeremias u. a. (Hg.), Kooperation kompakt. Kooperation als Strukturmerkmal und Handlungsprinzip der Sozialen Arbeit, Berlin ²2019, 35–60.

Reinel, Margarete: Projektabschlussbericht DRIN 2014–2019, Darmstadt 2019, unter: https://kirchenrecht-ekhn.de/synodalds/44513.pdf (abgerufen am 07.02.22).

Thies, Reinhard / Vorhoff, Karin: Kirche findet Stadt. Erkenntnisse, Thesen und Perspektiven, o. O. 2013, unter: https://docplayer.org/130945923-Kirche-findet-stadt-erkenntnisse-thesen-und-perspektiven.html (abgerufen am 07.02.22).

---

[15] Vgl. Dietz u. a., Abschlussbericht, 2–4 und 113.

Autor:innenverzeichnis

Prof. Dr. Ingrid Breckner, Stadt- und Regionalsoziologie, HafenCity Universität Hamburg

Prof. Dr. Marian Burchardt, Soziologie (Transregionalisierung), Universität Leipzig

Prof. Dr. Frank Dieckbreder, Honorar-Professur mit dem Schwerpunkt Management, Fachhochschule der Diakonie, Bielefeld

Prof. Dr. Alexander Dietz, Systematische Theologie und Diakoniewissenschaft, Hochschule Hannover

Daniel Hörsch, Sozialwissenschaftlicher Referent, Evangelische Arbeitsstelle für missionarische Kirchenentwicklung und diakonische Profilbildung, Berlin

Dr. Ingolf Hübner, bis 9/2022 Theologischer Referent, Diakonie Deutschland, Berlin

Dr. Mehmet T. Kalender, Sozialwissenschaftliche Religionsforschung, Georg-August-Universität Göttingen

Dr. Juliane Kanitz, Europäische Ethnologie und Islamwissenschaft, Camino - Werkstatt für Fortbildung, Praxisbegleitung und Forschung im sozialen Bereich, Berlin

Prof. Dr. Sonja Keller, Praktische Theologie, Augustana-Hochschule, Neuendettelsau

Dr. Birgit Klostermeier, In-Differenz Beratung, Bildung, Forschung, Bovenden

Dr. theol. h. c. Annette Kurschus, Präses der Evangelischen Kirche von Westfalen, Ratsvorsitzenden der Evangelischen Kirche in Deutschland

Ulrich Lilie, Präsident der Diakonie Deutschland, Berlin

Heinz-Joachim Lohmann, Studienleiter für Demokratische Kultur und Kirche im ländlichen Raum, Evangelische Akademie zu Berlin

Prof. Dr. habil. Michael May, Fachbereichs Sozialwesen der Hochschule Rhein Main, Wiesbaden

Prof. Dr. Kristin Merle, Praktische Theologie, Universität Hamburg

Dr. Steffen Merle, Oberkirchenrat (EKD), Referent für Sozial- und Gesellschaftspolitik, Hannover

Prof. Dr. Thorsten Moos, Systematische Theologie (Ethik), Universität Heidelberg

PD Dr. Hilke Rebenstorf, Referentin für Kirchensoziologie, Sozialwissenschaftliches Institut der EKD, Hannover

Daniel Wegner, MTh, Wissenschaftlicher Mitarbeiter an der Hochschule Hannover

Prof. Dr. Christopher Zarnow, Systematische Theologie und Ethik, Evangelische Hochschule Berlin